DESTINOS DA SEXUALIDADE

DESTINOS DA SEXUALIDADE

ORGANIZADORAS

Ana Maria Portugal

Ângela de Araújo Porto Furtado

Gilda Vaz Rodrigues

Maria Auxiliadora Bahia

Thais Gontijo

Casa do Psicólogo®

© 2004 Casa do Psicólogo®
É proibida a reprodução total ou parcial desta publicação, para qualquer finalidade, sem autorização por escrito dos editores.

1ª edição
2004

Editores
Ingo Bernd Güntert e Myriam Chinalli

Assistente Editorial
Sheila Cardoso da Silva

Produção Gráfica e Capa
Renata Vieira Nunes

Ilustração da Capa
Ângela Torres Lima

Editoração Eletrônica
Valquíria Kloss

Revisão
Luis Carlos Peres

Dados Internacionais de Catalogação na Publicação (CIP)
(Câmara Brasileira do Livro, SP, Brasil)

Destinos da sexualidade / organizadoras Ana Maria Portugal... [et al.]. — São Paulo : Casa do Psicólogo®, 2004.

Outras organizadoras: Ângela de Araújo Porto Furtado, Gilda Vaz Rodrigues, Maria Auxiliadora Bahia, Thais Gontijo

Bibliografia.

ISBN 85-7396-329-8

1. Homossexualidade 2. Perversões sexuais 3. Preferências sexuais 4. Sexo (Psicologia) I. Portugal, Ana Maria. II. Furtado, Ângela de Araújo Porto. III. Rodrigues, Gilda Vaz. IV. Bahia, Maria Auxiliadora. V. Gontijo, Thais.

04-5081   CDD-155.3

Índices para catálogo sistemático:
1. Sexualidade: Psicologia   155.3

Impresso no Brasil
Printed in Brazil

Reservados todos os direitos de publicação em língua portuguesa à

Casa do Psicólogo®
Rua Simão Álvares, 1020– Vila Madalena – 05417-020 – São Paulo/SP – Brasil
Tel./Fax: (11) 3034.3600 – E-mail: casadopsicologo@casadopsicologo.com.br
http://www.casadopsicologo.com.br

"Uma das tarefas do analista é encontrar na palavra do paciente a relação entre a angústia e o sexo, esse grande desconhecido."

Jacques Lacan[*]

---

[*] Entrevista concedida em 1974 a Emilio Granzotto. Publicada no *Magazine Littéraire*, de fevereiro de 2004.

Sumário

Posfácio (*Antonio Godino Cabas*) 9

Apresentação: O livro e seus destinos (*Ana Maria Portugal*) 17

Parte I: Perversão

A instância do saber na perversão (*Ana Maria Portugal*) 23
Desmentido (*Jairo Gerbase*) 37
Contingência do falo: a perversão e a lógica do *semblant* (*Jeferson Machado Pinto*) 51
Nem todos os pais são perversos, mas existe Um que é... (*Fábio Borges*) 57
Os discursos e os ímpares (*Aurélio Souza*) 77
A perversão escrita: Gide ao abrigo da morte (*Geraldo Martins*) 105
A resposta perversa (*Zilda Machado*) 127
Liberação, despedaçamento e fissura (*Stélio Lage Alves*) 139

Parte II: Desafios clínicos

Desejo do analista e perversão (*Ângela Maria de Araújo Porto Furtado*) 147
A minusculização do nome-do-pai (*Thaís Gontijo*) 159
Destinos do gozo no percurso analítico (*Gilda Vaz Rodrigues*) 177
Um caso de perversão feminina? (*Lígia Bittencourt*) 189
Neurosis y locura: el efecto malicioso de lo imaginario (*Alicia Hartmann*) 201
Circunvoluções: na contra-mão do desejo (*Lélia Dias*) 211
O desafio da perversão (*Maria Lúcia Salvo Coimbra*) 217
A perversão do outro lado do divã (*Paulo Roberto Ceccarelli*) 243

Parte III: Homossexualidade

A homossexualidade a partir da lógica da sexuação (*Antônio Barbosa Mello, Flávia Drummond Naves, Izabel Cristina Azzi e Ludmilla Zago Andrade*) 261
Homossexualidade – Um ensaio sobre o tema (*Gilda Vaz Rodrigues*) 279
Algumas considerações sobre a homossexualidade na psicose (*Vanda Pignataro*) 289
Quando uma mulher ama outra (*Thais Gontijo*) 303
Do mesmo lado do universo (*Maria Inez Figueiredo*) 309
A homossexualidade na perversão (*Yolanda Mourão Meira*) 315
Oscar Wilde no tempo de compreender o fantasma – *Epístola in Carcere et Vinculis: De Profundis* – (*Bárbara Maria Brandão Guatimosim*) 333

Parte IV: As vias da sexualidade

Escolha sexual: uma posição singular (*Maria Auxiliadora Bahia*) 351
Homo, hetero, trans: o enigma da sexualidade (*Dulce Duque Estrada*) 363
O mal-estar da sexualidade (*Maria Inês Lodi*) 381
Os impasses da relação sexuada (*Arlete Diniz Campolina*) 391
Considerações sobre a devastação (*Delma Maria Fonseca Gonçalves*) 399
Claro enigma (*Eleonora Mello Nascimento Silva*) 407
...até que a morte os ampare? (*Lúcia Montes*) 417
Para uma nova versão dos *Três ensaios* (*Oscar Angel Cesarotto*) 427

Autores 437

Posfácio

Posfácio. É o nome que convém a este escrito. E isso, porque foi feito após. Entende-se: após a leitura dos textos que compõem o presente volume. Posfácio, pois, ainda mesmo quando se espere que funcione como prólogo e sirva ao propósito de apresentá-lo.

Saberá um posfácio estar à altura dessa tarefa? Afinal, a arte de apresentar consiste em saber assinalar uma presença, ou seja, saber indicar a coisa em questão.

Sendo assim, começaremos sublinhando algo que pode parecer óbvio. Este livro versa sobre os destinos da sexualidade. Mas o que essa obviedade não diz – apenas deixa entrever – é a pergunta que o anima, a questão que lhe dá vida. Ocorre que o tema dos destinos da sexualidade conduz até esse obscuro limite que representa a perversão... para o discurso analítico.

Expliquemo-nos. Basta ler estas páginas, uma a uma, para descobrir que elas falam, sim, da perversão mas, por certo, pouco dos perversos. Quase nada dizem da clínica, dos momentos cruciais, dos impasses. Com efeito, os casos aqui apresentados não ultrapassam os dígitos de uma só mão. A saber: Carla e seu percurso tenaz pela borda tóxica até o encontro final com o signo da morte; M, o caso de uma jovem movida pela fúria de sua demanda, corroída pela violência de seu desprezo e, no fim, desmentida pelo desfecho de sua busca; o trágico exemplo de uma mulher cuja vida se desfaz, estragada, sob o signo da devastação que lhe inflige o gozo infinito do amor; a experiência de um psicótico; Samuel, que desenha um perfil masculino tal que, visto em perspectiva, evoca um corpo de mulher e, por fim, o relato de um jovem que, habitado por um excesso, se apresenta aos 17 anos às entrevistas preliminares e permanece em tratamento ao longo de oito anos.

Em tempo. São cinco exemplos clínicos: três mulheres, um psicótico e um jovem. Como fundar com esse material uma discussão clínica em torno do estatuto da perversão no dispositivo analítico? Sobretudo quando...

1. parece haver consenso quanto à existência de uma incompatibilidade estrutural entre a posição feminina e a decisão perversa;

2. a errância sexual da psicose se distingue da fixação perversa de forma radical e definitiva – coisa que a própria autora sublinha;

3. por fim, o caso clínico em questão destaca a função da repetição mas, em contrapartida, pouco diz do caráter propriamente perverso da estrutura fantasmática.

4. É verdade que a esta breve lista devemos acrescentar alguns exemplos – ou melhor, pontuações. São exemplos que surgem como para ilustrar uma perspectiva clínica: é o alcoólatra que bebe à maneira de Lot; é o homem que cativa seus semelhantes com seu sucesso e, a seguir, mergulha nas sombras da droga; é o exemplo do adolescente que picha nos muros o vazio no qual se fundamenta seu desafio.

Ainda assim, são exemplos. Pinceladas. Recortes de traços muito pontuais como para permitirem um debate em torno ao tratamento possível das perversões.

Mas então... haverá um equívoco? Ou pior... um erro? Um engano?

De certo. Mesmo porque é assim que a verdade procede: pelo equívoco, pelo erro e pelo engano. E aí, o pretenso mal-entendido de um livro, cujo tema é a perversão, mas pouco fala da clínica do perverso, não é mais que um dos modos da verdade, que, como se sabe, fala pelas entrelinhas. Significa que bastará ler cuidadosamente as entrelinhas deste livro para ouvirmos uma voz que ressoa – quase um sussurro – evocando uma nota de prudência. Afinal, não é que a verdade fala baixo, mas, mesmo assim, se faz sempre ouvir?

A presença...

Desde as primeiras linhas, este livro insiste em um ponto que se reitera a intervalos regulares. Desde as primeiras páginas, ele insiste em dizer que "raramente os perversos chegam à clinica psicanalítica". Advertir. Eis o ponto. Aliás, sem se esquecer de enumerar os argumentos que dão conta do limite. "O perverso dispõe de um saber. Um saber já pronto. Um saber ao gozo."
É um assinalamento de peso. Indica não haver muita congruência entre o saber do perverso e o dispositivo analítico.

Prosseguindo a leitura de acordo com tal princípio, descobrimos que a reiteração dessa advertência – sempre a intervalos periódicos – vai formando um texto por trás do texto em que se pode ler – sempre nas entrelinhas – os desdobramentos de uma experiência e os ensinamentos da clínica.

"A possibilidade de uma análise advém quando um sintoma e a angústia decorrente podem engatar o sujeito suposto saber, ao menos por um tempo. Mas, desatado o sintoma, o desdobramento da transferência evolui para um estilo perverso com a subversão do sujeito suposto saber." E assim, aos poucos, vai se impondo a evidência que, enquanto a terapêutica pertence ao terreno do possível, a analítica parece impossível. "A subversão do sujeito suposto saber representa um limite." Uma fronteira intransponível.

Mas então... como entender essa *estranha subversão?* E, sobretudo, como localizá-la na experiência analítica?

É ainda nas entrelinhas que encontramos a resposta. A subversão do sujeito suposto saber equivale a *uma inversão da posição subjetiva*. Esta inversão é determinada por uma certeza. A certeza que caracteriza o saber ao gozo. É o que dá a entender a citação que segue: "para o perverso, o analista é antes de tudo um auditor, um biógrafo, uma testemunha viva de seu saber sobre o gozo. Os analistas que lidam com tais pacientes contam que, amiúde, se sentem um pouco violentados com o que escutam... como se o perverso os convocasse para serem seus cúmplices ou quisesse corrompê-los".

A fixidade do empuxo ao gozo provoca um desenlace que parece ser inevitável. Como definido de antemão e na contramão do dispositivo analítico. Assim, o texto prossegue até concluir: "E aí? o perverso não estaria, assim, condenando o analista à impotência?"

Ao término, resta uma questão. Uma autêntica questão. Uma pergunta: "*O que a análise pode fazer nesses casos?*"

Uma pergunta que diz que, se bem não é o caso de se recuar diante dos impasses do gozo, é necessário estar advertido quanto à existência de um real – duro como uma pedra. Simplesmente porquanto..."o gozo perverso produz a mesma constatação que nos depara o delírio psicótico, a saber: não cede, não cai, não move". E ainda, "...o que resta, em contrapartida, é um amor seráfico, embalsamado"... "onde o objeto perde o estatuto de semblante"... enquanto "a vontade de gozo"... aliada a "uma idealização das pulsões"... "congela o sujeito em uma posição imaginária".

No fim, a voz da experiência fala: "depois de muitos anos de clínica vamos acumulando um certo número de fracassos".

De resto, há um ditado popular que diz que, se conselho fosse coisa boa, não se dava de graça. O ditado popular acredita que quem fala, fala para os outros. Não sabe que quem fala, fala de si. Tal o estatuto da palavra em psicanálise. E como advertir pode parecer uma forma de aconselhar, é bom lembrar que o que importa – nessas advertências – não é a quem se destinam e, sim, em nome do que elas falam. Falam em nome da experiência. Evocam um saber. De fato.

Assim diz – preto no branco – o texto das entrelinhas deste livro que, preocupado com o tema dos destinos da sexualidade, ousa interrogar o limite que representa o gozo do perverso para a direção da cura.

Nas artes e nas letras

Digamos então que este livro fala da perversão e, nas entrelinhas, da clínica do gozo.

Resta a pergunta: e a casuística?

O curioso é que basta estudar detidamente as referências bibliográficas expostas para nos depararmos com um entretexto singular, *sub*posto nas entrelinhas. Ou seja, para descobrirmos, por trás das citações, uma *outra casuística*. É uma dimensão em que os casos se enfileiram formando uma longa lista... de livros.

De livros e de autores: George Sand, André Gide, Alfred Döblin, Rainer Werner Fassbinder, Giacomo Casanova, o Marquês de Sade, Jean Genet, Oscar Wilde, Molière, Stendhal. No fim, uma verdadeira biblioteca, à qual não faltam nem a filmoteca, nem os objetos de arte e nem o canto escuso reservado às revistas pornográficas...

O pior é que, nessa biblioteca, livros e autores falam entre si. Comentam uns com os outros. Afetam. Assim, a novela de George Sand, *Gribouille* marca a fundo a carne e a obra de André Gide. Por sua vez, o filme *Berlin Alexanderplatz* de Rainer W. Fassbinder reinterpreta um livro: a novela *Berlin Alexanderplatz* de Alfred Döblin, tanto quanto o *Querelle* de Jean Genet imprime seu gozo na filmografia de Rainer W. Fassbinder. E, no fim, enquanto Strindberg interpreta o *Vermelho e o preto* de Stendhal, Mannoni interpreta as memórias de Giacomo Casanova, assim como Lacan interpreta a *Crítica da razão prática* de Kant, à luz da *Filosofia no toucador* do Marquês de Sade.

Mas como pode a perversão vir a ser representada por uma biblioteca?

Convenhamos. A psicanálise conhece muito bem essa biblioteca. É o jardim das delícias do neurótico. O claustro de seu fantasma. Um espaço íntimo e solitário. O refúgio onde o gozo cobra asas e voa ao amparo dos sonhos. Uma biblioteca onde descansam – no silêncio das prateleiras – os monstros da razão. Livros que resumem o relato da aventura humana e onde a perfídia se nutre de uma perversão, à qual o neurótico só se entrega sob o álibi de cultivar o espírito em nome do grande sonho da cultura... ou na carta forçada da passagem ao ato.

Eis a perversão que o discurso analítico soube decifrar na direção da cura.

Porque o fato é que, assim como o comentário de um livro, *As memórias* de Schreber serviram a Freud para pôr a ponto seus apontamentos sobre a psicose, igualmente, o comentário da obra de Gide ou de Sade teria servido a Lacan para apontar os fundamentos perversos do fantasma neurótico.

Visto dessa perspectiva, este livro é um tratado, sim, sobre os destinos da sexualidade... seus desafios clínicos e seus impasses.

Uma letra de amor...

Resta dizer que dessa coleção, na qual a literatura e a arte parecem empenhadas em repertoriar – até o cansaço – as monótonas variações do fantasma... dessa bibliografia fadada a contar e recontar as sucessivas mutações da combinatória fantasmática, surge uma carta. Uma carta de amor. Não de um amor infinito, mas de um amor que tem, justamente, um fim. Mais ainda, visa o fim. A morte.

A partir do momento em que a *Epístola in carcere et vínculis: de profundis* de Oscar Wilde dá a entender que não foi o sexo mas um amor devastador o que o aprisionou, ela revela uma inesperada e surpreendente variante da perversão: o amor.

Esse amor que não ousa dizer seu nome esconde "não apenas uma escolha sexual, mas uma paixão oculta". Paixão que, aliás, sendo capaz de levá-lo ao encontro do Outro Gozo, transita por esse deserto do real, que é a devastação, até atingir o limite da morte.

Eis um dos ensinamentos que este livro – e sua estratégia das entrelinhas – deixa a nu e expõe à luz do dia: que uma das formas da perversão, a paixão, pode tomar a aparência do amor. Esse amor que se assenta na servidão sexual é o traço de perversão que Freud isola ao escrever seu texto capital sobre a lógica do fantasma. Em tempo, "Bate-se numa criança". No mais, é um traço que vai de mãos dadas com a impotência –Freud *dixit* – haja vista que sua razão e sua causa é a servidão voluntária, a servidão humana.

E, assim, no exato momento de concluir, só nos resta confessar uma suspeita. A de que este volume é, talvez, um dos desdobramentos lógicos de um outro livro que, sob o título *Fascínio e servidão,* foi publicado pela Editora Autêntica, de Belo Horizonte, alguns anos atrás, por volta de 1999, se a memória não nos engana...

Antonio Godino Cabas
Curitiba, maio de 2004

Apresentação
O livro e seus destinos

> *Só sei que há mistérios demais em torno dos livros*
> *e de quem os lê e de quem os escreve (...).*
> *Às vezes, quase sempre um livro é maior que a gente.*
>
> Guimarães Rosa

Numa conferência sobre "O livro", J. L. Borges nos adverte: "Aquela frase que se cita sempre: *Scripta manent verba volant*, não significa que a palavra oral seja efêmera, mas que a palavra escrita é algo duradouro e morto". Aparente paradoxo que traz a inclusão do leitor como instância essencial para a vida do livro, na medida em que – recorro novamente a Borges – o que está oculto nos livros está à espera de nossa palavra para sair de sua mudez. Temos que abrir o livro para que desperte. "Eu tenho esse culto do livro", diz ele. "Digo a cada um, porque todos é uma abstração e cada um é verdadeiro."

Assim como toda carta chega a seu destino, é também o que esperamos deste livro: que ele chegue a cada leitor de uma maneira especial, surpreendente, imprevisível, que chegue a destinos diversos, pela própria diversificação dos textos que o compõem.

Destinos, no plural, – e não no singular, o que seria defini-lo *a priori* – termo freudiano para definir o percurso das pulsões, quando, em 1915, para sistematizar a metapsicologia, lhes é dedicado um ensaio específico: *Triebe und Triebeschicksale* (Pulsões e destinos das pulsões). Como conceito fundamental da metapsicologia, que compreende o inconsciente, o recalque e o narcisismo, as pulsões sofrem vários destinos: não um único, como seria esperado dos instintos, mas pelo menos alguns, definidos a partir do que indica a experiência clínica.

Vicissitudes, destinos, sorte são algumas traduções possíveis. Na raiz do termo *Schicksal* encontramos *Schick*: diz-se da elegância, jeito, habilidade, enfim, de um estilo. Interessante é que o algoritmo lacaniano da pulsão, $ ◊ D, mostra o sujeito em sua primeira divisão, por ter que alienar ao significante a demanda, fato que implica um jeito especial, um estilo de construir a pergunta pelo desejo do Outro, para que este a acolha.

Destinos das pulsões/destinos da sexualidade: será que, parafraseando Freud, estamos falando da mesma coisa?

Com *Destinos da sexualidade*, trata-se de como a pluralidade reflete o estilo de cada falante diante da questão do sexo, ponto especial onde se define uma posição, não totalmente indicada pela anatomia e nem pelo papel social. "Anatomia é o destino" – diz Freud, relembrando um dito de Napoleão. Nem tanto, é o que nos mostram os destinos e desatinos da sexualidade. São questões que implicam o gozo, a estranheza e a indestrutibilidade do desejo inconsciente em sua constante busca de realização.

O mesmo se dá com a transmissão em psicanálise, campo no qual não há uma via única, um modelo de texto ou de livro, um raciocínio exemplar. É um lugar onde cada analista só pode dizer de si, de sua experiência, de sua leitura, de sua transferência ao texto. Talvez tratamos aqui das "últimas coisas" – *die letzten Dingen* –, como lembra Freud num dos capítulos finais de "Além do princípio do prazer", para se permitir levar adiante a hipótese da pulsão de morte. Por "últimas coisas" refere-se aos afrescos de Signorelli, ponto crucial onde se juntaram sexualidade e morte, produzindo o esquecimento inaugural da psicanálise.

A "feiticeira metapsicologia", interessada pelo refugo do mundo, constrói para a psicanálise uma teoria, de certa maneira, estranha, com um texto, às vezes, descontínuo, fragmentário, no qual os tropeços e lapsos, se corrigidos, mascaram o que há, talvez, de mais essencial: o *Urverdrängt*, o recalcado primário. Seguindo as indicações de Walter Benjamin sobre a tarefa do tradutor, semelhante à do analista, testemunhamos que é possível que algo se transmita desse núcleo incognoscível, não interpretável, que se tornará causa para novas respostas do sujeito, – na linguagem benjaminiana: nos "modos do querer-dizer" *(die Art des Meinens)* e não sobre "aquilo que se quer dizer" *(das Gemeinte)*.

É assim que, freqüentemente, a escrita dos analistas – e nisso o texto freudiano é, em certas passagens, exemplar – transmite certa estranheza. Saltos, incertezas, textos literários entremeados a exemplos pessoais, citações aparentemente arbitrárias – que interrompem o fluxo do texto, só posteriormente mostrando sua pertinência –, tudo isso são liberdades do autor, que faz sua construção num campo, do qual são inerentes a incompletude e a fragmentação. Tais descontinuidades devem, portanto, impelir o leitor ao trabalho, à procura do parentesco escondido.

Destinos da sexualidade é um livro que prima pela diversidade dos textos, prima pelo "cada um". Onde está a transmissão? Em que tipo de texto? Para que tipo de leitor?

Não há um texto ideal, um texto de mestre, que seria a abstração do "todos", do universal. Assim também não sabemos que texto irá causar a transferência de cada leitor. Pode ser um texto mais teórico ou clínico, um texto mais literário, mais fragmentário, ou apenas alusivo: não se pode prever. Desde que o texto funcione como causa, há uma pulsão em jogo, uma exigência de trabalho, tanto do analista que escreve, quanto do leitor.

No entanto, concordamos com Guimarães Rosa, quando diz: "O contrário da idéia fixa não é a idéia solta." Donde se conclui que, em psicanálise, se por um lado a diversidade anda junto com a imprevisibilidade da transmissão, por outro, é preciso que seja em torno de um ponto em comum, cujos efeitos se darão a ver no *a posteriori* dos destinos de cada texto. Cada um, no seu estilo, na sua voz, apresenta um analista em sua implicação com a causa.

Ana Maria Portugal

Parte I

Perversão

A INSTÂNCIA DO SABER NA PERVERSÃO

Ana Maria Portugal

"*Lâmpada! Toalha! Prato!*" *O pai, abalado com uma tal explosão de fúria, parou de bater e exclamou: "O menino, ou vai ser um grande homem, ou um grande criminoso!*"

Homem dos Ratos (Freud)

O que se chama perversão se exprime por contrastes e alusões.

Lacan

Que raramente os perversos procuram a clínica psicanalítica é algo que escutamos com freqüência. O que geralmente vimos a saber, ou nos chega nas queixas dos neuróticos ao sofrerem as conseqüências de atos perversos, ou nos próprios conteúdos das fantasias neuróticas, às quais temos acesso assim que a análise progride, rompendo seu velamento inicial. Na clínica, o que se encontra mais amiúde são traços perversos acompanhando as neuroses. No entanto, como nos interessa o campo do desejo e do sujeito por ele representado, ainda que tais observações venham até nós, na maioria, de forma indireta, não podemos deixar de nos interrogar sobre sua insistência e sobre sua função.

Uma das respostas a esse não-comparecimento dos perversos à análise situa-se em relação ao saber. Vejamos o neurótico. Ele nos procura, porque tem um enigma sobre seus sintomas e seu sofrimento, e quer saber, transferindo, para o analista, a questão. Lacan o formula como "sujeito suposto saber", pois, pela transferência, o sujeito está "suposto ao saber", do qual consiste como sujeito do inconsciente, e o que é transferido para o analista é o saber, na medida em que não pensa, não calcula, não julga, mas faz efeito de trabalho.[1]

Quanto ao perverso, parece que, fundamentalmente, não o ocupa esta questão do saber, que, incalculado, seria transferido a um Outro. O perverso se define por seus atos e, se, como sujeito, não prima por fazer sintomas, isso não exclui tais atos da hipótese do inconsciente, pois, como falante, mesmo desmentindo a castração, revela uma decidida relação com o Outro, e constrói um determinado saber. Interessa-nos explicitar qual é a instância desse saber.

Instância remete a insistência, a iminência, e também a jurisdição, como território definido por fatores, funções e valores de organização.[2] Lacan usa o termo para dizer da repetição, da instância da letra no inconsciente. Freud o utiliza para definir sua segunda tópica, com a dissecção do aparelho nas três instâncias. No caso do ato perverso, além dos dois outros sentidos, acrescentamos, ainda, a premência, a iminência, algo que se precipita de maneira certamente calculada para produzir efeitos.

Em suas conferências de 1916, Freud problematiza a ordem do saber de que se trata na análise, propondo que a neurose poderia resultar de uma espécie de ignorância – um não-saber a respeito de processos mentais dos quais se deveria saber. "Mas" – prossegue ele – "saber e saber não são a mesma coisa. *'Il y a fagots et fagots'* – lembra Molière. (...) Somos levados, então, a supor que há mais de uma espécie de ignorância."[3] Desde que abandonou a hipnose e a sugestão, apostou que seu paciente devia de fato "saber", entre aspas, daquilo que até então somente a hipnose lhe tornara acessível. Este saber deveria ser buscado pela via errante da associação livre, no que exatamente as objeções, as dúvidas e as críticas apontariam a direção ao inconsciente, demonstrando que estaria em jogo outra ordem de saber.[4]

---

1. LACAN, 1974, p. 531.
2. *Apud* HOUAISS, 2001, p. 1626.
3. FREUD, 1917, p. 331-2.
4. FREUD, 1916, p.142.

O fato é que a hipótese do inconsciente promove um desconhecimento dos desejos e da pertinência ao campo do Outro, o que, no entanto, não é ignorância. Desconhecer é não poder reconhecer algo que se conhece e sobre o qual não se quer saber. O desconhecimento representa uma certa organização de afirmações e negações a que o falante está ligado.[5] Caminhar na construção de outro tipo de ignorância, distinguindo o que é possível ou não saber do desejo inconsciente, esta é a tarefa da análise na pesquisa da verdade, como forma de avançar quanto ao saber.

Especialmente na esfera sexual, temos que convir que os resultados de tal pesquisa não levam a uma síntese, e sim, mostram a impossibilidade da relação, a anarquia das pulsões sexuais com seu caráter parcial, atuando independentemente umas das outras na busca do prazer. Além da contingência dos objetos pulsionais e de um caráter demoníaco e repetitivo, que mais se assemelha à dor que ao prazer, ocorrem fixações, satisfações prematuras, que vão, finalmente, definir os sintomas e a escolha da neurose.

Apesar de tantas dificuldades, o próprio Freud considera importante sua ampliação do conceito de sexualidade, acentuando dois aspectos: como uma função corpórea mais abrangente que a genital; e a ligação aos impulsos de ternura e amizade, aos quais o uso da linguagem aplica a palavra extremamente ambígua "amor". A primeira extensão permite levar em conta a atividade sexual das crianças e dos pervertidos. A segunda mostra a origem sexual dos impulsos afetuosos, bem como a maneira pela qual as pulsões sexuais podem ser influenciadas e desviadas para atividades culturais de toda espécie, prestando importantes contribuições.[6]

Como uma das conseqüências, o estudo das perversões mostra a luta das pulsões sexuais contra certos poderes psíquicos, atuantes como resistências: a vergonha, a repugnância e a moralidade, poderes contra os quais as perversões tomam o partido de uma certa idealização das pulsões. "A onipotência do amor talvez nunca

---
5. LACAN, 1953-1954, p. 193-4.
6. FREUD, 1925, p. 51-2.

seja tão forte quanto nessas aberrações pulsionais" – diz Freud. "O mais alto e o mais baixo se conjugam acima de tudo na sexualidade. *Vom Himmel durch die Welt zur Hölle* (Dos céus pelo mundo até o inferno). Goethe".[7]

Nesta perspectiva de "idealização das pulsões", em relação à de que saber se trata aí, diríamos que o perverso sabe algo do gozo, ou melhor, que sabe *ao* gozo, tomando aqui, como indicação, o termo *saber* na encruzilhada de sua etimologia com a palavra *sapientia*: um pouco de sabedoria e o máximo de sabor possível.[8]

No campo do gozo, a ampliação do conceito de sexualidade toma todo seu sentido, apresentando um verdadeiro estilhaçamento. O gozo se formula não na significação, mas na repetição e na relação anômala e bizarra que o ser falante tem com o corpo, com o seu e o do outro. A psicanálise nos mostra que o gozo não se dirige ao parceiro do outro sexo, e enuncia a relação sexual como falha, cheia de impasses: temor de castração, para o sexo masculino, divisão, para o feminino. É exatamente por essa falha que a sexualidade serve de centro para o inconsciente.[9]

Se, no neurótico, os impasses colocados pelo gozo no sintoma o levam a transferir ao analista o suposto saber, no caso do perverso, embora tenhamos a impressão de que sabe manejar as coisas do desejo, de maneira a não se deixar apreender por elas, não é bem o problema do gozo que se coloca; talvez, antes, a perda, ou certo desarranjo na sua calculada relação com os objetos. Acontece que ele procure um analista exatamente, ou apenas, quando venha a experimentar uma perda marcante, ou uma pungente decepção. Estas diferenças quanto à sexualidade e ao gozo nos indicam a oposição, ou a contraposição com a neurose, como sendo ainda um bom caminho para delinear melhor a questão do saber que aí se produz.

---

7. FREUD, 1905, p. 164.
8. BARTHES, 1978, p. 47.
9. LACAN, 04/11/1971.

A neurose é o negativo da perversão

A histeria mostra na formação do sintoma, contraposto às fantasias que participam de sua construção, o mesmo paradoxo apresentado pela perversão, ao reunir, na sexualidade, o Céu e o Inferno. Ao mesmo tempo que há repulsa à sexualidade, as fantasias dos histéricos realizam os conteúdos perversos da pulsão. Neste caso, a doença lhes oferece a fuga, que não resolve o conflito, mas o transforma em sintoma como uma enigmática realização simbólica.[10] É nesse sentido que Freud propõe a neurose como negativo da perversão, utilizando uma metáfora: "Um curso d'água, que encontra um obstáculo no leito do rio, é represado, e reflui para antigos canais, que antes pareciam destinados a secar."[11]

Ainda assim, torna-se discutível a premissa de oposição entre as duas estruturas – neurose e perversão –, pois, como ele mesmo acentua, o desenvolvimento sexual e a formação dos sintomas são processos complexos, que reúnem fatores de várias fontes, respondendo as perversões pelas inibições no desenvolvimento, bem como por certa dissociação dos elementos constitutivos da pulsão.[12] Dá-se uma inibição no desenvolvimento em razão de alguma fixação, o que faz acentuar as forças repressoras do momento – vergonha, repugnância, moralidade – utilizadas, agora, paradoxalmente, pelo seu avesso, denunciando o que elas encobrem, como novas e perversas possibilidades de fruição. Neste ponto, a neurose apela ao complexo paterno e forma o sintoma, ao passo que a perversão "reflui para os antigos canais", mostrando o quanto ainda estão vivos e não podem sucumbir ao esquecimento.

Lacan, em algumas passagens de seu ensinamento, discute estas relações entre as duas estruturas, embora se refira à premissa freudiana de que "a neurose é o negativo da perversão" de maneira invertida, mesmo quando seu intuito é problematizá-la. No seminário

---
10. FREUD, 1905, p. 164.
11. FREUD, 1905[1901], p. 48.
12. FREUD, 1905, p. 238.

sobre as relações de objeto, diz, repetidamente: "a perversão é o negativo da neurose", fórmula freudiana (segundo ele), pela qual não se deve entender simplesmente que o que está oculto no inconsciente do neurótico esteja a céu aberto na perversão e, de certa maneira, em estado livre.[13]

Deixemos de avaliar se esta inversão da frase por Lacan é um lapso ou uma proposta. Sua insistência se justifica ao acompanhar o sentido da fórmula através da elaboração do tema ao longo do texto freudiano, por exemplo, no ensaio de 1919, "Uma criança é espancada". Neste texto, acentua-se a importância da fantasia e suas transformações como um cenário persistente à revelia do sintoma, trazendo à luz aqueles pontos nos quais a estrutura subjetiva se edifica fundada numa posição masoquista, sempre inconsciente, cuja construção só se dará em análise. Ao final das transformações, a fantasia reduz o sujeito a um espectador, ou simplesmente a um olho. Mais do que uma "contribuição ao estudo da origem das perversões sexuais" – é assim que Freud define seu ensaio –, a fantasia e suas transformações revelam detalhes da constituição do sujeito no campo do Outro, desde uma rivalidade "ou eu ou ele", até sua redução a um objeto, o olho, órgão da pulsão escópica que, aqui, "pode não passar de uma tela sobre a qual o sujeito é instituído."[14]

Na perversão, é como se uma seqüência cinematográfica parasse de repente num ponto, imobilizando todos os personagens, numa instantaneidade característica da redução da cena significante ao que se imobiliza na fantasia, testemunhando todos os valores eróticos aí incluídos e sustentados. Esta valorização da dimensão imaginária mostra o caminho do sujeito – S (*Es*) – ao Outro, ou mais exatamente, daquilo que resta do sujeito por se situar no Outro, e que é recalcado.[15]

Portanto, voltando à fórmula freudiana de que "a neurose é o negativo da perversão", e dita por Lacan "a perversão é o negativo

---

13. LACAN, 1956-1957, p. 114-5.
14. LACAN, 1956-1957, p. 120.
15. LACAN, 1956-1957, p. 122.

da neurose", avançamos mais se tomarmos o "não" da perversão como uma inibição – proposta freudiana –, como uma detenção no caminho da subjetivação sintomática, acentuando a força do imaginário, que vela e revela o outro pólo da fantasia fundamental: o objeto.

A metonímia e o objeto: a demonstração

O pólo do objeto nos faz retornar a Freud, ao descrever a perversão como "certa dissociação dos elementos constitutivos da pulsão",[16] conduzindo-nos a um detalhe especial, fundamental na perversão, que é a metonímia (ou o deslocamento, na expressão de Freud). A certa altura, Lacan a define: dar a entender alguma coisa, falando de outra completamente diferente, como se pudesse ressoar à distância.[17] Contrastes, alusões, falsos raciocínios, um deslizamento escorregadio, que não estabelece, nessa substituição surrealista, a recorrência de um sentido, apontando para uma realização simbólica, metafórica, como é o que acontece nas neuroses.

Um exemplo de metonímia é a epígrafe que utilizamos, extraída do caso do Homem dos Ratos, paciente de Freud. O menino, sem conhecer as palavras próprias para xingar o pai, que lhe batia, grita nomes de coisas corriqueiras: "Lâmpada! Toalha! Prato!", e o pai pára o espancamento e diz: "O menino, ou vai ser um grande homem, ou um grande criminoso!"[18]

Na linguagem, a metonímia corresponde ao deslocamento do sentido. Portanto, quanto ao inconsciente estruturado como uma linguagem, diante do sujeito, ela não se dá pela questão do sentido, ou seja, como barreira do não-sentido, mas presentifica o gozo, fazendo com que o sujeito se produza como corte, pela redução do gozo a uma superfície do corpo. Por deslizar a paixão do significante

---

16. FREUD, 1905, p. 238.
17. LACAN, 1956-1957, p. 148.
18. FREUD, 1909, p. 208.

e, operando por um metabolismo do gozo, cujo potencial está regulado pelo corte do sujeito, a metonímia cota como valor isso que aí se transfere. Fazer passar o gozo ao inconsciente, quer dizer, à contabilidade, é, de fato, um sagrado deslocamento.[19] É aí que se instaura o objeto *a* como causa de desejo.

Várias passagens do texto freudiano acentuam o deslizamento e a contingência dos objetos no tocante à satisfação das pulsões e à realização dos desejos. Os estudos sobre a sexualidade nos alertam para afrouxar este laço, diz Freud, pois "parece provável que a pulsão sexual seja, em primeiro lugar, independente de seu objeto; (e) nem é provável que sua origem seja determinada pelos atrativos de seu objeto".[20] O que é primordial e constante na pulsão sexual é algo diferente.

No tocante às perversões, assistimos a uma valorização das relações imediatas com o objeto – algo mais que um meio de chegar ao objetivo sexual –, ao lado da prevalência de uma satisfação diferente, mais ligada à ambigüidade indicada no termo alemão *Lust*, como Freud esclarece em nota de rodapé: "*Lust* tem dois significados, e é usado para descrever a sensação de tensão sexual ('*Ich habe Lust*' – 'Eu gostaria de, sinto um impulso para'), assim como a sensação de satisfação."[21]

No caso do perverso, suspender, ao máximo, a tensão, é uma forma de manter preso o objeto. A tensão sexual encontra, ainda, desdobramento na retomada e permanência do chamado prazer preliminar, que, de acordo com Freud, teria suas origens nas pulsões parciais e componentes da sexualidade infantil. Com a hipótese, então, de dois tipos de prazer, vem a necessidade de criar um novo termo: pré-prazer *(Vorlust)*, que é sempre evocado para aumentar a satisfação, mas que pode vir a desempenhar um papel tão importante, que chega a tomar o lugar do outro prazer, como é o caso de muitas perversões. Há portanto, aí, também, uma detenção em algo "antes"

---

19. LACAN, 1970, p. 417-20.
20. FREUD, 1905, p. 148-50.
21. FREUD, 1905, p. 217-8.

– *vor*, prefixo e preposição para indicar diante de, em frente de, antes – como se, por meio da perversão, o caminho da constituição subjetiva mostrasse como a coisa se dissocia ao tomar o rumo do objeto. Parece que o que se dá é uma verdadeira pesquisa sobre este passo anterior.

Falamos na contingência e indeterminação do objeto, mas não podemos esquecer que este é também o termo que Freud usa para se referir às pessoas, às quais cada um se liga afetivamente e do ponto de vista pulsional, destacando, sobre isso, as pulsões componentes – os pares: voyeurismo / exibicionismo e sadismo / masoquismo –, nas quais há a exigência de um objeto para realização. Além disso, ressalta a importância do objeto na escolha amorosa.

Como vemos, esta questão, abrangendo objeto de desejo, objeto pulsional e objeto de amor, é bastante complexa. Para abordá-la com o rigor de uma formalização, é preciso acompanhar Lacan, quando isola, do objeto metonímico do desejo, o objeto *a*, fazendo-o a partir do discurso do analista (no sentido do genitivo objetivo), pois aí se fala do analista, ele é o objeto *a*. Diz Lacan:

> O objeto *a* é aquilo pelo qual, quando apanhado no discurso, o ser falante se determina. Ele nada sabe do que o determina; é o objeto *a*, em que ele é determinado como sujeito, isto é, dividido como sujeito, ele é a presa do desejo. (...) É ainda aquele que chamei, como sabem, o objeto metonímico: o que corre ao longo do discurso mais ou menos coerente, até encontrar um obstáculo, e todo o negócio acaba se evaporando. O fato, ainda assim, é que daí – e esse é o interesse – tomamos a idéia de causa. Acreditamos que na natureza tudo deve ter uma causa, a pretexto de sermos causados pelo nosso próprio blá-blá-blá.[22]

A dimensão de perda, essencial à metonímia, perda da coisa no objeto: está aí o verdadeiro sentido da temática do objeto como perdido e jamais reencontrado. Por outro lado, a ênfase no objeto metonímico, ao acentuar os elementos imaginários, localiza uma

---

22. LACAN, 03/02/1972.

relação essencial do sujeito a seu ser, fixada no objeto – o que a neurose faz –, privilegiando o outro lado do fantasma, o $. Tentando reapreender o que ficou perdido pela entrada do discurso do Outro, no vértice do reflexo da interrogação subjetiva, a perversão se caracteriza por colocar todo acento do fantasma do lado do correlativo propriamente imaginário do outro, *a*. O que é bizarro é que o desejo está interessado aí, no desejo perverso, interessado numa relação sempre ligada ao patético, à dor de existir como tal, de existir pura e simplesmente, ou de existir como termo sexual.[23]

É o que distingue o fantasma da neurose do fantasma da perversão. O fantasma da perversão é apelável, ele está no espaço e suspende certa relação essencial. Não é propriamente atemporal, é fora do tempo. No fantasma do *voyeur* e do exibicionista, por exemplo, é à mercê do desejo do Outro que ele se oferece; depende do desejo do Outro. A perversão revela o momento da *Hilflosigkeit*, do desamparo, ao passo que a neurose faz uma utilização funcional do fantasma, pois a relação com seu mundo e com os outros reais é marcada pelo recalque: a histérica vive um desejo insatisfeito, e o obsessivo permanece fora do jogo.[24]

A perversão está na busca do ponto de perspectiva, na medida em que pode fazer surgir o acento do gozo. Mas o busca de uma maneira *experimental*, demonstrativa. Tendo a mais íntima relação com o gozo, a perversão demarca, com precisão, o momento de disjunção, por meio do qual o sujeito rasga o corpo do gozo; e *sabe* que o gozo não foi, neste processo, somente gozo alienado: em alguma parte resta uma chance de que algo tenha escapado novamente. O corpo não foi todo tomado no processo de alienação. É desse ponto, do lugar de *a* que ele interroga, pois, a função do gozo. Com o que não pode ser *sujeito* de gozo, só é sujeito na medida em que faz questão diante do gozo; ele é o resto disto. É aí que o ato perverso tem uma visão demonstrativa,[25] dizendo algo no campo do saber.

---

23. LACAN, 15/04/1959.
24. LACAN, 10/06/1959.
25. LACAN, 14/06/1967.

Este ponto de incidência sobre o objeto quanto às coordenadas do saber na perversão nos faz lembrar dois fragmentos ficcionais, nos quais assistimos ao encontro precipitado e fascinante com o objeto como causa do desejo. Um deles, de Sérgio Sant'Anna, autor que trabalha intensamente o tema do olho e do olhar, traz o objeto caído numa cena um tanto asquerosa, mas que, estranhamente, leva ao amor, à paixão, mostrando o objeto-causa do desejo no rompimento de barreiras:

> Você amaria um sujeito com um olho de vidro?
> Ela disse que a venda negra nos olhos até o tornava atraente, misterioso.
> Ele estava completamente bêbado e falou que as pessoas precisam se conhecer até o fundo. Arrancando o olho de vidro, jogou-o dentro da laranjada dela. Disse que se ela bebesse com o olho dentro do copo, ele ficaria apaixonado para sempre.
> Ela bebeu.[26]

O outro conto, de Rubem Fonseca, leva para outros rumos, numa descrição minuciosa e requintada, como se isso fosse tão cotidiano! Trata-se de um executivo que, após o jantar, na monotonia da vida doméstica, necessita dar uma certa volta em seu magnífico Jaguar preto.

> Enfiei a chave na ignição, era um motor poderoso que gerava sua força em silêncio, escondido no capô aerodinâmico. (...) Homem ou mulher? Realmente não fazia grande diferença, mas não aparecia ninguém em condições, comecei a ficar tenso, isso sempre acontecia, eu até gostava, o alívio era maior. Então vi a mulher, podia ser ela, ainda que mulher fosse menos emocionante, por ser mais fácil. (...) Apaguei as luzes do carro e acelerei. (...) Peguei a mulher acima dos joelhos, bem no meio das duas pernas, um pouco mais sobre a esquerda, um golpe perfeito, ouvi o barulho do impacto partindo os dois ossões, dei uma guinada rápida para a esquerda, passei como

---

26. SANT'ANNA, 1973, p. 76.

um foguete rente a uma das árvores e deslizei com os pneus cantando, de volta para o asfalto. Ainda deu para ver que o corpo todo desengonçado da mulher havia ido parar, colorido de sangue, em cima do muro, desses baixinhos de casa de subúrbio.

Examinei o carro na garagem. Corri orgulhosamente a mão de leve pelos pára-lamas, os pára-choques sem marca. Poucas pessoas, no mundo inteiro, igualavam a minha habilidade no uso daquelas máquinas.[27]

Nesses dois fragmentos, podemos concordar com Lacan. Não se trata do nível da verdade, mas da hora da verdade. O fantasma do perverso está no espaço, suspendendo certa relação essencial.[28] Aí caem os véus, descortinando tantas outras cenas.

Cenas escandalosas de objeto: resto, no primeiro conto, para contabilizar o gozo, indicando de que ordem pode ser o signo do amor. Estraçalhado, no segundo, com todos os detalhes do ato de rotura, demonstrando o quanto o perverso depende do Outro, para mostrar, diante dele, por meio de um outro minúsculo, agora multifraturado, em frangalhos, que essa é a verdadeira causa do desejo, e que, para isso, outra é a Lei.

Referências bibliográficas

BARTHES, R. *Aula*. Trad. Leyla Perrone-Moisés. São Paulo: Cultrix, 1978.

FONSECA, R. Passeio Noturno – Parte I. In: MORICONI, I. *Os cem melhores contos brasileiros do século*. Rio de Janeiro: Editora Objetiva Ltda., 2000.

FREUD, S. A interpretação de sonhos (1900). *Edição standard brasileira das obras psicológicas completas de Sigmund Freud*. Trad. Jayme Salomão. Rio de Janeiro: Imago, 1972, v. 4-5.

---

27. FONSECA, 2000, p. 283-4.
28. LACAN, 15/04/1959.

FREUD, S. Fragmento da análise de um caso de histeria (1905 [1901]). *Op. cit.* Rio de Janeiro: Imago, 1972, v. 7.

FREUD, S. Três ensaios sobre a teoria da sexualidade (1905). *Op. cit.* Rio de Janeiro: Imago, 1972, v. 7.

FREUD, S. Notas sobre um caso de neurose obsessiva (1909). *Op. cit.* Rio de Janeiro: Imago, *s.d.* v. 10.

FREUD, S. O conteúdo manifesto dos sonhos e os pensamentos oníricos latentes (1916). *Op. cit.* Rio de Janeiro: Imago, 1976, v. 15.

FREUD, S. Fixação em traumas. O inconsciente (1917). *Op. cit.* Rio de Janeiro: Imago, 1976, v. 16.

FREUD, S. "Uma criança é espancada". Uma contribuição ao estudo da origem das perversões sexuais (1919). *Op. cit.* Rio de Janeiro: Imago, 1976, v. 17.

FREUD, S. Um estudo autobiográfico. (1925 [1924]). *Op. cit.* Rio de Janeiro: Imago, 1976, v. 20.

HOUAISS, A. e VILLAR, M. de S. *Dicionário Houaiss da Língua Portuguesa.* Rio de Janeiro: Objetiva, 2001.

LACAN, J. *O seminário. Livro 1. Os escritos técnicos de Freud* (1953- 1954). Trad. Betty Milan. Rio de Janeiro: Zahar Editores, 1979.

LACAN, J. *O seminário. Livro 4. A relação de objeto* (1956-1957). Trad. Dulce Duque Estrada. Rio de Janeiro: Jorge Zahar Editor, 1995.

LACAN, J. Télévision (1974). In *Autres écrits.* Paris: Seuil, 2001.

LACAN, J. Radiophonie (1970). In *Autres écrits.* Paris: Seuil, 2001.

LACAN, J. *Le savoir du psychanalyste.* Paris, 1971-1972. Inédito.

LACAN, J. *Logique du fantasme.* Paris, 1966-1967. Seminário inédito

LACAN, J. *Le désir et ses interprétations.* Paris, 1958-1959. Seminário inédito.

SANT'ANNA, S. *Notas de Manfredo Rangel, repórter.* Rio de Janeiro: Civilização Brasileira, 1973. In: SANTOS, L. A. B. *Um olho de vidro: a narrativa de Sérgio Sant'Anna.* Belo Horizonte: UFMG/ FALE, 2000.

DESMENTIDO

Jairo Gerbase

A estrutura de linguagem: "Era uma vez, um não".

Os axiomas

Poderíamos nomear [S(Ⱥ)] de primeiro não. Em primeiro lugar, no sentido de "era uma vez", no sentido mítico, histórico, em segundo lugar, no sentido estrutural, porque esse matema se lê: falta um significante no Outro.

Então, comecemos com um primeiro não. Lacan nomeou de diversas maneiras, progressivamente, no curso de seu ensino, esse "era uma vez, um não": vazio, falta, furo. Esse matema pode ser enunciado através de vários axiomas.

Comecemos pelo axioma de Freud, "o objeto é reencontrado" que sempre evocamos, mas talvez não nos lembremos de que ele está também precisamente enunciado no texto "A denegação".[1] Esse objeto reencontrado podemos enunciá-lo de outras maneiras, tais como: "a mulher é não-pênis", que é um enunciado equivalente ao "a mulher é castrada". Do mesmo modo, podemos enunciá-lo como "a foraclusão d'Ⱥ Mulher", tal como Lacan introduziu no Seminário V.[2]

O primeiro não, pode ainda ser enunciado como "o desejo é de desejo", o que quer dizer que não existe um objeto que satisfaça o desejo, que somente a falta o satisfaz, e por isso ele se torna estruturalmente desejo insatisfeito.

---
1. FREUD, 1925. p. 298.
2. LACAN, 1957-1958, p. 363.

Podemos inclusive enunciar esta falta de um significante no Outro como "Há Um e não há nada de Outro",[3] e a partir deste enunciado chegar a outro modo de enunciar o axioma da psicanálise como "o Outro não existe" se seguirmos as indicações do texto "O impossível de apreender".[4]

Finalmente, pode-se ler o matema [S($\bar{A}$)] como "Mulher é não-toda", tal como aparece nas fórmulas da sexuação do Seminário XX,[5] que, como se sabe, é um enunciado equivalente a "Não há relação sexual". A falta de um significante no Outro torna impossível a relação bi-unívoca.

O juízo inicial

Nosso entendimento do texto "A denegação", de Freud, é que o falaser deve julgar, em primeiro lugar, esses axiomas denotados no matema [S($\bar{A}$)], deve fazer um primeiro juízo acerca do enunciado "$\bar{A}$ A Mulher não existe", deve ajuizar a existência do gozo d'$\bar{A}$ Mulher. O falaser deve julgar esse primeiro não – "não há" – "$\bar{A}$ Mulher não tem" – "$\bar{A}$ Mulher não é", ou melhor, "$\bar{A}$ Mulher é não" – "$\bar{A}$ Mulher é não-toda" etc., que caracteriza a estrutura de linguagem, e deve responder a esse primeiro "não" com um "sim" ou com um "não". Se responde com um "sim" temos o que Freud denomina de *Bejahung*, de primeira afirmação, cujo enunciado pode ser: "sim, aceito a evidência que   Mulher é não-toda".

Segundo a gramática de Port-Royal, julgar é declarar um atributo ao sujeito. Se eu disser, "a terra é redonda", tenho, de um lado, um sujeito, terra, e do outro lado, um atributo do sujeito, "redonda".

Logo, o primeiro sim pode ser enunciado dessa maneira: "aceito que $\bar{A}$ Mulher é não-toda, que ela é castrada". Portanto, *dizer que*

---

3. Não estou seguro que esta é a melhor tradução da expressão *Il y a de l'Un, mais il n'y a rien d'Autre*, ou se seria melhor destacar o partitivo de *l'*.
4. LACAN, 1979.
5. LACAN, 1985, p. 108.

sim, é fazer a atribuição Mulher, que no caso, é o sujeito, de ser castrada, que é seu atributo. Isso é um juízo de atribuição: "A Mulher é castrada".

Por outro lado, que faz o ser falante da outra classe? Faz o que Freud chamou de *Austossung*, expulsão. Ele foraclui a castração, ou seja, exclui radicalmente o juízo de existência da castração d'A Mulher. Ele *diz que não* é verdade que "A mulher não existe", mas esse "não é verdade" funciona como se "nunca houvesse existido". Logo, não tendo feito um juízo de existência não pode fazer um juízo de atribuição.

Temos, aí, os dois modos de ajuizamento desses axiomas, as maneiras como se julga essa imperfeição da linguagem, as duas maneiras como o falaser se defende do real. Os dois modos de julgamento correspondem às duas classes de seres falantes: o conjunto da neurose e o conjunto da psicose.

Isso nos impede de colocar o modo perverso de *dizer que não* à castração feminina como um terceiro princípio, que determinaria um terceiro conjunto de falaser, nos impede de deduzir, da *Bejahung* ou da *Austossung,* a perversão. Não é possível deduzir a estrutura perversa nem da primeira afirmação nem da primeira negação e, portanto, temos de considerar a perversão como uma modalidade de um dos dois juízos iniciais.

As estruturas do sintoma

Ichspaltung

A partir dessa consideração sobre os axiomas da estrutura de linguagem e os juízos que podemos fazer diante deles, devemos considerar as estruturas do sintoma.

Freud denomina *Spaltung*, divisão, os mecanismos, as operações que o falaseres lançam mão para enfrentar, agora em uma segunda dimensão, o julgamento sobre a existência d'A Mulher. Essa clivagem, Lacan a escreve com a notação ($). As *Spaltung* são as estruturas do sintoma. Fazer uma clivagem do eu, segundo o léxico de Freud é, principalmente, fazer uma operação de recalque ou de foraclusão. É o que se chama de defesa. É a "divisão do eu no processo de defesa".[6]

Freud insiste nesse ponto do começo ao fim de sua obra. Seja em "As neuropsicoses de defesa" (1894) ou em "Esboço de psicanálise" (1938), Freud define o recalque e a foraclusão como defesas do real.

Segundo nossa hipótese, os que fizeram o julgamento de existência e de atribuição podem tomar um caminho, uma *Spaltung*, uma defesa que vai levar a uma estrutura do sintoma – neurose; por outro lado, há uma outra *Spaltung*, uma outra defesa, que vai conduzir a uma outra estrutura do sintoma – psicose. Assim esboço as estruturas do sintoma, a psicose dependendo do primeiro não, da *Austossung* que é uma *Verwerfung*, e a neurose dependendo do primeiro sim, da *Bejahung*.

Recalque

A idéia central desse trabalho é, no entanto, distinguir em uma das operações significantes de defesa do real, a que corresponde ao sim primordial – o recalque, sua modalidade – o desmentido.

Recalcar consiste em dizer "não quero saber nada" desse assunto, "não quero saber nada" da castração d'A Mulher, tenho *horror* a isso. No texto "Fetichismo",[7] Freud vai dizer que a *Verdrängung*, o recalque, incide sobre o afeto. Isso não é muito fácil de entender, porque no texto anterior sobre o "Recalque"[8] ele havia dito que o afeto é deslocado.

Antes afirmara que o afeto é deslocado e a idéia é recalcada, mas depois introduz uma precisão sobre esse assunto ao dizer que "se for

---

6. FREUD, 1938.
7. FREUD, 1927, p. 180.
8. FREUD, 1915, p. 176.

preciso fazer uma distinção entre recalcar e desmentir devemos dizer que o recalque consiste no *horror* à castração feminina a tal ponto que não quero saber nada disso". Isso quer dizer, que o recalque incide sobre um afeto, o *horror*. Digamos que recalcar é não se permitir considerar logicamente, não se permitir julgar racionalmente a questão da castração feminina. É uma conduta afetiva. Parece-me que é isso que Freud quer dizer com o recalque incide sobre o afeto.

Quando Lacan se ocupa desta distinção, em "Televisão",[9] esclarece que a idéia que o inconsciente é estruturado como uma linguagem permite verificar mais seriamente o afeto que a idéia que se trata de uma perturbação das funções do corpo devido à descarga de noradrenalina. Que haja perturbação das funções do corpo, isso ele não discute, mas que isso venha da alma, ou do próprio corpo como se diz atualmente, isso ele discute. Uma descarga de serotonina descarrega pensamento. O deslocamento de afeto de que se trata no recalque não é senão a representação do sujeito de um significante para um outro significante. A representação recalcada é a estrutura significante e o afeto aí implicado é a angústia.

Foraclusão

Antes de considerar o desmentido – modalidade do recalque – devo considerar, brevemente, a foraclusão. Prefiro dizer que aqui, a *Spaltung*, se chama foraclusão no sentido restrito, foraclusão do Nome-do-Pai.

A *Austossung*, ou a *Verwerfung* que corta pela raiz toda possibilidade de julgamento, é uma primeira não-afirmação e se pode enunciar dessa forma: " Mulher não existe" num sentido distinto do recalque, no sentido de nunca haver existido.

Esse enunciado ressoa na foraclusão do Nome-do-Pai, que podemos enunciar assim: "o Pai não existe". São enunciados equivalentes: "A̶ Mulher existe" para a foraclusão generalizada, para

---
9. LACAN, 1993, p. 41.

todo falaser e "o Pai não existe" para a foraclusão restrita, para o falaser psicótico. O enunciado "o Pai não existe" traduz o provérbio latino "*Pater incertus*".

Lacan reiterou, em todo seu discurso, a começar pelo Seminário III – "As psicoses", em dois capítulos dedicados à "Questão histérica",[10] que a "incerteza da paternidade" é um indicador seguro do que é uma questão de julgamento, de juízo sobre a paternidade, sobre a procriação, que é um índice seguro da entrada na psicose, na paranóia.

Seria possível generalizar os Nomes-do-Pai e dizer que os dois enunciados – "A Mulher não existe" e "o Pai não existe" – são duas formas da foraclusão do Nome-do-Pai, ou, seria possível singularizar e dizer que o Nome-do-Pai é a foraclusão que induz a psicose e que Lacan chamou de "problema da geração", da procriação, da incerteza do pai.

Desmentido

Desmentir é fazer uma declaração por meio da qual se designa que "não é verdade". No caso que estamos examinando, trata-se de declarar que "não é verdade que A Mulher é castrada". Dizer que "não é verdade que a mulher é castrada" é um pouco diferente de dizer que "não quero saber nada disso", de dizer que se tem horror a esse assunto. O sujeito que diz que não é verdade que a mulher é castrada, está disposto a argumentar e o faz de uma maneira magistral, segundo Freud, construindo um monumento à castração que é o fetiche.

O mais magistral é que o sujeito não enuncia isso verbalmente, enuncia em ato, fica fascinado por um pé, por um vislumbre do nariz e esta é sua forma atuada de dizer: "isso eu discuto", que a mulher é castrada eu discuto, porque tenho aqui um símbolo, um fetiche, do não-pênis da mulher.

---

10. LACAN, 1955-1956, p. 186-208.

É por esta razão que Freud diz que no caso do recalque se trata de horror, que a operação incidiu sobre o afeto e no caso do desmentido a operação incidiu sobre a idéia, sobre o argumento lógico que justifica a ereção do objeto fetiche.

Vale observar que o fetiche não é um símbolo do pênis, como se poderia pensar. Freud termina o artigo dizendo, o protótipo do fetiche é o pênis, mas todo o motivo central do artigo é dizer que o protótipo do fetiche é o não-pênis da mulher.

A tese de Lacan, no Seminário IV[11] é que a relação do objeto é a relação com a falta do objeto. O fetiche é isso, um símbolo da falta de objeto. A rigor, o fetichista não quer fazer existir o pênis, o objeto que falta à mulher, quer representar, por meio do objeto fetiche, o não-pênis da mulher. O fetichista faz um monumento à castração, um monumento ao não-pênis da mulher e isso é um argumento lógico.

Freud diz que "um termo novo se justifica quando descreve um fato novo" mas, no caso do fetichismo não é bem assim, não se trata de um fato novo, não se justifica um novo léxico. "O léxico mais antigo do vocabulário psicanalítico *Verdrängung*, recalque, já se relaciona com esse sintoma", com o fetichismo. "Se quisermos diferenciar mais nitidamente a vicissitude da idéia como distinta daquela do afeto, então, a palavra alemã correta para a vicissitude da idéia seria *Verleugnung*, desmentido".[12]

Destaco aí um argumento de Freud propondo que, em princípio, não devíamos diferenciar o desmentido do recalque, deveríamos fazer do desmentido uma modalidade do recalque, porque o fetichismo não é um fato novo, e, portanto, não se justifica um léxico novo. Seria preciso fazer a disjunção entre o intelectual e o afetivo, separar o que se passa no nível do afeto, do horror, do que se passa no nível da argumentação lógica, para justificar essa disjunção. Mas, como se sabe, não se justifica essa disjunção entre o intelectual, o simbólico e o afetivo, o real, entre o significante, de um lado, e o gozo, de outro.

---

11. LACAN, 1956-1957, p. 24-39.
12. FREUD, 1927, p. 180.

Se quisermos diferenciar a vicissitude da idéia e a vicissitude do afeto, o horror à castração, o afeto, por um lado, e, por outro lado, o significante da castração, o argumento "não é verdade que a mulher é castrada", então, poderíamos usar o léxico *Verleugnung*, desmentido. Mas, isso não parece ser necessário, porque a mais antiga palavra do léxico psicanalítico, *Verdrängung*, recalque, já se relaciona com esse sintoma, o fetichismo.

O fetichismo não é um fato novo que mereça um léxico novo. É nisso que me baseio para afirmar que não há três estruturas clínicas: neurose, psicose e perversão, para dizer que devemos falar de neurose e psicose e de formas perversas do sintoma neurótico.

É possível justificar o conceito de recalque e foraclusão – uma *Verdrängung* é completamente diferente de uma *Verwerfung*, no nível mais primário possível, no nível do juízo, mas não é possível diferenciar nesse mesmo nível o recalque e o desmentido – o mais antigo léxico psicanalítico, *Verdrängung*, recalque, já se relaciona com esse sintoma, o fetichismo. Essa é a nossa hipótese e parece estar inspirada em "Fetichismo" de Freud.

Uma vez concluído "O Eu e o Isso" (1923), a segunda tópica, que dá fundamento ao primeiro alicerce da psicanálise, o conceito de inconsciente, Freud se dedica ao estudo do segundo alicerce da doutrina, o gozo sexual, e acaba encontrando um botaréu – o gozo d'Mulher.

Dois outros artigos dos anos vinte sobre a questão do primeiro alicerce – da topologia do inconsciente – são aí interpolados, "Neurose e psicose" e "Perda da realidade na neurose e na psicose" (1924). É curioso notar que Freud não escreve um artigo sobre "Neurose, psicose e perversão" e isso acontece, na nossa opinião, porque não está interessado em multiplicar os mecanismos, em multiplicar as defesas do real. Seu escolasticismo lhe impõe essa economia; os conceitos de neurose e psicose são suficientes para dar conta das estruturas do sintoma.

É possível ordenar a seqüência da pesquisa de Freud, nos anos vinte, sobre o segundo alicerce da psicanálise, os dois gozos, dessa maneira: "Organização genital infantil" (1923), introduz o conceito de falo como o único significante do gozo sexual. Essa organização não é encontrada nos "Três ensaios" (1905). Lá só se encontra a organização oral e anal.

A pesquisa prossegue com "A dissolução do complexo de Édipo" (1924), onde ele propõe o conceito de complexo de castração, da diferença entre a castração do menino e da menina.

"Algumas conseqüências psíquicas da diferença anatômica dos sexos" (1925), trata da questão das duas lógicas sexuais, isto é, da lógica do todo e da lógica do não-todo. Não quer dizer que a anatomia é o destino, não se trata da diferença anatômica, mas da diferença lógica dos sexos. Trata-se de como devemos classificar os falaseres: todos do lado da lógica do todo, que é a lógica fálica e alguns do lado da lógica não-todo fálica, da lógica não-toda.

Freud prossegue sua pesquisa com "Fetichismo" (1927), objeto deste trabalho e, finalmente, "Sexualidade feminina" (1931) e "Feminilidade" (1932) concluindo assim a pesquisa dos anos vinte sobre a questão dos dois gozos sexuais.

Freud se obstina em defender o conceito de castração d' Mulher, entre 1923 e 1933, não cessa de investigar a "sexualidade feminina", texto onde se encontra o fundamental enunciado *"Was will das Weib"*, "o que quer A Mulher".

A pesquisa de Lacan dá continuidade à pesquisa de Freud, que ele renomeia com seu enunciado " A Mulher não existe" e, em conseqüência disso, "Não há relação sexual".

As formas do sintoma

A partir daí podemos distinguir as formas do sintoma neurótico (e seus tipos clínicos: histeria, obsessão, fobia), as formas do sintoma perverso (e seus tipos clínicos: masoquismo, escopofilia, fetichismo) e as formas do sintoma psicótico (e seus tipos clínicos: paranóia, esquizofrenia, elação [que é a mania]).

Mesmo reduzindo cada forma do sintoma a três tipos clínicos temos tipos demais e por isso gostaria de reduzi-los um pouco mais. O procedimento de redução que adotaremos consiste em distinguir os objetos implicados em cada forma: o objeto fóbico na neurose, o objeto fetiche na perversão e o objeto *a* na psicose.

O objeto fóbico é um objeto significante. Sua definição já clássica é a de um significante que serve para tudo. Mas, o objeto fóbico não define, a rigor, uma forma de sintoma, porque ele é um sintoma em construção. O objeto fóbico é uma plataforma que dá acesso à obsessão ou à histeria (com certeza não dá acesso à psicose).

O objeto fetiche não tem a mesma função significante. O objeto fetiche é um símbolo, um representante da castração feminina. O exemplo privilegiado de Freud é o fetiche do brilho no nariz, *Glanz auf der Nase*, aquele que o sujeito só vai poder decifrar recorrendo a sua outra língua, a língua inglesa, na qual *glanz* é homófono de *glance*, que quer dizer, um vislumbre. Isso leva Freud a dizer que o objeto fetiche que, em geral, é um segmento do corpo, é um monumento à castração.

No entanto, seu exemplo mais eminente é o da homossexualidade como fetichismo. Para Freud, na homossexualidade não está em jogo, de preferência, um gozo anal. A homossexualidade é o fetichismo por excelência, porque nela o fetiche é o próprio pênis. Enquanto o fetiche do pé é uma metáfora do pênis que falta à mulher, a homossexualidade é um fetichismo literal.

O objeto fetiche não serve para tudo, não é uma plataforma como o objeto fóbico. Talvez, o objeto fetiche responda pelo aparecimento de tipos de perversão na neurose, em virtude de que, insisto, do ponto de vista estrutural, o desmentido deve ser considerado uma modalidade de recalque.

O objeto *a* é o objeto por excelência da psicose dado que é um furo. A hipótese de Lacan sobre o objeto a, na psicose, assim se enuncia: "na impossibilidade de ser o falo que falta à mãe, resta-lhe a solução de ser a mulher (o objeto a) que falta aos homens".[13] Este

---

13. LACAN, 1958, p.572.

é o sentido de sua fantasia do período de latência do segundo desencadeamento de sua psicose, ou seja, a idéia de que "seria belo ser uma mulher no ato da cópula". Mas, não posso me estender sobre a psicose, nessa oportunidade que está dedicada ao desmentido.

Nossa hipótese é que a perversão não se constitui em uma estrutura do sintoma, mas apenas em uma forma do sintoma, certamente, em uma forma do sintoma neurótico.

Se o léxico neurose não é apropriado, dado que exclui o léxico perversão, com o que posso estar de acordo, procuremos outro léxico que possa reunir as formas neuróticas e perversas da estrutura neurótica do sintoma, isto é, daqueles que fizeram a primeira afirmação enquanto suplência à foraclusão generalizada, em oposição à estrutura psicótica do sintoma, isto é, daqueles que fizeram a primeira não-afirmação, ou que ratificaram a primeira foraclusão com uma segunda foraclusão.

O organograma abaixo resume a hipótese proposta neste artigo:

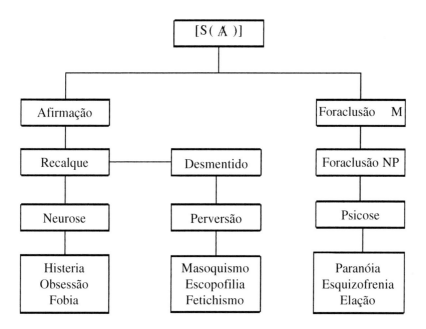

Referências Bibliográficas

FREUD, S. Neuropsicoses de defesa (1894). *Edição Standard Brasileira das Obras Psicológicas Completas de Sigmund Freud*. Trad. Jayme Salomão. Rio de Janeiro: Imago, 1976, v. 3.

FREUD, S. Três ensaios sobre a teoria da sexualidade (1905). *Op. cit.* Rio de Janeiro: Imago, 1972, v. 7.

FREUD, S. Repressão (1915). *Op. cit.* Rio de Janeiro: Imago, 1974, v. 14.

FREUD, S. A organização genital infantil: uma interpolação na teoria da sexualidade (1923). *Op. cit.* Rio de Janeiro: Imago, 1976, v. 19.

FREUD, S. O ego e o id (1923a). *Op. cit.* Rio de Janeiro: Imago, 1976, v. 19.

FREUD, S. A dissolução do complexo de Édipo (1924). *Op. cit.* Rio de Janeiro: Imago, 1976, v. 19.

FREUD, S. Algumas conseqüências psíquicas da distinção anatômica entre os sexos (1924a). *Op. cit.* Rio de Janeiro: Imago, 1976, v. 19.

FREUD, S. A perda da realidade na neurose e na psicose (1924 b). *Op. cit.* Rio de Janeiro: Imago, 1976, v. 19.

FREUD, S. Neurose e psicose (1924 [1923]). *Op. cit.* Rio de Janeiro: Imago, 1976, v. 19.

FREUD, S. A negativa (1925). *Op. cit.* Rio de Janeiro: Imago, 1976, v. 19.

FREUD, S. Fetichismo (1927). *Op. cit.* Rio de Janeiro: Imago, 1974, v. 21.

FREUD, S. Sexualidade feminina (1931). *Op. cit.* Rio de Janeiro: Imago, 1974, v. 21.

FREUD, S. Feminilidade (1932). *Op. cit.* Rio de Janeiro: Imago, 1976, v. 22.

FREUD, S. A divisão do ego no processo de defesa.(1938). *Op. cit.* Rio de Janeiro: Imago, 1976, v. 23.

FREUD, S. Esboço de psicanálise (1940[1938]). *Op. cit.* Rio de Janeiro: Imago, 1975, v. 23.

LACAN, J. *O Seminário. Livro 5. As formações do inconsciente* (1957-1958). Trad. Vera Ribeiro. Rio de Janeiro: Jorge Zahar Ed. 1999.

LACAN, J. L´impossible a saisir. (10/05/77). Séminaire XXIV. L´insu que sait de l´une-bévue s´aile à mourre. In: *ORNICAR?* 17/18. Paris: Navarin Ed., 1979.

LACAN, J. *O Seminário. Livro 20. Mais, ainda* (1972-1973). Trad. M. D. Magno. Rio de Janeiro: Jorge Zahar Ed. 1985.

LACAN, J *Televisão*. Versão brasileira: Antônio Quinet. Rio de Janeiro: Jorge Zahar Ed. 1993.

LACAN, J. *O Seminário. Livro 3. As psicoses* (1955-1956). Trad. Aluísio Menezes. Rio de Janeiro: Jorge Zahar Ed.1985.

LACAN, J. *O Seminário. Livro 4. A relação de objeto* (1956-1957). Trad. Dulce Duque Estrada. Rio de Janeiro: Jorge Zahar Ed.1995.

LACAN, J. De uma questão preliminar a todo tratamento possível da psicose (1958). In: *Escritos*. Trad. Vera Ribeiro. Rio de Janeiro: Jorge Zahar Ed. 1998.

CONTINGÊNCIA DO FALO: A PERVERSÃO E A LÓGICA DO *SEMBLANT*

Jeferson M. Pinto

Estamos passando por um momento de avaliação dos efeitos da concepção de estrutura sobre a teoria e sobre a clínica psicanalítica. É claro que não se trata de desconsiderar a importância dessa formulação, mas de tentar explicitar seus alcances, limites e conseqüências. Em trabalhos anteriores tentamos demonstrar que a teoria do significante, ancorada na perspectiva de uma ciência como a Lingüística, passou a ser confundida com uma escrita do real da psicanálise.[1] O fato de que as formações do inconsciente se estruturam como uma linguagem e que o real que interessa à psicanálise responde a efeitos de sentido, não nos autoriza, no entanto, a afirmar que a estrutura traduz o real em jogo na clínica. Ao contrário, a teoria do significante mostra a estrutura do discurso que é do semblante e sua relação com o real que escapa a qualquer tentativa de apreensão.

Presumo que uma das conseqüências daquela formulação se refere às prováveis limitações que o apego à noção estrutural trouxe para uma melhor avaliação da perversão. Acredito que a preocupação antecipada com a estrutura e com o diagnóstico nela baseado levou os analistas a pensarem que o perverso não procura análise e que, por isso mesmo, não o conhecemos suficientemente como o neurótico e, até mesmo, como o psicótico.

Pensar rigidamente a perversão em termos estruturais, antes do encontro com o sujeito pode induzir a uma certa miopia em relação

---
1. PINTO, 2003.

às diversas manifestações perversas tais como a da mestria, da histérica e do saber, por exemplo. Além disso, não seria importante caracterizar a perversão envolvida no utilitarismo das posições subjetivas, na instrumentalização do desejo, na transgressão intrínseca ao desejo e sua fixação, e mesmo no sacrifício inerente à imposição discursiva da lei edípica etc?

Esquecemo-nos que é o tipo de relação da mãe com o falo que condiciona o Nome-do-Pai. Estamos acostumados, no entanto, a ver o falo a partir de uma estrutura estabilizada pelo Nome-do-Pai. O falo, visto por esse ângulo, é um instrumento potente e funcionalmente ordenado pela modalidade do necessário para lidar com a castração. Porém, se o falo indica a falta-a-ser, ele é o próprio sujeito barrado. Ou seja, o falo nos indica a falta constitutiva da sexualidade na dupla incidência do desejo da mãe e da metáfora paterna.

Nesse sentido é que a perversão evidencia a natureza do falo, pois o que define o fetiche é, exatamente, a ocultação da falta-a-ser. Miller[2] inclusive nos alerta que foi por isso mesmo que Lacan se apoiou nos estudos da fobia e do fetichismo para os esclarecer a natureza do falo. Mais interessante ainda é o fato de Lacan ter se dedicado à sexualidade feminina e, em especial, à homossexualidade feminina, para detalhar a função fálica. Parece que a relação com aquela falta constitutiva da sexualidade ficaria mais evidente ali do que na homossexualidade masculina.

Para Lacan, então, a perversão seria o desejo de preservar o falo da mãe.[3] Esse desejo, como tal, está presente em qualquer posição subjetiva, variando, talvez, a forma como se acredita na possibilidade de êxito. A dúvida obsessiva, por exemplo, não se caracterizaria pela oscilação entre acreditar ou não no falo da mãe? Essa oscilação não mostraria a dúvida entre a castração e o seu negativo que se manifesta nos traços que chamamos perversos? Não é freqüente encontrarmos na clínica algumas "soluções psicóticas" diante do peso

---

2. MILLER, 2001, p. 261.
3. MILLER, 2001, p. 264.

do desejo da mãe? A dimensão imaginária da fantasia na neurose não nos tem ensinado sobre a perversão exatamente por revelar a posição masoquista do sujeito em relação ao outro, este sim caracterizado como o que tem acesso ao gozo exatamente por possuir o "falo" que elide a falta na sexualidade?

O falo é, assim, um *semblant* na medida em que revela o valor de gozo a ser recuperado, cuja encenação imaginária esconde a articulação significante do fantasma. Se ele revela o valor de gozo, ele também vela a articulação que o denuncia. Essa parece ser a força do imaginário. Ele predomina, mas se sustenta em uma articulação simbólica que permanece latente, como diria Freud.

O importante a ser enfatizado, então, é que a perversão deve ser analisada a partir das contingências do Édipo e não a partir de uma atitude simplista e definitiva de recusá-la por estar definida como uma estrutura de *repúdio* da castração. Essa estrutura – como também qualquer outra – é contingente, pois é decorrente de uma defesa diante do real da falta de pênis da mãe e do modo como essa mãe lidou com aquele filho, diante do desejo daquele pai, naquele instante. Os vários acontecimentos que lhe originaram, inclusive, as vicissitudes pulsionais, precisam entrar em análise para que se desvende sua gênese.

Em todo caso, essa gênese acabará por revelar que o desejo visa ao que está mais além. Como Lacan afirmou no *Seminário XI*, "não me dês o que te peço, pois não é isso".

Ama-se o outro pelo que ele não tem. O objeto falta, desliza metonimicamente. O fetiche, e mesmo a falta de criatividade do inconsciente manifestada no fantasma funcionam por meio da fixação do gozo pelo significante. Há aí uma espécie de consistência abusiva desse nome-do-pai, revelada na imobilização da cadeia significante, para lidar com a falta de pênis da mãe. O fetiche tem a função de garantir uma suplência para uma insuficiência da mestria que uma palavra exerce sobre a cadeia significante. Tanto o fetiche quanto o fantasma tamponam a insuficiência do nome-do-pai de modo a não deixar restos e garantir a eficácia da estrutura. A estrutura passa a funcionar, assim, na ordem do necessário, como uma cortina de fumaça que esconde o real dos acontecimentos que lhe determinaram.

Verificado o poder do significante do Nome-do-Pai em estabilizar rigidamente uma pseudo-solução, entende-se mais claramente por que a teoria da sexualidade feminina foi o ponto de apoio para Lacan. A feminilidade é uma manifestação contingente, possível devido ao funcionamento não-todo do falo. Se a estrutura se refere ao discurso do *semblant*, será a via da feminilidade que revelará como a imobilidade da cadeia se desfaz. O Nome-do-Pai funciona como uma palavra-mestre[4] que fornece a chave de leitura para as significações e define o que será a realidade do laço social. É o significante especial que estabelece o valor de Lei para dado sujeito, mas tanto sua origem quanto seu funcionamento são contingentes. Por isso mesmo, e por se desestabilizar pelo encontro com alguma outra significação, ou melhor, pela possibilidade de haver alguma ruptura do semblante, a função fálica, assim sustentada, acaba deixando espaço para o inesperado do desejo.

A escolha do objeto fetiche é, como nos ensina Freud em seus "Três ensaios", contingente. Somente a partir de uma literalização do encontro com esse objeto é que algo se organizará de modo necessário para aquele sujeito, deixando um excedente de gozo a parasitar tal escrita. Esse gozo Outro demandará novas leituras que produzirão novas inscrições da letra no sujeito. Assim, o que conhecemos da sexualidade se revela apenas no *a posteriori* da incidência significante e, talvez por isso, cultivamos apenas a estrutura.

Em todo caso, não é mesmo possível falar em sexualidade antes da presença desse significante que revela o valor de gozo envolvido em sua enunciação. Talvez possamos falar, com Freud, que antes há apenas a perversão polimorfa. O que é do sexual é a forma como a cadeia significante amarra a relação do sujeito com o gozo. É a forma como a inscrição corpórea do gozo foi literalizada de modo a criar aquela realidade como sexual. Essa incidência do significante tem a função de mestria e impõe, como lei, um regime de gozo. É o paradoxo de uma perversão revelada pela própria incidência da lei que a regularia.

---

4. MILNER, 1999.

A lei imposta pela mestria do significante, ou o *semblant* de ordenação que ela traz, exige o sacrifício do assentimento a seus imperativos. Podemos dizer que a psicose questiona a lógica arbitrária da significação dada por uma palavra-amo. A proliferação do sentido na psicose, no entanto, não é capaz, por si só, de criar uma palavra com poder de regular a cadeia de significações e estabelecer uma realidade discursiva. Essa tentativa de cura pelo delírio pode fazer com que alguma palavra, em algum momento, possa adquirir tal estatuto. Já a perversão, ao recusar a natureza de semblante do falo, escamoteia a posição de sacrifício e, não sem uma dose de angústia, coloca o fetiche para elidir a ausência de pênis da mãe.

O que é mais patético nessa solução é a própria degradação da natureza de semblante do falo, quando a pretensão é de dignificá-lo a um ponto tal que a mãe não pode deixar de tê-lo. O objeto fetiche é uma espécie de *artefato*[5] do discurso construído a partir de qualquer coisa, de modo a sustentar uma potência não encontrada em nenhuma palavra. É uma tentativa desesperada de recusar a lógica do *semblant* para encontrar um referente fixo para o gozo. A manobra produz um efeito inverso, pois acaba por tentar garantir uma consistência para o semblante. Tal objeto revela, no entanto, o caráter bizarro e a parcialidade da escolha do sujeito bem como o imperativo da contingência. A natureza de *semblant* do falo e a precariedade de qualquer função discursiva se tornam insuportáveis exatamente por revelarem o impossível do acesso ao gozo. Ao pretenderem um lugar de não-tolos, esses sujeitos mostram, por um lado, a fragilidade da escolha, e, por outro lado, o automatismo e a viscosidade de um gozo que não cessa de se escrever. A perversão pretende escancarar os limites legais do falo, caindo, no entanto, no engodo da possibilidade de acesso a um gozo para além do que foi inscrito, pela simples recusa da lei. Esquece ainda, como nos lembra Nancy[6], que não há acesso ao gozo, pois o gozo é o próprio acesso.

---

5. LACAN, 1971.
6. NANCY, 2001.

Assim, é importante atentar para um falo imaginário, correlativo ao desejo da mãe e transmitido sem a mediação simbólica do pai. Essa vertente do falo com o qual o sujeito se identifica mostra algo do ser e é tão importante quanto o falo correlativo à ordenação do Nome-do-Pai. É bem provável que a teoria do Nome-do-Pai tenha produzido efeitos semelhantes ao de qualquer significante mestre e chegado a obscurecer a função primordial do desejo do analista. Pode ter sido uma formulação importante para facilitar ao analista sustentar-se em seu lugar. Contudo, em uma análise é necessário fazer transitar um gozo Outro e, para tanto, é, sem dúvida, importante o apoio da função fálica. A questão, no entanto, permanece: como o sentido pode produzir efeitos no real de modo a permitir o encontro com o não-todo da sexualidade? Como a interpretação pode operar com o "vazio médio[7]", onde se aloja o *a*, fornecendo a possibilidade da contingência e evitando o efeito perverso de fixação de um detalhe, ou de um traço, elevado à dignidade da Coisa?

Referências bibliográficas

LACAN, J. *De um discurso que não seria do semblante* (1971). Seminário inédito.

LAURENT, E. El camino del psicoanalista. In: MILLER, J. A. *La experiencia de lo real en la cura psicoanalítica*. Buenos Aires: Ed. Paidós, 2003.

MILLER, J. A. *De la naturaleza de los semblantes*. Buenos Aires: Ed. Paidós, 2001.

MILNER, J. C. *Los nombres indistintos*. Buenos Aires: Bordes Manantial, 1999.

NANCY, J. L. *El 'hay'de la relación sexual*. Buenos Aires: Ed. Síntesis, 2001.

PINTO, J. M. *A psicanálise funciona?* Conferência de abertura da Jornada do GREP, Belo Horizonte, 2003.

---

7. LAURENT, 2003.

NEM TODOS OS PAIS SÃO PERVERSOS, MAS EXISTE UM QUE É...

Fábio Borges

"Ich glaube an meine Neurotica nicht mehr..."
"Não acredito mais em minha Neurótica..."

Freud

Na primavera de 1897, vamos encontrar Freud vivendo um momento decisivo de sua vida. Ele termina de fazer uma viagem com Martha ao norte da Itália onde visitou Veneza, Pisa, Arezzo, Florença e especialmente Orvieto, onde o encantam os afrescos de Signorelli, que serão motivo de uma análise quando escreve sobre o Esquecimento na Psicopatologia da Vida Cotidiana. Mas Freud está, também, às voltas com uma tarefa delicada e penosa: está providenciando a lápide do túmulo de seu pai, cuja morte está fazendo o seu primeiro aniversário.

Freud retorna a Viena em 20 de setembro e no outro dia escreve uma carta a Fliess, uma carta que se tornará famosa e muito significativa para o Movimento Psicanalítico. É nesta carta de 21 de setembro de 1897, a Carta 69, que encontramos a frase: "Não acredito mais em minha Neurótica...", uma frase que marcará, de maneira categórica, uma *virada* no trabalho de Freud. Ele abandona, não sem relutância, *a sua neurótica* (a teoria das neuroses) que ele havia tão penosa e arduamente construído através de uma prática clínica, ao longo de vários anos de dificuldades, indecisões, falta de reconhecimento e de uma assustadora solidão teórica.

Como verificamos em sua correspondência com Fliess, Freud *acreditava* que os pais de seus pacientes haviam exercido uma função ativa na causação de suas neuroses. E, baseado nesta escuta, neste acreditar literal dos relatos das histórias de seus pacientes, Freud foi construindo e estabelecendo as bases de um edifício teórico, que terminou por lhe permitir operar clinicamente, com um certo sucesso terapêutico, numa época na qual a histeria nem era considerada como uma entidade nosológica, numa época onde era praticamente inexistente uma abordagem minimamente eficaz dos fenômenos histéricos. Mas agora, em setembro de 1897, Freud duvida da veracidade de seu edifício teórico, e entre as várias causas que provocaram esta *descrença*, ele enumera dois pontos essenciais.

O primeiro deles é que *todos os pais*, incluindo o dele (Freud) teriam que ser acusados de pervertidos. E ele ressalta que foi com surpresa que constatou que na prática clínica esta era uma afirmação impossível de ser sustentada. Ele constata, ainda, que a incidência da perversão teria que ser incomensuravelmente mais freqüente que a da histeria, e isto não era o que ocorria em seus casos, onde ele percebia uma *inesperada* freqüência da histeria.

Uma outra causa da descrença que se liga com a causa anterior e que contém *o* germe das coisas por vir, era que *não há indicações de realidade no inconsciente*, de modo que *não se pode distinguir entre a verdade e a ficção* que foram investidas pelo afeto. E Freud continua falando a respeito da solução, mas sem poder vislumbrá-la inteiramente.

> Por conseguinte, restaria a solução de que a fantasia sexual se prende invariavelmente ao tema dos pais...[1]

Freud prossegue dizendo que estava a tal ponto influenciado por tudo, que estava pronto a desistir de dois pontos essenciais: da resolução completa de uma neurose e do conhecimento seguro de sua etiologia na infância. Mas, neste tempo de descrença:

> Agora, não tenho a menor idéia de onde me situo, pois não tive êxito em alcançar uma compreensão teórica do recalcamento e de sua inter-relação de forças...[2]

---

1. MASSON, 1986, p. 266. (Consultamos também a edição alemã da mesma obra.)
2. MASSON, 1986, p. 266.

Freud está desnorteado, mas não se deixa abater totalmente, e é neste momento decisivo de seu trabalho psicanalítico que ele ascendeu à sua estatura plena, à sua genialidade e o seu erro torna-se fator de descoberta. E neste tempo de queda da sedução, qual Esfinge de pedra – é o tempo da *fantasia* que acaba de soar.

A teoria da sedução

Vamos voltar um pouco no tempo e acompanhar com Freud o desenrolar da construção da sua teoria, que foi nomeada como Teoria da Sedução. Ela veio a público pela primeira vez em 30/3/1896 no artigo; "A Hereditariedade e a Etiologia das Neuroses", publicado inicialmente em francês. É interessante ressaltar que neste artigo aparece publicada pela primeira vez a palavra Psicanálise. Vamos citar algumas passagens do artigo:

...O evento do qual o sujeito reteve uma lembrança inconsciente é uma experiência precoce de relações sexuais com uma real excitação dos genitais, resultante de abuso sexual cometido por uma outra pessoa; e o período da vida no qual ocorre este fatal evento é a infância – até a idade de 8 ou 10 anos, antes que a criança tenha atingido a maturidade sexual...

...Pude levar a efeito uma psicanálise completa em treze casos de histeria... Em nenhum destes casos faltou o evento acima definido. Este era representado tanto por um brutal assalto cometido por adulto, como por uma sedução menos violenta e repulsiva, mas chegando à mesma conclusão...[3]

Em outro texto, "A Etiologia da Histeria", publicado em 1896, encontramos:

---

3. FREUD, 1896a, p. 174-5. (Consultamos também a edição alemã das obras de Freud, *Gesammelte Werke.*)

...Estou convencido de que a hereditariedade nervosa por si mesma é incapaz de produzir as psiconeuroses se faltar sua etiologia específica, isto é, a excitação sexual precoce...[4]

No seu texto "Novos comentários sobre as neuropsicoses de defesa", publicado em maio de 1896, temos:

> ...Os traumas de infância que a análise descobriu nesses casos graves deveriam todos ser classificados como graves ofensas sexuais... Em primeiro lugar, entre os culpados de abusos como esses, estão as babás, governantas e empregadas domésticas e os professores...[5]

É interessante assinalar que neste texto Freud não menciona o fato de que nos pacientes femininos o sedutor *era muito freqüentemente o pai*. E na edição de 1925 dos "Estudos sobre a histeria", Freud admitiu ter suprimido o fato em dois casos ali narrados. Na nota de rodapé, acrescentada pelo próprio Freud em 1924, ao caso Katharina, nos "Estudos sobre a histeria", encontramos:

> ...Ouso, após tantos anos, levantar o véu da discrição e revelar que Katharina não era a sobrinha, mas a filha da senhoria. A moça adoeceu, portanto, como resultado de investidas sexuais por parte do próprio pai. Distorções como a que introduzi no presente exemplo, devem ser evitadas inteiramente ao relatar-se um caso. Do ponto de vista da compreensão do caso, uma distorção desta natureza não é, naturalmente, assunto tão indiferente quanto seria deslocar a cena de uma montanha para outra...[6]

O que nos interessa é que, em algum momento durante o ano de 1895 ou 1896, Freud se convencera de que a pessoa mais freqüentemente culpada do abuso sexual de crianças pequenas, sobretudo de meninas, era o pai. É isso o que podemos encontrar nas cartas a Fliess:

---

4. FREUD, 1896b, p. 215.
5. FREUD, 1896c, p. 187.
6. FREUD, 1893-1895, p. 173.

Carta de 8/10/1895:

...pense só: entre outras coisas, estou na trilha da seguinte pré-condição estrita da histeria: a de que deve ter ocorrido uma experiência sexual primária (anterior à puberdade) acompanhada de repugnância e medo...[7]

Carta de 2/11/1895:

Hoje posso acrescentar que um dos casos me deu o que eu esperava (choque sexual, isto é, violência sexual na histeria masculina) e que, ao mesmo tempo, a elaboração do material controvertido intensificou minha confiança na validade de minhas construções psicológicas...[8]

Na famosa Carta 52, de 6/12/1896, Freud relata fragmento de um caso, em cuja história um pai altamente perverso desempenha o papel principal, sendo o sedutor de seu próprio filho.[9]

A carta mais enfática é a de 8/2/1897, no qual Freud relata que *o seu próprio pai* havia sido um destes pervertidos responsáveis pela doença dos filhos:

...Infelizmente meu próprio pai foi um destes pervertidos e é responsável pela histeria de meu irmão e de várias das irmãs mais moças. A freqüência dessa situação, muitas vezes causa-me estranheza...[10]

(*"...Leider ist mein eigener Vater einer von den Perversen gewesen und hat die Hysterie meines Bruders und einiger jüngerer Schwestern verschuldet. Die Häufigkeit dieses Verhältnisses macht mich oft bedenklich..."*)

---

7. MASSON, 1986, p. 142.
8. MASSON, 1986, p. 150.
9. MASSON, 1986, p. 208.
10. MASSON, 1986, p. 232.

Na Carta de 28/4/1897, encontramos:

> ...E foi aí que se revelou que o pai dela, supostamente nobre e respeitável, costumava levá-la para a cama, regularmente, quando ela estava com oito a doze anos, e se servia dela sem penetrá-la... Uma irmã, seis anos mais velha, com quem ela conversou sobre essas coisas muitos anos depois, confessou ter tido as mesmas experiências com o pai...[11]

O abandono da Teoria da Sedução não foi feito de maneira radical por Freud; ele foi demorado, hesitante e conheceu avanços e recuos. Podemos acompanhar este movimento hesitante ao longo das *Cartas a Fliess*, mesmo após a Carta 69.

O erro na teoria – ou Os tolos erram

É interessante assinalar que o primeiro reconhecimento explícito publicado por Freud da sua mudança de ponto de vista sobre a importância das experiências traumáticas na infância, a Teoria da Sedução, foi feito nove anos após a sua comunicação a Fliess em setembro de 1897. O texto foi publicado em 1906 com o título: "Meus pontos de vista sobre o papel desempenhado pela sexualidade na etiologia das neuroses."[12]

No texto "A história do movimento psicanalítico", publicado em 1914, os efeitos da descoberta de seu erro são vividamente relatados.

> No caminho, tivemos que superar uma idéia errada (Irrtum) que poderia ter sido quase fatal para a nova ciência. Influenciados pelo ponto de vista de Charcot quanto à origem traumática da histeria, estávamos de pronto inclinados a aceitar como verdadeiras e

---

11. MASSON, 1986, p. 239.
12. FREUD, 1906 (1905), p. 279.

etiologicamente importantes as declarações dos pacientes em que atribuíam seus sintomas a experiências sexuais passivas nos primeiros anos da infância – em outras palavras, à sedução. Quando essa etiologia se desmoronou sob o peso de sua própria improbabilidade e contradição em circunstâncias definitivamente verificáveis, ficamos, de início, desnorteados. A análise nos tinha levado até esses traumas sexuais infantis pelo caminho certo, e no entanto, eles não eram verdadeiros. Deixamos de pisar em terra firme...

E Freud complementa, mostrando, como disse no início, o seu temor de que esta idéia errada poderia ter sido fatal para o seu trabalho.

> Nessa época estive a ponto de desistir por completo do trabalho, exatamente como meu estimado antecessor, Joseph Breuer, quando fez a sua descoberta indesejável...[13]

Neste momento surge o que Freud tinha de fáustico e o que, como ele disse muitos anos depois, faltava a Breuer, que preso de um horror convencional abandonou sua paciente Anna O. e encerrou o seu trabalho com as histéricas. Mas Freud era muito diferente de Breuer, ele não abandona o seu trabalho e parte para interrogar os *demônios* que havia evocado, permitindo que eles possam dizer a que vieram. Em suas palavras:

> Por fim veio a reflexão de que, afinal de contas, não se tem o direito de desesperar por não ver confirmadas as próprias expectativas; deve-se fazer uma revisão dessas expectativas...
> Se os pacientes histéricos remontam seus sintomas a traumas que são fictícios, então o fato novo que surge é precisamente que eles criam tais cenas na fantasia, e essa realidade psíquica precisa ser levada em conta ao lado da realidade prática...[14]

---

13. FREUD, 1914, p. 27.
14. FREUD, 1914, p. 27.

No texto "Um estudo autobiográfico" *(Selbstdarstellung)*, publicado em 1925, Freud retoma o tema. Ele novamente escreve que cometeu *um erro (Irrtum)* e que este poderia ter tido conseqüências fatais para todo o seu trabalho. Escreve ainda:

> ...Fui capaz de tirar as conclusões certas da minha descoberta: a saber, que os sintomas neuróticos não estavam diretamente relacionados com fatos reais, mas com fantasias impregnadas de desejo, e, no tocante à neurose, a realidade psíquica era de maior importância que a realidade material... Eu tinha de fato tropeçado pela primeira vez no Complexo de Édipo, que depois iria assumir importância tão esmagadora, mas que eu ainda não reconhecia sob seu disfarce de fantasia...

E em outro parágrafo ele retoma o seu erro, fazendo uma analogia com os reis romanos:

> Ver-se-á, então que meu erro (Irrtum) foi o mesmo que seria cometido por alguém que acreditasse que a história lendária dos primeiros reis de Roma, era uma verdade histórica em vez daquilo que de fato ela é – uma reação contra a lembrança de tempos e circunstâncias que foram insignificantes e ocasionalmente, talvez, inglórias. Quando o erro foi esclarecido, o caminho para o estudo da vida sexual das crianças estava desvendado...[15]

A teoria do erro

Na "Psicopatologia da vida cotidiana", Freud, no capítulo que dedica ao tema dos Erros *(Irrtümer)*, afirma que estes se diferenciam do esquecimento por não serem reconhecidos como tal, mas encontrarem crédito. O interessante é que o sujeito lhes dá valor de verdade e não os toma como lembranças falsas ou algo equivocado, ao contrário dos outros lapsos, que trazem todos a dimensão da falha, de tropeço. Assim, o que Freud ressalta é que frente ao erro, o sujeito não se mostra dividido.[16]

---

15. FREUD, 1925, p. 47.
16. FREUD, 1904, p. 263.

A palavra utilizada por Freud é *Irrtum*, que tem origem latina, com radical distinto dos outros fenômenos de lapsos, todos compostos com o prefixo *ver*, de origem germânica: *Versprechen, Verlesen, Vergreifen, Vergessen* (lapsos de fala, de escrita, de leitura, atos descuidados e esquecimento, respectivamente). A palavra *Irrtum* tem o significado de erro, julgamento errado, conclusão errada, equívoco e erro involuntário.

É interessante ressaltar que esta é a palavra utilizada por Freud na "História do movimento psicanalítico" e no "Estudo autobiográfico", quando se refere ao que aconteceu com ele e a Teoria da Sedução.

Ana Maria Portugal, em seu belo texto "A boa lógica do erro", escreve:

> O que gostaria de destacar é que neste ponto de furo que o aparelho apresenta, o sujeito deposita crédito, tomando sua conclusão errada como certa, seja porque seguiu o desejo, que não pode parecer estranho-familiar, seja porque as respostas que deu ao não-sabido do desejo se chocam numa grande contradição...[17]

A partir daí, podemos perguntar: qual é a grande contradição na Carta 69?

Em princípio, podemos afirmar que ela aparece quando Freud diz que apesar de tudo, de todo o fracasso, do erro fatal que havia cometido em acreditar na sua teoria das neuroses, ele tem uma sensação de vitória. Nas suas palavras:

> É estranho, também, que não tenha surgido nenhum sentimento de vergonha... tenho antes um sentimento de vitória, do que de derrota (que não está certo, é claro)...

E, em outra parte de sua carta a Fliess:

---

17. SALIBA, 1995, p. 49.

Modifico a afirmação de Hamlet – "Estar preparado" – para estar alegre é tudo! A rigor, eu poderia estar muito descontente. A expectativa da fama eterna era belíssima, assim como a da riqueza certa, independência completa, viagens e elevar as crianças acima das graves preocupações que me roubavam a juventude. Tudo dependia de a histeria funcionar bem ou não. Agora, posso voltar a ficar sossegado e modesto e continuar a me preocupar e a economizar. Ocorre-me uma historinha de minha coleção: "Rebeca, tire o vestido; você não é mais noiva nenhuma"...[18]

Uma interpretação desta historinha foi sugerida a Jeffrey Masson por Anna Freud – a saber que Freud, com sua Teoria das Neuroses, acreditara-se privilegiado e se sentira tão feliz quanto uma noiva. Agora, esses dias haviam chegado ao fim e ele tinha que voltar à sua condição corriqueira anterior: não fizera nenhuma descoberta.[19]

Apesar de tudo, Freud tinha uma sensação de vitória e estava alegre. Isso nos parece uma *grande contradição*.

Seria esta uma manifestação do estrangeiro em sua própria terra, o *viator*, o itinerante de que fala Lacan no Seminário XXI, cujo título é: *"Os não-tolos erram."*

Os não-tolos erram

Inicialmente, vamos relembrar alguns pontos muito interessantes desenvolvidos por Lacan quando escreve que *errar* resulta da convergência de *error (erreur = erro)* com alguma coisa que não tem estritamente nada a ver, e que é aparentado com esta *errância (erre)* que é a relação com o verbo *iterare*. O prefixo *iter-* quer dizer *viagem* e é por isso que o cavaleiro errante é simplesmente o cavaleiro itinerante.

---

18. MASSON, 1986, p. 283.
19. MASSON, 1986, p. 268.

Os *não-tolos* são aqueles que se recusam à captura do espaço do ser falante, e sua vida não é mais que uma viagem. E a vida é aquela do *viator*, aqueles que nesse mundo estão como no estrangeiro. A única coisa que eles não se apercebem é que só por fazer surgir essa função do estrangeiro, eles fazem surgir, ao mesmo tempo, o terceiro termo, a terceira dimensão. E Lacan afirma que é preciso ser tolo, quer dizer, colar na estrutura.[20]

A partir destas colocações de Lacan, podemos assinalar que o erro de Freud estava em acreditar que o relato de seus pacientes era uma verdade factual, e também estava na crença de que *é tolo porque erra*. Mas será exatamente este seu erro que o colocará numa terceira via: a da fantasia, que ele mesmo havia escrito entre parênteses, quando abordava o terceiro motivo de descrença na sua Neurótica. Em suas palavras: "...restaria a solução de que a fantasia sexual se prende invariavelmente ao tema dos pais..."[21]

Assim se *abre uma via* para Freud, um caminho que indica que a fantasia sexual se apossa do tema dos pais. É por essa via, que Freud irá percorrendo aos poucos, que se fará uma amarração com Lacan, uma amarração que vai da perversão à versão do pai. E, como afirma Lacan, o pai enquanto perversão não quer dizer senão versão para o pai, e que em resumo o pai é um sintoma.[22]

No *Seminário 21*, ele faz uma referência aos dois termos:

Les non-dupes errent

Les noms du père.

Ele afirma que nestes dois termos colocados em palavras, dos Nomes do Pai e dos Não-Tolos que Erram, *está o mesmo saber*.

> ...É o mesmo saber no sentido em que o inconsciente é um saber no qual o sujeito pode se decifrar... Ele o decifra, aquele que por ser falante está em posição de proceder a essa operação que é mesmo até um certo ponto, forçada, até que atinja um sentido. É aí que ele

---

20. LACAN, 1973-1974.
21. MASSON, 1986, p. 283.
22. LACAN, 1975-1976.

pára, porque é preciso parar! Então ele se detém em um sentido, mas o sentido no qual se deve parar nos dois casos, mesmo sendo o mesmo saber, não é o mesmo sentido...[23]

Père-versement - Père-vertidamente - Père-Versão

Em 1975, vamos encontrar Lacan em Paris, fazendo o *Seminário R.S.I.* Na aula de 15 de janeiro, ele introduz um significante novo: *père-versement*.

Um pai só tem o direito ao respeito, senão ao amor, se o dito amor, o dito respeito estiver *père-vertidamente (père-versement)* orientado, isto é, feito de uma mulher, objeto pequeno *a* que causa seu desejo...[24]

Para os participantes do seminário, escutar, naquele momento, este significante novo, esta homofonia onde o pai aparece incluído dentro do termo perversão, significava uma novidade inacreditável. "Justamente o pai, quem profere a lei ou ao menos a instaura, aparentando-se à perversão".[25]

A palavra *père-versement* não é de fácil tradução, uma possibilidade seria: *père-vertidamente* ou até mesmo *pai-vertidamente*. Em qualquer uma das possíveis traduções, temos a inclusão do pai, montando a pai-versão e enfatizando a versão em relação ao pai. A partir daí está marcado o parentesco entre o pai e a perversão.

Na montagem feita por Lacan temos, ainda, o sufixo *ment*, que significa *mente*. É oportuno lembrar que *mente* em nossa língua tem um duplo sentido, significando cérebro, inteligência, mas também a *mentira*, uma mente mentirosa. O que nos aproxima da palavra versão.

Na seqüência do seminário, Lacan somente falará *père-version*. Ele continua se referindo a uma mulher objeto pequeno *a* que causa o desejo do pai *père-vertidamente* orientado. Nas suas palavras:

---

23. LACAN, 1973-1974.
24. LACAN, 1974-1975.
25. DOMB, 1994, p. 243.

...mas o que essa mulher "em minúscula" acolhe, se posso me exprimir assim, nada tem a ver na questão. Do que ela se ocupa, são outros objetos pequeno a que são as crianças junto a quem o pai então intervém, excepcionalmente, no bom caso, para manter na repressão a versão, que lhe é própria de sua *pai-versão, père-version*. Única garantia de sua função de pai, que é a função de sintoma tal como a escrevi ali...[26]

Deixando, então, aquele dia de janeiro de 1975, quando Lacan introduziu os novos significantes e voltando até março de 2004, quando estamos lendo e trabalhando o seminário, não temos mais aquela atmosfera de algo novo e surpreendente. Nossos ouvidos já se cansaram de escutar aquela novidade, e já nos acostumamos a ela. É nosso imaginário que tem a propriedade de tornar tudo esférico. Mas é importante ressaltar o quanto Lacan com suas intervenções, aforismos e jogos de palavras, conseguia surpreender nossa esférica escuta.

Mas, voltando à palavra *versão*: ela é utilizada por Lacan em momentos diferentes de seu ensino, geralmente em um contexto da história do sujeito ou de sua novela familiar. Desde 1955, no Seminário "As Psicoses", encontramos a palavra versão precedida dos prefixos *"in", "di"* e *"con"*, possibilitando-nos a montagem das palavras: *in-versão, di-versão e con-versão*. Elas são trabalhadas aqui por Lacan, segundo as modalidades da *negação* na gramática freudiana do delírio. Ele enfatiza que Freud nos ensinou a respeito da estrutura do discurso paranóico uma dialética completamente surpreendente.[27]

Também devemos lembrar que encontramos a palavra "versão", como título de um escrito: "Subversão do sujeito e a dialética do desejo no inconsciente freudiano". E temos, ainda, uma passagem no texto: "A direção do tratamento..." onde Lacan se preocupava com um certo tipo de efeito de um manejo imaginário da transferência, onde, para restaurar atipicamente um terceiro na relação, irrompia

---

26. LACAN, 1974-1975.
27. LACAN, 1955-1956, p. 52.

no analisante uma perversão transitória. Uma perversão do sujeito que faz o contraponto de uma versão dual da cura.[28] A essas citações, acrescentaríamos ainda a palavra "re-versão", de que fala Freud quanto aos destinos da pulsão.[29]

Retomando Lacan no *Seminário R.S.I.*, onde ele continua a falar do pai na *Père-versão*:

> Para isto, basta aí que ele seja um modelo da função. Aí está o que deve ser um pai, na medida em que só pode ser exceção. Ele só pode ser modelo da função realizando o tipo. Pouco importa que tenha sintomas, se acrescenta aí o da perversão paternal, isto é, que a causa seja uma mulher que ele adquiriu para lhe fazer filhos e que com estes, queira ou não, ele tem cuidado paternal. A normalidade não é a virtude paterna por excelência...
>
> Nada pior que o pai que profere a lei sobre tudo: sobretudo nada de pai educador! Melhor aposentado de qualquer magistério...[30]

Temos aqui, então, a perversão enquanto versão para o pai, em sua condição mais ampla, aquela que dá lugar à neurose. Na verdade, a versão em relação ao pai é um recurso que pode utilizar tanto o perverso como o neurótico.

Esta afirmativa de que a normalidade não é a virtude paterna e que a função do pai é falha é encadeada por Lacan com outra de que *o pai é um sintoma*.[31]

Tudo isso fica mais evidente se trabalhamos com o novo fundamento introduzido por Lacan à psicanálise: *não há relação sexual*. A estrutura propõe ao sujeito para suprir esta falta, este *não há*: o operador nome-do-pai. Conseqüentemente, a função paterna só pode ser falha. É claro que existem maneiras diferentes de falhas, embora todas sejam resultado do mesmo fundamento, mas a falha

---

28. LACAN, 1958, p. 585.
29. FREUD, 1915, p. 129.
30. LACAN, 1974-1975.
31 LACAN, 1975-1976.

do pai depende de como ele se situa frente a este real de *não há relação sexual*.[32]

Mas se por um lado as falhas do pai, da metáfora paterna, do nome-do-pai podem desencadear a neurose e a père-versão, por outro lado estas falhas permitem a invenção, como podemos constatar no trabalho de alguns escritores, como Gide e James Joyce.[33]

Lacan, quando faz referência "à mulher em minúscula", apresenta-nos a possibilidade do perverso (pai) voltar-se sobre essa mulher, em uma versão na qual a questão do objeto toma outra configuração. A partir daí o significante novo *pèreversement-pèrevertidamente*, juntando pai e perversão pode também ser escutado de outra maneira, não tanto como questão do pai, mas sobre a função do objeto na perversão.

Esta *pèreversão* está orientada a fazer de uma mulher objeto *a* causa de seu desejo. O objeto *a* quando se presentifica é aquele que obtura, que tampona a falta do Outro, em relação à qual se constitui a castração. E se aprendemos com Freud que o perverso tem "aversão à castração" aqui com esta outra escuta podemos marcar a *"a-versão da coisa – das Ding"*.

Podemos ver isso melhor neste esquema:

aversão à castração
↓
a-versão do objeto
↓
a-versão da coisa – das Ding

---

32 DOMB, 1994, p. 243.
33 ALCAÑIZ, 1990, p. 81.

A Coisa – *das Ding* – ou Pela via do equívoco

Podemos perguntar, agora, que outras respostas pode o sujeito-Freud produzir no lugar do erro, no lugar de conclusão errada, que ele se considerava na Carta 69? Para respondermos a esta questão, vamos, mais uma vez, retomarmos o texto de Ana Maria Portugal, que propõe em sua parte final tomar o erro não pela via da conclusão errada mas pela *via do equívoco*. Ela relembra que o erro tem sua razão primeira na cisão que sofrem os processos do pensar, quando se separa de seus atributos a parte constante, *a coisa*, como não-compreensível. E o que permanece constante é o desejado estado-coisa *(gewünschte Ding-Zustand)*.

Então o equívoco, nesse lugar do erro não se produz por igualar as vozes, os sentidos, mas por igualar o sentido à voz, ao chamado, pois o que importa aqui não é o conteúdo expresso nas várias vozes, mas dependendo da voz, "na sua condição de resto, é que justamente se abrirá alguma coisa, talvez a coisa, *das Ding* – coisa inédita, constante, tão desejada".[34]

Freud nos conta ter escutado *a coisa (sexual)* na confissão neurótica e, em seguida, que acreditou, quando nada mais havia senão a miragem da fantasia. Em que incide, então, o *erro (Irrtum)*? Pois a Coisa sexual estava realmente no relato da cena como seu conteúdo *(Inhalt)* próprio. A fala continha "substancialmente" a Coisa. Assim o erro consistia apenas em confundir a Coisa *(Ding)* com seu conteúdo *(Inhalt)*. Seu erro consistia em fazer da Coisa a própria causa da neurose, quando ela era apenas o seu tema.

A Coisa havia sido escondida por seus mestres, Breuer, Charcot e Chrobak – um pouco como se diz a uma criança: "A Coisa que eu sei, não vou dizer, você vai saber quando for grande". Ora, eis que os outros, os neuróticos, a anunciam para ele por sua vez, mas são desmascarados como *mentirosos*. De fato é para desanimar. Resumindo: a coisa é uma verdade que não deve ser dita (em sua primeira versão) e/ou uma mentira que não pode ser sabida (em sua versão segunda).[35]

---

34 SALIBA, 1995.
35 ASSOUN, 1995, p.106-108.

Então, a coisa está no relato, e *não no fato*, e no relato não importa o sentido, mas sim importa a ambigüidade, a trama, o que leva a coisa como pretexto. Chegamos, então, a um ponto fórmula, ponto matêmico: *a causa da equivocidade é a coisa*.

Vê-se ao fim de que troca derrisória Freud faz a aquisição do *desejo*: é o que lhe resta em troca dessa coisa inteiramente real que não pode trazer à luz. Velada para sempre na fala dos neuróticos, ele requer, ainda assim, os seus restos e funda com ele um saber novo, mas afinal pouco "glorioso".

Pouco glorioso, com efeito, pois ninguém quer a coisa. Aqueles que a sabem nada querem dizer dela, aqueles que a dizem nada querem dela saber. E no final, Freud vai encarnar uma estranha síntese: ser aquele que, ao mesmo tempo, vai dizê-la e sabê-la, isto é, vai tirar desse dizer mudo um saber eloqüente – o psicanalista é a partir de então aquele que a coisa faz falar – e fundará sobre esse saber singular um dizer específico – o psicanalista será, com efeito, aquele que considera a coisa sexual digna de um saber.[36]

Como o próprio Freud disse: "Fui capaz de tirar as conclusões justas: Os sintomas neuróticos não estavam diretamente relacionados com fatos reais, mas com fantasias impregnadas de desejo."[37]

Freud faz assim um trajeto que podemos mostrar nesta seqüência de frases-fases:

1895/1896	*Todos os pais são perversos.*
1897	*Meu próprio pai é perverso.*
1897	*A fantasia sexual se prende invariavelmente ao tema dos pais.*
1897	*Nem todos os pais são perversos, mas existe Um que é.*

---

36 ASSOUN, 1995.
37 FREUD, 1925, p. 47.

"Mas existe Um que é..."

No quarto motivo de descrença na sua "Neurótica", Freud assinala que há um furo no saber, ou como diria Lacan: há um buraco na estrutura. Em suas palavras:

> Quarto: a consideração de que, na psicose mais profunda, a lembrança inconsciente não vem à tona, de modo que o segredo das experiências da infância não é revelado, nem mesmo no mais confuso delírio...[38]

Ou seja, há uma ausência da expressão da Cena da Sedução, mesmo nas psicoses mais avançadas. E Freud continua, fazendo uma afirmação que marcará um limite do seu método terapêutico, um limite que foi *esquecido* por muitos dos seus discípulos:

> Se virmos, portanto, que o inconsciente jamais supera a resistência da consciência, a expectativa de que o inverso venha a acontecer no tratamento, a ponto de o inconsciente ser completamente domado pela consciência, também diminuirá...[39]

Considerando todo o trajeto percorrido por Freud, um trajeto no qual ele se torna um *viator*, um viajante, que não é de lugar nenhum, mas está num lugar, podemos dizer que existem dois tempos. Um primeiro tempo no qual Freud acha que sabe, mantém-se inteiro, sem divisão, no qual se acha também tolo, errado, conseguindo com isto domesticar o estranho-familiar.

O segundo tempo é o do *equívoco*, quando surge o estranho-familiar e a divisão, quando o desejo inconsciente cai sobre Freud e se mostra nu: a Rebeca sem vestido. E neste tempo, *a verdade mostra-se não-toda: é verdade, não é verdade*, ela se apresenta numa vestimenta de ambigüidade, onde temos duas posições em contraponto, mas onde uma sustenta a outra e o sujeito Freud tem que enfrentar esta divisão.

---

38 MASSON, 1986, p. 283.
39 MASSON, 1986, p. 283.

É, neste momento, que podemos ver toda a força da frase: *Nem todos os pais são perversos mas existe Um que é...*

Agora, não há mais a vestimenta da fantasia que se prende ao tema dos pais, pois, ela existe apenas para encobrir um que é. Mas esta afirmativa é uma exigência da estrutura e não mais uma fantasia encobridora.

Então, Freud descobre que é preciso ser tolo da estrutura e que o saber não é todo, há um furo no saber. É por isso que aparentemente ele *des-cobre-se* em uma contradição, quando recebe o erro como uma vitória, sem nenhum sentimento de vergonha e aí ele se orgulha de seu trabalho mesmo que equivocado.

Assim, Freud é tolo da estrutura na medida em que ele quer escutar a equivocidade, na medida em que permite que os demônios evocados por seu próprio trabalho digam a que vieram. E o dizer dos demônios é preciso e lógico: *Nem todos os pais são perversos, mas existe Um que é...*

Referências bibliográficas

ALCAÑIZ, J. M. *et al.* Perversion, question del padre. In: *Rasgos de perversion en las estructuras clinicas.* Buenos Aires: Manantial, 1990.

ASSOUN, Paul Laurent. *Metapsicologia freudiana: uma introdução.* Trad. Dulce Duque Estrada. Rio de Janeiro: Zahar, 1995.

DOMB, Benjamin. El amor al padre. In: *El padre em la clinica lacaniana.* Buenos Aires: Homo Sapiens, 1994.

FREUD, S. Estudos sobre a histeria. (1893-1895) *Edição standard brasileira das obras psicológicas completas de Sigmund Freud.* Trad. Jayme Salomão. Rio de Janeiro: Imago, 1974, v. 2.

FREUD, S. Hereditariedade e a etiologia das neuroses (1896a). *Op. cit.* Rio de Janeiro: Imago, 1976, v. 3.

FREUD, S. A etiologia da histeria (1896b). *Op. cit.* Rio de Janeiro: Imago, 1976, v. 3.

FREUD, S. Novos comentários sobre as neuropsicoses de defesa (1896c) *Op. cit.* Rio de Janeiro: Imago, 1976, v. 3.

FREUD, S. A Psicopatologia da Vida Cotidiana.(1904). *Op. cit.* Rio de Janeiro: Imago, 1976, v. 6.

FREUD, S. Meus pontos de vista sobre o papel desempenhado pela sexualidade na etiologia das neuroses. (1906 [1905]). *Op. cit.* Rio de Janeiro: Imago, 1972, v. 7.

FREUD, S. A história do movimento psicanalítico. (1914). *Op. cit.* Rio de Janeiro: Imago, 1974, v. 14.

FREUD, S. As pulsões e suas vicissitudes (1915). *Op. cit.* Rio de Janeiro: Imago, 1974, v. 14.

FREUD, S. Um estudo autobiográfico (1925). *Op. cit.* Rio de Janeiro: Imago, 1976, v. 20.

FREUD, S. *Gesammelte Werke*. Frankfurt am Main: S. Fischer Verlag, 1977.

LACAN, J. *O Seminário. Livro 3. As Psicoses* (1955-1956). Trad. Aluísio Menezes. Rio de Janeiro: Zahar, 1985.

LACAN, J. *Seminário 21. Os Não-Tolos Erram.* (1973-1974). Inédito.

LACAN, J. *Le Séminaire. Le Sinthome* (1975-1976). Inédito.

LACAN, J. *Seminário 22. R.S.I.* (1974-1975). Inédito.

LACAN, J. Subversão do sujeito e a dialética do desejo no inconsciente freudiano (1960). In: *Escritos.* Trad. Vera Ribeiro. Rio de Janeiro: Zahar, 1998.

LACAN, J. A direção do tratamento e os princípios de seu poder (1958). In: *Escritos.* Trad. Vera Ribeiro. Rio de Janeiro: Zahar, 1998.

MASSON, J. *A correspondência completa de Sigmund Freud para Wilhelm Fliess 1887-1904.* Editado por Jeffrey Masson. Trad. Vera Ribeiro. Rio de Janeiro: Imago, 1986.

MASSON, J. *Sigmund Freud Briefe an Wilhelm Flieb 1887-1904.* Herausgegeben von Jeffrey Masson. Frankfurt am Main: S. Fischer Verlag, 1986.

SALIBA, A. M. P. A boa lógica do erro in *Revista Letra Freudiana.* "100 Anos de Projeto Freudiano". Rio de Janeiro, Revinter, nº 15, 1995.

Os discursos e os ímpares

Aurélio Souza

O animal humano, como um ser de fala, habita antes de ter nascido e mesmo depois de sua morte, o campo da linguagem. Uma estrutura simbólica que vem interditar a relação de harmonia que se pode idealizar entre o animal e a *Natureza*, um tipo de deus que goza, que "dá seu consentimento ao mau" e tem fome de morte, um "apetite do desejo de morte", dizia Lacan.

Para tomar posição, logo de início vou afirmar que a noção de estrutura não apresenta um sentido unívoco. No ensino de Lacan esteve a princípio implicada à lingüística e à própria topologia do significante que assegurava a dimensão simbólica como a "casa" do sujeito. Desta maneira, a estrutura vinha se constituir num conjunto formado por elementos discretos – os significantes – que guardavam entre si uma relação de pura diferença, mantendo uma propriedade de permutação, onde cada significante é sempre reenviado a outros, formando palavras, frases e orações, obedecendo para isso a determinadas leis da linguagem que têm sido identificadas como metáfora e metonímia.

Em sua condição mais irredutível, a estrutura deve ser considerada como um lugar, um topos que foi designado por Lacan de *grande Outro* e denotado pela letra *A* maiúsculo, da acrofonia de *Autre*. Pode-se acrescentar que essa estrutura linguageira funciona com uma certa autonomia, como uma "máquina" que não apresenta em seu funcionamento qualquer sentido prévio e que ainda deve ser considerada por suas propriedades *a-histórica* e *anti-substancialista*.

Logo em seguida Lacan atribuiu a esse *Outro* a presença de uma *falta*. Passou a designá-lo de *grande Outro barrado* e a considerar que em decorrência desta *falta*, esse Outro ocupava para o sujeito a condição de uma estrutura que mantinha a presença primitiva de um desejo obscuro, formulado através de uma demanda primordial e incondicional. Aqui existe algo de essencial a se levar em conta, pois esta demanda mesmo que se apresente de início no Outro, ela se formula de uma forma invertida do lado do sujeito: "o que esse Outro quer de mim? Como ele me quer?"

Diante destas questões o sujeito aparece sem recursos, já que não sabe o que esse Outro deseja, nem mesmo o que lhe pede. Essa posição inicial do humano foi designada por Freud de *Hilflosigkeit* e passou a ser considerada como a "experiência traumática" de um desamparo do qual o sujeito terá que se defender.

Ele o faz através de um duplo movimento. O primeiro, na construção de um saber que Freud designou de "inconsciente" e que é colocado em circulação pela rede de significantes. Esse saber que "se estrutura como uma linguagem" intervém na própria constituição do sujeito, colocando-o a uma certa distância de seu *ser*. Um (f)ato linguageiro que vem constituir o sujeito diferente do organismo e do "eu", que se constrói numa montagem equivalente à representação do próprio corpo. Este afastamento que o sujeito experimenta em relação ao seu *ser*, metaforiza-se na *perda* de uma parte que é arrancada de si mesmo e do corpo que o sustenta, através de um tipo de operação no real que passou a ser designada por Lacan de *privação* (operação no real com a perda de um objeto simbólico). Se do lado do sujeito, o que ele perde, adquire a noção de um *sacrifício* necessário para sua própria constituição, do lado do grande Outro, essa perda presentifica-se como uma "falta". A superposição destas duas "faltas", no sujeito e no grande Outro, vem dar lugar ao campo do objeto na psicanálise.

Portanto, o sujeito manterá desde cedo um tipo de laço quase "natural" com o Outro real da linguagem, um tipo de "materialismo primário" onde sofrerá uma alienação com laços de uma dependência "eterna" às leis simbólicas. Aí, não só experimenta uma onipotência desse "outro lugar", como sofre também a presença de um silêncio maciço que exibe uma deficiência local dessa potência. Essa condição vem determinar certas conseqüências radicais e irreversíveis de sua ex-sistência, desde quando perde seus instintos e suas trocas sociais não serão organizadas por laços de sangue, mas por uma nova ordem que vai ser estabelecida pelas próprias leis da linguagem e pela dimensão da História. Nestas condições, se de início desenvolve-se para o sujeito um certo processo de "cenificação" do mundo, logo em seguida, ele mesmo deverá introduzir sua própria "cena", construindo de uma maneira singular suas sucessivas realidades. Aqui, portanto, o que está em jogo não é a versão oficial dos fatos, mas o sentido que o sujeito lhes atribui como diferentes *ficxões* do real.

Deve-se também considerar que isso que se perde por habitar na linguagem manterá o sujeito num estado permanente de ereção, numa posição de desejo à espera de que algum dia possa reencontrar esse objeto perdido e retornar àquela condição imaginária de completude com o Outro real materno. O sujeito tentará recuperá-lo de uma forma imaginária através de diferentes semblantes que vão se sucedendo em suas realidades, revelando uma contingência trágica, ou melhor, tragicômica de sua ex-sistência, pois todas as vezes que ele pensa tê-lo encontrado, "não é isso" de que se trata, pois esse objeto sempre lhe escapa.

Esse "objeto" que se perde na constituição do sujeito e passa a ser designado por Lacan de objeto pequeno *a*, toma o estatuto de causa da própria divisão do sujeito e ainda adquire a função de objeto causa do desejo. Essa condição linguageira determina que esse sujeito de linguagem e de sexo só se realiza sob a forma de uma metonímia de seu *ser*; isto é, ele só se manifesta como "sujeito do inconsciente", ocupando uma posição *ex-cêntrica* na estrutura e sob a condição de um sujeito desejante $, que é representado por um determinado significante denotado por S_1.

Existe ainda uma segunda maneira do sujeito se defender de seu desamparo. Ele o faz através da construção de um dispositivo imaginário que se desenvolve a partir do encontro com o *outro*, seu semelhante. Deve-se levar em conta, de início, essa relação estrutural que o sujeito mantém com o grande Outro real da linguagem, esse Outro que não pode lhe dizer nada, desde quando se trata de um lugar.

Numa condição de desamparo e frente a esse silêncio do Outro, sem saber nada sobre isso, mas por amor a esse grande Outro, o animal humano quando colocado diante de seu *semelhante*, procura vestir-se com o paramento que recebe desse "outro", da imagem do outro, a fim de construir sua própria imagem, sua estátua, equivalente ao que ocorre numa relação especular. Ao mesmo tempo em que procura construir uma imagem do próprio corpo que é equivalente ao *eu – moi –*, desenvolve também uma crença de que só sob essa forma o grande Outro poderá atendê-lo. Esse artefato, essa montagem heterodoxa que o sujeito constrói a partir da imagem que vem desse "outro", seu *semelhante*, foi designado por Lacan de "fantasma fundamental" e matemizada através da escritura: $ ◊ a.

Dito de outra maneira, frente ao seu desamparo, o sujeito procura "se fazer" algo que tenha o estatuto de um objeto, de objeto da pulsão, tomando a forma de seio, fezes, olhar, voz, a dor, o nada, passando a sustentar a resposta do desejo do Outro como um objeto desse desejo. Através desta montagem o sujeito se acomoda numa relação de junção/disjunção – ◊ – com o objeto, colocando-se sob diversas condições com as quais espera satisfazer ao desejo do Outro. Como um corolário, desde que o "fantasma fundamental" torna-se um lugar de gozo, ele passa a regular a própria vida do sujeito, suas escolhas e, inclusive, sua posição sexuada.

Assim, o sujeito desde que se constitui e habita na linguagem, o corpo que o sustenta não responde simplesmente a uma condição biológica, como se poderia imaginar, mas tem sua forma, seus órgãos e funções modeladas pela própria estrutura linguageira. Também em relação à sexualidade, mesmo que se possa valorizar, na atualidade, certos achados das ciências, a psicanálise tem revelado que, para este ser de linguagem e de sexo, o que está em jogo nessa questão da identidade sexual não diz respeito à biologia, aos hormônios, nem mesmo à alteridade e à importância que podem ter o pênis e a vagina. Isso quer dizer que até mesmo a anatomia não escapa dos efeitos dessa estrutura linguageira, desde quanto deve ser concebida como uma percepção que se realiza além do organismo.

A revolução produzida por Freud em torno da sexualidade não foi de revelar um pansexualismo ou de se constituir num "conto de fadas científico", como disse Krafft-Ebing, mas de mostrar que diferente do que acontece aos animais, a sexualidade no humano não é uma condição natural. Por isso mesmo, após a invenção da psicanálise deve-se acrescentar algo à leitura que as ciências fazem ao real do sexo. Não pretendo estabelecer um recorrido sobre isso, mas quero dizer que Freud numa das ocasiões em que procurava a causa para uma dessas condições que considerava como uma patologia sexual, referia-se ao homossexualismo feminino, ele afirmou que se deveria levar em conta três conjuntos de elementos: os caracteres sexuais físicos, os caracteres sexuais psíquicos e o tipo de escolha de objeto; estas características não só poderiam variar para cada um, como estariam ainda suscetíveis a permutações entre diferentes sujeitos.[1]

Assim, se Freud abriu o caminho para novas leituras sobre a sexualidade e suas patologias, talvez não seja excessivo se dizer que Lacan acrescentou elementos mais rigorosos e contemporâneos a essas leituras. A sexualidade do humano, portanto, sofre os efeitos da linguagem sobre o real do corpo, quando se rompe seu estatuto natural e passa a ser determinada por esse constructo artificial – o fantasma fundamental – que vai lançá-la como uma condição de estranheza para o sujeito.

Desta maneira, a diferença dos sexos deve ser considerada como algo que obedece à própria estrutura linguageira. Isto é, a posição sexuada do sujeito se realiza, de início, através de uma certa idealização que o faz supor a presença de "um bem comum", de um "instrumento" que seja compartido por todos os seres de linguagem e que tem sido designado de Falo; na álgebra lacaniana esse elemento é matemizado pela letra *phi* maiúsculo Φ.

---

[1]. FREUD, 1920.

Se para o discurso analítico "a anatomia não é o destino", o Falo não deve ser concebido como um órgão equivalente ao pênis, mas como um significante subsumido a uma determinada gramática que o institui como o operador maior da dissimetria sexual. Assim, cada ser sexuado irá se definir como HOMEM ou MULHER a partir de uma relação com esse significante do Falo F, que se inscreve numa gramática formulada através de uma dialética entre o *ser* e o *ter*. Se para o homem, pode-se dizer que "ele não o é, sem ter o Falo", para a mulher, "ela só é, desde que não o tenha".

Todavia, essa questão não é tão simples quanto parece. Embora se possa encontrar num primeiro momento do ensino de Lacan, uma leitura equivalente a essa de Freud, mais tarde ele passou a criticar o caráter unívoco e implicador dessa cópula que se expressa no verbo "*ser*". Desta maneira, as posições sexuadas não deveriam obedecer a uma leitura linear destes enunciados, mas implicadas num *vel* que se enuncia como – "ou bem ele é, ou bem ele tem".

Isso quer dizer que na busca de sua identidade sexual, o sujeito terá que abandonar essa célula narcísea da relação mãe/filho(a), abrindo mão desta condição de *ser* o Falo da mãe, um *Falo imaginário*, que é matemizado pela letra *phi* minúsculo φ, para poder recebê-lo sob o estatuto de um *Falo simbólico* Φ. Como uma exigência lógica, para operar esse deslocamento do filho(a), o pai deverá aparecer numa posição terceira – como *nome* ou *função* – e com poderes para promover uma dupla intervenção.

Em relação à mãe, a *função do Pai* vem bolinar seu desejo, fazendo-a retirar o olhar que está colocado sobre seu "produto", impedindo que ela busque reincorporá-lo; do lado do filho, a função paterna diz "não", para interditar esse objeto inicial de seu amor – a mãe – forçando-o a abdicar dessa posição de *ser o Falo imaginário*, para uma outra, onde possa *ter* o Falo, na condição de *Falo simbólico*. Essa operação lógica realizada em Nome-do-Pai, não só vem definir o que a psicanálise nomeia de *castração simbólica*, como procura legalizar as outras operações de falta que correspondem à *privação* e à *frustração*. Deve-se ainda levar em conta que essa presença do "pai simbólico" não exclui, mas ao contrário, propicia a existência de pais encarnados que fazem parte da dimensão imaginária e vêm participar das diferentes realidades dos filhos.

Lacan ainda utilizou-se de outros termos para enunciar esse *vel* que institui a diferença dos sexos: se do lado HOMEM, ele deveria deixar de *ser* o *Falo imaginário* (φ), para passar a *tê-lo* no plano simbólico Φ, do lado MULHER, ela não só se manteria identificada ao *Falo imaginário* ("*ela o ê*"), como também passaria a *tê-lo*. Trata-se de uma posição sutil, pois desta maneira a mulher poderia descritivamente ocupar um lugar equivalente àquele que se designa de "perverso"; para poder diferi-la dessa condição, de um ponto de vista estrutural, deve-se considerar que se *ela o tem*, é como um elemento destacado que pode se realizar através da presença de um filho, no corpo e nos adereços que recebe do Outro.

Como um corolário a partir destas questões, o que Freud designou de "complexo de Édipo" e "complexo de castração" não devem ser lidos como estórias sexuais entre pais e filhos, mas como operações lógicas que mantêm relação com a existência do Falo. Assim, como um fato de estrutura, o *significante desejo da mãe*, sem que a mãe da realidade saiba ou possa controlá-lo – já que o desejo é sempre inconsciente – vai ser substituído pelo *significante-Nome-do-Pai*, num tipo de operação designada de "metáfora paterna" e a partir da qual o sujeito terá significado sua posição na estrutura como um ser sexuado.

Em conseqüência desta operação da "metáfora paterna", as relações entre pais e filhos (seus impedimentos e embaraços) deixam de responder a laços de sangue, mas passam a depender de uma aplicação da Lei, da lei do Pai que vem instaurar na cultura e os lugares do parentesco. Assim, só em Nome-do-Pai, isto é, servindo-se de seu Nome é que os filhos são inseridos na Lei, podem encontrar com legitimidade seus lugares no campo da linguagem, articular o fundamento do desejo, suportar os diferentes gozos e fazer frente a seus ideais e a seu sexo.

Dito de outra forma, Freud mostrou desde o início da psicanálise que a diferença dos sexos não se definia por sua condição anatômica.

O sujeito para declarar sua posição sexuada não vai depender se nasceu macho ou fêmea, já que essa diferença dos sexos não se inscreve simplesmente nessa alteridade anatômica, mas na dependência de um "fantasma" que se constrói sem que o sujeito saiba quais são seus termos.

A sexualidade humana, portanto, torna-se insolúvel quando reduzida a seus dados biológicos, pois desde cedo que estes seres de linguagem e de sexo sofrem os efeitos de um dizer que vem instituir e determinar o real dessa diferença, com valor homem ou valor mulher. É, pois, só a partir de um dizer que o sujeito terá condições de estabelecer a diferença entre HOMEM e MULHER e, sobretudo, de poder abrir outras múltiplas vias para escolher qual posição sexuada irá declarar para ele mesmo.

Essa dependência do sujeito ao Falo, o manterá sempre na ilusão de encontrar várias representações desse "objeto" que causa seu desejo e que pode fazer valer seu gozo num mercado onde se totalizam valores, escolhas e preferências, até mesmo para os encontros sexuais com aparência de homem ou de mulher. Todavia, o sujeito neurótico só poderá ter acesso a esse "objeto", com valor fálico, desde quando esteja normatizado nos termos da Lei-do-Pai que institui o desejo como limite ao gozo.

O sujeito neurótico experimenta cada vez esses limites de gozo como uma falha aberta em algum lugar de sua ex-sistência, passando a se constituir numa perda irreversível que o funda com uma alteridade radical em relação a qualquer outro sujeito; esse fato de estrutura o manterá sempre com a esperança de que em algum momento possa ultrapassá-los. Dito de outra forma, para guardar essa posição desejante, o sujeito deverá manter uma condição de pura negatividade onde se busca através dos objetos; isso quer dizer, em última instância, que aquilo que o sujeito busca com o desejo, é uma parte perdida dele mesmo que está além de qualquer "objeto" que possa ser encontrado em suas diferentes realidades.

Lacan ainda considerava que o sujeito desde quando habitasse nessa estrutura normatizada pelo significante-Nome-do-Pai, sofreria a perda do "objeto *a*, em decorrência disso, teria suas realidades construídas sob a forma de *aparência* e organizadas em torno do Falo. A presença desse "objeto" simbólico e a dependência que o sujeito mantém com ele, sob os termos de castração, frustração e privação são indispensáveis para que possa determinar sua posição subjetiva, para que tenha seu desejo sustentado por uma condição primordialmente simbólica e que se posicione como ser sexuado com valor homem e valor mulher, numa condição de estrutura que qualifica a posição do neurótico em sua ex-sistência.

A partir da topologia do significante e da significação do Falo pode-se identificar três tipos de operação que vêm determinar os diversos grupos clínicos de que trata a psicanálise: o recalque para as neuroses, o desmentido ou a renegação para as perversões e a foraclusão para as psicoses.

O Real, a Letra e o Objeto *a*

No período entre o Seminário IX (*A Identificação*) e o XVI (*De um Outro ao outro*), que vou considerar como um segundo tempo do ensino de Lacan, ele abriu uma "era dos pressentimentos" e introduziu na psicanálise a topologia dos objetos de superfície (o toro, a fita de Moebius, a garrafa de Klein, e o cross-cap). Ainda nesse período, utilizando-se de argumentos da topologia, da lógica e das matemáticas, procurou reconsiderar sua noção de estrutura, abandonando a dimensão simbólica e tomando uma orientação para o real.

Já no Seminário X (*A Angústia*), essa *falta* que existia na estrutura, ele a concebeu como um *vício*, um *vício da estrutura* que não permitia ao Outro responder a qualquer demanda que lhe fosse formulada pelo sujeito. Esse *default*, que vinha corresponder a uma *não-relação* do sujeito à linguagem, determinava que de um ponto de vista descritivo, matemático e lógico, a *falta* que existia na estrutura deveria ser considerada como um *buraco* que passava a ter uma dimensão do real.

Essa noção do *buraco* passava a fazer parte da topologia do objeto *a* que se transmudava numa letra, esse traço não verbalizado e que não trazia nenhum sentido prévio para o sujeito. Se essa propriedade que aparece em qualquer conjunto, de conter uma falta em sua estrutura, foi tomada como um axioma pelas ciências, não deixou de ter seus efeitos na psicanálise. Esse esburacamento na estrutura não se identificava simplesmente a um vazio, a um furo, nem mesmo a algo que pudesse ser definido pela intuição ou a doxa, mas correspondia a uma função essencial da topologia. Assim, para toda estrutura, dever-se-ia considerar a presença de uma *borda* que viesse instituir limites e determinar a própria constituição do *buraco*.

Lacan insistia nessa idéia de que se é a dimensão simbólica que faz *buraco* no real, de uma maneira que pode parecer paradoxal, é a presença do *buraco* que adquire a condição necessária para gerar o campo do simbólico "que faz vir ao mundo o efeito do significante."[2] Ainda nesse período, levando em conta a lógica, procurou tratar o grande Outro a partir de um axioma: o grande Outro não é completo e, por isso mesmo, não se identifica a um UM que possa dar a idéia de uma completude. Logo em seguida, retoma a noção de estrutura através de um enunciado emblemático: "o grande Outro em forma de pequeno *a*"; isto é, mesmo que esse grande Outro não exista, ele se identifica a essa estrutura repetitiva que vem corresponder ao objeto *a*.

Isso trouxe conseqüências para a psicanálise. Esse *buraco* que se tornava equivalente à própria noção de estrutura, mesmo que tomasse o estatuto de uma perda não subjetivada deveria ser lida como uma maneira de organização desse *buraco* que a estrutura contém ou que ela é; dito de outra forma, essa condição tornava-se capaz de produzir o próprio sujeito como uma "forma de organização deste buraco no real". Aqui, o sujeito é constituído como um elemento deduzido da lógica e sendo representado por um significante (S_1), entre outros (S_2).[3] Essa condição que antecipa o desenvolvimento da noção de discurso pode ser matemizada numa escritura – (a [$] ←$S_1$, S_1 → [S_2]).

---

2. LACAN, 1961-1962. Aulas de 23/05/62 e 07/03/62.

3. LACAN, 1961-1962, aula de 30/05/62; e 1964-1965, aula de 03/03/65.

Se a letra (*a*) vem denotar a presença desse *buraco* que toma o estatuto da estrutura, o significante UM (S_1) não só vem representar a *borda* que delimita esse *buraco*, como ainda se constitui no elemento que intervém sobre (*a*), intimando a produção de um saber, o saber inconsciente (S_2). Essa intervenção sobre (*a*) vem determinar a produção de significantes ou letras, constituindo uma rede sonora que envolve o sujeito desde o início de sua ex-sistência, antes mesmo de ter nascido.[4]

O sujeito, ao habitar nessa estrutura que contém um *buraco* em sua organização, como um dever de ofício, passa toda sua existência a se queixar dessa *falta*. Mais do que isso, pode se colocar diante dela numa atitude de "covardia moral", não querendo saber nada sobre ela, nem mesmo da causa de seu desejo, de sua falta a ser e dessa condição de gozo que o afeta, ocupando uma posição correspondente àquela que se identifica como *neurose*.

Existe, no entanto, um outro tipo de sujeito de linguagem que procura desmentir essa falta que o afeta como castração simbólica, construindo uma dupla realidade para sua ex-sistência. Para levar isso adiante, estabelece uma relação de compromisso entre duas noções contrárias ou mesmo entre duas proposições contrárias, procurando modificar o estatuto da castração e do "objeto" com valor fálico. Esse fato de estrutura que vem determinar uma clivagem do eu, interfere também em suas diferentes realidades – "a castração existe, mas não quero saber nada disso". Este sujeito que faz parte de um conjunto que se identifica como *perversão*, ao mesmo tempo em que confirma uma primazia do Falo, atualiza continuamente uma substituição metonímica desse "objeto" que participa do fantasma fundamental e que vem dar suporte ao desejo na neurose.

Aqui, gostaria de fazer um pequeno parêntese, para levantar uma questão. Essa partição das estruturas clínicas, em neurose, perversão e psicose, que foi realizada por Freud e se seguiu até hoje, obedecendo a uma classificação da psiquiatria, na atualidade, merece uma

---

4. Um desenvolvimento mais elaborado desta passagem aparece em meu livro – "*Os discursos na psicanálise*" –publicado recentemente pela Companhia de Freud.

correção. Dito de outra forma, depois de algumas críticas realizadas por Lacan e do que acrescentou à psicanálise com a noção de discurso e com a topologia dos nós borromeanos, elas não suportam uma olhada séria. Já durante o seminário da *Identificação*, chegou a afirmar que nessa relação do sujeito com o desejo,

> o neurótico, como o perverso e mesmo o psicótico só são faces da estrutura normal (...) o psicótico é normal em sua psicose, porque no desejo se ocupa do corpo; o perverso é normal em sua perversão, porque se ocupa em sua variedade do Falo e o neurótico, porque se ocupa do grande Outro, (...) eles são normais, porque estes são os três termos normais da constituição do desejo.[5]

Isso quer dizer que essa divisão de uma estrutura neurótica, perversa ou psicótica, na melhor das hipóteses constitui-se num abuso de linguagem.

Além disso, a partir do enunciado de Freud de que "a neurose é o negativo da perversão" (aqui não vou fazer referência aos psicóticos), Lacan passa a considerar que é a sexualidade do neurótico que se poderia considerar como sendo "anormal", desde quando ela se desenvolve por uma via que está submetida, recalcada e inibida pelos valores sociais e pela moral instituída na cultura. Em contraponto, é a sexualidade do perverso que se mostra adequada com o desenvolvimento da pulsão sexual, desde quando suas diferentes manifestações estão implicadas ao desejo sexual e numa adequação ao gozo. Assim, o perverso realiza em ato aquilo de que o neurótico se priva.

Mesmo que a religião, a psiquiatria e o dispositivo médico-legal tenham tomado valores idealizados para legislarem e colocarem limites nos "perversos", Freud quando tratou destes sujeitos e de suas manifestações, não agregou qualquer superioridade à moral, desde quando a considerou como uma expressão possível da pulsão de morte. Assim, Freud denunciou que estas organizações que legislaram sobre

---

5. LACAN, 1961-1962, aulas de 13 e 20/05/1962.

estes sujeitos e suas manifestações desconheciam de que, quanto mais se é intimado a se privar de algo, mas culpado o sujeito se torna.

Isso quer dizer que se não existe o "normal", pois o desejo em sua essência é sempre perverso, o neurótico, que de uma maneira idealizada poderia estar mais próximo da normalidade, terá que pagar um preço, na cultura, por sua sexualidade; Freud considerou essa condição de "mal-estar da cultura".

Lacan, por sua vez, vai abordar estes diferentes *atos* realizados por estes sujeitos chamados perversos, não mais através da moral, mas da Ética. Isso quer dizer que eles não devem ser tratados como algo que se presentifica numa faixa entre o bem e o mal, mas como algo que se realiza numa condição além da moral e, como tal, passa a fazer parte de um discurso em que se recusa qualquer sentido de valor.

Os discursos [6]

A partir dessa noção de estrutura que tem forma de *buraco*, que está implicado à própria noção de superfície, uma superfície real, ela passa a se constituir num fato linguageiro que vem interrogar de *outro modo* às relações entre a linguagem e a fala. Assim, Lacan não mais se contentou em abordar o real através de um nó de significação constituído pelo simbólico e imaginário, mas tratou de fazê-lo usando elementos que tivessem características do próprio real: a letra, a escritura e a lógica.

Esse fato determinou uma torção no discurso analítico, produzindo efeitos na prática, na teoria e, inclusive, possibilitando a Lacan desenvolver a noção de *discurso*. Embora, tradicionalmente, se possa falar de vários tipos de discurso – médico, das ciências, do universitário, entre outros, na psicanálise essa noção vem se construir num campo de natureza ética que passa a regular as relações do sujeito com o objeto.

---

[6]. Esse parte de meu trabalho procura comprimir diversas considerações que tenho proposto em meu livro recém-publicado – "*Os discursos na psicanálise*" (Companhia de Freud, 2004).

Diferente do que acontece na lingüística onde os significantes se inscrevem num espaço euclidiano como um "par" que se desenvolve numa cadeia em busca de uma significação determinada pelo significante do Falo. Aqui, os elementos que passam a fazer parte dos discursos adquirem um estatuto de letras que se inscrevem num hiperespaço, isto é, num plano projetivo onde uma superfície local passa a conter a superfície global.[7] Mesmo que estes elementos possam ser também considerados a partir de uma diferença radical entre eles, essa diferença não se organiza a partir de uma oposição primária equivalente à topologia do significante, mas se institui em torno deste "buraco *em forma de* (*a*)", que passa a representar a própria Lei, que causa e ordena a dimensão simbólica, construindo uma rede que envolve o sujeito.

Essa rede que é formada por letras e se organiza em torno de uma condição sonora equivalente a uma "lalação", possibilita *lalíngua* (*lalangue*)[8] a fazer marcas, a ferrar o corpo que sustenta o sujeito, numa coalescência do sexual com a linguagem. Aqui, não importa o que se comunica, pois a propriedade essencial de *lalíngua* é qualificar a existência de *sujeitos* que são falados e que sofrem os efeitos dessa estrutura linguageira que toma o estatuto de um *Saber* (S_2).

Desde que a psicanálise foi inventada, essa rede formada por letras ou mesmo por significantes (S_2) passa a se constituir no *saber inconsciente*. Algo a se considerar a partir do ensino de Lacan é que esse tipo de *Saber* não deve ser concebido como um dado antecipado da "história" do sujeito, mas como uma condição que só se inaugura em *ato* e nesse "outro lugar", como uma invenção que o sujeito constrói a partir da intervenção do significante que o representa (S_1) sobre esse "buraco *em forma* de (*a*)" que tem uma dimensão do real.

---

7. LACAN, 1968-1969, aula de 04/12/1968.
8. LACAN, 1971-1972, aula de 04/11/1971. Lacan quando escreve *la langue* com uma só palavra – *lalangue* – procura lhe dar um estatuto real, jogando ainda com uma homofonia entre *faire réel* e *ferrer, elle*, aludindo àquilo que se marca no corpo com fogo. Vou transliterar no brasileiro *lalangue* para *lalíngua*, procurando evitar a equivocidade que a tradução de *alíngua* produz. Em meu livro, o significante *lalangue* foi traduzido por *alingua*, por uma recomendação da Editora para guardar um padrão na tradução de outros textos lacanianos.

Esse dispositivo linguageiro realiza, de início, a presença de dois lugares para essa noção de discurso: um à esquerda, o lugar que será ocupado pelo significante UM (S_1) que representa o *sujeito* e um outro, à direita, um "outro lugar" que é denotado pela letra (*a*) e passa a funcionar como um "outro significante" (S_2). Dessa maneira, o "corpo da linguagem" vem possibilitar uma conexão entre estes dois lugares (S_1 à S_2), fundando a noção de discurso como um "laço social" que vem interrogar o desejo e as diversidades dos gozos que se produzem nesse dispositivo que liga o lugar do sujeito com aquele do objeto. No curso dos tempos estes dois lugares têm sido ocupados por diferentes pares, tais como o "amo e o escravo", o "mestre e o *a*-estudante", o "analista e o analisante", o "homem e a mulher", entre outros.

Ainda na construção dos discursos deve-se considerar que cada um destes dois lugares é dividido por uma superfície transversal equivalente a uma fita de Moebius, em dois outros, dando origem a uma estrutura que toma a forma de um *quadrípode*. As duas "casas" que estão do lado do sujeito (à esquerda) serão designadas por *lugar do agente* (acima) e lugar *da Verdade* (abaixo); à direita, no lado do "outro significante", elas serão designadas como o *lugar do outro* (acima) e o *lugar da produção* (abaixo):

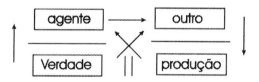

Estas quatro "casas", que serão ocupadas por diferentes letras da álgebra lacaniana – $, S_1, S_2 e *a* –, mantêm relações rígidas entre si e vêm determinar uma estrutura rudimentar dos discursos. Estas letras, por sua vez, movimentam-se em giros de "um quarto de volta", no sentido levógiro ou destrógiro, num tipo de permutação cíclica sustentada pela presença de um elemento gerador que estará sempre ocupando o lugar do *agente*; essa condição vai gerar a escritura de quatro discursos que foram designados por Lacan de *radicais*.

Quando o significante (S_1) estiver ocupando o lugar de *agente*, o discurso será dito *do mestre*; quando ele estiver ocupado pelo Saber (S_2), fala-se do *discurso do universitário*. Quando o sujeito ($) estiver nessa "casa", o discurso será nomeado de *histérico* e, por fim, quando o objeto (*a*) estiver aí, trata-se do *discurso do analista*. A partir destes dispositivos discursivos em que se presentificam efeitos do real, pode-se deduzir diferentes maneiras do *sujeito* se posicionar em *lalíngua*, como formalizar os tempos de uma análise em intenção. Desde que estes dispositivos de escritura interferem também na cena social; eles realizam essa condição em que o "dizer" (equivalente ao real) vai repercutir na fala, nos atos e nas condutas do sujeito durante sua ex-sistência.

Ainda é preciso considerar que se nestas estruturas discursivas estas "casas" mantêm diversos tipos de relação, elas também presentificam dois tipos de impedimento: a *impotência* e a *impossibilidade*. Por existirem divergências quanto às posições destes impedimentos, será necessário tomar partido. Vou dizer que a *impotência* designa esse limite que se estabelece entre o lugar do *agente* e o lugar do "*outro significante*"; isso quer dizer que o *discurso* como uma "barreira ao gozo", por mais que o *sujeito* utilize as palavras, elas não serão suficientes para dizer o que ele é ou quem ele é. Quanto à *impossibilidade*, trata-se dessa condição que decorre de uma disjunção entre o lugar da *produção* e o lugar da *Verdade*, que, ficando isolada, fundamenta a consistência do real como causa dos *discursos*.

Aqui não vou tratar dos *quatro discursos*, pois já o fiz em outro momento.[9] No entanto, quero considerar que esse *i-mundo* de letras que sustenta significantes e signos, ele só é verdadeiro para o *sujeito* quando construído em torno de uma falta, ou da perda de um objeto – (*a*) – que toma o estatuto de *causa* e de *produção* de um excesso de gozo (mais-de-gozar) que passa a fazer parte de suas diferentes realidades.

---

[9]. SOUZA, 2004.

Por sua vez, o *sujeito* embora mantenha uma posição quase "natural" com *alíngua*, φ só participa desse dispositivo discursivo após sofrer perdas que são organizadas pela Lei-do-Pai e se inscrevem como privação, frustração e castração. Nestas condições, ele perde também uma parte de seu ser, abrindo uma via do desejo que o faz comparecer nesse i-mundo de *alíngua* com o desejo de se fazer um objeto que seja causa do desejo desse grande Outro.

Por isso mesmo o sujeito manterá sempre em seu horizonte *uma crença de que o grande Outro existe*, que é um tipo de "deus" a quem terá que pagar ou "a-pagar" suas faltas com cotas de gozo, numa posição subjetiva identificada como neurótico. Como um corolário, essa condição discursiva realiza um fato de estrutura em que o simbólico invade o real, causando a divisão do sujeito ($) e ainda produzindo seu *sintoma* – não mais como uma patologia contemplada pela topologia do significante ou mesmo como um signo, mas como algo que se inscreve numa conexão de letras que dá limite à direção que *a-vida* [10] toma como gozo desse grande Outro que, mesmo sem existir, lhe cobra sacrifícios.

Até aqui tenho me referido a estes seres de linguagem chamados neuróticos, que se presentificam nestes dispositivos de discurso, ocupando o lugar de agente com sua divisão subjetiva ($), seu desejo e, sobretudo, com seus sintomas – no *discurso do histérico* –, de onde sempre reclamam algo que lhes falta. Nestes casos, sua divisão, seu desejo como desejo do Outro e ainda seus sintomas estão sempre subsumidos à função paterna e a castração.

Para os neuróticos, a lei, a moral e as normas da cultura tendem a produzir diferentes tipos de interdição do objeto causa do desejo. Esse fato de estrutura vem determinar que o objeto passe a participar dessa montagem fantasmática ($ ◊ *a*), realizando uma produção de gozo que o coloca na condição de um objeto erótico. De uma maneira que se pode até mesmo considerar como paradoxal, esse objeto desejado e capaz de realizar algo de um gozo significado pelo

---

10. Esse significante a-vida (*l'a-vie*) Lacan o utilizou algumas vezes nos seminários sobre topologia, para dar conta da vida, como sendo de uma dimensão do real.

significante do falo (Φ), transmuda-se num objeto de repugnância, de asco, de horror, obsceno, mantendo o sujeito numa atitude de pudor e de prudência em relação a ele.

A psicanálise tem mostrado que a lei e a moral não são instâncias em si mesmas superiores, desde quando instituem certos limites entre "não ceder quanto ao desejo" e, por outro lado, revelam uma injunção de gozo na busca do objeto interditado. Com efeito, quanto mais se dá um "bom conselho" ao sujeito ou se o proíbe de algo, mas ele fica intimado na busca deste objeto interditado e com culpa por realizar esse encontro de uma maneira fantasmática. O sujeito é sempre culpado.

Todavia, de um ponto de vista clássico, nem todos os seres de linguagem funcionam desta maneira. Existem os *psicóticos* que convivem numa posição "fora-discurso" e um outro grupo – os *perversos* – que constroem suas ex-sistências numa dupla realidade. Uma delas, equivalente àquela do neurótico e, uma outra, onde procuram iludir e desmentir a castração através de atos e ações que, mesmo inscritos num discurso dominante, rompem com os limites da função fálica e das normas que regulam os laços sociais, mantendo-se à margem da Lei.

Por isso mesmo, o perverso realiza em seu ato um duplo movimento. De um lado, revela a castração e o desejo de um "outro" semelhante, mantendo-o sob a função do falo; de seu lado, desmente sua falta, recusa sua castração e identifica-se ao objeto da pulsão (*a*), como objeto causa do desejo desse "outro". Lacan pôde também tomar essa dupla realidade para considerar que se existem perversos que realizam seus atos e ações com "perversidade", isto é, com uma intenção de malvadeza, eles são "anormais"; todavia, desde quando a perversão está inserida no próprio dispositivo do desejo, "ela é normal"[11] e, como tal, pode fazer parte de um discurso.

Tendo colocado algumas cartas sobre a mesa, gostaria de convidá-los a compartir a idéia de que a psicanálise, a literatura e a-vida têm mostrado que existem outros sujeitos que funcionam nesse i-mundo

---

11. LACAN, 1965-1966, aula de 15/06/1966.

de *lalíngua* onde, mesmo sem serem considerados tradicionalmente como perversos, estabelecem certos laços sociais e realizam uma economia de gozo equivalente àqueles, podendo, por isso mesmo, ocupar um mesmo dispositivo de discurso.

Refiro-me àqueles que comem de uma maneira descontrolada, aos anoréxicos que se alimentam do "*nada*", a certos tipos de delinqüentes, aos jogadores fascinados pelo acaso e que aderem ao jogo, aos apaixonados pelos games ou pela internet, àqueles que praticam uma apropriação compulsiva (cleptomania) ou violenta do objeto, entre outros fenômenos que ultrapassam as normas, fogem de certas regras da cultura e se colocam à margem da Lei e da função do falo.

Nestas condições, não é excessivo se perguntar – o que causa estes "fenômenos sociais"? Para respondê-las, talvez se possa considerar uma proibição do "menu", as ofertas de consumo, as alterações da bioquímica do cérebro ou ainda em função de um determinado gen que participe de sua cadeia genética; pode-se mesmo considerar como uma resposta à mídia, por problemas psicológicos ou que dependam de questões sócio-econômicas.

Com efeito, mesmo que se possa valorizar cada uma destas "causas" isoladamente ou o somatório de parcelas de cada uma delas, a singularidade que os qualifica e as implicações que mantêm com o real do corpo e pelo afastamento que apresentam com a natureza metonímica do desejo, eles não devem ficar indiferentes a uma olhada da psicanálise. Vou sugerir, de início, que embora não se tenha encontrado respostas que sejam satisfatórias para estes diferentes "fenômenos sociais", por se realizarem num espaço entre a Lei e a transgressão, e ainda pela presença efetiva de um "objeto", eles passam a representar uma *vontade de gozo* que propicia com uma insistência repetitiva uma "consumição" e uma "consumação" do sujeito.

Lacan chegou mesmo a fazer um jogo de palavras com dois tipos de objeto que serviam para o sujeito: aquele que se pode *consumir* (*consommer*) até quando for possível e, um outro, que se produza e em seguida que se possa *destruir* (*consumer*). Estes objetos quando adquiridos, logo perdem seu valor de uso e de troca, e passam a ser substituídos por outros, são jogados fora como uma "produção de destruição", servindo ao princípio da economia capitalista que passa a produzi-los na forma de uma "falta-de-gozar".[12]

Diferente dos neuróticos que, normatizados por essa instância terceira (os-nomes-do-Pai, "deus", a *razão*), guardam uma reserva em relação ao objeto e mantêm um estado de dependência constitutiva em relação ao significante do falo (Φ) e a uma face imaginária do objeto (*a*), estes outros sujeitos – de uma maneira "ímpar" – rompem com os limites da Lei e atacam o laço social. Esse fato discursivo e de estrutura modifica as características de suas relações com o objeto, que passa a revelar uma exacerbação narcísea em sua função e um valor de ideal para ser "consumido".

Nestes casos, o sujeito busca o objeto sem uma intermediação simbólica, procurando consumi-lo, introduzi-lo no organismo e mesmo agregando-lhe um valor de que "sem ele não pode viver". O sujeito desde quando repudia a natureza fálica do "objeto", seus atos adquirem um valor simbólico que vem testemunhar uma dependência a uma face *imaginariamente real* do objeto.

Isso quer dizer que o objeto perde seu estatuto de semblante – "não é isso de que se trata" –, passando a se apresentar com uma certa substancialidade, com um valor de "feitiço" em que se presentifica por seus efeitos de real. Essa transmudação da *natureza* do "objeto" não só altera seus limites, como lhe dá a forma de uma aquisição possível. O "*a*-objeto" converte-se nessa condição de que "é disso que se trata": um olhar, um bem do outro, algo a ser ingerido ou destruído, a dor ou mesmo algo que a "fortuna" vai presentear, um cadáver, um objeto com propriedades sado-masoquistas, escopofílico ou escatológico; diante deles, o *a-viciado* baixa a guarda, deposita suas armas sem resistência, convertendo-se num usuário com laços de dependência. Ele passa a sofrer um outro tipo de gozo que não é mais regulado pela Lei-do-Pai ou por sua "versão perversa" (*père-vers*), mas numa condição *pior*, onde é aspirado pelo objeto.

---

12. LACAN, 1970, p. 87.

O gozo que experimenta a cada tentativa de encontrar uma satisfação que imaginariamente alivie a dor de sua ex-sistência, sempre o relança neste buraco que queria evitar. Aqui o "*a*-objeto" embora possa vir a ser regido por uma moral utilitária,[13] como uma mercadoria[14] que se converte num bem de consumo, mesmo que apareça transvestido de uma dimensão imaginária ou simbólica, ele conserva, sobretudo, seu efeito de real, do *mais-de-gozar*.

Aqui, o *a-viciado* perde a condição de fazer suas escolhas e torna-se uma presa fácil. Numa posição próxima àquela do sujeito no *discurso do capitalista*, ele passa a ser "escolhido" como usuário, convertendo-se num dependente e tornando-se mais vulnerável ao afastamento ou à ausência do "*a*-objeto". Uma condição de estrutura onde tem abolido o cenário fantasmático onde o desejo paga a conta. O que se constrói é "fora de cena", isto é, revela-se uma propriedade "obs-cena" e com excesso de gozo do "*a*-objeto".

A estrutura discursiva que vem dar conta da "patologia" destes diferentes laços sociais foi que designei de *discurso do a-viciado*. Uma escritura que, na psicanálise em intenção, realiza um campo de gozo determinado por essa presença real do objeto e que, no social, revela a condição em que o sujeito se movimenta sob o efeito de uma certa "obnubilação" da consciência[15] e se eclipsa em seu ato de posse e de uso do objeto.

Refiro-me ainda a essa condição em que o sujeito quando se precipita nesta condição submissa e alienada em relação ao objeto, revela uma perda do compromisso de sua escolha. Isso quer dizer que não só o sujeito passa a ser *escolhido* como usuário, pelo objeto de seu vício, mas a própria cena que se realiza decorre da presença dessa face real do objeto que o atrai.

---

13. Nestas condições, o objeto como mercadoria ultrapassa àquele da concorrência imaginária, *i(a)*, ou mesmo esse elemento bizarro que vem se converter num feitiço ou num valor de moda, como é o falo.

14. Sob esta função que o discurso institui de renúncia ao gozo, o objeto a pode definir qualquer objeto do trabalho humano como mercadoria; pelo menos, este é um tratamento que Lacan dá a esta questão em várias aulas do Seminário XVI, *De um Outro ao outro*.

15. Ver o comentário feito por Lacan em *Fonctions de la psychanalyse en criminologie* (1950), p. 143.

O objeto presentifica-se com um brilho que encandeia o viciado, despertando-lhe a ilusão e, sobretudo, a crença de que pode satisfazê-lo. Assim, pelo grau de dependência que vai se instituindo, a falta do objeto desencadeia um estado de urgência que obriga o sujeito a buscá-lo de uma forma imperativa, perdendo a prudência, rompendo com os limites da Lei e com as normas do convívio social. Pela natureza de "feitiço" que o sujeito lhe atribui, muitas vezes basta sua proximidade ou a condição possível de tê-lo à mão quando necessário, para que se produza um certo estado de "normalidade".

Aqui, para ir finalizando meu trabalho, poderia perguntar o que estes "a-viciados" têm em comum? Ou ainda se existe um tipo de discurso que possa incluí-los? Embora não tenha uma resposta definida sobre isso, só resta ir ao trabalho.

Mantendo uma ligação interna com os *discursos radicais*, vou sugerir que neste dispositivo de *discurso do a-viciado*, o objeto (*a*) deve ocupar o lugar de agente;[16] não como objeto causa do desejo, mas sob esse estatuto de um objeto *imaginariamente real* que se mantém excluído da função fálica e exilado do sistema de trocas. Não importa a aparência que o objeto adquire nessa sua disposição proteiforme, se é *o nada* do anoréxico, um *bem* do próximo, a *droga*, a *dor*..., pois o que se configura de essencial é o impulso incontrolável que o *a-viciado* adquire de possuí-lo e as diferentes maneiras de fazê-lo.

Aqui, portanto, diferente do neurótico que se detêm diante do objeto com pudor, insatisfação, prudência e reserva, o *a-viciado* rompe com a intermediação simbólica, é impulsionado a agir e transforma os meios de aquisição do objeto numa ação organizada pela violência, pelo rapto, pela ingestão compulsiva... entre outros, ultrapassando sempre seus limites.

No *lugar do "outro significante"* localiza-se o Saber (S_2). Embora devesse se converter num trabalho que possa produzir algo, o *a-*

---

16. No discurso do analista, o objeto a também ocupa o lugar de agente. Neste caso, ocupando o lugar de semblante do objeto, ele serve como referência para que o desejo do analisante seja interrogado desde que possibilita a escritura do fantasma fundamental.

viciado só pensa em adquiri-lo como um "saber supremo" sobre o gozo. Todavia, por se colocar como um "fora da lei" não pode recebê-lo como uma dádiva do Pai e, assim, para consegui-lo, trata de usurpar seu lugar. Mesmo que se aproprie desse suposto saber do Pai, por ter perdido as garantias da função paterna, perde também seu "trabalho" como substituto e meio de gozo; desta maneira desencadeia-se um tipo de rivalidade com o Pai, quando busca destitui-lo de sua função, sempre estendendo seus limites à espera que algo que lhe assegure uma posição subjetiva. Pela carência da função paterna e na falta de sua autorização, o que o sujeito encontra do seu trabalho não assegura a identidade procurada.

No *lugar da produção* presentifica-se o significante mestre (S_1), com o qual cada sujeito *a-viciado* espera fundar e legitimar sua subjetividade. Todavia, a ruptura com a lei determina a perda de um reconhecimento que fosse instituído pelo Pai, diante do qual poderia reclamar sua filiação e sua inserção na ordem simbólica. Por não ter sua autoridade sustentada pelo Nome-do-Pai, não tem sua subjetividade garantida. Com isto, o significante mestre deixa de se constituir em significantes de sua *hystória*, para se converter em "grafite", em "tatuagem".

No *lugar da Verdade*, o sujeito encontra o preço mais radical de seu exílio, isto é, de sua desubjetivação. Impossibilitado de ter acesso ao significante-mestre (S_1), *a-viciado* perde as insígnias transmitidas pelo Pai, destitui-se de seus valores simbólicos, não mais se importando com a família, com os ideais e até mesmo com a natureza sexual de suas relações; o *a-viciado* não se encontra mais submetido à função fálica que o inscreveria numa posição sexuada com valor homem ou valor mulher, mas passa a participar de uma posição ímpar de uma determinada economia de gozo, onde cada um está por si na submissão a esse *a-bjeto* que o seqüestra. Essa condição de gozo causado pelo "objeto" não pode ser *com-partido* com os semelhantes, pois esse suposto "Outro", quando se trata do gozo não pensa nos "outros". Este fato de estrutura e de discurso determina uma fragilidade dos laços sociais e a presença de uma *odioamoração* manifesta entre seus pares.

Após matemizá-lo, vou tirar outras inferências que possam justificá-lo:

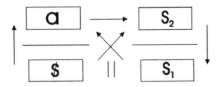

O *a-viciado* não se identifica de uma maneira linear ao *perverso*, mas ao contrário, desde que esse dispositivo de discurso abrange uma franja mais ampla de fenômenos, ele o inclui.

Outra consideração a se fazer, é que esse dispositivo de letras constrói uma relação de *pregnância*, tanto pela forma como pela natureza verbal do "objeto",[17] desencadeando um tipo de relação com o "*a-objeto*" que se pode chamar de "acéfala", um tipo de "subjetivação acéfala" com um forte poder de atração que seqüestra qualquer um que se encontra em sua periferia. Nestes casos, opera-se algo sobre o sujeito diferente da castração ou do desmentido. Tenho sugerido um tipo de operação mais radical que designei como *foraclusão da castração*, uma operação localizada, focal, que traz suas conseqüências. Lacan chega mesmo a dizer que "não é porque a *Verwerfung* torna louco um sujeito, quando se produz no inconsciente, que ela não reina (...) sobre o mundo como um poder racionalmente justificado"[18], podendo fazer coexistir diferentes correntes psíquicas que só se realizam pelos efeitos que produzem.

Na falta de uma referencia simbólica, o *a-viciado* não pode desenvolver qualquer argumento que detenha a atração irresistível que o "objeto" lhe causa e para fazer frente a essa condição que o arrasta, procura realizar novos tipos de "laço social", formando

---

17. THOM, 1978.
18. LACAN, 1971-1972, aula de 01/06/1972.

grupos, "famílias", tribos..., sempre à procura de uma outra lei que possa criar, garantir e regulamentar sua relação com o "*a*-objeto". Todavia, com a falta da lei paterna cada um fica por si, fica ímpar, procurando franquear desafios e limites cada vez maiores à procura desse *a-objeto* de gozo com o qual espera repousar, numa convergência arriscada do gozo com a morte, onde pode abolir sua ex-sistência.[19]

Lacan, quando produziu essa noção dos discursos radicais, derivou deles o *discurso do capitalista* e ainda sugeriu que se acrescentasse algo a estes dispositivos. Com o *discurso do a-viciado* procurei contemplar essa relação em que se estabelece um determinado tipo de colagem entre o *sujeito* e uma face *imaginariamente real* do objeto [*a*], com um "sujeito de puro gozo" que passa a idealizar um novo tipo de laço social.

Essa estrutura discursiva mantém uma ligação interna com os discursos radicais e, sobretudo, se aproxima do *discurso do capitalista* pela condição de predominância que o "objeto" adquire nestas circunstâncias. Aqui, no entanto, existe uma sutileza a se considerar, pois se nos *discursos radicais* a Lei-do-Pai vai por si mesmo como uma condição de estrutura, no *discurso do capitalista* existem certas leis que vêm regular estes laços, organizando a aposta do sujeito e seu consumo. Dito de outra forma, a mídia e, sobretudo, estas próprias leis do mercado protegem por diferentes meios o "consumidor", que necessita ser preservado para que o "objeto" mantenha seu valor de uso e de troca, diferente do que acontece no *discurso do a-viciado*, onde o *sujeito* entra no jogo já perdido.

Desde o início da partida que se mantém na dependência de um "objeto" que o seqüestra e o consome sem limites, já que só existem suas próprias leis para regular seu uso. Isso quer dizer que "objeto" toma o estatuto de letra (*a*), determinando o resultado do jogo antes mesmo de ter começado, pois no ato de sua apropriação produz-se uma desubjetivação eficaz e uma posição que o feminiliza.[20]

---

19. Neste sentido, tenho afirmado muitas vezes que a overdose não corresponde a um acidente, mas a um fato de estrutura. Está à espera de um momento para se realizar.
20. LACAN, 1955.

A produção do *discurso do capitalista* e, sobretudo, o *discurso do a-viciado*, como proponho, contempla essa passagem de um sistema que esteve ordenado pela função paterna em oposição a um outro, da modernidade e da pós-modernidade onde o "*a*-objeto" adquire toda sua importância, instituindo uma nova economia de mercado que é desencadeada pela deterioração da função paterna e talvez, mais do que isso, por esse movimento na cultura que não mais segue a injunção paterna, mas obedece a essa condição do "pior".

Para ir concluindo, vou dizer que a psicanálise embora não proponha uma solução em massa que venha afastar o *sujeito* dos efeitos do objeto, no *discurso do capitalista*, ou desse *os-bjeto*, esse osso duro de roer no *discurso do a-viciado*, talvez possa construir uma saída privilegiada para essa nova economia psíquica[21] ou para cada um destes fenômenos. Aqui, a política da análise não consiste, simplesmente, em fazer circular a fala em associação livre onde o *a-viciado* é destituído do saber inconsciente, apoderando-se de um outro tipo de *Saber* que guarda uma condição imaginária de um todo do saber sobre o gozo que o *a-objeto* lhe causa. O analista, desse *lugar de dominância*, deve fazer parte de uma transferência que se consagra em sua condição mais ambígua. Mesmo que haja uma aptidão para que ela possa se realizar, o analista convertendo-se neste "semblante" de *os*-bjeto mantém a transferência numa zona limite, numa zona de risco entre um trabalho que é possível de se desenvolver e que possa torná-lo capaz de se desligar desse *os-bjeto* no qual está aderido ou, de uma maneira paradoxal, em decorrência de uma *odioamoração* que pode também desenvolver, para tornar-se mais aderido a ele. Uma condição que o convoca com freqüência a realizar "atos" que inviabilizam a análise.

Assim, o analista deve promover além de uma implicação cada vez maior do *a*-viciado em *lalíngua*, instituir um certo princípio "retificador" na análise, algumas vezes através de uma lei real, já que a simbólica não conta para nada. Dito de outra maneira, o analista

---

21. Essa idéia tem sido trabalhada por Charles Melman em seu último livro, *O Homem sem gravidade*, que foi publicado a pouco tempo pela Companhia de Freud.

deve "retorificar"[22] o analisante que se encontra mergulhado neste campo de gozo instaurado pelo seqüestro que o *os-bjeto* realiza, para que possa reinterrogar seu desejo, desenvolver outros meios de administrar e domesticar esse gozo do qual não pode escapar. Isso quer dizer que o *sujeito* possa ocupar uma nova posição de onde venha a amar o inconsciente que o determina e ficar desperto e esperto diante das ilusões imaginárias que suas realidades plurais instituem e principalmente nestas relações com o "*os*-bjeto".[23]

Referências Bibliográficas

FREUD, S., A psicogênese de um caso de homossexualismo numa mulher (1920). *Edição standard brasileira das obras psicológicas completas de Sigmund Freud.* Trad. Jayme Salomão. Rio de Janeiro: Imago, 1976, v. 18.

LACAN, J. *Séminaire IX. L'Identification* (1961/1962). Publicação interna da Association Freudienne Internationale.

LACAN, J. *Séminaire XII. Problèmes cruciaux pour la psychanalyse* (1964/1965). Inédito.

LACAN, J. *Séminaire XVI. D'un Autre à l'autre* (1968 /1969). Documento interno da Association Freudienne Internationale.

LACAN, J. *Le savoir du psychanalyste* (1971-1972). Documento interno da Association Freudienne Internationale.

LACAN, J. *Séminaire XIII. L'objet de la psychanalyse* (1965/1966). Inédito.

LACAN, J. Radiophonie. In: *Scilicet* n° 2/3. Paris: Seuil, 1970.

LACAN, J. Fonctions de la psychanalyse en criminologie (1950). In: *Écrits.* Paris: Seuil, 1966.

---

22. Lacan aqui utiliza-se do significante *rhétifier* que deriva de *rhéteur* (retórico) e *rectifier* (retificar).
23. LACAN, 1973-1974, aula de 11/06/1974.

LACAN, J. Le séminaire sur la "lettre vollée" (1955). In: *Écrits*. Paris: Seuil, 1966.

LACAN, J. *Séminaire XXI. Les non-dupes errent* (1973/1974). Publicação interna da Association Freudienne Internationale.

MELMAN, Charles. *O homem sem gravidade*. Trad. Sandra Regina Felgueiras. Rio de Janeiro: Companhia de Freud, 2003.

SOUZA, A. *Os discursos na psicanálise*. Rio de Janeiro: Companhia de Freud, 2004.

THOM, R., Entretien sur les catastrophes, le langage, et la métaphisique extreme. *Ornicar?* N° 16, Bulletin périodique du Champ freudien. Paris: Seuil, 1978.

A PERVERSÃO ESCRITA: GIDE AO ABRIGO DA MORTE

Geraldo Martins

Se uma página, uma palavra, um verso, me influenciaram, sua força / vem de que eles não fizeram mais do que revelar em mim alguma parte ainda desconhecida de mim mesmo; não foram para mim senão uma explicação, sim, uma explicação de mim mesmo. Já se disse que as influências agem por semelhança. Já as compararam a espelhos que nos mostrariam, não o que já somos efetivamente, mas o que somos de maneira latente.

André Gide

Este ensaio retoma o pequeno conto *Histoire du véritable Gribouille* (1850), de George Sand (1804-1876), citado por André Gide em *Se o grão não morre* (1926). É sobre o fantasma Gribouille-Gide que nos detemos, recorrendo ao texto lacaniano para operar a primeira perda do sujeito, de seu próprio desaparecimento, que responde ao desejo do Outro, lançado em todos os porquês da criança. O pequeno André se deleita e goza com o desaparecimento do personagem principal da narrativa de Sand. Gribouille-Gide instaura a sua sexualidade e, também, a sua própria perda, através do seguinte enunciado: pode ele – o Outro – me perder? Gide escreve sua perversão, colocando algo ao abrigo da morte.

A verdadeira história de Gribouille

O conto *Histoire du véritable Gribouille* abre-se com uma carta-dedicatória a Mademoiselle Valentine Fleury. A obra foi escrita para que a menina (Valentine) se distraísse durante a convalescência de uma doença. Naquele momento de recuperação, Sand pensou que Gribouille poderia servir à pequena Valentine, pois ambos possuíam um bom coração.

Subdividido em duas partes, o conto narra, no primeiro capítulo, intitulado *Como Gribouille se joga no rio por medo de se molhar*, as aventuras de Gribouille,[1] bom menino, que possui seis irmãos. Filho do casal Brigouille e Bredouille,[2] ele se esforça em receber dos pais o mesmo amor que recebem seus irmãos. O pai Bredouille guarda a caça do rei, é um homem rico mas insatisfeito com os bens que possui. Em vista disso, rouba de seu rei e saqueia viajantes.

Os irmãos são preguiçosos, malandros e maldosos. Gribouille, ao contrário, é uma criança boa, cuidadosa com suas roupas, sempre empenhada em fazer o bem. Deseja conquistar o afeto de seus pais a qualquer preço. Ele suporta ser odiado por sua família com doçura, mas não sem sofrimento. Para chorar sem ser visto, bem como pedir aos céus um meio de ser amado pelos pais, ele freqüentemente partia só para a floresta.

Em uma de suas andanças pela floresta, à beira de um grande carvalho de que Gribouille gostava particularmente, é picado por um zangão. O menino, em vez de matá-lo, perdoa e manda-o embora, dizendo para ir e ser feliz, pois sua morte não curaria a dor da picada. Depois disso, ele conhece o Sr. Bourdon, homem muito rico, que Gribouille ainda não sabe, mas é o rei dos zangões. O homem deseja inicialmente presenteá-lo e depois adotá-lo, o que enche de encanto seus pais, pensando na fortuna de que poderiam se apossar. Numa de suas idas ao castelo do Sr. Bourdon, para levar um presente de seus pais, ele conhece a rainha das abelhas. Esta o incumbe de levar uma proposta ao rei dos zangões: em troca da paz entre abelhas e zangões, a rainha concederia ao rei a mão de sua filha em casamento.

---

1. Nome que significa, aproximadamente, em português, tolo, idiota, simplório; pessoa em constante mutação, em constante ebulição. No sentido coloquial, aquele que futrica dentro da lama, pula de galho em galho, até encontrar sua verdadeira identificação; em fase de transformação, em busca de perfeição; garatuja, escrito ilegível.

2. Bredouille quer dizer: de mãos vazias, que volta da caça ou da pesca de mãos abanando.

O menino não quer abandonar os pais. Estes, ambicionando a riqueza do Sr. Bourdon, obrigam o menino a sair de casa. O menino, tristemente, aceita ser adotado. Parte para sua nova morada. O Sr. Bourdon o veste ricamente, lhe dá um belo quarto, manda buscar pajens para servi-lo e começa a lhe ensinar a arte da magia. Gribouille não progride muito nas aulas e tenta, sem conseguir, amar o Sr. Bourdon.

Sr. Bourdon se casa com a princesa e o reino torna-se cada vez mais rico. Gribouille não entende como, em um país que se tornava tão bonito e rico, havia tanta gente sofrendo, tanta gente descontente. Além disso, o reino onde vivem é governado por um monarca muito fraco e arruinado financeiramente, o que permite ao Sr. Bourdon comprar todas as suas terras, e fazer desse rei apenas o seu primeiro ministro.

Quando o menino completa quinze anos, o Sr. Bourdon lhe comunica que será o herdeiro de toda a riqueza que tem, motivo pelo qual é necessário lhe conferir alguns segredos. Leva-o ao carvalho onde se conheceram e lhe fala das leis da natureza. O menino adormece e sonha com uma guerra entre abelhas, zangões e formigas. Perdido entre fantasia e realidade, Gribouille quer saber o que o futuro lhe reserva, ao que o Sr. Bourdon lhe responde que só caberá ao menino escolher entre conservar como as abelhas, carregar como as formigas ou saquear como os zangões. Insatisfeito com as alternativas, arranca do Sr. Bourdon uma outra, que lhe agrada bem mais: servir, proteger e amar tudo o que respira. A opção de Gribouille irrita o Sr. Bourdon, que se transforma em um inseto medonho e começa a persegui-lo.

Quando está a ponto de ser devorado pelo inseto, Gribouille joga-se no riacho e desce a correnteza com velocidade. Lutando contra se afogar e não ser devorado pelo zangão, recebe a ajuda de uma libélula de asas azuis, que o encoraja a continuar nadando sem cessar. Começa a chover e o zangão desiste da caçada por não conseguir voar no meio da chuva.

Nesse momento, termina a primeira parte do conto, quando o menino, nadando, se vê diante da porta da casa de seus pais. Seus irmãos e irmãs vêem a cena e riem alto, pensando que ele se afogava. O menino, por um instante, pensa em parar para cumprimentar sua família, mas é aconselhado pela libélula a não fazê-lo. E deixando uma árvore à qual se agarrara, continua a descer o rio e escuta seus irmãos e irmãs gritando: "Fim do Gribouille, que se joga na água por medo da chuva!"

O segundo capítulo intitula-se *Como Gribouille se jogou no fogo por medo de ser queimado*.[3] Depois de duas horas descendo o rio, Gribouille percebeu que não era mais um ser humano, pois não tinha mais os pés e as mãos. Em lugar disso, seu corpo, agora de madeira, cobre-se de folhas verdes e de espuma. Ele sente um gosto adocicado na boca, sem tê-la. Sua cabeça transforma-se num fruto de carvalho açucarado. Dentro do rio, torna-se um galho. Uma águia o recolhe e o leva para o ninho. Depois, um forte vento o transporta para junto de belos narcisos e margaridas, que o recebem festivamente.

Mais tarde, após um sono profundo, a rainha dos prados desperta o personagem para conduzi-lo a um baile, onde todos cantam alegremente. Gribouille, o estrangeiro, sente-se o mais amado nesse ambiente de pura bondade.

Ele volta a ser criança e a rainha dos prados o adota. Gribouille é feliz, sente-se amado, mas não consegue esquecer seu país. Ele fica sabendo que, durante sua permanência no reino da rainha, o país dele passara a ter definitivamente o nome de reino dos zangões, pois o Sr. Bourdon fora nomeado como o novo rei.

A rainha dos prados lhe conta que o Sr. Bourdon governara o país do menino no passado e que, passados quatrocentos anos, ao voltar a governá-lo, tinha poderes sobre todos os súditos, incluindo Gribouille. Ela também narra a Gribouille que, quando ele nasceu, seu pai o achou pequeno e feio, e que ela resolveu adotá-lo como afilhado e dotá-lo de doçura e de bondade. Protegido por sua

---

3. Aventamos a hipótese de Gide que haja, aí, uma reescritura do mito judaico-cristão, segundo o qual o mundo, uma vez terminado pela água, por último o será pelo fogo. Ao criar Gribouille, George Sand estaria referendando os elementos da natureza: água, fogo, terra e ar. O personagem Gribouille é metamorfoseado pela ação da água e do fogo. O conto estaria, assim, inacabado, faltando-lhe os elementos terra e ar.

madrinha e disputado pelo Sr. Bourdon, a rainha das fadas – mãe da rainha dos prados – assim decidiu: o Sr. Bourdon só seria libertado por Gribouille, no dia em que o menino lhe dissesse: vá, e seja feliz. Gribouille resolve deixar a rainha dos prados para salvar seu povo das mãos do temido rei dos zangões. Viaja numa pétala de rosa transformada em barco, levando consigo um buquê de folhas, flores e galhos que tinham o poder de acalmar e tornar mais tratável qualquer mortal. Ao chegar à primeira cidade do reino de Bourdonópolis, seus habitantes ficam admirados com o meio de transporte que o menino usa. Desejosos de possuir aquela embarcação, os homens se atiram sobre ela, lutando uns com os outros. Mudam de temperamento ao serem tocados pelo perfume mágico que dela exala, sentem-se calmos e deixam de guerrear.

Passados cem anos – que a criança permaneceu na ilha das flores –, Gribouille não envelhecera um só dia, continuando com seus quinze anos. Apesar disto, o povo não reconhece naquela criança o Gribouille que se transmutara em lenda e em provérbio, cujo nome, hoje, era sinônimo de criança bondosa. O menino começa a ser chamado de *Gribouille*, sem que saibam de sua verdadeira identidade.

O rei dos zangões, ao saber da chegada de Gribouille, quer levá-lo para a corte. Convidado por embaixadores de Bourdonópolis, o menino vai à presença do rei, que finge não reconhecê-lo. O rei está interessado em ter a posse do buquê mágico. A rainha dos prados avisara que o buquê não teria efeito sobre Bourdon. Esquecido dessa ressalva, Gribouille entrega o buquê na esperança de mudar o coração do rei. O resultado é desastroso. As flores são estraçalhadas e Gribouille é lançado no calabouço. A tristeza do nosso herói continua. A rainha dos prados o visita. Anuncia-lhe que ele deverá morrer para que o povo se liberte da maldade de Bourdon.

No dia seguinte, tem início uma grande batalha. A rainha dos prados, à frente de uma inumerável armada de pássaros, ataca o reino dos zangões e das abelhas para libertar o povo. Acatando sugestão da Sra. Bourdon, princesa das abelhas, o rei dos zangões coloca Gribouille sobre uma fogueira, no meio do exército dos zangões.

Ameaça queimá-lo se o exército da rainha dos prados não recuar. A rainha é avisada por um mensageiro do rei dos zangões e, antes que dê o sinal de recuada, Gribouille arranca a tocha das mãos do carrasco, lança-a na fogueira e se precipita através das chamas, sendo consumido em menos de um instante.

Os partidários do rei começam a rir e se lembram do antigo Gribouille, que se lançara nas águas por medo da chuva. Esse novo Gribouille se lança ao fogo por medo de se queimar, pensam eles.

O exército da rainha dos prados vence os exércitos de abelhas e zangões, e a multidão se volta para a fogueira de Gribouille. No topo da montanha de cinzas nasce uma flor, que eles nomeiam como "lembre-se-de-mim". Ergue-se um templo em sua homenagem. Todos os anos, pelo aniversário de sua morte, realizam-se grandes comemorações. Os habitantes de Bourdonópolis trazem buquês de "lembre-se-de-mim" e cantam as canções que Gribouille lhes ensinara.

Gribouille, transformado numa flor, é transportado para a ilha de sua madrinha. A partir daí, durante cem anos ele permanece sendo uma florzinha azul, tranqüila e feliz à beira de um rio. Alternadamente, durante outros cem anos, ele passa a ser um jovem e belo silfo, cantando, dançando, rindo, amando e fazendo festa para sua madrinha.

O Gribouille gidiano

André Gide, em *Se o grão não morre*,[4] lembra-se de suas visitas em Paris, quando criança, ao Museu do Luxemburgo, ora levado por seus pais, ora por sua ama Marie. Nesses passeios, deixava-se seduzir pelos quadros e esculturas de nus, perdendo longos momentos contemplando-os. Diante do *Mercúrio de Idrac*, caiu "em estupores admirativos", para escândalo de Marie, que de lá só o arrancava a muito custo. Gide admite que tais imagens não o convidavam ao prazer, nem o prazer evocava essas imagens: nenhuma ligação. Ele narra uma lembrança:

---
4. GIDE, 1982b.

Os temas de excitação sexual eram muitos outros: as mais das vezes uma profusão de cores ou de sons extraordinariamente agudos e suaves; também, em outras ocasiões, a idéia da urgência de algum ato importante, que eu devia fazer, que é tido como importante, que esperam de mim, mas que não faço, e em lugar de executar, imagino; e era também muito próxima a idéia de transtorno, sobre a forma de um brinquedo estimado que eu estragava; de resto, nenhum desejo real, nenhuma procura de contato. Quem se admira disso não entende de tal: sem exemplo e sem objetivo, que seria da volúpia? Nos prazeres pequeninos, ela pede ao sonho excessivas despesas de vida, luxos tolos, prodigalidades extravagantes... [5]

A lembrança gidiana localiza a excitação sexual na exuberância de cores e sons, dando-lhe um tom onírico. Gide tenta encontrar na fantasia o lugar da volúpia. Ao indicar a que ponto o instinto de uma criança pode ser errante, narra a metamorfose do Gribouille:

...um me fora dado bem inocentemente por Georg Sand nesse conto encantador que é o *Cabeça-de-vento*, que se atira à água, num dia em que chovia muito, não para se proteger, como os seus maus irmãos tentaram espalhar, mas para proteger-se contra os irmãos zombeteiros. (...) No rio, ele braceja e nada um pouco, depois se abandona; e ao abandonar-se, bóia; então sente que vai ficando pequeno, leve, estranho, vegetal; nascem-lhe folhas por todo o corpo; e em breve a água do rio pôde depor na margem o delicado ramo de carvalho em que nosso amigo *Cabeça-de-vento* se tornou. – Absurdo! – Mas é precisamente por isso que o conto; digo a verdade, não aquilo que possa honrar-me. E sem dúvida a avó de Nohant não pensava escrever aí nada que fosse devasso; mas afianço que nenhuma página da *Afrodite* é capaz de perturbar tanto um colegial como essa metamorfose de *Cabeça-de-vento* em vegetal, pequeno ignorante que eu era.[6]

---

5. GIDE, 1982b, p. 47.
6. GIDE, 1982b, p. 47-48. Cabeça-de-vento é a tradução para *Gribouille*, na edição de *Se o grão não morre* que estamos cotejando.

Esta narrativa de André Gide demonstra-nos um misto de estranhamento e fascinação diante das mutações de Gribouille, para ele próprio um dos seus dois motivos de gozo. O outro motivo, também narrado por ele, é sua atuação diante do professor Vedel, que lhe pedira para repetir a lição que acabara de ensinar, qual seja, o sinônimo *construção* para a palavra *edifício*. O menino não responde e é punido. O professor solicita ao aluno para que se retire da sala e repita vinte vezes a palavra *construção*, mas, ao voltar para a sala de aula, o menino continua não respondendo e nem enfrentando o professor pelo castigo. O narrador constrói: "...eu era simplesmente estúpido."[7] Também não era o caso de se obstinar em não ceder: "– Não, nem mesmo isso; em verdade, creio que não compreendia o que queriam de mim, o que se esperava de mim".[8]

Estamos diante do absurdo. Absurdo das metamorfoses de Gribouille e absurdo da estupidez do pequeno André Gide. Isolado na escola, André não faz aliança com seus colegas nem com o saber. Como Gribouille, responde com o corpo. Lá onde ele cala, a face enrubesce. Profusão sexual da criança gidiana, diante da petrificação da demanda do outro.

Os significantes que compõem a narrativa sobre a transformação de Gribouille – água, chuva, viagem sobre as águas, vegetação, folhas, ausência da figura humana, pés e mãos –, cada um em sua literalidade original, foram recalcados e retornam na vida e na obra do leitor Gide.

O tema da água e o da vegetação aparecerão em *O tratado de Narciso* (1891), quando Narciso inclina-se sobre o rio de Heráclito e em *Paludes* (1895) as transformações se dão num charco. Em *A viagem de Urien* (1893), o navio Orion singra as águas do mar dos Sargasses. Já em *El Hadj ou O tratado do falso profeta* (1899), temos a esposa de um príncipe durante sua longa espera em um vasto jardim à margem das águas. A vegetação em completa agitação e mudança marca a novela *Isabelle* (1911). É num jardim negro, estreito e

---

7. GIDE, 1982b, p. 50.
8. GIDE, 1982b, p. 50.

profundo, que quer passear o personagem de *Amyntas* (1906). No seu enigmático *Teseu* (1945), Gide escreve como um Gribouille: "Eu era o vento, a onda. Eu era planta, eu era pássaro".[9]

A natureza é personagem na escrita gidiana. A natureza dissecada nas páginas da obra de Gide fará também parte, dia a dia, do botânico e horticultor Gide. Nos primeiros anos de vida, André viveu nos jardins que Juliette Rondeaux, sua mãe, fizera no Castelo *La Roque-Baignard*, em Calvados. Mais tarde, as lembranças de André nos levam aos passeios ao Jardim de Luxemburgo para depois, durante muitos anos, criar seu refúgio no solo de Cuverville, na Normandia.

Em Cuverville, Gide reunirá várias espécies de plantas recolhidas nas suas andanças pelos jardins do mundo literário e geográfico. De Cuverville, pode-se dizer o mesmo que sua obra *Os frutos da terra* (1897): "Nathanael, eu te contarei os mais belos jardins que vi."[10] Seu desdobramento amoroso para com a natureza faz filiação às afinidades eletivas de Goethe: ninguém passeia impunemente sobre as palmeiras.

Gide desenha uma escrita-Gribouille. O espectro de Gribouille rasura o texto gidiano. Gide costura, no seu texto, sua infância marcada pelo amor da mãe, da tia e, mais tarde, da sua prima-esposa Madeleine. O escritor tenta narrar a criança gidiana que desaparece nos braços amorosos da tia, transformando-a nas metáforas gribouillianas para, assim, poder versar sobre este amor sem limites, das mulheres que o rodearam na infância e depois, mais tarde, no casamento. Elas o querem como objeto de amor.

Gide cria uma literatura onde o prazer de desaparecer, despersonalizar-se, faz-se através da natureza. O novo homem, presente no *Imoralista* (1902), funde e confunde-se com a natureza. A escrita gidiana é o reverso da versão da mãe, que na infância toma a criança como seu amor. Sua literatura é sua *per*versão. Como uma voluta barroca, ele circula, contorna sua fantasia de desaparecer nos braços do amor materno. Sua escrita em *mise en abîme* edifica um narrador/

---
9. GIDE, 1995, p. 14.
10. GIDE, 1982a, p. 49.

autor que escreve através das suas personagens esse gozo por situações catastróficas, que ele descobriu muito precocemente na leitura do conto de George Sand.

Gide-Gribouille: *perversão*

Lacan detém-se por duas vezes na relação Gide-Gribouille. Ela aparece pela primeira vez nos *Escritos*,[11] num comentário da já citada passagem de *Se o grão não morre*, quando Gribouille, em sua metamorfose, bóia, abandona-se, perde-se e aniquila-se. A primeira marcação lacaniana aponta para o gozo de Gide com a metamorfose de Gribouille. O absurdo e o estranhamento marcam a hesitação do menino na cena do professor Vedel solicitando um sinônimo.

Uma segunda alusão, encontramo-la em 1964.[12] Ao abordar a *alienação-separação*, Lacan constata que a relação da criança com seus pais é permeada pelos porquês. Estes porquês supõem que o outro quer algo que lhe escapa, já que tudo que lhe é ordenado, pedido, sugerido, é seguido da pergunta: *Por quê?* Portanto, interrogar o outro é instituir o desejo no campo do outro: desejo que não está evidente.

Se o texto do outro faz um enigma, à criança não resta outra saída senão interrogar: *O que é que ele quer?* Estamos, então, diante de uma alienação, quando a criança transfere o poder de desejar para o outro. Se ela aliena-se no desejo do Outro, é para em seguida separar-se dele.

À sua maneira, Lacan vale-se de Gribouille para afiançar o desejo parental, cujo objeto é desconhecido, ou seja, é a sua própria perda formulada em outra questão. Da alienação primeira, expressa na pergunta *"O que o outro quer de mim?"*, migramos para a separação expressa em *"Pode o outro me perder?"*

---

11. LACAN, 1966.
12. LACAN, 1963-1964.

Se, inicialmente, o que fundamenta a inquietação da criança é o desejo do Outro – o suposto lugar que ela teria no desejo do Outro – isto nada mais faz que velar, encobrir, que o Outro está intrinsecamente ligado à criança. Estamos, portanto, num território cuja lógica é a alteridade.

O primeiro objeto que o sujeito põe em jogo, nessa dialética, é a fantasia de morte e de desaparecimento. Para Lacan, esse desaparecimento, à Gribouille, é o primeiro objeto *a*, objeto do corpo do Outro, que dissimula a falta de um significante apto a dizer o todo do sujeito, encobrindo-o e guardando-o. Esse processo de substituição foi denominado por Lacan de *separação*.

Gide encontrou seu gozo no ato gribouilliano de abandonar-se, na sensação de pequenez e de leveza, interiorizando muito prematuramente a cena da transformação de Gribouille em um galho de carvalho que flutuava sobre a água. Gide afirma que George Sand – a avó de Nohant – não pensava escrever em seu conto nada que fosse devasso e, ao mesmo tempo, testemunha o quanto a metamorfose de Gribouille em vegetal é capaz de perturbar um estudante de sua idade. Tudo se passa como se os principais significantes, que elaboram a aventura de Gribouille, tivessem levado totalmente em conta o significante "nada" da demanda fundamental que petrificou Gide, tornando-o objeto de sedução da tia.

Gide interiorizou muito cedo a cena da transformação de Gribouille em um galho de carvalho. O efeito desta identificação com Gribouille é um erotismo que se fixa sobre a perda da forma humana, a decomposição, o despedaçamento. Freud teorizara que Eros é a potência da coesão que trabalha a favor da ligação e da união. O movimento Gide-Gribouille é de dissolução para reaver o primeiro gozo marcado pela pulsão de morte. O gozo gidiano está ligado ao desaparecimento: a morte.

A morte está presente em toda a existência de Gide. Todos podem ver isso. Quando criança, era chamado de algo como "defunto

Gide".[13] Gide passa sua vida literária evocando sua própria morte. A morte – o desaparecimento – e o erotismo masturbatório determinam as escolhas gidianas: a mulher anjo, que ele não tocará, mantendo-a nesta posição durante toda a sua vida, e os jovens árabes que serão sua pele auto-erótica.

A subjetividade gidiana, para Millot, será marcada pelas vertigens da abnegação moral, chegando aos êxtases da entrega pânica à Natureza, passando pelo esquecimento de si nas simpatias instantâneas. O deslocamento da identidade ao sabor das variações do humor e a aspiração a se perder seriam pólos constantes desta subjetividade. A familiaridade com os abismos engendra a separação entre os seres. Gide percebeu, no seu caso, uma marca de eleição, o signo de sua vocação.[14]

A ausência de faces bem-delineadas é tema freqüente nas personagens de Gide. O príncipe *El Hadj* traz a face envolta em véus. *Isabelle* apodrece apenas como a miniatura de um retrato. Gertrude, na *Sinfonia pastoral*, é representada por uma imagem fugaz, assim como Lafcádio em *Os subterrâneos do Vaticano*. Essa ausência é um significante que insiste no desaparecimento: imagem de Gribouille na correnteza do rio.

Os personagens gidianos, sem rosto, são desvelados pelo discurso e por seus atos e, às vezes, por seus leitores. Gide não cuida em descrever particularidades anatômicas de seus personagens. O rosto gidiano é a ocasião do nada inexprimível. Não tem valor algum. O escritor sofre em si a mesma perda de Gribouille.

Os biógrafos de Gide observam a sua dificuldade em guardar o rosto das pessoas. Sua *prosopagnosia*[15] incapacitava-o de reconhecer uma pessoa com a qual acabara de jantar e agora estava ao seu lado no teatro. O escritor deixava esvaecer sua própria imagem, precisando se esforçar para se reconhecer e dividir com seus personagens esse esvaecimento. Ele nada identifica pela via da imagem. Como Édipo

---
13. MILLER, 1997, p. 257.
14. MILLOT, 1996, p. 24.
15. Do grego προ'σωπον mais αγνωσι'α.

viajante, seus personagens caminham para o desaparecimento na escrita: uma perversão escrita.

Em contrapartida, Gide zela extremamente por sua imagem. Quando criança, distinguia-se por sua feiúra. Os retratos da infância exibem-no enrugado, carrancudo e canhestro. Quando avança em anos, sua aparência torna-se jovem. A juventude irá marcá-lo durante toda sua vida.

Gide estará sempre ocupado em formalizar a imagem pela palavra, mas não receará a desonra, escriturando a verdade de si próprio.

O percurso gidiano é feito de aparição-desaparição. Vemos aí um quadro de constante dissolução da própria imagem. São muitos os Gides. Ele não se fixa em lugar algum. Viaja na errância do desejo, como o *Filho pródigo*. Como seu *Édipo*, é totalmente sem raiz. O fantasma de Gribouille persegue o escritor.

No *Journal*, dirá: "O mundo não tinha nenhuma necessidade de mim. E durante um longo tempo (...) eu me abstraí. Parece-me que eu já não estava mais lá; e meu desaparecimento passava despercebido."[16] Gide escreve no seu diário enquanto desaparece. A falta do Outro – falta do olhar do Outro – se sobrepõe como resposta do não-ser do sujeito. O sujeito gidiano faz seu rastro nas entranhas do seu diário.

Martin du Gard apresenta-nos Gide perseguido pelo fantasma de Gribouille: "Ele reapareceu ao meio-dia, passou na sala de jantar do hotel, com areia nas orelhas e algas coladas por todo o corpo."[17] Gide insiste em fazer parceria com a água e os vegetais: "Flores aquáticas, troncos de árvores, fragmentos de céu azul refletidos, toda uma fuga de rápidas imagens que estavam à sua espera para ser, e que se colorem sobre o seu olhar."[18] Gide, como seu Narciso coberto de folhas e água, sonha com a Natureza: o paraíso.

Gide se faz representar, na sua escrita, com o significante vegetal. A repetição e o deslocamento deste significante encadeiam um discurso

---

16. GIDE, 1993, p. 1177.
17. JADIN, 1995, p. 64.
18. GIDE, 1984b, p. 10.

que produz um *semblant* com a natureza. A falta de uma palavra que possa dizer o que o Outro quer é a marca gidiana expressa na recusa em pronunciar o sinônimo da palavra *edifício*. A escrita gidiana é versão e *per*versão do desejo do Outro. Em *Teseu*, sua última obra, como já anunciamos, deparamos com alguns significantes à maneira de Gribouille. Gide/Teseu transmuta-se em vento, em onda, em planta, em pássaro. Ele afirmava seu ser na Natureza.

Lacan salienta que só por mediação da prima Madeleine, sua futura esposa, Gide poderá ocupar o lugar de menino desejado. Desse lugar ele havia escapado, antes, com horror, quando sua tia tentou seduzi-lo: "(Ela) cola o rosto ao meu, cobrindo-me o pescoço com o braço nu, insinua a mão na abertura de minha camisa, indaga sorrindo se sinto cócegas, ousa um pouco mais..."[19] Não podendo aceitar ser objeto do desejo da tia (que aqui ocupa o lugar do desejo da mãe), Gide desloca a cena, tomando o lugar da mãe-tia e enamorando-se do garotinho que foi. Ele ficará entregue, em seu auto-erotismo arcaico, às imagens destrutivas cuja representação são fatos funestos.

Quando adulto, amará os adolescentes tal como a tia o desejara. Alguns de seus personagens fazem o mesmo, sobretudo Michel, de *O imoralista*, que, em uma África selvagem, durante uma convalescência, encontra a saúde e o gosto de viver nos braços de Mouktir, um adolescente árabe. O amor à clandestinidade e o prazer fora da lei são a marca do gozo gidiano. A pederastia de Gide, segundo ele próprio, era um deslocamento, uma metamorfose de lugares na cena amorosa da mãe com o filho: "E eu não me enamorava de nenhum deles, mas antes, indistintamente, da sua juventude".[20]

A homossexualidade de Gide se dá na medida em que ele ocupa o lugar da mãe ou da tia, na cena de sedução, e toma, através dos adolescentes árabes, a criança que ele foi. Assim, quando ele ama, seduz o jovem, ele o faz a si mesmo. Os jovens que o atraem são expressões da criança gidiana. Como Gribouille, ele transforma-se no Outro. Ele ama no Outro a criança da mãe. Ele ama, também, a

---

19. GIDE, 1984a, p. 18.
20. GIDE, 1982b, p. 229.

posição que a mãe ocupara. Os biógrafos de Gide ressaltam que Mathilde, a tia que o seduziu, tinha uma pele bronzeada a ponto de dizerem ter ela origem "mauricienne et créole". Esse traço da pele fará com que Gide seja sempre seduzido pelas crianças "bronzés".[21] Talvez seja essa uma das razões para suas inúmeras viagens à África do Norte e ao Congo, e para muitos dos seus romances terem como cenário a África. O próprio Gide confidenciou a Jean Amrouche, em uma entrevista, que era atraído sensualmente pela raça negra, que para ele era uma raça livre e natural, não deformada pelos costumes, pela civilização, pelas leis.[22] Tudo isto está pincelado entre prazer e desprazer, entre aproximação e afastamento, entre aparecimento e desaparecimento: fantasma gribouilliano.

Gide só se constitui como sujeito, fazendo-se valer do lugar ocupado por sua prima Madeleine, a ponto de depender mortalmente dela. Lacan define esse momento como um pivô na vida de Gide. Através dessa identificação – crucial – sua vida adquire sentido e condição humana: "Desde que saí da primeira infância, meu amor por minha prima consistiu em me desprender de mim, mas, ao recomeçar a minha vida, meus olhares eram sempre fixados sobre mim, como eram os dos meus pais, dos quais eu era filho único".[23]

Essa identificação com a prima – desamparada – será narrada em *Se o grão não morre,* quando ele a encontra no segundo andar da casa dela, triste e aos prantos já que alastrava naquela residência a traição amorosa. A mãe de sua prima andava nos braços de um amante. O narrador, diante da tristeza da menina, não tece em pormenores a angústia que vê, nem muito menos a história do segredo que a atormentava e que ele pouco podia entrever. Mais tarde, Gide construirá, desta cena, que "nada poderia ter sido mais cruel para uma menina que era só pureza, amor e ternura, do que ser obrigada a julgar a mãe e reprovar-lhe a conduta".[24] Gide é possuído pelo

---

21. JADIN, 1995, p. 142.
22. MARTY, 1998, p. 247.
23. CRISCAUT et al, 1990, p. 51.
24. GIDE, 1982b, p. 96.

drama da prima, que não podia revelar ao pai o que sabia sobre a mãe e, portanto, isso a mortificava. Seu amor pela prima vem como um amparo diante da descoberta de uma mãe sedutora. O que é curioso é que a menina amparada já tinha quinze anos, enquanto ele tinha treze. Gide não se encontrou somente com o sofrimento da prima mas com a sexualidade que havia ocorrido em outro quarto da casa. Gide vive, nesse momento, a sua própria fantasia de sedução materna, fazendo um deslocamento de cena: sua criança está em perigo, só que agora ele vai protegê-la, através da identificação com a prima. Ele, do lugar de seduzido, passa a protetor da criança. A menina e a mulher-esposa serão alvos de interdição sexual, enquanto os meninos continuam sendo seduzidos.

Gide metamorfoseia-se entre o protetor da sedução e a mãe sedutora. Esta nova situação é para Lacan, em um certo aspecto, salvadora, já que Gide está fixado à situação e, também, ela provoca-lhe uma divisão. André Gide, uma vez fixado na cena de sedução infantil (nesse momento deslocada para a cena em casa de sua prima), irá fetichizá-la com todos os detalhes, diversificando-a de maneira metonímica por toda sua literatura. Cada traço da cena se tornará recorrente como um dos seus temas. Essa é a origem da perversão e do amor supremo de Gide.

Em seus escritos, ele transita do lugar da criança seduzida para o de sedutor. Portanto, sua pergunta é se o Outro pode perder a criança seduzida. A nossa questão é se Gide, com seus romances, diários e ensaios, inscreverá a identificação que o mortificou: o prazer de desaparecer de Gribouille e o sofrimento da prima causado por um segredo.

Gide-Gribouille quer saber se é amado, o que equivale a querer saber acerca do desejo do Outro. A resposta, como vimos, está na anterioridade da pergunta "pode o outro me perder?", similar ao nome da flor "lembre-se-de-mim". Este enunciado derradeiro de Gribouille está metonimizado em *Teseu*: "Pelo bem da humanidade futura, realizei minha obra, vivi."[25] Gide está formulando seu desejo: "lembrem-se de mim!".

---
25. GIDE, 1995, p. 114.

Gide, o homem-das-letras, é antecedido pelo homem-das-folhas. A metonímia Gribouille desliza para o Gide horticultor, botânico. Gide é o jardineiro que se ocupa em Cuverville de plantas exóticas. Uma análise do fenômeno da alienação-separação nos leva a constatar que o desaparecimento não leva Gribouille à extinção, mas à permanência no mundo vegetal – gozo gidiano.

Gide designa-se como *bípede* para caracterizar sua vida dupla, marcada pela fantasia de ser criança e poder se vegetalizar – dupla vida com sua mulher e com os adolescentes. Poderíamos ir mais longe e reconhecer inúmeras divisões na vida do escritor. Temos um Gide atormentado pela pederastia, depois um Gide cirenaico, um Gide egoísta em sua função de pai, e mais tarde, um Gide engajado na família. Gide comporta vários estilos. Estilo, aqui, no sentido do próprio conceito de *mise en abîme* criado pelo próprio autor: romances dentro de romances, vários narradores narrando um mesmo evento, um efeito de espelho ao infinito.[26] São diários dentro de outros diários, histórias dentro de outras histórias.

O fantasma Gribouille causa em Gide um *déficit* imaginário. Lacan se servirá de Gribouille para ilustrar a primeira perda do sujeito, resposta ao desejo do Outro: clivagem do eu (*moi*).

A pergunta "pode ele me perder?" é da ordem de uma perda imaginária que leva Gide, por exemplo, à fobia das prostitutas que lançam ácido e desfiguram o rosto dos parceiros. Essa mesma perda imaginária leva o escritor, às vezes, a implorar uma confirmação da expressão de seu rosto.

Toda a divisão do sujeito gidiano pode ser interpretada como uma tentativa de tamponar o *déficit* de um registro propriamente imaginário. Na relação com o semelhante, tal perda se apresenta como um roubo, uma extorsão, um enlevo – êxtase do rosto.

Gribouille disfarça-se com novas imagens porque não é amado pelos pais. Gide, através dos filhos naturais – tais como Casimir de Saint-Auréol, do romance *Isabelle*, Bernard Profitendieu e Boris Lapérouse de *Os moedeiros falsos*, Lafcádio Wluicki de *Os*

---

26. A concepção de estilo a partir de Lacan está desenvolvida em MARTINS, 2001.

subterrâneos do Vaticano e Teseu de *Teseu* – procura o amor do pai. Gide transforma-se nos personagens que povoam sua escrita, metamorfoseia-se nas letras, é o escritor em busca do pai, que se faz pai de uma escrita órfã. São fantasmas-Gribouille, escritos em folhas, que o recobrem, para responder à pergunta que antecede o desejo do Outro: "Pode ele me perder?

O que caracteriza o sujeito gidiano é que sua palavra escrita escorrega continuamente, sem que jamais qualquer buraco negro lhe confira um centro de gravidade consistente.

Para concluir, adotamos aqui o esquema L., proposto por Jean-Marie Jadin: [27]

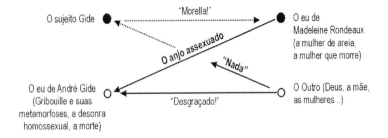

A partir das identificações inseridas no esquema L., podemos elucidar o criptograma de Lacan decifrado na duplicidade da relação de Gide com seu desejo. Ao desdobrar Madeleine na Morella de Poe – filha que é a própria mãe morta-viva –, reconhecemos um amor angelical e ardente, que não é o de Eros: "nunca falei de paixão ou pensei em amor", [28] diz aquele que conduziu Morella ao altar.

O amor por Morella é um amor embalsamado, assim como o ideal seráfico que a mãe de Gide tem por ele. Mesmo se Madeleine ocupa, de certa forma, uma posição semelhante à de Gide, o que a faz diferir é que ela chora por causa de uma mãe desejante. Mãe desejante, que abandonou os filhos. O pai, então, juntamente com Madeleine, cuida dos filhos. Como no conto de Poe, a filha ocupa o lugar da mãe que desapareceu por abandono – morte ou fuga.

---

27. JADIN, 1995, p. 132.
28. POE, 1981. p. 23.

Entrevê-se na narrativa gidiana, sobretudo em *A porta estreita*, onde o escritor retoma na escrita esta *outra cena*, a presença do pai e, também, pela referência a Deus, a dimensão de um mais além. O desejo aparece, assim, sobre a face do desejo de outra coisa. Pela mediação de sua prima, se produz esse encontro com um Outro desejante. Gide encontra, por um momento, um lugar como criança desejada (nos braços de sua tia), mas ele recusa esse lugar dentro do desejo do Outro, pois aceitá-lo seria aceitar a castração materna. Por quê? Porque "a mãe do desejo é mortífera".

Recordemos a série – mãe, tia, Madeleine, Morella, Medéia –, encadeamento de nomes ou de fatos onde a morte se conjuga com o amor. Madeleine queima a correspondência de Gide, assim como a Medéia de Eurípedes mata os filhos. Tal qual a Morella de Poe, Madeleine pretende substituir a mãe Matilde, mulher infiel que abandonara os filhos mais velhos para fugir com o amante.[29] Com a morte do pai, Madeleine passa a se dedicar a seus irmãos. Ela se imola num amor edipiano que a faz esposa de um morto e que jamais se tornará mãe. Esta é a mulher gidiana.

O desejo de Gribouille de ser amado por seus pais e o desejo de Gide de amar a criança como o outro (a tia) o amou registram-se em uma das passagens de *Se o grão não morre*, na qual o fantasma Gribouille obstina-se no sujeito gidiano:

Gostaria sobretudo *de me fazer amar*; daria minha alma em troca disso. Naquele tempo eu só podia escrever (quase disse pensar), e parecia-me, diante desse pequeno espelho, que para tomar conhecimento de minha emoção, de meu pensamento, primeiro eu precisava lê-los nos meus olhos. Como Narciso, eu me inclinava sobre a minha imagem; todas as frases que escrevi então ficaram um tanto curvadas.[30]

André, leitor de Sand, extrai da leitura o gozo de Gribouille. O efeito deste gozo é uma escrita que sulca a perversão polimorfa da criança. O escritor Gide rasura e sutura com o fio da letra a criança seduzida pela

---

29. Matilde teve sete filhos no casamento com o pai de Madeleine. Ao fugir, levou consigo a filha mais nova, Lucienne, nascida em 1881. Não querendo mais reencontrar a mãe, Madeleine renuncia também de rever sua mais jovem irmã.

30. GIDE, 1982b, p. 178-179. Grifo nosso.

mãe. Suas frases um tanto curvadas arquitetam uma escrita curvilínea que procura, diferentemente de Gribouille, que quer ser reconhecido pelos pais, alguma coisa do lado do pai. Gide escreverá no seu diário:

> As razões que levam alguém a escrever são múltiplas, e creio que as mais importantes são as mais secretas. A minha pode ser, sobretudo, *colocar algo fora do alcance da morte* – é o que me faz, em meus escritos, procurar, entre todas as qualidades, aquelas sobre as quais o tempo exerça menor ação, e através de que eles se esquivem de todas as seduções passageiras.[31]

A escrita de Gide é o caminho da "*père*version". É a proteção de *algo* contra a morte. A perversão gidiana evoca a urgência e a necessidade constante de abrigar uma ética do desejo.

Referências bibliográficas

BASTIDE, R. *Anatomie d'André Gide*. Paris: Presses Universitaires de France, 1972.

CHAMBLAS-PLOTON, Mic. *Les jardins d'André Gide*. Paris: Chêne, 1998. 165p.

CRISCAUT, S. C. de *et al*. A la croisée des chemins: entre amour et perversion. In: *Traits de perversion dans les structures cliniques*. Paris: Navarin, 1990. p. 42-57.

GIDE, A. *Os frutos da terra*. Trad. Sérgio Milliet. Rio de Janeiro: Nova Fronteira, 1982a.

GIDE, A. *Se o grão não morre*. 2ª ed. Trad. Hamílcar de Garcia. Rio de Janeiro: Nova Fronteira, 1982b.

GIDE, A. *O imoralista*. 2ª ed. Trad. Theodomiro Tostes. Rio de Janeiro: Nova Fronteira, 1983.

GIDE, A. *A porta estreita*. Trad. Roberto Cortes de Lacerda. Rio de Janeiro: Nova Fronteira, 1984a.

---

31. GIDE, 1992, p. 738. Grifo nosso. Tradução da professora Doutora Eunice Dutra Galéry.

GIDE, A. *A volta do filho pródigo*. Trad. Ivo Barroso. Rio de Janeiro: Nova Fronteira, 1984b.

GIDE, A. *Journal* (1889-1939). Paris: Gallimard, 1992.

GIDE, A. *Journal* (1939-1949); souvenirs. Paris: Gallimard, 1993.

GIDE, A. *Thésée*. Paris: Gallimard, 1995. (Collection Folio, n.1.334).

JADIN, J.-M.. *André Gide et sa Perversion*. Paris: Arcanes, 1995.

LACAN, J. *Écrits*. Paris: Seuil, 1966.

LACAN, J. *O seminário. Livro 11. Os quatro conceitos fundamentais da psicanálise*. (1963-1964) 2ª ed. Trad. M.D. Magno. Rio de Janeiro: Zahar, 1985.

LACAN, J. *Le séminaire. Livre V. Les formations de l'inconscient*. (1957-1958). Paris: Seuil, 1998.

MARTINS, G. M. Pode o Outro me perder? (Sand, Gide e Lacan). *Psique*, Belo Horizonte, ano 8, nº 13, p. 28-40, nov. 1998. (Revista do Departamento de Psicologia Geral e Aplicada das Faculdades de Ciências Humanas e Letras – FAHL do Centro Universitário Newton Paiva).

MARTINS, G. M. A abertura do estilo: Lacan e a literatura. In: MENDES, E. A. de M. *et al* (Orgs.). *O novo milênio*: interfaces lingüísticas e literárias. Belo Horizonte: UFMG/FALE, 2001. p. 319-330.

MARTY, É. *André Gide*: entretiens Gide-Amrouche. Tournai: La Renaissance du livre, 1998.

MILLER, J.-A. Conferências introdutórias no Hospital Sainte-Anne. Trad. Dulce Duque Estrada. In: FELDSTEIN, Richard *et al* (Org.). *Para ler o Seminário 11 de Lacan*. Rio de Janeiro: Zahar, 1997. p. 249-258.

MILLOT, C. *Gide Genet Mishima*: intelligence de la perversion. Paris: Gallimard, 1996.

POE, E. A. *Contos de terror, de mistério e de morte*. Trad. Oscar Mendes. 6.ed. Rio de Janeiro: Nova Fronteira, 1981.

SAND, G. *Histoire du Véritable Gribouille*. Tournai: Casterman, 1995. (Collection – série rose, nº 23)

A RESPOSTA PERVERSA

Zilda Machado

Pretendemos neste trabalho levantar questões que nos possam subsidiar na difícil temática da perversão na infância. Se partimos da perverso-polimorfia, referente a todo sujeito antes que a estrutura se revele, quais impasses, afinal, levam à resposta do sujeito que fixa a estrutura perversa?
Interessa-nos, então, percorrer os caminhos que levam à resposta do sujeito e o congela em uma posição imaginária para lidar com a falta. No entanto, cabe ainda perguntar: é possível, de fato, atribuir o diagnóstico de perversão a um sujeito vivendo ainda o tempo da infância, se sabemos que a estrutura precisará de um segundo momento, quando será confirmada no ato que a adolescência franqueia?

A tríade imaginária: mãe, criança e falo

Para o ser falante, a relação com o Outro primordial, a mãe, é o que há de mais importante. Tanto que, segundo Lacan, quando nos perguntamos pela psicanálise com a criança, somos diretamente remetidos à sexualidade feminina. Por meio desta proposição bastante enigmática, Lacan nos leva a uma questão essencial: o desejo da mãe deve ser compreendido enquanto a mãe é uma mulher, pois a ela falta um objeto: o falo.
Assim, algo que para cada sujeito será preponderante é a relação da mulher, sua mãe, com a própria falta. Como essa mulher se arranjou com a castração, com a falta fálica, como entrou no

Complexo de Édipo? Por uma equação simbólica, mostra-nos Freud,[1] a menina transfere seu desejo de ter um pênis pelo desejo de ter um filho, que lhe será dado como um presente pelo pai. Posteriormente, a menina, por um deslocamento, substitui o pai por um outro homem, no qual depositará tal anseio.

É justamente, neste lugar, na subjetividade de uma mulher, que o filho será tomado: como um substituto fálico, dependendo, então, dela, a possibilidade de entrar ou não o pai para fazer efeito de estrutura na subjetivação do filho, por isso, dizemos que o Pai Simbólico é uma transmissão da mãe. Se a mãe fica satisfeita demais com o filho no papel de substituto, o lugar que ele, o filho, vai ocupar é o de um tampão para a falta dela. É necessário que a mãe não se satisfaça demais aí, é preciso que tenha outros interesses para os quais desvia o olhar, e que, como mulher, não desista de procurar em um homem aquilo que lhe falta. Nesse ponto se encontra a báscula que introduz a instância paterna.

O desejo da mãe é grafado por Lacan como DM (D maiúsculo), não se trata do d minúsculo, sinônimo de falta. Assim, a mulher, com seu desejo, salva o filho de ser consumido pela mãe, uma bocarra que anseia engolir o filhote. É o desejo da mãe, como mulher, apontando para o filho que, para além da satisfação que ele próprio dá a ela, ainda é insuficiente. A mãe, como mulher, deseja algo para além dele. É nesse ponto outro, que o sujeito tem acesso ao falo, suposto se localizar no pai.

A criança experimentará o que Lacan chama de a "decepção fundamental"[2], quando descobre não ser o objeto único da mãe. Constitui-se aí a entrada em jogo da função paterna em um momento crucial, porque tanto priva a mãe de seu intento, quanto desaloja a criança do lugar de tampão para a falta dela, bem como localiza o falo em um ponto alhures. Ao ser desarranjado o triângulo imaginário (mãe, criança, falo), o sujeito é introduzido no Complexo de Édipo.

---

1. FREUD, 1924. p. 223.
2. LACAN, 1956-1957, p. 81.

A entrada do Nome-do-pai

Verifiquemos como se dá a passagem do triângulo imaginário ao Complexo de Édipo, pois é em referência ao Édipo que poderemos vislumbrar algo sobre a posição estrutural do sujeito na linguagem, quer seja uma posição neurótica, psicótica ou perversa.

A mãe introduz o mundo simbólico. Por meio de sua presença e ausência constitui-se o primeiro par que "é para o sujeito, articulado no registro do apelo. O objeto materno é chamado quando está ausente e quando está presente, rejeitado, no mesmo registro que o apelo, a saber, por uma vocalização (...) a escansão do apelo está longe de nos dar toda a ordem simbólica, mas ela nos mostra seu começo".[3]

Como a mãe não responde a todo apelo da criança, ela se torna real, vira uma potência, mas aí a posição se inverte e os objetos aos quais o sujeito tem acesso passam a simbólicos, a objetos de dom, "que valem como o testemunho do dom oriundo da potência materna".[4]

Portanto, embora a mãe, como ser falante, promova a entrada do sujeito na ordem simbólica, e, com suas idas e vindas, ratifique isso, a lei que a mãe transmite é onipotente, arbitrária. Ela dá ou não dá, conforme seu capricho. Entretanto, se a mãe se interessa por algo mais além da criança, abre para o sujeito a possibilidade de percebê-la como desejante: o que ela quer? A resposta é um enigma. Mas, aí, como assinala Lacan, a mãe é afetada em sua potência e um lugar terceiro é apontado. Surge, assim, a instância paterna, como metáfora, uma função significante que se inscreve no Outro, no qual um nome virá substituir o lugar da ausência da mãe. Este significante é o Nome-do-pai.

Na fórmula da metáfora paterna, o Nome-do-pai vem substituir o desejo da mãe e, como resultado, o desejo da mãe é barrado. Há a inclusão desse significante no Outro, e abre-se ao sujeito a via da significação fálica, o que a mãe quer, está, a partir daí, significado

---
3. LACAN, 1956-1957, p. 67-68.
4. LACAN, 1956-1957, p. 69.

no falo. Portanto, com o falo se instaura a falta e também a função fálica, com a possibilidade de o sujeito, a partir daí, inserir-se na partilha dos sexos. Opera-se, assim, a castração simbólica. Este é o Édipo freudiano formalizado por Lacan em um matema.

O resultado da operação de significantização é a resposta que aponta a estrutura do sujeito. Na psicose, o Nome-do-pai está foracluído, portanto, há o fracasso da metáfora paterna e a elisão do falo. Ao apelo ao Nome-do-Pai, corresponde a carência do próprio significante e o que surge é um furo no lugar da significação fálica. Nesse caso, o sujeito não pode simbolizar o desejo da mãe.

É em torno dessa carência, em que falta ao sujeito o suporte da cadeia significante, que se trava toda a luta em que ele se reconstrói pela metáfora delirante, pois embora ao sujeito não tenha sido possível pagar o preço do comprometimento simbólico, como ser falante, está submetido às leis da linguagem. Por isso, Lacan aponta: aquilo que foi foracluído do simbólico retorna no real como distúrbios de linguagem e alucinação.

Já no caso onde o Nome-do-pai foi validado, podemos dizer que operou o Pai Simbólico, aquele que se origina da mãe possibilitando a inclusão do significante Nome-do-Pai no Outro, o que "marca a entrada do sujeito na ordem simbólica e permite a inauguração da cadeia do significante no inconsciente, implicando as questões do sexo e da existência".[5]

O consentimento com a ordem simbólica aponta o campo da Neurose e mesmo o da Perversão com a especificidade que lhe é própria. Entretanto, no que se refere à estrutura, estamos sempre em um tempo *nachträglich*, isto é, somente *a posteriori* pode-se verificar se houve ou não tal transmissão.

Há, portanto, um primeiro divisor de águas, marcando aqueles que pagam ou não o preço do comprometimento simbólico. Os que puderem dedicar-se-ão a uma intensa atividade de pesquisa e construção, desde o momento em que despertados para importantes questões, tais como a sexualidade, a vida e a morte, colocam-se a trabalho.

---

5. QUINET, 1997, p. 13.

A nossa hipótese é de que há um segundo divisor de águas que precipitará o momento da resposta do sujeito, no qual se revela a escolha entre Neurose e Perversão. A seguir, tentaremos cernir os pontos essenciais que indiquem o que força tal escolha.

O impasse nas pesquisas

Como nos ensina Freud,[6] a criança, como um verdadeiro pesquisador, ao dispor da ordem simbólica, põe-se a trabalho, construindo complexas teorias que possam responder à questão "de onde vêm os bebês", mas seu raciocínio encontra um obstáculo. Trata-se de uma outra teoria construída também pela criança – a de que a mãe tem um pênis como um homem. Isso vai impedir o prosseguimento de suas pesquisas.

Quando a criança percebe a diferença sexual, num primeiro momento, "recusa-se" em consentir com este fato. A maneira que o sujeito encontra é, segundo Freud, adiar esta constatação ao construir um raciocínio mais ou menos assim: "tudo bem, a mulher não tem pênis, mas a mãe não é mulher", assim a mãe conserva ainda o pênis por longo tempo e o sujeito adia, desta maneira, o momento em que será confrontado com a própria castração. Só quando o sujeito puder constatar que a mãe é também uma mulher e não tem um pênis, e que pode encontrá-lo em outrem, ou seja, quando ele constatar o papel da mãe na conjugalidade, de fato, haverá efeitos de estrutura na subjetivação da castração, dependendo do mecanismo que o sujeito pôde usar para lidar com a sua percepção.

Entre o recalque e o desmentido: o divisor de águas entre neurose e perversão

Alguns sujeitos são impedidos de reconhecer que a mãe é uma mulher, e para além do filho, encontra no homem algo que deseja e

---
6. FREUD, 1908.

ele tem para dar. Aqui entra o pai, mas este, segundo Lacan, não tem uma relação direta com o filho, o pai entra no jogo como homem. Só será de fato um pai, aquele que, aos olhos do filho, puder tomar uma mulher como causa de seu desejo.[7]

O sujeito que pode ter esse pai, aquele que opera uma metaforização do desejo da mãe, encontra uma saída do Édipo "mais ou menos" normal. Aí o sujeito recebe simbolicamente o falo de que necessita, proveniente daquele que demonstrou tê-lo, e provou sua eficácia tanto em castrar o filho quanto em privar a mãe de seu objeto.

O pai, aponta Lacan, "introduz a relação simbólica, e com ela a possibilidade de transcender a relação de frustração ou de falta de objeto na relação de castração, a qual é uma coisa inteiramente diversa, pois introduz essa falta de objeto numa dialética onde se toma e se dá, onde se institui e onde se investe, em suma, uma dialética que confere à falta a dimensão do pacto, de uma lei, de uma interdição, a do incesto em particular"[8]. Só assim poderá estar assegurada a identificação viril e a dimensão de um pacto social com a constituição do supereu.

Aquele que puder "escolher" a via neurótica continuará a sua construção para também nada saber daquilo, mas o que é diferente é o mecanismo utilizado por ele. O neurótico, ao dispor do recalque, continuará pela via simbólica, isto é, construirá seu romance familiar, a fantasia e o sintoma. O sujeito encontrará, pela via significante, maneiras de se proteger de ser o único objeto que vai completar a mãe. O próprio sujeito, desta forma, tentará enquadrar o gozo da mãe nos limites impostos pela função paterna e, por isso, Lacan afirma: o sintoma é um dos nomes do pai.

E quanto à estrutura perversa? Parece que aí houve a entrada do significante Nome-do-pai, mas há uma dificuldade na travessia do Édipo.

---

7. LACAN, 1974/1975. Aula de 21/01/75.
8. LACAN, 1956-1957, p. 84.

A estrutura perversa: acesso imaginário à falta de objeto

Por uma insuficiência, faltou o Pai Real, o que priva a mãe de reintegrar sua cria, e a criança de ser o objeto que vai completá-la; faltou a função do pai que torna a mãe uma mulher. Segundo Lacan

> esse é o estádio nodal (...) pelo qual aquilo que desvincula o sujeito de sua identificação liga-o, ao mesmo tempo ao aparecimento da lei, sob a forma desse fato de que a mãe é dependente de um objeto que (...) o outro tem ou não tem. (...) aquilo que o pai prometeu deve ser mantido (...) ele pode dar ou recusar, na medida em que o tem, mas o fato de que ele, o pai, tem o falo, disso ele tem que dar provas.[9]

Há aqui uma diferenciação também no que tange à psicose porque houve a entrada do pai na estrutura. Parece, no entanto, que ele foi incapaz de dar provas que surtam efeitos na subjetividade do filho, a saber, de que o falo está do lado dele e não da mãe.

Quando, então, por uma contingência, o sujeito se depara com a visão acidental dos órgãos genitais femininos, ocorre um segundo divisor de águas. Esse ponto indica a diferença entre a estrutura neurótica e a perversa. Este sujeito, como assinala Lacan, vai estancar, neste instante, a sua pesquisa. As construções simbólicas, que até então ele vinha fazendo, serão interrompidas: "este é o momento da história onde a imagem se fixa".[10] A cadeia simbólica se detém, como na cena de um filme. Surge uma outra maneira de lidar com a falta, um modo imaginário de recobri-la.

Embora Freud fale de perversão desde o início de sua obra, principalmente nos "Três ensaios sobre a teoria da sexualidade", temos de tomar como referência os textos após 1919, após "Uma criança é espancada". A partir daí Freud vai teorizar a perversão propriamente dita, fazendo um avanço teórico, ao descobrir que para alguns sujeitos, frente à visão da castração da mãe, o que advém é

---

9. LACAN, 1957-1958, p. 199-200.
10. LACAN, 1956-1957, p. 159.

um susto tão grande que não podem simplesmente recalcar isso e encontrar maneiras simbólicas de obter satisfação da pulsão. Ao sujeito surge um outro mecanismo, o desmentido.

Este termo, desmentido, *verleugnung*, Freud o introduziu como um mecanismo específico da perversão no texto "O fetichismo", de 1927. Trata-se de uma defesa diferente, pois ele permite que o sujeito reconheça a falta de pênis percebida, mas, ao mesmo tempo, simultaneamente, rejeite, recuse esta percepção. Como último recurso, frente às exigências pulsionais e a tal percepção, o sujeito erige um objeto imaginário, o fetiche, para colocá-lo ali, no lugar onde foi constatada a falta do objeto. Mas, construindo o fetiche, à mãe já não falta mais nada: "permanece um indício de triunfo sobre a ameaça de castração e uma proteção contra ela".[11] Com esse objeto, imaginário, Freud assinala que o sujeito, frente à castração, mantém a coexistência tanto da rejeição da castração feminina quanto a afirmação desta, ao preço de uma fenda no eu que aumenta com o tempo.

Ao indicar que o sintoma da criança pode representar a verdade do par parental, Lacan assinala: no seio da conjugalidade o sujeito se constitui em todas as estruturas. Assim, também enquanto perverso, aquele que teve uma mãe que não pôde dar ao pai o lugar que poderia fazer efeito sobre a subjetividade do filho: o de consentir em ser causa do desejo dele, e valorizá-lo como aquele que tem, e que porta a palavra de valor. Mas também um pai que escolheu justamente aquela mulher, a quem não pôde tomar como objeto causa de seu desejo. A falta dessa função marca o ponto decisivo entre a estrutura perversa ou neurótica. No momento em que o pai poderia ratificar a castração como impossível, como operação irreversível – por uma eficácia que é da ordem de um ato e não de um dito – esse ato faltou.

Está aqui o cerne da questão: as provas que o pai não pôde dar, fazem com que o sujeito fique entregue ao capricho da mãe. O pai não pôde castrá-la, convertê-la em mulher, e a mãe não permitiu que ele o fizesse. A mãe não se torna aos olhos do sujeito um ser privado do falo, mas, ao mesmo tempo, o sujeito sabe que ela não tem, pois ele

---

11. FREUD, 1924, p. 223.

viu. O recurso, então, imaginário, é construir o objeto fetiche, ou ainda se identificar ao falo e se oferecer para tamponar a falta da mãe para, simultaneamente, não ter de se haver com a sua própria castração. Assim, o sujeito não terá acesso ao desejo, pois este só se inaugura com a interdição, é a lei que o franqueia, pois, desejo é falta. Por isso, Lacan aponta que o perverso tem é uma "vontade de gozo" cujo exercício carrega em si a possibilidade mesma da interdição, pois, como ele assinala no seminário da Angústia:

> Se há algo que sabemos do perverso, é que isso que aparece externamente como satisfação sem freio é defesa, e colocação em jogo, exercício de uma lei na medida em que ela freia, suspende, detém, precisamente sobre o caminho do gozo. A vontade de gozo no perverso, como em qualquer outro, é vontade que fracassa, que encontra seu limite, seu próprio freio, no exercício como tal do desejo perverso.[12]

Segundo Lacan, há um tempo quando se precipita a escolha do sujeito, um tempo preciso e há algo que falha ali:

> no momento em que a intervenção proibidora do pai deveria ter introduzido o sujeito na fase de dissolução de sua relação com o objeto do desejo da mãe, e cortado pela raiz qualquer possibilidade de ele se identificar com o falo, o sujeito encontra na estrutura da mãe, ao contrário, o suporte, o reforço que faz com que essa crise não ocorra. No momento ideal, no tempo dialético em que a mãe deveria ser apreendida como privada do adjeto, de tal modo que o sujeito literalmente não soubesse mais para que santo apelar a esse respeito, ele depara, ao contrário, com a segurança dela. Isso permite agüentar o tranco perfeitamente, por ele ter experimentado que é a mãe que é a chave da situação, e que ela não se deixa privar nem despojar. Em outras palavras, o pai pode continuar a dizer o que quiser, que isso para eles não fede nem cheira. (...) Foi a mãe quem acabou ditando a lei.[13]

---

12 LACAN, 1962-1963. Aula de 27/02/63.
13. LACAN, 1957-1958, p. 215-216.

Nesse momento, no auge do susto, da subjetivação da castração, o sujeito está desguarnecido da lei do pai. Este não portou a palavra de valor, aquela que poderia ter transmitido: o filho não pode retornar ao ventre materno, aquele que nasceu não pode voltar às origens, o filho adveio de uma falta da qual é fruto, e não causa.

Desguarnecido do simbólico, desamparado da eficácia do pai em privar a mãe, ao sujeito ali só cabe este recurso: uma construção imaginária que lhe ajude a dar conta do horror da castração, do oco da falta, esta é a resposta possível ao sujeito, aquele que, embora tenha tido acesso ao Nome-do-Pai, dele não pode se servir.

Afinal, seria possível atribuir o diagnóstico de perversão a um sujeito vivendo a infância? Podemos, ao escutar essas crianças, acompanhar suas construções, seus ditos apontam a posição do sujeito na estrutura. Essas são as nossas balizas para a confirmação na adolescência, na prova do ato. Algumas, ao invés de construírem um objeto que tenha dimensão significante, como na fobia, por exemplo, onde estamos no nível do registro simbólico (no caso Hans, a substituição do pai pelo cavalo), o que vemos é a construção de um objeto imaginário, congelado no tempo, uma imagem que se fixou, impossível de dialetizar, portanto, imutável. Mesmo que porventura façam inicialmente uma tentativa pela via da fobia, trata-se de um apelo a um recurso que não se sustenta, não faz amarração consistente em sua subjetividade.

Embora Lacan diga que a fobia é uma "placa giratória"[14] entre a neurose e a perversão, também o vemos esclarecer: "Lhes ensinei a distinguir o objeto fóbico como significante para todo uso, para suprir a falta do Outro, e o fetiche fundamental de toda perversão como objeto percebido no corte do significante."[15]

Em se tratando de uma estrutura perversa, que eficácia terá a intervenção analítica, se sabemos que a psicanálise é um tratamento do real pelo simbólico, nestes casos, onde vemos a preponderância do imaginário? Será que a divisão que se opera no sujeito e aumenta

---

14. LACAN, 1968-1969. Aula de 07/05/69.
15. LACAN 1958, p. 617.

com o tempo, como assinala Freud, deixa a possibilidade de algum trabalho simbólico que intervenha sobre o gozo desses sujeitos em etapa precoce? Se na clínica com crianças, a transferência inclui os pais, e se trabalhamos com sujeitos muito jovens, ainda vivendo o tempo de sua constituição na estrutura, que efeitos na economia do gozo o ato analítico pode produzir, enquanto opera com o Real em jogo na constituição do sujeito, imerso na família conjugal?

Referências Bibliográficas

FREUD, S. Três ensaios sobre a teoria da sexualidade (1905). In: *Edição standard brasileira das obras psicológicas completas de Sigmund Freud.* Trad. Jayme Salomão. Rio de Janeiro: Imago, 1989, v. 7.

FREUD, S. Sobre as teorias sexuais das crianças (1908). *Op. cit.* Rio de Janeiro: Imago, 1976, v. 9.

FREUD, S. "Uma criança é espancada" uma contribuição ao estudo da origem das perversões sexuais (1919). *Op. cit.* Rio de Janeiro: Imago, 1976, v. 17.

FREUD, S. A dissolução do complexo de Édipo (1924). *Op. cit.* Rio de Janeiro: Imago, 1976, v. 19.

FREUD, S. O fetichismo (1927). *Op. cit.* Rio de Janeiro: Imago, 1974, v. 21.

LACAN, J. *O seminário. Livro 4. A relação de objeto* (1956-1957). Trad. Dulce Duque Estrada. Rio de Janeiro: Jorge Zahar Ed., 1999.

LACAN, J. *O seminário. Livro 5. As formações do inconsciente* (1957-1958). Trad. Vera Ribeiro. Rio de Janeiro: Jorge Zahar Ed., 1999.

LACAN, J. *Seminário X. A angústia* (1962-1963). Inédito. Publicação não comercial exclusiva para os membros do Centro de Estudos Freudianos de Recife.

LACAN, J. Duas notas sobre a criança. *Opção lacaniana.* São Paulo, n° 21, abr. 1998.

LACAN, J. *Seminário XXII. R.S.I.* (1974-1975). Inédito.

LACAN, J. *Seminário XVI. De um Outro ao outro* (1968-1969). Inédito.

LACAN, J. A direção do tratamento e os princípios de seu poder (1958). In *Escritos.* Trad. Vera Ribeiro. Rio de Janeiro: Jorge Zahar Ed., 1998.

QUINET, A. *Teoria e clínica da psicose.* Rio de Janeiro: Forense Universitária, 1997.

LIBERAÇÃO, DESPEDAÇAMENTO E FISSURA

Stélio Lage Alves

Na perspectiva inaugurada pela ruptura promovida pela ciência do século XVI, as contribuições de Bacon, Galileu e Descartes foram cruciais para que o discurso comandado pela certeza cedesse seu lugar ao agenciado pelo saber. Com este giro, já não há mais lugar para uma incontrolada genialidade, a sorte, o arbitrário e as sínteses precipitadas. As tradicionais formas de transmissão do conhecimento, seja por repetição ou pela revelação, são consideradas inadequadas para promover a verdade que o discurso tende alcançar. Desta maneira, o homem é retirado do centro de correspondências secretas, o universo deixa de ser concebido num contexto de símbolos onde correspondem arquétipos divinos, o empreendimento científico se distancia de uma incomunicável experiência mística.

A tradição clássica e medieval foi assim progressivamente destituída da sua valorização secular e inabalável. Não que ela fosse totalmente errônea; apenas havia sido erigida em função de certos fins, promovidos pela soberania do discurso que a instituíra. Com seu declínio, a resignação da soberba intelectual remove-se pela liberdade crítica, a cultura retórica e literária pelo caráter técnico e científico, a filosofia de palavras pela filosofia de obras. Os ideais da vida técnica, contrários à virtude aristotélica, transformam-se em valioso propulsor cultural.

O homem moderno herda os efeitos destas mudanças e, por conseguinte, da crítica à ingênua confiança em antigas convicções. Destronada a tradição, surge uma ciência democrática, cooperativa e útil, que desaloja a autoridade conferida a um mestre desinteressado. O conhecimento técnico e prático passa a sobrepujar o exclusivamente teórico e idolatrado. Trata-se, sobretudo, do surgimento de uma nova concepção de ciência, indissociável dos valores éticos. O dever do homem já não consiste mais em celebrar sua infinita liberdade, nem em manter sua essencial contemplação com o Todo, mas de assumir que a potência dos seus limitados dons exige uma habilidade tecnológica para fomentar continuamente, numa obra coletiva, a hegemonia da nova posição do saber. No horizonte o que se visa é o triunfo da razão pelo adequado e bom uso da ciência e sua aplicação. Instala-se uma nova ordem, cuja meta é o avanço simultâneo em direção à abundância, à liberdade e à felicidade.

Portanto, nesta direção, modernamente, a nova modalidade da ciência e da ética associa-se a uma progressiva e crescente correspondência do saber tecnológico com as necessidades, individuais ou coletivas que ele deve regular. Inclui-se aí o âmbito da Lei e, neste sentido, o saber é animado numa articulação que ambiciona liberar o homem de toda opressão. A arbitrariedade e a violência do poder deslocam-se pela regulação democrática e liberal do Estado de Direito e do mercado.

Demolidas antigas, inertes e opressoras crenças, a ciência volta-se na consecução de um novo passo e, desta maneira, a natureza submete-se ao comando dos homens. Institui-se um novo domínio lógico da razão, objetiva ou instrumental. O mundo declinado da mitologia e da magia cede lugar ao sistema totalitário da hierarquia e coerção fetichista da objetividade; tábula de procedimentos metodológicos que decidem os processos de antemão. Paradoxalmente, quanto mais se desvanece a ilusão mantida por remotas ideologias tanto mais inexoravelmente o homem se aprisiona ao ciclo de uma Lei naturalizada pela qual se pretendia, a princípio, afirmar a libertação. Portanto, toda tentativa de superação do impossível, rompendo as barreiras naturais, acaba resultando numa submissão ainda mais profunda às imposições do Real, pois a derrocada das tradições, num mesmo golpe, desencadeia a montagem de uma nova era onde, a meio caminho, sucumbe e cai prostrada, em estado de abandono, a prometida força criativa de libertação.

Neste sentido, o declínio de convicções tradicionais, fundamental para a instalação do domínio iluminista do saber, acaba desembocando, por inversão, numa modalidade de discurso caracterizada pela relação entre a carência humana e a produção de múltiplos objetos para a satisfação. O triunfo da instrumentalidade torna-se ação estratégica, e a tecnologia se põe a serviço da oferta de massa regida pela Lei do mercado. Nesta nova lógica o elogio ao consumo acaba provocando uma relação de fagocitose pelo capital, instituindo assim um ciclo de uma verdadeira devoração. Portanto, prisioneiro da onda de uma nova espécie de fé fundamentada numa redefinição concreta do Bem, o giro inicialmente promovido nos Seiscentos acaba desencadeando uma dinâmica atual de trocas dilaceradas pela fugacidade e por intensas decomposições.

Certamente a vida moderna preparou o terreno para qualquer coisa, menos para o que permaneça imóvel. Numa dimensão de verdadeira heterogeneidade tudo é rapidamente engolfado, numa dinâmica aparentemente dispersa e destituída de direção. Progressivamente desaparece o que outrora permitia decidir qual o movimento, seja para frente, seja o de retirada.

Um mundo construído de objetos duráveis transforma-se gradativamente num de produtos e signos disponíveis projetados para as (in)satisfações. A durabilidade cai deslocada pela obsolescência: o que prometia satisfazer antes já não vale mais. As "leis de mercado" deslocam, progressivamente, "as leis da natureza" e as "leis da história". Tudo passa a ser adotado instantaneamente, para depois ser imediatamente descartado. Em termos do contrato social, das trocas cada vez mais velozes, o pacto destitui-se do compromisso com a via da responsabilidade formal. A recusa eleva-se como elemento prevalente.

Nesta direção, o lugar da dominação, esvaziado pela crítica às sagradas concepções, é substituído pela introdução de nova modalidade de alienação. Contrariando a otimista meta progressiva de liberação, uma infinidade de imagens e informações, multiplicadas e transmitidas pelo desenvolvimento da tecnologia, regula e ordena universalmente as relações. Agora, como nunca dantes, num controle revigorado, ideais esfacelados atingem os diversos grupos, a moda, os esportes; enfim, todas as relações coletivas, familiares e privadas. Na fragmentação universalizada, os veículos de comunicação sutilmente instituem um modelo pleno e global de coesão.

Asfixiados pela massificação, torna-se agora em vão o movimento que procura desprender-nos da multidão, da poluição e da transmissão globalizada que infiltram todos os setores da comunicação. Lutamos uma batalha vencida, que nos conduz a conviver impotentemente com inúmeros descalabros que revelam uma débil progressão. O que constatamos dia a dia é que o panegírico da liberdade humana ainda provoca apupos, quando transparece o registro fúnebre que vem se depositando no fosso da história da civilização: a miséria, a fome, a violência, as epidemias mortíferas, as catástrofes ecológicas e as guerras que dizimam continuamente a natureza e multidões.

Com o declínio dos valores tradicionais e o sucedâneo deslocamento que alimentou a hipérbole da insatisfação, trata-se agora de experimentar a efemeridade generalizada, com seu desconforto e mal-estar. Neste quadro sombrio, se as redes de segurança ainda não se desintegraram completamente, pelo menos foram consideravelmente enfraquecidas. Convivemos com uma mescla da pacata e brutal desregulamentação que, acoplada à desigualdade, atinge cada vez maiores proporções. Emerge o desafio das habilidades: a pós-modernidade parece reencontrar o fracasso do que a modernidade prometia ter deixado, uma vez por todas, para trás.

O colapso da ordem agora parece manifestar-se em todos os níveis – global, nacional, institucional, teórico e ambiental – configurando-se cada vez mais a ausência do consenso e da falência inclusive de uma ordenação conceitual. Deste momento em diante, ser livre significa não acreditar em nada, numa atitude niilista onde o que prima é a expiração da responsabilidade e a recusa diacrônica da histórica.

Neste sentido, o que atualmente se mostra, sempre permaneceu no mesmo lugar. Por conseguinte, onde Aristóteles situara o Bem Supremo, Kant instalara a razão pura e Hegel, o ápice da espiral dialética do saber, à pós-modernidade só restava escavar, em sua coleção fragmentada de instantâneos, a face terrível de um limite onde qualquer forma do Absoluto se esvai.

Confrontado com infinitas contradições, o homem contemporâneo se vê cada vez mais devorado pelo temor da sua eliminação na onda de violência generalizada, causada pela repetição de atos cada vez mais despóticos, obtusos e obscurantistas. A novidade é que não há mais adequação para a catarse e para a compreensão. O cotidiano transformou-se no espetáculo do vazio, pois além do oco escavado brutalmente, nada há senão falta.

Subjugadas à tirania da velocidade, imagens cada vez mais multiplicadas continuam a transmitir o espetáculo humano em cenas de fragmentação. Fundamentada em infinitas interfaces e nos instantes eternizados por minúsculos chips, as noções de identidade, autonomia e liberdade cobram uma nova formulação. Confrontado com um Outro despedaçado, o sucessor do homem "liberado" da sociedade moderna, ator cético e sem autoria, encontra-se desamparado para lidar com a nova ordem, a nova situação. Experimenta, assim, desamparado e desarvorado, as mil formas da emergência da morte e destruição que sempre se fizeram presentes no recôndito do Ser.

O Outro decomposto e estilhaçado: eis a herança moderna!

Ora, acaso o homem já não deveria se encontrar um tanto advertido para melhor arrostar a fissura que a pós-modernidade escancarou? Foi exatamente seu desvendamento que Freud nunca esmoreceu em repisar. Afinal, na originalidade da sua obra, lapidada a vida em seu sentido, seguramente há a formulação do limite letal onde o desejo humano se vê carregado pela morte. E, de fato, foi exatamente a experiência deste limite que ele nunca se esquivou em transmitir, destacando-o da ordem mítica e conduzindo-o ao circuito racional da ciência.

Todavia, na ausência de um princípio central detectável e no declínio paulatino de toda espécie de proteção, redes rotas e desintegradas começam a favorecer remotas estratégias de dominação, revitalizadas como reações a uma instalação progressiva de um permanente estado de pânico, o sumo temor.

Nesta perspectiva, por um lado, mesmo que desacreditadas, as religiões continuam inabaláveis. Mais que isso, o mundo que habitamos parece mais religioso do que costumava ser. Em renovadas práticas neopentecostais a nostalgia do "transcendental" mais apurado, converte-se num vigoroso maniqueísmo manipulador. No mundo islâmico, a situação se torna ainda mais dramática. A paz, a tolerância e a liberdade são as primeiras vítimas no confronto beligerante entre a tradição que fornece identidade a um povo e um imperialismo capitalista onipotente, que se vale também da força bruta para implantar uma hegemonia baseada na crítica ocidental aos fundamentos de algumas crenças e religiões. Por outro lado, nos altares laboratórios, a ciência persegue otimista tudo aquilo que não vai bem, que não funciona, que se opõe à vida do homem e que ele tem que afrontar. Entretanto, o fascinante e avançado desenvolvimento tecnológico da ciência compassa com o horror. O êxito, na mesma medida em que é comemorado, passa a ser comedido pelos desastres que a pesquisa provocou.

Mal-estar, desconforto! Como já dizia Freud, é bem provável que a condição humana não tenha se tornado somente agora mais frágil e errática, mas que o processo de civilização tenha produzido, em todas as épocas, o que hoje apenas se tornou bem mais evidente.

Parte II

Desafios clínicos

DESEJO DO ANALISTA E PERVERSÃO

Ângela Maria de Araújo Porto Furtado

A posição de Jacques Lacan a respeito da direção do tratamento faz com que todo o peso da questão do lugar do psicanalista incida sobre o desejo do analista. Desejo do analista é aqui tomado como expressão não descritiva, nem atributiva, mas funcional e operatória.

Se Sigmund Freud diz que o analista analisa com seu inconsciente, Lacan diz que ele o faz com seu desejo. Enquanto Freud enfatizou a renúncia e a sublimação necessárias à tarefa do analista, com o risco de torná-la obsessiva, Lacan introduz o desejo do analista como pivô da transferência e a função do objeto *a,* obrigando-nos a levar em conta a *virtude do analista* e a possível perversão da situação analítica, pois a relação entre o desejo do analista e a perversão é muito mais uma questão de estrutura que acidental.

Sabemos que, por mais rigoroso que seja o objetivo de uma análise, todo o seu desenrolar acaba sempre marcado pelo desejo de seu experimentador.

Temos conhecimento, também, de que, fundamentalmente, o que visa um analista é da ordem da causa. Causa do sintoma, causa do sofrimento, mas, mais ainda, a causa original que define um destino.

E, se o sujeito do inconsciente só pode interrogar sua origem inscrevendo-se num cenário, fica claro que a própria experiência analítica se constrói e se organiza à maneira de uma fantasia.

Poderíamos apontar nos diversos planos e vertentes da transferência, que o desejo do analista, central no desenrolar de toda a experiência, ponto crucial na transmissão da psicanálise e na concepção que o psicanalista faz de sua prática, tanto é condição do tratamento, pelo menos de que ele seja levado até o seu final, quanto pode, igualmente, lhe criar obstáculos.

Daí Lacan sugerir que "a pureza da alma e das intenções do experimentador", capital no caso da alquimia, faria a psicanálise mais próxima dela do que da química quando se pergunta: "será esse desejo algo da mesma ordem do que é exigido do adepto da alquimia?"[1] Num primeiro plano, a transferência se sustenta na suposição de que, para o analisando, o analista detém o saber que responderia às suas questões. Também se sustenta no fato de que o analista se preste a essa suposição. Aliás, a análise só se inicia se isso se der.

Paradoxalmente, essa suposição passa a ser o mais forte obstáculo à análise, pois o saber não desperta o desejo, mas o amor. E o que se quer é só ser amado por aquele que detém o saber. É sabido que o amor constitui um problema, já que, diferentemente do desejo, ele não é analisável, nem interpretável. *"L'insuccès de l'Unbewusst c'est l'amour."* O insucesso do inconsciente é o amor. Ou como brinca Lacan, *"L'insu que sait de l'Une-bévue s' aile à 'mourre'."*[2]

Numa segunda vertente da transferência, além da suposição de saber e do amor que disso decorre, existe uma suposição de desejo. O analista é também suposto desejar algo a propósito do analisando.

De tal suposição, o que resulta é a angústia. Essa suposição de desejo torna-se fator de discurso do analisante e um dos elementos que podem levá-lo a sua fantasia fundamental.

O que poderia querer o analista, ao se prestar a essa experiência, da qual só é meio, para chegar a um fim, na qual só se oferece ao amor, para dele escapar, que só se dedica a essa função, para dela ser destituída?

Se nos damos conta de que a incidência do desejo do analista ocorre em diversos planos ao mesmo tempo e de que, às vezes, não é fácil separá-los, torna-se muito mais complicada a questão!

---

1. LACAN, 1963-1964, p. 16.
2. "O insciente que sabe da equivocação, alça-se no jogo" – *mourre* é um jogo semelhante à *porrinha*, só que jogado com os dedos.

Entretanto, o desejo do analista como tal, específico, genérico, ligado à sua posição como um traço estrutural, este, sim, indaga se a experiência da análise estaria em condições de criar um *novo desejo*, que nenhuma outra prática teria, ainda, atingido...

É sabida a afirmação de Lacan em *Os quatro conceitos fundamentais da Psicanálise*, das poucas que formulou a respeito, que o desejo do analista "*é um desejo de obter a diferença absoluta, aquela que intervém quando, confrontado com o significante primordial, o sujeito vem, pela primeira vez, à posição de se assujeitar a ele*".[3]

Essa formulação permite supor que o desejo do analista possa ser o de levar o sujeito, na análise, até o ponto em que essa sujeição primária ao significante, feita do acaso de um encontro, possa se repetir e, dessa vez, ser, como que, *escolhida* pelo sujeito.[4]

Lacan se vale da fantasia sadiana para fazer dela o paradigma da fantasia na perversão. Da mesma forma, se compararmos, no ensino de Lacan, as fórmulas que ele propõe, de um lado, para a fantasia sadiana, de outro, para o discurso do analista, encontraremos, no mínimo, uma analogia estrutural.

Entretanto, até, ao contrário disso e, em princípio, desejo do analista e desejo do perverso só devem ser definidos como opostos. É preciso, então, que se esclareça e se apreenda em que ponto tais desejos se cruzam e se afastam e que pontos são esses.

O que, inicialmente, na situação analítica, pode evocar a relação do carrasco com sua vítima?

É certo que, para que haja o psicanalista, é preciso que haja um sujeito que sofra. Diríamos, mesmo, que o psicanalista só faz sustentar sua existência diante da queixa e do sofrimento. Poder-se-ia argumentar o mesmo a respeito do médico, do advogado, do juiz ou do padre etc... Mas ao analista cabe ser insensível, não se condoer, enquanto ouve tal sofrimento como gozo. O analista é apático, e sua apatia é testemunha do seu *desprezo* em relação ao *pathos*, já que o

---

3. LACAN,1963-1964, p. 16.
4. É interessante observar quanto o sujeito perverso solicita a expressão do desejo do analista, pois ninguém reivindica mais que ele a possibilidade de fazer de seu sintoma uma escolha.

valor que o sujeito patológico dá ao seu sofrimento não coincide com aquele que lhe confere o analista. Diante de tal apatia, o analisando pode ser levado a supor que sua queixa, seu sofrimento, façam o analista gozar.

Quanto ao mestre sadiano, também a ele, como, equivocadamente, às vezes, se acredita, não interessa o sofrimento de sua vítima. O que ele quer é a divisão subjetiva que o sofrimento pode fazer surgir na vítima.

Ambos, o psicanalista e o mestre sadiano, têm em comum pretenderem extrair o sujeito dividido do sujeito patológico, a partir da clivagem entre o *pathos* e o *logos*.[5]

Na narrativa sadiana, o herói-carrasco se aproveita dessa clivagem, apoderando-se da totalidade do logos, deixando à vítima apenas o grito, resto da operação de gozo. Fazer dor ao sujeito é a sua maneira de obter o ponto puro do sujeito, mais além de todo o patológico, destacando-o para obter essa aparição pura de sua vacilação.

O gozo sadiano depende da subjetivação que se produz do outro lado, na vítima. A modalidade própria da experiência perversa, cuja referência é a experiência sadiana, clinicamente, depende dessa relação. Se temos como referência a forma da fantasia lacaniana, $ ◊ *a*, na fantasia sadiana, quem é o sujeito? Onde se produz a experiência da divisão: a subjetivação? O paradoxo da fantasia perversa, em Sade, é que o sujeito não é o que tem a fantasia. O sujeito é a vítima, não o verdugo. Do lado do carrasco não há falta, não há vacilação. Há coragem férrea de perseguir a qualquer preço o gozo, há lealdade ao gozo. Há obrigação e dever de gozar. Na fórmula da fantasia, o perverso tem o lugar do objeto, não o do sujeito!

E, na situação analítica, o que faz o analista da clivagem do *pathos* e do *logos*, quando se produz o sujeito dividido?

Fazer emergir a divisão subjetiva no outro só é possível a partir de uma certa posição, que Lacan designa, de maneira idêntica, no analista e no mestre sadiano: *a* ◊ ou seja, o inverso da fórmula da fantasia.

---

5. Patológico não significa aqui a enfermidade, mas tudo o que pertence à dimensão da afetividade, da sensibilidade, do prazer ou do desprazer.

Essa analogia estrutural, entretanto, só é limitada por uma diferença fundamental: o verdugo sadiano, ao assumir tal posição, só o faz em nome de uma vontade absoluta de gozo, que Sade atribui à mãe Natureza. Quanto ao analista, supõe-se que ele não goze com a divisão do outro e, se o analista se presta a fazer supor tal gozo em relação a ele, é apenas eventualmente, "para melhor descolá-lo (o paciente) disso, torná-lo menos escravo". [6]

A fantasia do herói sadiano e sua relação com a vítima assim se configura:

Movido por seu desejo (d), o carrasco vem se colocar em *a*, isto é, na posição de objeto (e não de sujeito) da fantasia. Faz-se instrumento ou voz de uma vontade de gozo absoluto, a Lei Natural, que, para Sade, equivalia a um substituto da lei moral kantiana. Dirige-se, então, à sua vítima, a quem é deixado todo o peso da subjetividade e a divide da maneira mais profunda, entre a submissão à voz imperativa e a revolta contra a dor ($), até que ela desmaie. É uma operação do mestre sadiano, que tem por finalidade produzir um sujeito nunca atingido, nem por ele, nem por sua vítima. Que sujeito? Um puro sujeito do prazer, que só experimente prazer ao gozar.

A manobra da fantasia perversa é recusar a divisão do sujeito *em si,* para fazê-la surgir no Outro.

"Sade não é tapeado por sua fantasia, na medida que o rigor de seu pensamento passa para a lógica de sua vida."[7]

Na vida de Sade, é o próprio escritor que fica na posição de sujeito em vias de desaparecer, prisioneiro, como que já morto, extraído do mundo, pelo capricho de seu algoz, *a* sogra. Ele, porém, de certo modo, recupera o sujeito primitivo do prazer que seus personagens sonham atingir, por meio dos favores da mulher, da cunhada e do criado.

O imperativo da fantasia sadiana, antes de ser encenado, compõe-se, primeiramente, de um *é preciso ouvir* e é, aí, que ele toca no que há de mais estrutural na perversão. A vítima é primeiro estuprada pela monstruosidade, pela violência, pelo autoritarismo do que *se*

---

6. ANDRÉ, 1995, p. 20.
7. LACAN, 1962, p. 789.

diz! Tudo o que se vai fazer com a vítima é antes anunciado a ela e, quando ela quase sucumbe, é reanimada para, de novo ouvir: *nem tudo foi dito!*

A regra fundamental e o dever de *dizer tudo* tem a ver com a lógica do escrito sadiano. E a lógica é a seguinte: "enquanto tudo não tiver sido dito, enquanto o objeto como tal não tiver sido nomeado, catalogado, impresso em letras, é preciso que ele sobreviva para continuar sendo oferecido aos golpes do carrasco que busca seu retalhamento simbólico".[8]

O texto sadiano atribui-se à função de reintegrar no dito tudo aquilo que habitualmente não se diz. Em última instância, *chegar a um dito que não deixe nenhum resto*. Ele pretende que não haja um impossível de dizer.

Se tal pretensão obtivesse sucesso, chegar-se-ia a um discurso que prescindiria perfeitamente do sujeito. Tem-se mesmo a impressão nítida, em certos momentos do escrito sadiano, de que se tem contato com um discurso robotizado e automático, repetitivo e diluído, idêntico nos seus vários personagens, em que as ações se passam de maneira tão rápida, limitadas apenas pela máquina de escrever.

> Da mesma maneira que a devassidão da narrativa sadiana é organizada, planificada como um trabalho encadeado (Roland Barthes a definiu lindamente pelo termo "esteira rolante"), a frase do texto sadiano tem também uma tendência a se desenrolar como se fosse produto do funcionamento automático de uma máquina sintática em que os autores dos enunciados já não fossem mais que recitadores.[9]

Somente "o tempo estabelece o limite do impossível de dizer, impossível descrever em duas horas trezentas sodomizações, como se a letra tivesse de marcar um tempo de atraso em relação ao gozo".[10] Assim, como Sade se atribui a faculdade de tudo dizer, tende, nessa

---

8. ANDRÉ, 1995, p. 25.
9. ANDRÉ, 1995, p. 27.
10. ANDRÉ, 1995, p. 27..

direção a se anular como autor do dito em prol de uma *máquina de gozar*. A vítima, ainda que acossada por uma centena de algozes, privada de qualquer direito à fala, ainda subsiste irredutivelmente por meio de seu grito.

A regra fundamental, cujo *dizer tudo* também se orienta em direção ao desvelamento do objeto, à construção e à experiência da fantasia fundamental quando ela se torna pulsão, só se diferencia do dizer tudo sadiano se calcado numa ética do bem-dizer. Não sendo assim, apenas a mais patética manifestação da voz como fetiche e do discurso como forma de gozo perverso se estabeleceriam. Na falta desse referencial ético, a regra fundamental bem poderia se transformar na máxima sadiana.

Se o discurso analítico e a fantasia perversa têm, aparentemente, a mesma estrutura, os matemas permitem significações diferentes, já que forjados de princípios éticos diferentes.

O discurso analítico, em sua estrutura lacaniana é fundado sobre a fantasia:

$$\frac{a}{S_2} \rightarrow \frac{\_}{S_1}$$

O analista tem o lugar do objeto a e o analisante é o sujeito.

Uma das razões, até, pelas quais o perverso, o verdadeiro perverso, o perverso decidido não entra em análise é o fato de que ele já se encontra *a priori* em posição de a, portanto, ao mesmo tempo posicionado como suposto saber. Ele já sabe o que deseja e a verdade sobre o gozo. Não tem perguntas sobre isso.

A possibilidade de análise advém, quando um sintoma e a angústia dele decorrente podem engatar o sujeito suposto saber, pelo menos em uma fase inicial do processo.

Mas, desatado o sintoma, o desdobramento que pode sofrer a transferência aponta para um estilo perverso de transferência, com a subversão radical da posição do sujeito suposto saber.

Podemos captar essa perturbação e essa subversão pelo lugar que a fantasia vem ocupar, muito diferentemente do neurótico. A fantasia invade toda a cena e, não raro, o perverso a exibe, com detalhes, à maneira de provocação ou desafio. É o Outro, o ouvinte, que o perverso procura culpabilizar. Como Lacan afirma, a fantasia comporta essencialmente a redução do Outro ao objeto causa de desejo, anula a subjetividade do Outro, a começar pela sua fala. Assim, quando entrega a sua fantasia, é menos para apreender por onde ele lhe está sujeitado do que para nos demonstrar que nós, que o ouvimos, estamos, de certo modo, querendo ou não, melhor até contra a vontade, sujeitados a ela. Há uma inversão, uma subversão da posição do sujeito suposto saber. *É preciso ouvir, nem tudo foi dito!*

Quanto ao lugar do analista articulado com o objeto, é preciso deixar que *façam com ele*. É preciso operar *com* sua perda. O *com* indica a função instrumental da perda.

Em "Kant com Sade", Lacan enfatiza o caráter instrumental do objeto na perversão, certamente.

A diferença essencial em relação à posição perversa é que a função do analista é ser instrumento *causa de desejo* e não de *gozo*. Operar em termos de desejo é operar em termos de perda (de gozo). Operar em termos de gozo é operar em termos de recuperação (de gozo).

No exercício de sua função, não há gozo do *ser psicanalista*. O lugar do analista, enquanto ele opera como tal, é um lugar drenado e esvaziado de gozo. Se há recuperação de gozo, esta se situa do lado do analisando e não do lado analista.

Diz Lacan, em *Televisão*, sobre o analista:

> Não se poderia melhor situá-lo objetivamente senão por aquilo que no passado se chamava: ser um santo (...). Antes de mais nada ele banca o dejeto: faz descaridade. Isso para realizar o que a estrutura impõe, ou seja, permitir ao sujeito, sujeito do inconsciente, tomá-lo por causa de seu desejo. (...) o santo é o rebotalho do gozo (...) Ás vezes, no entanto, há uma folga, com a qual ele não se contenta, não mais que todo mundo. Ele goza. Durante este tempo ele não está mais operando.[11]

---
11. LACAN, 1993, p. 32.

Finalmente, quando Lacan diz: "O desejo do analista não é um desejo puro. É um desejo de obter a diferença absoluta, que intervém quando o sujeito, confrontado com o significante primordial, acede, pela primeira vez, à posição de sujeição a ele...."[12] podemos nos indagar por que não é um desejo que seja puro...

Não é puro, porque o desejo do analista é, não só oferecer o entre-dois vazio para que ali apareça o desejo do paciente, mas querer *obter* essa diferença. É se situar nesse lugar da pura diferença, entre S_1 e S_2, onde está o objeto *a*, para que o analisando aceda ao limite em que pode aparecer um amor não submetido, necessariamente, ao regime e à lei da metáfora paterna, mas ao regime do encontro contingente.

Não é puro, pois *deve desejar obter a diferença absoluta do significante*, essa que separa um significante de qualquer outro significante.

Claro está, então, que não é permitido ao analista amar o paciente, nem aplicar qualquer técnica de maternagem ou paternagem, como forma de expressão de sentimentos pessoais. Não confundir com operar, em certos momentos, como forma de direção do tratamento, em função da metáfora paterna, necessária à condução do processo, se ele assim o exigir.

> A remissão a Kant não é um capricho erudito; indica que esse desejo impuro de pura diferença é uma regra universal para os psicanalistas. Percebe-se que está muito longe de uma regra técnica, pois na direção da cura essa regra não é aplicável de qualquer maneira, mecanicamente. Supor-se, de saída, nesse lugar é ridículo, é irrisório, uma incompreensão do que Lacan afirma: que se exige do analista ter ido um pouco além da compaixão para estar à altura de sua função.[13]

Também é claro que, ter ido um pouco além da compaixão, não lhe dá o direito de ocupar uma posição sádica. Nem o amor, nem o ódio, nem qualquer tipo de manipulação lhe são permitidos. O analista

---

12. LACAN, 1963-1964, p. 260.
13. RABINOVICH, 2000, p. 144.

não opera por impulsos contratransferências e Lacan é enfático quando diz que, diante de *sentimentos contratransferências, o melhor que o analista pode fazer é calar a boca.* Pelo contrário, ele só opera porque, a partir de tal desejo impuro de pura diferença e, só enquanto isso, ele pode se esquecer do *pathos*, não só daquele particular paciente, mas do *pathos* na direção da cura, mesmo quando o está levando em conta.

Se, em algum momento da cura, uma vacilação da neutralidade é produzida, ou por um cálculo que não calcula, ou por um juízo que não julga, há de ser pelos seus efeitos que isso será verificado, efeitos de ato, se houve a ancoragem a essa impureza de querer a diferença absoluta.

Finalmente, se o herói da narrativa sadiana busca extrair de sua vítima o sujeito do puro prazer é para disso auferir um gozo que não tivesse fim. Sade descobre que um novo excesso é sempre possível.

Os sujeitos perversos, que raramente iniciam um processo de análise, mais infreqüentemente ainda, chegariam a um término do mesmo, que os analistas considerassem como tal. Convém, entretanto, tentar identificar que ponto exato de término seria esse, pois, talvez, tal ponto não seja indiferente. Ás vezes, no momento mesmo de sua *sujeição primária ao significante,* momento mesmo de confronto com a castração, se não escolhe, adota sua perversão. Essa *escolha* poderia promover, na falta de uma elucidação da fantasia, quem sabe, ao menos, uma mudança de sua postura em relação à mesma, conforme os dois esquemas da fantasia sadiana propostas por Lacan em "Kant com Sade". Talvez, viver uma vida que tenha sua lógica. Entre a obra e a vida de Sade, percebe-se que "Sade não é enganado por sua fantasia na medida em que o rigor de seu pensamento se passa em sua lógica de vida."[14]

Nesse momento de *término,* quando a ele se chega, à insatisfação do analista corresponde, muitas vezes, uma satisfação manifesta e grata por parte do sujeito perverso por aquilo que a análise lhe revelou.

---

14. LACAN, 1962, p.789.

Certamente, o analista não poderia se contentar com o prazer de aliviar e curar, caso se possa chamar de cura o alívio que o sujeito perverso experimenta por *escolher*, adotar ou *assumir*, finalmente, sua perversão.

O que só pode indicar que "onde o perverso pára, começa o desejo do analista".[15]

Referências bibliográficas

ANDRÈ, S. *A impostura perversa*. Trad. Vera Ribeiro. Revisão técnica de Manoel de Barros da Motta. Rio de Janeiro: Zahar, 1995.

LACAN, J. *O seminário. Livro 11. Os quatro conceitos fundamentais da psicanálise* (1963-1964). Texto estabelecido por Jacques-Alain Miller. Versão brasileira de M. D. Magno. 3ª ed. Rio de Janeiro: Zahar, 1988.

LACAN, J. Kant com Sade (1962). In: *Escritos*. Trad. Vera Ribeiro. Rio de Janeiro: Zahar, 1998

LACAN, J. *Televisão*. Versão brasileira de Antônio Quinet. Rio de Janeiro: Zahar,1993.

LACAN, J. *O seminário. Livro 4. A relação de objeto* (1956-1957). Texto estabelecido por Jacques-Alain Miller. Trad. Dulce Duque Estrada. Rio de Janeiro: Zahar, 1995.

LEGUIL, F. *et alii*. *Perversion y vida amorosa*. Escansion nueva série, Buenos Aires: Ediciones Manantial, Fundación del Campo Freudiano, 1990.

RABINOVICH, D. S. *O desejo do psicanalista*: liberdade e determinação em psicanálise. Trad. Paloma Vidal. Rio de Janeiro: Companhia de Freud, 2000.

---

15. ANDRÈ, 1995, p. 28.

A MINUSCULIZAÇÃO* DO NOME-DO-PAI

Thais Gontijo

A Grécia ousou, no fastígio da revelação filosófica e na edificação da Acrópole, descortinar a homossexualidade masculina, promovendo-a ao status de vínculo social e respeitabilidade. As mulheres, desde aquele tempo ditado pelos homens, foram, inversamente, objeto de hostilidade e desprezo quando manifestavam seus desejos por pessoas do mesmo sexo. A única expressão da sexualidade feminina da literatura grega que sobreviveu, mesmo assim mutilada, foi a poesia lírica de Safo. Nascida na ilha de Lesbos, ela e suas companheiras foram incriminadas de transgressão e socialmente adjetivadas execráveis.

A antiguidade, que viu nascer, viver e morrer numerosas civilizações, poderosas e influentes tais como as do Egito, Roma, Grécia, Índia, China, entre outras, cravou com ela o silêncio das mulheres, pois a fonte de informações disponível provém essencialmente do panorama masculino cuja sombra eclipsava a influência que exerciam as mulheres, confinando-as ao papel de mãe e esposa. Desde a sua criação mítica, a mulher está assimilada ao pecado, ao erro, à culpa, ao deslize, à infração, sendo destinada a habitar e instalar-se no meio dos homens, paradoxalmente, como anátema e objeto de desejo e tentação. Eva, a mulher lenda, conduz Adão às fronteiras inacessíveis do saber, sacrificando a permanência paradisíaca. Pandora, a mulher mito, deixará escapar de sua boceta fechada todos os males que pesarão sobre os homens. Imperfeição da natureza, ser mutilado, deformidade sinuosa, censurada por suas

---

* Neologismo criado pelo autor para designar a imisção das palavras masculino e minúsculo.

numerosas incapacidades, privada de poder social, excluída das atividades políticas, durante séculos as mulheres foram subjugadas ao preconceito, cunhando sua ingerência no anonimato.

O matriarcado foi apenas um sonho nostálgico de alguns antropólogos e sociólogos do século XIX, mas um sonho tão efêmero que nem sequer deixou vestígio. A dominação masculina prevaleceu em mais de uma passagem de milênio. O século XVII introduz a mulher nos círculos burgueses. No século XVIII a mulher adquire uma identidade civil e é preciso esperar o século XIX para dar início a sua participação no trabalho afora os afazeres e as tarefas domésticas. Na França adquiriram direito ao voto em 1944. "No Brasil, um homem pode anular o casamento se descobrir que a mulher não é virgem."[1]

O século XX é um século marcado pela vontade de saber, ainda que a sexualidade das mulheres mantenha-se encoberta por um véu misterioso. Uma mulher que se expõe, que sobressai, destacável, é imediatamente incriminada de ser mulher menos, e removida do conjunto frágil. Durante séculos, consagradas ao dever da reprodução e na penumbra de uma existência serviçal que comumente não merecia nem ser revelada, tampouco mencionada pelos ditadores da palavra, as mulheres que sobressaíram foram aquelas que ao desafiar a posição submissa à qual estavam sujeitadas, valeram-se de sua sexualidade como meio de inserção no mundo masculino. "Cleópatra, a última rainha do Egito, especialista na arte do amor, teve seu primeiro amante aos 12 anos, e segundo dizem, chegou a levar 100 homens para cama numa única noite."[2] Deixemos que o cazumbi de D. Beija, da marquesa dos Santos, de Chica da Silva, e outras mulheres, percorram nossas fantasias. Mulheres desejadas por homens poderosos, tiveram suas histórias desvendadas, ainda que por punhos masculinos.

A mulher ícone do século XXI, ainda é, em alguns países, por uma razão ou outra, uma mulher aprisionada ao lugar de corpo-objeto,

---

1. DUARTE, 2001, p. 267.
2. DUARTE, 2001, p. 457.

corpo-abjeto, que se oferecem como coisa, fascinadas em obter uma borda no poder que elas próprias atribuem aos homens. Simultaneamente, insurge ainda a mulher-saber, a mulher-invenção, a mulher-realização, que em sua inclusão competem e disputam com o homem o poder anteriormente só atribuído a eles. Tal transformação do mundo feminino permitiu a libertação dos homens e promoveu outras formas de satisfação sexual, além das convencionais.

A palavra homossexualidade, criada em 1869 por um médico alemão, foi prontamente acrescida ao glossário da lei pelos tribunais de condenação e associada a *um crime contra a natureza*, num período onde, contrariamente, o ideal burguês já havia abandonado os moldes ideológicos obscuros das concepções ingênuas da natureza para criar cisões segregativas. Em 1974, o termo foi banido dos manuais de doença mental, através de um plebiscito instigado pela pressão dos movimentos de liberação. A opinião pública teve seu alcance devido à impossibilidade da psiquiatria de provar cientificamente a natureza da homossexualidade.

Concernente a todos, banida por todos, a homossexualidade continua associada aos defeitos de caráter, à perversão, à aids, e presentemente é uma categoria subtraída, inserida num lugar de degenerescência na sociedade. A sociedade sempre está criando meios de excluir o resto, eliminar o que foge às regras da dominação.

Evidentemente, a opressão mais visível frente à homossexualidade é a que se traduz no discurso heterossexual dominante, através dos fundamentos históricos e teóricos instituídos sob a forma de leis e valores. Na França, segundo Pastre,[3] os primeiros afrontamentos formais frente à denegação e repressão social que incidem sobre a homossexualidade só ocorreram em 1984, nas instâncias legítimas do saber, entre elas a CNRS, l'Université, l'EHESS, l'École des Hautes Études.

A homossexualidade, desde Freud, não está enquadrada em uma patologia a ser tratada. A sexualidade humana é por si inerentemente

---
3. PASTRE, 2000, p. 195.

traumática e os múltiplos conflitos psíquicos resultantes emergem a partir da primeira infância. A própria impossibilidade de o neurótico recusar reconhecer a diferença entre os sexos provoca angústia, pois tal diferença torna cogente o confronto com o desejo impossível do ser e do ter (o falo), cuja elaboração ordena um trabalho de luto. A eleição do objeto do desejo sexual deve encontrar sua definição pelas vias da identificação, visto que nenhum objeto é revelado previamente à sua escolha. Freud denomina a criança um perverso polimorfo, asseverando que desejos sexuais multiformes encontram-se manifestos desde a infância. Primeiramente, a atração sexual é endereçada aos pais. Além de almejar um amor incondicional, as crianças anelam possuir o "órgão" da mãe e os poderes gloriosos atribuídos ao pai.

Freud não só adverte, como se justifica perante seus seguidores, por não ter alcançado grandes façanhas teóricas a respeito da sexualidade feminina, contemplando-a como um continente negro. Um continente negro é não somente abstruso, incógnito, como ainda nebuloso, intimidante, atemorizante, temível. Freud jamais afirmou não haver adentrado em território histérico, ao contrário elevou as histéricas a colaboradoras essenciais para a descoberta do agente basal da psicanálise ao qual denominou inconsciente. Como histeria não é sinonímia de feminilidade, penetrar uma não transporta saber a propósito da outra.

Ferenczi julgou a homossexualidade uma forma de inversão que, na maior parte dos casos que analisou, tem lugar na puberdade no momento em que irrompem os desejos sexuais de forma consciente. O jovem, alarmado com a força do desejo, surpreende-se apaixonado por pessoas do mesmo sexo. Uma das teorias de Ferenczi é que a homossexualidade é um recalcamento da heterossexualidade que, ao possuir uma força excessiva (insuportável para o eu), apresenta-se não atenuada no inconsciente, atingindo seu paroxismo sob a forma de uma máscara homossexual. Considera, portanto, a invenção do terceiro sexo como uma forma de resistência.[4]

---

4. FERENCZI, 1992.

A tese de Ferenczi nos parece atualmente caduca, uma vez que a inversão caracterizada por uma bipolaridade já foi, há muito tempo, excluída pela lógica. Na lógica clássica, o falso só é percebido por ser o adverso ao verdadeiro. Concebido assim, o verdadeiro seria a heterossexualidade e a homossexualidade simplesmente seu contrário. O emprego da lógica moderna na experiência clínica nos permite ir além do binário, para um horizonte de perspectivas transfinitas onde podemos localizar o desejo. A evolução atual do pensamento matemático admite romper com uma postura estacionária freqüentemente aceita pelo uso da simbologia e da significação interpretativa, nos provendo de instrumentos lógicos e topológicos eficazes para trabalhar com as formações do inconsciente sob outra miragem. A lógica social impele os homossexuais a se tornarem invisíveis, demonstrando uma freqüente hostilidade ou ironia para com eles. O modelo binário opósito heterossexualidade/ homossexualidade persevera, ignorando o avanço da lógica moderna cuja teorização acresceu inúmeras respostas inventivas a questões insolúveis que permaneciam obscuras. A liberação sexual excluiu de seu movimento a homossexualidade, a qual permaneceu num espaço inabilitado para integrá-la, completamente marginalizada, e na falta de um lugar adequado arriscou se acomodar num campo de contestação sem borda ou fronteira.

Em 1905, Freud concebe na homossexualidade um desacordo entre a pulsão e seu objeto. Nesta ocasião confirma que a homossexualidade encontra-se presente nas várias estruturas clínicas: neurose, psicose e perversão. Ao concordar com a posição freudiana imediatamente rejeitamos a possibilidade da homossexualidade ser determinada pela estrutura. A primazia do falo, no final da fase infantil da sexualidade, tanto para o menino quanto para a menina, é determinante para organização genital e a diferença entre os sexos faz da posse ou não do falo seu elemento diferencial. Para Freud o dado decisivo para o despontar da homossexualidade é a maneira como se apresenta o complexo de Édipo em seu desenvolvimento.[5]

---
5. FREUD, 1905.

A organização fálica, presente nos dois sexos, é correlativa ao complexo de castração e exprime a resolução do complexo de Édipo. A alternativa que cabe ao indivíduo nessa fase é a de ter o falo ou ser castrado. Como o primado do falo rege ambos os sexos, a oposição não reside entre duas realidades anatômicas, mas entre a presença ou ausência de um único termo. Entretanto, o complexo de castração assume modalidades diferentes para um ou outro sexo. O órgão masculino se inscreve numa série de termos substituíveis uns pelos outros em equações simbólicas (pênis = fezes = filho = adereço etc.) termos que são destacáveis e passíveis de circular de uma pessoa para outra. Na Antiguidade o falo em ereção simbolizava o poder soberano, a virilidade sobrenatural, o princípio luminoso, o poder gerador chamado a fecundar o mundo. Não se pode atribuir ao falo uma acepção alegórica: o falo reencontra-se como significação. Algo da imagem especular tem que ser preservada, e é "assim que o órgão erétil vem a simbolizar o lugar do gozo, não como imagem, mas como parte faltante na imagem desejada".[6] A imagem especular é o canal que permite essa passagem da libido do corpo para o objeto. A imagem do pênis falta tanto à mulher quanto ao homem, pois no pênis incide a detumescência. O que caracteriza o falo é ser um objeto descartável, transformável, parcial. O falo sublinha a função simbólica desempenhada pelo pênis, enquanto o pênis designa o órgão em sua realidade anatômica, "porque o falo, ou seja, a imagem do pênis, é negativizado em seu lugar de imagem especular. É isso que predestina o falo a dar corpo ao gozo, na dialética do desejo".[7] O falo não é uma fantasia, não é o órgão, não é um objeto. Ele é um significante, destinado a designar os efeitos de significado. Portanto, a significação do falo é indissociável dessa carência de significante, indissociável da castração.

As pulsões componentes – que são aquelas que incluem obrigatoriamente um objeto para sua satisfação – Freud as organiza em pares opostos: um componente passivo e outro ativo. O

---

6. LACAN, 1960.
7. LACAN, 1960.

componente passivo decorrendo da satisfação advinda pela erotização anal, quando excessivamente estimulada numa certa fase da organização pré-genital, deixa uma substantiva predisposição à homossexualidade no homem.[8] Renunciar à cópula e substituir o contacto físico por um ato sexual que favorece qualquer outra região do corpo, é ainda abandonar o prazer peculiar da união dos genitais por um outro tipo de prazer, e a aspiração pelo prazer tornar-se uma meta autônoma.[9] A primeira pessoa a estimular ou seduzir a criança é a mãe, ou sua substituta, através dos cuidados corporais que oferece à criança, nomeando as zonas erógenas por meio dessa estimulação. A homossexualidade infantil corresponde a erotização dos objetos fraternos. Na homossexualidade feminina a mãe também é adotada como objeto de amor e a criança obtém com ela uma relação erotizada, que ao mesmo tempo em que exclui o pai ambiciona seus poderes, para ser capaz de dar a uma mulher o que ansiava receber do pai, ao tentar recuperar o falo com seu ser para completar o Outro e preencher sua falta. Sendo o amor paterno o pivô da homossexualidade feminina, constituindo o ponto de passagem entre o amor pela mãe e aquilo que a partir dele continua sendo um débito, ainda isso não é suficiente para justificá-la, podendo ser considerado apenas como um aspecto também presente na heterossexualidade. O que se conserva na homossexualidade é que o prazer obtido pela erotização de certas regiões do corpo é mantido e fixado a ponto de a fase genital ser substituída por esta forma de prazer circunscrito a distintas partes do corpo.

Com Lacan, o desdobramento entre ativo e passivo passou a ser obsoleto, e o desejo concebido como metonímico, deslizante, deixou de ser apreciado como um desvio, sendo tal concepção desviante julgada uma apreciação puramente imaginária. A homossexualidade afastada de ser considerada como um defeito no desejo cujo agente deixa de ser sua especificidade, denuncia a evidência de afastar uma causa específica e distinta para os desejos homossexuais. "Fala-se

---

8. FREUD, 1911.
9. FREUD, 1917.

dos homossexuais. Trata-se dos homossexuais. Não se curam os homossexuais. E o mais impressionante é que não são curados, a despeito de serem inteiramente curáveis."[10] Lacan conserva a relação ao falo, mostrando um modo particular de identificação ao fazer a passagem do imaginário ao simbólico. Fundamentalmente, a homossexualidade é uma inversão quanto ao objeto, que se estrutura num Édipo pleno e acabado, porém modificado.

O desejo conserva-se como falta tanto na homossexualidade quanto na heterossexualidade. A homossexualidade sobrevém nos casos onde se instaurou um vínculo intenso entre mãe e criança. Isto nos permite concluir que a homossexualidade é, marcadamente, um modo de apreensão do objeto. Em vez de renunciar à mãe, a criança se identifica com ela, transforma-se nela e procura objetos capazes de substituí-la na tentativa de restituir seu amor. Assim sendo, a escolha homossexual permanece associada a uma decepção com o pai, e o deslocamento de objeto amoroso culmina na deposição do pai. Evidentemente, é uma escolha inconsciente, uma escolha forçada, determinada por um trajeto de identificação a um objeto e ser homossexual não antecede a ocorrência de querer estar dentro ou fora de um sistema, de pretender ser rebelde, de ser pura contestação ao social e ao familiar, de permanecer insubordinado aos valores vigentes etc. Contudo, é um desejo decidido, inarredável, inabalável, incontestável.

Os homossexuais se diferenciam dos heterossexuais em decorrência do objeto que elegem para satisfazer seus desejos e por apresentar um escopo sexual distinto daquele que comumente é adotado. Abordar a sexualidade pela escolha de objeto é imprimir uma nova configuração ao gozo sexual e extrair da anatomia seu domínio como determinante de uma escolha e de satisfação. O falo, adotado por Freud e por Lacan como remanescente simbólico, não deve ser confundido com um atributo, é distinto do órgão pênis, e depois da introdução da Lingüística na Psicanálise elevou-se à categoria de significante, um significante mestre, onde se inscreve um gozo

---

10. LACAN, 1957-1958.

alcunhado gozo fálico. O sujeito por não ser sexuado por si mesmo o faz pelas vias do significante fálico, que o representa. Se uma escolha de objeto é diferenciada em seu trajeto, tal distinção teria implicações quanto ao decurso do significante e do gozo? A metáfora paterna é uma escrita para designar a função do pai no complexo de Édipo, para explicar que nenhum pai está à altura da função de exercer plenamente a lei simbólica, mas ao mesmo tempo a metáfora paterna está ligada ao significante fálico. Do mesmo modo, nenhuma mãe é capaz de satisfazer de modo pleno. Assim sendo, mesmo frustrada, a criança vai simbolizar a mãe como potência, potência de realização, sucessivamente em falta para causar o desejo, que está continuamente além da demanda. Quando percebe que a mãe deseja alguma coisa afora ela, é que o falo, através do pai, assume seu papel. A metáfora paterna organiza as identificações, permitindo à criança situar-se como homem ou como mulher, uma vez que a identidade sexual é dependente da relação que cada um mantém com o problema da atribuição fálica. A identidade sexual conserva-se sujeitada aos efeitos do inconsciente e suas variações são resultado da inscrição fálica, que se expressa por meio de quatro fórmulas lógicas, denominadas fórmulas da sexuação dividindo os sujeitos ao modo de sua inscrição fálica. A atribuição fálica só faz sentido se tivermos como referência a lógica edipiana do ser e do ter.[11]

Legitimar a função paterna por meio da metáfora é reconhecer nela condições de interditar a mãe à criança enquanto objeto de suas aspirações sexuais. O processo metafórico consiste em introduzir um significante novo, que força o significante antigo ultrapassar a barra da significação, com a condição de mantê-lo provisoriamente inconsciente. Os significantes em jogo são o desejo da mãe e o Nome-do-Pai. Ascender ao simbólico, pela substituição do significante fálico pelo significante do Nome-do-Pai. O significante fálico é ainda o significante do desejo da mãe, que governa a rede ulterior de toda cadeia significante. Daí a importância de que ocorra tal substituição metafórica, porquanto apontar que detrás da mãe simbólica há o pai

---
11. LACAN, 1972-1973.

simbólico. A relação simbólica mãe-filho constitui o primeiro eixo da realidade psíquica, de tal modo que o desejo da mãe constitui o eixo simbólico dessa relação.

Como uma complexificação a mais, a mulher em sua trajetória sexual, deve escolher entre uma alteração frente à escolha de objeto ou de causa do desejo: ou deve abandonar o apego erótico pelo pai ou abdicar de sua feminilidade em decorrência dessa intensa identificação à mãe, visto que é impossível conservar os dois. Ou renuncia ao pai, ou renuncia à vagina. Renunciar ao objeto é seguir o trajeto heterossexual, e não recusar o objeto converte-se em uma identificação cujo desdobramento é a homossexualidade. A distinção encontra-se dentre aquelas que renunciam ao objeto, e as que renunciam ao sexo.[12]

No homem, o falo que interfere na construção da homossexualidade, está longe de ser o objeto; é um falo identificado ao falo paterno, enquanto este falo se encontra na vagina da mulher. É justamente o questionamento desse ato que leva o sujeito aos extremos da homossexualidade.[13] O homossexual procura seu próprio falo em um outro homem, demonstrando necessidade do objeto, do pênis real, no outro.[14] Contudo, as vias da homossexualidade são muito mais complexas do que a exigência pura e simples da presença do falo ou do objeto, pois fundamentalmente, esta presença tanto de um quanto de outro está encoberta.

A partir das afirmações antecedentes poderíamos arrematar que a homossexualidade é uma falha no atravessamento do percurso simbólico? Na homossexualidade o significante do objeto primordial, ou seja, a mãe, é adotada em sua ausência ou presença, como significante fálico. Deste modo, a significação fálica é produzida sem que a metáfora se complete da maneira regulamentar, e a dessimetria significante se mantém graças ao falo materno. O homossexual não realiza a metáfora paterna, porque conforme a

---

12. LACAN, 1957-1958.
13. LACAN, 1965-1966.
14. LACAN, 1956-1957.

conjectura que intento ousar, ele encontra-se sob as mesmas alterações traçadas no signo saussureano, no sentido em que em sua escrita da metáfora paterna o significado se sobrepõe ao significante, logo o desejo da mãe ascende à função de Nome e passa a ocupar a parte superior, o lugar do significante, enquanto o nome do pai se *minusculiza* e toma o lugar do significado na escrita da metáfora. A alteração dos termos modifica o conjunto da escrita e, na medida em que o Desejo da Mãe ocupa o lugar de significante, o nome do pai cede ao lugar de significado, abaixo da barra do recalque. Por conseguinte, a mãe se implanta como discurso, posicionando-se no lugar do nome do pai, fazendo colidir estas duas cadeias significantes que provocam uma irrupção no Desejo da Mãe e a queda do nome do pai. Deste modo, a mãe comprova que não deseja nada além da criança, que não está privada do falo, autorizando-se a fazer dele um uso legítimo, permanecendo no lugar de potência e a criança torna-se a metonímia do desejo da mãe e se realiza para ela enquanto falo, não conseguindo se despregar dessa posição de ser o falo da mãe. O nome do pai não está elidido, somente há uma outra significação determinando a escolha de objeto em função desta nova construção, onde a não renuncia de ser o falo lança um desafio a ocupar a posição do pai. O ternário simbólico é deslocado, a mãe ocupa o lugar de prestígio e a identificação ideal é dirigida a ela, enquanto o pai não consegue tomar o lugar do significante do desejo da mãe. Para o homossexual, o simbólico se inscreve, mas numa outra dimensão, porque os efeitos da metáfora sofrem uma derrapagem.

O homossexual sustenta o discurso sexual como garantia, visto que não adota o falo como um significante paterno. Denega reconhecer o falo que determinaria seu modo de ser sexuado a partir da metáfora paterna. Assim sendo, a homossexualidade apresenta seus fundamentos no inconsciente, nas suas identificações e na sua escolha.

A sociedade ocidental gravita em torno do falo e tal centralização fortalece uma apologia ao ânus como resposta a uma comunidade autoritária e hierarquizada. Evidentemente, o social não determina uma escolha, mas a reivindicação por uma não-exclusão improvisada por uma minoria desprovida de poder, é incapaz de modificar ou de ter efeitos no discurso dominante. Não há sociedade onde a homossexualidade não seja colocada como transgressão, e na dominância do falo que determina as formas de gozo, tudo que esquiva ao discurso fálico torna-se informulável.

No triunfo edípico, não há lugar para o ânus, pois a passagem do anal ao genital é da ordem do necessário, mesmo que o estágio anal seja concebido como um momento organizador. Portanto, socialmente, não há função social aprovada para o ânus, e a pessoa pública tem que pertencer à ordem fálica. Fazer dessa zona privada uma atividade erótica só é permitido no espelho do narcisismo. Somente o discurso fálico dominante e assimilado está autorizado a distribuir identidade.

Sistema disjunto, temido pelos familiares, a homossexualidade significa o fim da raça, a descontinuidade reprodutiva, a extinção da espécie humana ameaçando a dissolução do humano, o assassinato da sucessão de gerações que fundam a civilização. "No modelo reprodutivo da sexualidade, Deus permanece o mestre, um mestre com a máscara de pai. A máscara do mestre serve para manter inquestionável a pretensa mestria de Deus sobre o sexo."[15]

Freud admite que a pulsão sexual é independente da função de reprodução e obedece a várias sensações reunidas como prazer sexual. É importante ressaltar a importância que Freud dá ao prazer, e que as fontes de prazer sexual infantil dependem da estimulação de certas partes do corpo tais como os genitais, a boca, o ânus, a uretra, assim como a pele e outras superfícies sensíveis. Evidentemente a eleição de um objeto sexual está diretamente ligado à satisfação experimentada pelo próprio corpo por um objeto alheio, exterior, e às excitações realizadas por esse objeto funcionam como erotizador do corpo. O alheio em qualidade de objeto é essencial para demarcar a sexualidade que virá se revelar na puberdade.

Atualmente se reconhecem as limitações toleradas pela concepção freudiana da homossexualidade. Ele próprio manifestou sua insatisfação a propósito de suas teorias sobre a mulher, julgando-

---

15. ALLOUCH, 2001.

se incapaz de definir o enigma da feminilidade. A inveja do pênis é apenas uma explicação parcial, já que os meninos podem sofrer da mesma inveja se comparam o seu órgão ao do pai, considerando-o único órgão adequado.

Assim sendo, deveria a homossexualidade ser considerada um sintoma em quaisquer circunstâncias? A manifestação sintomática do sujeito é dominada por relações que vem matizada pelas relações objetais anteriores, que coloridas de modo imaginário fazem prevalecer uma zona erótica sobre a outra. No homem, o ânus passa a ser uma zona privilegiada.[16] A homossexualidade parece fugir do campo do sintoma ao criar outros campos ainda não assimilados pelo campo freudiano, como o campo do erotismo afiançado por Allouch e Bataille, como campos onde a sexualidade fica à sombra. Manter a identidade, a orientação sexual, a solução erótica, é de fundamental importância para os homossexuais, mesmo ao custo da exclusão familiar e social.

Emergência de uma satisfação sexual e não desvio do desejo, eleição inconsciente de um objeto e não escolha rebelde, a homossexualidade intervém no privado, revelando o hesitante segredo oculto da sexualidade e seu aviltamento na organização social, deslocando a lei do significante unificante, destituindo a existência de um significante que os represente.

Lacan propõe uma lógica da exclusão para definir o real. Toma como exemplo a classe dos mamíferos por um julgamento que se funda sobre a presença ou não de um traço: o de ter mamas. Isso quer dizer que se faltam a mama, não se pode pertencer à classe dos mamíferos. Ou há ou não há mama e para pertencer à classe a mama não pode faltar. Para os humanos, essa lógica enquadra-se no ter e ser o falo.

As fórmulas lógicas da *sexuação*, ou seja, as posições subjetivas sustentadas pelo sujeito a partir da oposição entre ter e ser o falo, evidencia um modo de posicionamento frente à função fálica definido pelo saber inconsciente e determinando tanto as identificações quanto às escolhas, digamos forçadas por esse saber, de objeto. São quatro

---
16. HOCQUENGHEM, 2000.

as possibilidades de se relacionar com a função fálica: duas sentenças do lado homem e outras duas sentenças do lado mulher. Do lado homem é dado a condição de Um e do lado mulher é prescrita a condição de um gozo Outro, não todo fálico, um gozo suplementar, um gozo além, que particulariza a mulher.

O homem é definido pelo significante do desejo (Φ). Há que haver um objeto que cause o desejo. Sendo assim um dos sexos seria definido como significante e o outro como objeto? Seria afinal essa uma das conseqüências das fórmulas da *sexuação*? Ao separar as fórmulas da sexuação há uma sugestão implícita que os dois sexos subjetivam de forma distinta seja a relação com o objeto, seja a relação com o significante. Se o falo é a negativização do pênis, inserir o significante primordialmente do lado homem, seria apenas confirmar essa hipótese. Isso implicaria em dizer que mesmo havendo apenas um significante para definir homem e mulher, subjetivamente há uma distinção que não pode ser recalcada e que infere na posição do sujeito frente ao significante e frente ao objeto. "Os homens desempenham a parte do significante enquanto as mulheres desempenham a parte do *l'être de la signifiance* para ressaltar o fato que a subjetivação ultrapassa a função simbólica.[17] O ser do significante vai além do papel designado."[18] Homem e mulher são parceiros, um se oferecendo como objeto, o outro como falo. Se ambos tivessem o mesmo suporte, poderíamos imaginar uma relação entre eles. Mas nessa parceria a dessimetria é absoluta e é por isso que Lacan afirma que não há relação sexual.

O conjunto das mulheres não forma uma classe ou uma totalidade: as mulheres não podem ser totalmente representadas pelo significante Um, que as reuniria todas, o falo; elas são unidades distintas e diversas. Segundo Frege, as unidades têm duas propriedades contraditórias: a identidade e o discernimento. Lacan propõe constituir o conjunto dos homens como Um, pois em cada um existe uma única e mesma relação à função fálica, enquanto as mulheres, não estando

---

17. FINK, 1998.
18. SAUVERZAC, 2000.

inteiramente assujeitadas a essa função, são como unidades discerníveis: as mulheres se contam ao infinito, mas esse infinito não pode estruturalmente coincidir com o Um. Por isso, nas mulheres há um gozo outro que o gozo fálico.[19]

Lacan, no Congresso sobre a Sexualidade Feminina,[20] esclarece que a homossexualidade feminina seria mais bem-definida se não passasse pelo apoio cômodo da identificação, tratando-se essencialmente de uma substituição de objeto. Esta saída apontada por Lacan é de fundamental importância para que possamos começar a delimitar os campos da homossexualidade e da heterossexualidade. A identificação, neste caso, é insuficiente para marcar a diferença, sendo a substituição o elemento primordial de diferenciação. A homossexualidade continua a ser uma questão enigmática.

Após esta elaboração temos dois subsídios para tratar a homossexualidade. Inicialmente, a minusculização da metáfora paterna, gerada por uma relação intensa, profunda e eternal com a mãe, que tem no casal parental uma função diretiva. Se a minusculização ocorre na metáfora paterna é porque é a mãe quem dita a lei ao pai, é a mãe quem entra no lugar do nome, é a mãe quem entra no lugar do significante. A mãe permanece neste lugar porque foi ela que num momento decisivo mostrou ser a lei para o pai. No momento em que o pai deveria ter cortado toda possibilidade do sujeito se identificar com o falo, foi a mãe quem deu o suporte necessário para que este corte não ocorresse. A mãe é detentora do segredo da chave que abre a passagem, e não se deixa privar, não se deixa abalar, portanto o homossexual sente toda a segurança de permanecer ligado a ela. Apesar disso, o pai não está ausente e participa da metáfora paterna numa posição invertida, e como já foi mencionado, na parte inferior da barra do recalque. A minusculização da metáfora é uma réplica ao impasse da identificação, porquanto a identificação é insuficiente para sustentar a experiência da homossexualidade, é devido ao fato do desejo da mãe não ter sido posicionado, anteriormente, no lugar

---
19. LACAN, 1972-1973.
20. LACAN, 1960a.

de significante. Ocupar esse lugar na metáfora concede à identificação um outro suporte para a homossexualidade.

Uma segunda contribuição é que as fórmulas da sexuação podem nos prescrever um modo sexual próprio à homossexualidade feminina, díspar da homossexualidade masculina. A eventualidade que a mulher possa encontrar um prazer específico, um gozo suplementar, que não tem correlatos na sexualidade masculina, apontaria uma implicação acerca do contorno atingido na sua maneira de abordar o prazer? Esse *gozo a mais,* esse gozo *mais além* do gozo fálico, estará presente também na homossexualidade feminina? Para que ele serve? A posição inconsciente específica da mulher tem a particularidade que no inconsciente, o falo ela o é e ela o tem: mas ela não o sabe. Todos os objetos que podem dela se separar podem simbolicamente ser equivalentes ao falo. O falo que ela não tem ela o recupera com seu ser, para deste modo completar o Outro e preencher a falta, mostrando como se deve amar. Não renuncia a seu sexo, não abandona seu prazer, e a partir da fantasia sexual encontra um gozo, se faz gozo, pelo qual completará o Outro. O falo se inscrevendo como significante do desejo da mãe, revela uma sexualidade reflexa das marcas e dos traços bosquejados pela erotização e pelo prazer sulcados no inconsciente.

A homossexualidade masculina obedece à marca fálica que constitui o desejo. As excitações anais estão fadadas à repressão social e o orgasmo anal não tem existência social. O ânus em seu lugar erotógeno é uma nova cartografia corporal do prazer. A insaciabilidade do ânus pode ser uma resposta à recusa do ato falocêntrico, fadado a não ser mais o objeto de fascínio. Deixar-se penetrar é entregar ao outro o controle do seu prazer não orgástico, mas um prazer que tem sua origem na pulsão, desafiando a potencialidade viril vigente. Sendo a sexualidade o exercício do gozo, aproximar-se da pulsão é erotizar o corpo na sua forma mais primitiva, é distribuir a erotização do corpo. Onde o ânus tem relevância, o falo se torna eroso.

Bibliografia

ALLOUCH, J. *Le sexe du maître*. Paris: Exils, 2001.

DUARTE, M. *O guia dos curiosos*. São Paulo: Cia. das Letras, 2001, p. 267.

FERENCZI, S. *Obras completas*. Vol. IV. São Paulo: Martins Fontes, 1992.

FINK, B. *O sujeito lacaniano*. Trad. Maria de Lourdes Sette Câmara. Rio de Janeiro: Jorge Zahar Editor, 1998.

FREUD, S. Três ensaios sobre a teoria da sexualidade (1905). *Edição standard brasileira das obras psicológicas completas de Sigmund Freud*. Trad. Jayme Salomão. Rio de Janeiro: Imago, 1969, v. 7.

FREUD, S. Notas psicanalíticas sobre um relato autobiográfico de um caso de paranóia (1911). *Op. cit.* Rio de Janeiro: Imago, 1969, v. 12.

FREUD, S. Conferências Introdutórias sobre Psicanálise. (1917). *Op. cit.* Rio de Janeiro: Imago, 1976, v. 16.

HOCQUENGHEM, G. *Le désir homosexuel*. Paris: Fayard, 2000.

LACAN, J. A subversão do sujeito e a dialética do desejo no inconsciente freudiano (1960). In *Escritos*. Trad. Vera Ribeiro. Rio de Janeiro: Jorge Zahar Editor, 1998.

LACAN, J. Diretrizes para um congresso sobre a sexualidade feminina (1960a). In *Escritos*. Trad. Vera Ribeiro. Rio de Janeiro: Jorge Zahar Editor, 1998.

LACAN, J. *O seminário. Livro 5. As formações do inconsciente* (1957-1958). Trad. Vera Ribeiro. Rio de Janeiro: Jorge Zahar Editor, 1999.

LACAN, J. *O seminário. Livro 20. Mais Ainda* (1972-1973).Trad. M. D. Magno. Rio de Janeiro: Jorge Zahar Editor, 1982.

LACAN, J. *O objeto da psicanálise* (1965-1966). Seminário inédito.

LACAN, J. *O seminário. Livro 4. A relação de objeto* (1956-1957). Trad. Dulce Duque Estrada. Rio de Janeiro: Jorge Zahar Editor, 1995.

PASTRE, G. Sortir du piège expression/repression de l'homosexualité, par um saut qualitatif: la saisie intuitive du philosophe sur lui-même, être humain sexué. In: *Homosexulaités: expression/répression*. Paris: Stoc, 2000.

SAUVERZAC, J.-F. *Le désir sans foi ni loi*. Paris: Aubier, 2000.

DESTINOS DO GOZO NO PERCURSO ANALÍTICO

Gilda Vaz Rodrigues

A proposta deste trabalho é abordar a perversão como um lugar na estrutura do sujeito. Sujeito esse que se define pela própria condição de desejante, não só capaz de desejar, como de estar na posição de desejo. Conseqüentemente, dividido entre as exigências culturais, morais e subjetivas e o objeto fantasmático que sustenta seu desejo. Nesse sentido, a perversão se situa na estrutura como um grão de gozo, dito perverso, solidário das pulsões parciais e suas combinatórias. Esse grão de gozo ou esse traço de perversão atesta a especificidade do caráter da sexualidade humana, que se distancia da natureza, marcando uma diferença radical com relação ao comportamento animal. Existe no ser humano algo, da ordem da perversão, que se manifesta por meio de atos que nos horrorizam e repugnam, que não são animalescos como se costuma dizer, mas profundamente humanos, pois só o homem pode praticá-los.

O que nos interessa, enquanto analistas, é a relação do sujeito com esse algo, esse traço perverso em si mesmo. O que ele faz com isso? Qual sua posição com relação ao gozo perverso?

Nesse sentido, a ênfase recai, não nos aspectos fenomenológicos dos atos perversos, nem em suas raízes, mas na posição do sujeito, se há sujeito, na relação com seu gozo. Essa posição é que definirá a estrutura como neurótica ou perversa e, até mesmo, psicótica. Convém ressaltar que quando falo de posição não estou falando de um posicionamento egóico, mas de posições estratégicas do sujeito com relação ao saber inconsciente.

Desde o início de suas formulações teóricas, Freud destacou a questão perversa como valiosa para a compreensão dos atos humanos. Embora, num primeiro tempo, tenha tratado a perversão como um desvio, não tardou a inseri-la na própria norma, caracterizando a sexualidade humana como perversa poliforma. Ele ainda foi mais além ao ressaltar que tudo aquilo que existe nas perversões também pode ser encontrado nas neuroses, só que, nestas, disfarçado sob a forma de sintomas. Em conseqüência disso, podemos dizer que a perversão expõe a verdade do ser humano da forma mais chocante e aberrante, diferentemente da neurose cuja verdade se mostra suposta e não exposta, obrigando a decifrá-la. Essa é uma das razões pela qual o perverso não faz análise, pelo menos, no que diz respeito a um tempo da análise em que se constrói um saber sobre a verdade veiculada pelos sintomas. Isso não exclui que se possa trabalhar de outras formas, tal como lidamos com sintomas igualmente indecifráveis que constituem a clínica do real. Hoje, certamente, temos mais recursos para lidar com a perversão, mesmo porque, no final da experiência psicanalítica, é com esse grão, com esse traço de perversão que nos deparamos, um resto de gozo que resiste e insiste, impossível de ser analisado e, podemos dizer, curado.

Sabemos que a fantasia é a dimensão analítica do incurável. É preciso passar por ela como um último obstáculo no caminho do desejo, estando ciente, entretanto, de que essa passagem não a elimina, mas a reduz à sua forma mais irredutível, gramatical no dizer de Freud, em *Bate-se numa criança*, matêmica, no dizer de Lacan, como $ ◊ a.

O que fazer com esse resto de gozo, um resíduo que resiste ao trabalho analítico e insiste como repetição. Como agir?

São questões que nos colocam no campo da Ética. A ética da psicanálise é uma ética do desejo. Portanto, como estar na cultura se o desejo se sustenta na fantasia, e a fantasia é estruralmente perversa?

Kant indicou a Lei Moral enunciada por meio de sua máxima:

"Age de tal modo que a máxima da tua vontade possa valer sempre, ao mesmo tempo, como princípio de uma legislação universal."[1] Trata-se de uma máxima enunciada pela voz da consciência. Considerando ser o objeto o que dá a marca do particular, diferindo cada sujeito a partir do objeto que direciona e organiza as subjetividades, essa máxima, ao excluir o objeto ao qual a fantasia dá forma, exclui o particular para se fazer universal. Assim, se o desejo se ancora no objeto, não há aí lugar para o desejo.

Num outro campo, temos a máxima sadiana, formulada por Lacan: "Tenho o direito de gozar de teu corpo, pode me dizer qualquer um, e esse direito o exercerei sem que nenhum limite me detenha no capricho das satisfações que eu queira exaurir."[2]

O *tu deves* de Kant é substituído pela fantasia do gozo erigido em imperativo por Sade. Vê-se aqui a instância do supereu tomar a si um outro imperativo, não mais moral, mas de gozo. O supereu passa a responder ao "como agir?" Com um: "Goza!"

Estamos, então, diante de uma questão de direito e não do Direito: o direito ao gozo que o perverso se outorga. Há no perverso uma vontade decidida de gozar realizando sua fantasia. Isso nos mostra que alguém pode querer algo que não seja seu bem-estar, seu prazer. Sade permaneceu preso na Bastilha uma grande parte do tempo que viveu. Ele sacrifica a vida pela vontade de gozo. Kant sacrifica todo o campo do *pathos*, dos desejos e afetos em prol da Razão. O sacrifício está presente desde a origem do homem como solução de conflito. Sacrifico meus desejos ou sacrifico meus laços com as leis que regem minhas relações com os outros?

A psicanálise oferece um caminho, não do sacrifício mas da destituição subjetiva, por meio da qual o sujeito pode deixar cair o objeto, para aceder à experiência da inexistência do Outro, uma das formas de definir a castração.

O que causa sofrimento é a imobilidade. É o sujeito permanecer preso em formas de gozo sem poder escolher, nem optar. O deixar

---
1. Máxima kantiana extraída do seminário "Kant com Sade" de Jacques Lacan.
2. LACAN, 1962.

cair o objeto é o chute inicial que coloca a cadeia em movimento. Lacan já assinalou na *Ética da psicanálise* que cabe à motricidade a função de regular o nível de tensão suportável. Há, portanto, uma relação entre a imobilidade e a dor. Tanto o neurótico pode petrificar seu gozo no sintoma, como o perverso tem seu gozo petrificado, condenado que está a repetir o mesmo traço, o mesmo ato, a mesma forma de gozo, na posição de objeto desse gozo do qual não consegue se descolar, encontrando, muitas vezes, seu limite na morte.

O que a psicanálise pode oferecer com relação ao gozo perverso?

A elaboração com relação a isso faz pensar que o trabalho analítico desemboca, no final de seu percurso, nessa questão do gozo, tanto na perversão quanto na neurose. Há um resto de gozo, irredutível, no final do tratamento psicanalítico, que impõe inventar um jeito de ajudar os analisantes a se virarem da melhor maneira possível com esse gozo.

Freud indicou, com relação ao neurótico, a renúncia ao gozo. Nesse caso, é possível porque a experiência de castração lhe possibilita redimensionar e se recolocar quanto ao seu gozo em outra posição. Ele pode querer ou não aquilo que deseja. Ele pode escolher. Já o perverso não tem escolha, pois está, de tal forma colado, identificado ao seu gozo, que é como se ele só existisse por meio desse gozo. Parodiando Descartes, diria: Gozo, logo existo.

O estatuto do desejo na neurose não é o mesmo que na perversão. Enquanto na neurose o desejo é uma pergunta, na perversão ele é uma resposta. Sendo assim, no final de uma experiência analítica, o gozo do neurótico sofre uma transmutação pela qual seu objeto de gozo que funcionava como ponto de fixação passa a operar como causa de seus desejos; enquanto o perverso carrega seu gozo, irredutível, irremovível, decidido. A impressão que temos é parecida com a que nos deparamos no delírio do psicótico, algo irremovível. O gozo do perverso produz essa mesma constatação, não cede, não cai, não move.

Depois de muitos anos de clínica vamos acumulando um certo número de fracassos. Isso faz parte do nosso percurso enquanto analistas. Freud, depois de deparar-se com a insistência da repetição e o limite da interpretação, que acarretavam o fracasso de suas análises, formulou o *Além do princípio de prazer*. Lacan, da mesma forma, criou o conceito de *sinthoma*, no final de seu ensino, para dizer desse ponto do incurável em que o gozo se atrela ao sinthoma de forma irredutível.

Qual o destino desse gozo?

A história da humanidade está recheada de relatos sobre o combate entre vícios e virtudes, de repressões e fórmulas de contenção, que nem por isso redundaram em vitória contra as *inclinações perversas*. Elas estão aí e retornam no individual e no coletivo. O recalcamento, como um dos destinos apontados por Freud, mostra seu limite, não consegue operar com relação ao resto de gozo que escapa e retorna no real, conforme o ditame freudiano: *Aquilo que não é rememorado aparece na conduta*, ou ainda, *o que foi abolido dentro aparece fora* com relação ao caso Schreber e seu correlato lacaniano: *O que não é simbolizado reaparece no real*.[3]

Existe um real que não é reabsorvido na dialética do desejo. Lacan criou o conceito de objeto *a* para designar esse objeto inassimilável. Por isso, reivindicou o direito de designar o campo lacaniano como o campo do gozo. O ato analítico isola esse objeto *a*. A psicanálise porta em sua teoria instrumentos para lidar com esse resto inassimilável e encontrar formas de operar com o gozo. Não existe, para isso, uma regra analítica para que possamos, tal como na associação livre e no método interpretativo, transmitir o como fazer, cabendo ao analista hoje reinventar para cada caso fórmulas de lidar com o gozo.

A virada no ensino de Lacan, de 1966, outorgou à perversão um lugar na estrutura em que se articula o objeto *a*. A via da análise não se contenta mais com a fala e o desejo, mas em alcançar o gozo, que ficará reduzido ao corpo. Corpo esse que, no ensino de Lacan, se reduz ao objeto *a*, objeto da pulsão. Pode parecer estranho falar em objeto da pulsão. Afinal, Freud assinalou que o objeto da pulsão é o que há de mais variável e diverso. É verdade. O objeto *a* como vazio,

---
3. LACAN, 1955-1956, p. 21.

como furo que a pulsão só pode contornar respondendo a um gozo perdido, pode tomar variadas formas que se chamam semblantes. A pulsão, estendendo-se ao campo da cultura, encontra semblantes necessários ao seu auto-erotismo. Os semblantes são inventados no campo da cultura como modos de gozar para satisfazer a pulsão parcial. Isso levou Lacan a dizer que só existem semblantes na cultura. O que atrai nesses semblantes está em cada um de nós. A cultura seria uma fábrica de semblantes.

Há uma passagem no Seminário 8, *A transferência*, que é justamente o seminário em que Lacan começa a formular o conceito de objeto *a*, a partir do agalma, na qual ele diz:

> Se a sociedade acarreta, por seu efeito de censura, uma forma de desagregação que se chama neurose, é num sentido contrário de elaboração, de construção, de sublimação – digamos o termo – que se pode conceber a perversão quando ela é produto da cultura. E o círculo se fecha, a perversão trazendo os elementos que trabalham a sociedade, a neurose favorecendo a criação de novos elementos de cultura. [4]

Freud diversas vezes também destacou que as forças utilizáveis para o trabalho cultural provêm em grande parte da sublimação dos elementos perversos da sexualidade. Assim como a perversão se encontra no começo da psicanálise, tanto nos primeiros tempos de sua descoberta como em cada tratamento que iniciamos, ela estará presente também em seu final, só que, agora, reduzida a esse traço de repetição que estamos destacando neste trabalho.

Em seu Seminário *De um Outro ao outro*, Lacan promove justamente a redução do Outro, da linguagem, ao outro, objeto *a*. Em *A lógica da fantasia*, ele já havia assinalado: "O Outro, no fim dos fins, vocês ainda não advinharam, é o corpo".

Se o corpo, na psicanálise, fica reduzido ao que resta de inassimilável da operação simbólica, ele não é mais que um pedaço de

---

4. LACAN, 1960-1961. p. 39.

corpo com o qual se goza, objeto *a*. Entretanto, existem pessoas que se tornam esse pequeno *a*, fazendo-se objeto para um mais-gozar do Outro. Essas pessoas se enquadram na categoria do que se chama perversos. Pois, em sua estrutura psíquica, elas estão na mesma posição do objeto *a*, elas se tornam esse objeto, não conseguindo, como sujeito, barrar esse gozo ao qual estão capturadas.

O que a análise pode fazer nesses casos?

Ajudar essas pessoas a administrar e criar alguma forma de legislar seu próprio gozo, evidentemente, quando há demanda, em função das dificuldades e transtornos que essas pessoas têm com seu gozo. Não se trata de mudar a forma de gozar dessas pessoas, mas intervir na relação que elas têm com esse gozo. O conceito de *sinthoma* em Lacan oferece também uma via pela qual o gozo perverso pode encontrar, num *sinthoma*, seu limite e, ao mesmo tempo, sua realização.

Há uma frase de Lacan no *R.S.I.*, em que ele diz que a neurose é uma perversão falha. Tratando-se do neurótico, Lacan, no *Seminário XX, Mais, ainda,* convida a puxar o sintoma pela orelha, ou seja, pelo *a*, pelo que sobra, pelo que resta de não assimilável. Há que se manejar o resto de gozo que se impõe no final de uma análise. O trabalho analítico aponta para o lugar de gozo ao mesmo tempo em que vai descolando o sujeito desse ponto de fixação. Trata-se de sutura e de corte. Em *Um discurso que não seria do semblante*, Lacan compara o trabalho do analista com o do cirurgião. Ele tem de discernir as estruturas, cortar no lugar certo e enodar onde deve ser enodado.

O analista contorna o objeto de gozo para fazer o exercício de sua queda. Isso faz com que o sujeito crie outras maneiras de lidar com seu gozo. Quando falamos de criação, logo pensamos em sublimação. Mas será a sublimação o destino da pulsão com relação a esse resto de gozo no final de uma análise? Lacan responde taxativamente que não.

Que tipo de criação é essa então?

Articulando psicanálise e ciência, ele fala de invenção. A criação seria mais no sentido da invenção, como se inventa um fato de ciência. É preciso distinguir aqui sublimação e invenção.

A sublimação é um dos quatro destinos da pulsão, formulados por Freud, que não é sujeito ao recalcamento. Em diversos pontos de sua obra, refere-se à mudança da finalidade e do objeto da pulsão sexual, colocando em jogo os interesses sociais.

Ao definir a sublimação, no *Seminário VII, A Ética da psicanálise*, como elevar o objeto à dignidade da coisa, de *das Ding*, Lacan a considera como uma forma de presentificar o objeto sem causar horror. Objeto esse que, presentificado na perversão, acarreta o horror, pois sua presença constitui a própria abolição do sujeito.

Em um de seus primeiros seminários, *A relação de objeto*, livro IV, Lacan destaca em seu final a solução pela sublimação, numa referência ao texto de Freud, Recordação de infância de Leonardo da Vinci, como um tipo de solução que não constitui uma conclusão efetiva da castração. Ele assinala nesse seminário que a sublimação é uma forma de esquecimento de *si*. Se considerarmos que o *si* tem a ver com o que se é aí no fantasma onde nos alienamos como objeto do gozo do Outro, o esquecimento de *si* é correlativo ao poder faltar a isso que se é, o que implica deixar de ser o objeto do gozo do Outro. No final de análise de um neurótico, isso se opera como efeito do trabalho de metaforização que possibilita o esquecimento da produção mítica tecida em torno do vazio deixado pela perda do objeto. Esquecer o que ele é aí nesse mito é correlato da experiência da falta-a-ser, o que permite não se estar todo na cultura, ou seja, incluir-se ali como não-todo.

Existem casos em que esse esquecimento de si não se daria como efeito da destituição subjetiva, mas poderia se dar via sublimação. Leonardo da Vinci não podia parar de pintar, o Marquês de Sade não podia cessar de escrever, assim como muitas pessoas se aferram ao trabalho, ao esporte, à malhação e a outras atividades que a cultura oferece como formas de gozo, de uma maneira compulsiva, o que pode ser considerado como uma saída lateral da perversão, principalmente, quando são manipuladas e comandadas por agentes culturais, fazendo uma distinção aqui com a compulsão na neurose obsessiva. Isso porque, no caso da sublimação, o sujeito não passaria realmente pela experiência da castração. O objeto não cairia sob a barra do recalque. Poderíamos dizer que ele passaria *de lado,* por uma outra via que não implicaria a perda desse objeto.

Solal Rabinovitch, em seu livro *A foraclusão – presos do lado de fora*, um estudo primoroso das formas de negação constitutivas do sujeito, aquelas que se formulam pelo prefixo *Ver,* em alemão – *Verwerfung, Verneinung, Verdrängung* e *Verleugnung* – assinala que o termo *Verleugnung* designa uma mola da sublimação, sublinhando que Leonardo da Vinci *rejeita* a infelicidade de sua vida amorosa e a supera na arte.[5]

Já a invenção implica ter passado pela castração e, diante da impossibilidade da relação, poder inventar semblantes suscetíveis de causar o desejo de cada um, mesmo sabendo que, como Eurídice duas vezes perdida para Orfeu, o objeto desejado lhe escapará sempre.

Concluindo, é preciso considerar que há manjares amargos e doces ausências, usando uma frase de Isidoro Vegh em seu livro *As intervenções do analista*. A presença do objeto pode tornar uma vida amarga, e sua ausência pode deixar uma doce saudade. Infelizmente, será difícil encontrar uma palavra, em outra língua, que expresse tão bem o efeito da perda do objeto: *saudade*. E a língua portuguesa tem a felicidade de com ela contar.

---
5. RABINOVITCH, 2001, p. 61.

Referências bibliográficas

CONTÉ, C. *O real e o sexual – de Freud a Lacan*. Trad. Vera Ribeiro. Rio de Janeiro: Jorge Zahar, 1995.

DOR, J. *Estrutura e perversões*. Trad. Patrícia Chittoni Ramos. Porto Alegre: Artes Médicas, 1991.

FREUD, S. O ego e o id (1923).Trad. Jayme Salomão. *Edição standard brasileira das obras psicológicas completas de Sigmund Freud*. Rio de Janeiro: Imago,1976, v.19.

FREUD, S. Recordar, repetir e elaborar (1914). *Op. cit.* Rio de Janeiro: Imago,1969, v.12.

FREUD, S. Além do princípio do prazer (1920). *Op. cit.* Rio de Janeiro: Imago, 1976, v. 18.

FREUD, S. Análise terminável e interminável (1937). *Op. cit.* Rio de Janeiro: Imago, 1976, v. 23.

KAUFFMANN, P. *Dicionário enciclopédico de psicanálise: um legado de Freud a Lacan*. Rio de Janeiro: Jorge Zahar, 1996.

LACAN, J. *O seminário. Livro 3. As psicoses* (1955-1956). Trad. Aluísio Menezes. Rio de Janeiro: Jorge Zahar Ed., 1985.

LACAN, J. *O seminário. Livro 4. A relação de objeto* (1956-1957). Trad. Dulce Duque Estrada. Rio de Janeiro: Jorge Zahar, 1995.

LACAN, J. *O seminário. Livro 7. A ética da psicanálise* (1959-1960). Trad. Antonio Quinet Rio de Janeiro: Jorge Zahar, 1988.

LACAN, J. *O seminário. Livro 8. A transferência* (1960-1961). Trad. Dulce Duque Estrada. Rio de Janeiro: Jorge Zahar, 1992. 386.

LACAN, J. *O seminário. Livro 17. O Avesso da psicanalise* (1969-1970). Trad. Ari Roitman. Rio de Janeiro: Jorge Zahar, 1992.

LACAN, J. *O seminário. Livro 20. Mais, ainda* (1972-1973). Trad. M. D. Magno. Rio de Janeiro: Jorge Zahar, 1995.

LACAN, J. *Seminário XV. O ato psicanalítico* (1967-1968). Inédito.

LACAN, J. *Seminário XVIII. De um discurso que não seria do semblante* (1971). Inédito.

LACAN, J. *Momento de concluir* (1977-1978). Inédito.

LACAN, J. A lógica do fantasma. In: *Outros escritos*. Campo Freudiano no Brasil. Trad. Vera Ribeiro. Rio de Janeiro: Jorge Zahar, 2003.

LACAN, J. Kant com Sade (1962). In: *Escritos*. Trad. Vera Ribeiro. Rio de Janeiro: Jorge Zahar Ed., 1998.

LACAN, J. *Seminário O sinthoma.* (1975-1976). Inédito.

MILLER, J.-A. *Lacan elucidado*. Vários tradutores. Rio de Janeiro: Jorge Zahar, 1997.

MILNER, J.-C. *A obra clara*: Lacan, a ciência, a filosofia. Transmissão da psicanálise, 43. Trad. Procópio Abreu. Rio de Janeiro: Jorge Zahar, 1996.

RABINOVITCH, S. *A foraclusão – presos do lado de fora*. Trad. Lucy Magalhães. Rio de Janeiro: Jorge Zahar, 2001.

VALAS, P. *As dimensões do gozo*. Trad. Lucy Magalhães. Rio de Janeiro: Jorge Zahar, 2001.

VAZ RODRIGUES, G. Fundamentos para uma Outra ética: a psicanalítica. *Revista Reverso*. Belo Horizonte, Publicação do Círculo Psicanalítico de Minas Gerais, nº 42, nov. 1996.

VEGH, I. *As intervenções do analista*. Trad. Paloma Vidal. Rio de Janeiro: Companhia de Freud, 2001.

Um caso de perversão feminina?

Lígia Bittencourt

Digamos que Carla goza de um corpo imaginário, não territorializado em zonas erógenas, que se presta a ser marcado em sua superfície, tanto por picadas (droga injetável), quanto pela sombra de um jogo diabólico de engano com a morte, através de continuados episódios de *acting-out*. A toxicomania de nossa paciente é consecutiva à morte do Sr. X, seu querido pai, e está articulada, de maneira precisa, em torno de um luto impossível. Bem, não é sem ônus que se perde um pai assim como o de Carla, afinal, ele a fez acreditar ser o objeto de sua falta. Quando jovem, é ela quem dá o braço ao pai em suas andanças pelo mundo, ocupando regularmente o lugar de primeira dama no triângulo edípico. Desse pai, ela nunca ouvira um não. A mãe, pobre criatura, sempre ficava de fora. Assim, não podemos dizer que o Sr. X tenha feito d'A Mãe de Carla sua mulher, tampouco daquela sua filha. D'A Mãe de Carla, bom, parece que nossa paciente herdou apenas o ódio como pagamento por este trono confiscado. "Safada", "Você não presta", "Vou te matar, menina!", são imprecações vindas da mãe. Tais ameaças mortíferas vão configurar o axioma do fantasma de nossa paciente, fixando-a num destino a ser percorrido em sua vida como a "errada", a "fracassada" – significantes por ela encarnados no rastro da morte do pai. Com efeito, é no sentido de resíduo que Carla se põe a serviço do Outro materno, ao qual se oferece como uma coisa que obedece e executa seus mandatos. É assim que, aos nove anos de idade, ao ser reprovada na escola, sobe no parapeito da janela de seu quarto após ouvir a mãe dizer que iria matá-la e me relata: "Preferi eu mesma me matar".

A morte do pai, é claro, não foi sem conseqüências para a nossa paciente, pois o Sr. X não soube "acalmar" devidamente essa mãe, redobrando a função simbólica da castração para assegurar melhor sua interdição. Daí pensar que o imperativo superegóico de Carla ressoar do lugar da mãe e não do pai, fazendo com que ela viva por referência à autoridade arbitrária e insensata deste Outro materno. Ora, a complacência de um pai que se deixa, de bom grado, despossuir da representação de sua função simbólica, permite que a significação da lei, nesta moça, seja delegada de modo problemático à iniciativa materna.

Boda tóxica

Carla inicia o uso de drogas injetáveis com um namorado, poderíamos dizer descomprometidos de qualquer virtude, o qual passa a ser o personagem central em sua vida, após a morte do pai. Bem mais velho, Nico é o líder de um grupo "barra pesada", sempre disposto a levar a vida às últimas conseqüências. Eles não fazem sexo não, aliás, Carla se mantém casta ao lhe devotar seu amor, esse "amor embalsamado contra o tempo"[1] que aparece em posição de exclusão no que se refere à relação sexual; simplesmente "entram numas" com o pico. Intimidades com este homem? Sim, mas até os limites da evocação da imagem do pai. O Sr. X, sem dúvida, facilitou à sua filha um acesso ao amor heterossexual. No entanto, neutralizou a posição desejante desta ao lhe oferecer o abrigo de sua *père-version*, a saber, "o pai é um sintoma".[2] A renúncia da posição de amante, de objeto de desejo para um homem tem, como contrapartida em Carla, o estabelecimento de um pacto perverso a serviço da vontade de gozo no seu encontro com Nico, como parceiros dos perigos da vida

---

1. Lacan evoca aqui os laços místicos do amor cortês para falar do casamento casto de Gide e sua prima Madeleine. (LACAN, 1958).
2. Na aula de 18/11/1975 de seu seminário "Le Sinthome", Lacan expõe: "(...) perversão não quer dizer senão versão ao pai e que, em resumo, o pai é um sintoma (...)"

e da morte. Vejamos, então, como podem ser consideradas as dimensões do desejo e do gozo em nossa paciente.

Diríamos, primeiramente, que a utilização de drogas visa, aqui, à suspensão do próprio desejo. Ela representaria um agente externo controlável, introduzido num bom momento para regular uma operação sexual que estaria, imaginariamente, ao abrigo de toda falta, resguardada de toda insuficiência.[3] A ação controlada de uma substância externa vem figurar um princípio de exterioridade de todo o desejo e pode servir para a demonstração de um saber sobre o gozo. Estamos falando, aqui, da utilização de drogas nas estratégias perversas, que funciona como instrumento de saber sobre a falta que afeta o corpo do Outro, a ponto de fazer-se seu suplemento imaginário adequado. Essa espécie de "totem tóxico" que nossa paciente carrega em sua bolsa, lhe permite fazer bodas com aquele a quem supõe ser objeto de sua falta. Ela me dizia em uma sessão: "quando me pico, me sinto menos só; no início era uma maneira de ficar mais perto de meu pai, eu o via e conversava com ele". Aqui, percebe-se bem como um corpo químico é acolhido nos termos de um órgão imaginário que preencheria a falta do Outro. Com efeito, Carla se trata como um objeto, que joga com a eternização de uma falta real (morte do pai), ao invés de tecer sobre esse "buraco" do desaparecimento as representações da perda. Assim, o consumo de uma substância tóxica permite à nossa paciente se alojar no lugar onde imaginariamente era ela que faltava ao pai e, com alucinação tóxica, fazer UM com este – o UM que aspira à união dos corpos e evita a confrontação com a impossibilidade da relação sexual.

Nesta vertente, a presença alucinatória do pai, quando nossa paciente está intoxicada, adia a realização da falta e da perda, além de funcionar como uma espécie de "supressão tóxica" da dor, protegendo-a da angústia da castração.

---

3. Podemos supor que Carla faz do drogar-se por um lado a anulação do gozo sexual, e por outro, como condição de promover um novo gozo, um modo de satisfação que não passa pelo recalque.

Um falo desregulado

Havia um luto a ser feito com a morte do Sr. X que permitiria à sua filha suportar o peso da lei edípica e a castração que implica. Mas, ao contrário, ela manteve-se ligada ao pai, diríamos, por um relativo reconhecimento do pai morto, o que denuncia um acesso precário à castração, como se pode verificar no profundo desregramento de sua relação com o meio que lhe é próximo. Ao lado do tributo do pai, através da manutenção de sua castidade virginal, vemos a identificação de Carla a um falo totalmente desregulado, que recusa a castração e desafia qualquer princípio de restrição na busca febril de um gozo.

Ela se engaja nos "grupinhos da pesada", onde ocupa posição de prestígio e destaque no exercício de todos os perigos até quase a morte. Sua lei é a lei cega dos grandes desafios: "se superar", "ser a melhor", "se dar bem em tudo" – a miragem da perfeição, necessariamente incestuosa. Estou me referindo a completude imaginária, não marcada pela lógica fálica que é a lógica do não-todo: não posso tudo, me dou bem em algumas coisas, mas perco em outras etc. Em contrapartida, todo gozo fálico remete a perversão, na medida que estabelece a relação sexual graças ao Outro completo. É a procura de uma adequação fálica imaginária do sujeito ao gozo de seu Outro. E aí cabe a distinção: a oferenda perversa de um falo imaginário se faz segundo um modo identificatório, e não por um recorte real como no caso das psicoses.

Em seus dizeres, sua causa final e última é o gozo.[4] Este é o objeto de um raciocínio finalista, erigido em forma de lei, que ordena sua satisfação por todos os meios: participar de "pegas" automobilísticos, dirigir sem barreiras, se picar com qualquer tipo de produto etc. – supostamente, sem preço a pagar. Há, contudo, uma busca experimental, de um ponto de perspectiva referente ao gozo que se efetua "sob cálculo", de forma a garantir sua boa

---

4. De uma forma mais geral, podemos dizer que o gozo é esse cometa que passa e deixa um rastro. No entanto, o gozo na perversão talvez possa ser apontado não só pela ordem de fixidez que decreta, mas, sobretudo pela luz obscena que evoca, seu horror, a mostração de algo do real.

repartição. Na perversão, diz Lacan,[5] o gozo é "coisa mental", como o pensamento da ciência.

A respeito dos princípios restritivos da lei, ela diz: "imagina se eu vou me preocupar com a lei; eu detesto a polícia, eles são todos uns 'babacas', eu sempre consigo enganá-los". Não pode haver dúvida, a um tanto de lei corresponde outro tanto de gozo. Como em toda montagem perversa, o sujeito se situa ali onde a lei falha, ou mais precisamente, se situa entre a perfeição e a imperfeição da lei, aonde a presença de testemunhas desprovidas de saber aparecem como necessárias.[6] Aliás, no âmbito da encenação perversa, a lei existe na forma de sua recusa. No entanto, quanto mais o perverso se esforça em transgredir suas interdições, mais se remete simbolicamente a ela. No caso de nossa paciente, fica evidente esse funcionamento transgressivo da lei e sua irrisão como origem de todo gozo.

Há uma dimensão de risco, relativo à pulsão de morte, que é desencadeada em Carla até as últimas conseqüências, sempre tomada em termos do valor de um desafio essencial para provar incessantemente o ridículo da lei.

Do *acting-out*

Minhas férias se aproximam e Carla encontra-se num estado depressivo lamentável. Esse último ano não foi fácil para ela. Vai perdendo um a um seus companheiros de "embalo" – todos em acidente de carro. As mortes consecutivas de Nico e de seu cachorro de estimação parecem romper os últimos elos afetivos que sustentavam sua existência, promovendo uma das questões de manejo mais difícil em seu tratamento. Em função do verdadeiro deserto simbólico com que se apresenta a problemática do luto em nossa paciente, ela se afunda cada vez mais nas drogas. Aparece num sonho parada diante de dois caixões, ao lado

---

5. LACAN, 1966/1967.
6. O perverso se coloca na condição de revelar e desvelar a falha do Outro. Adoram ver, por exemplo, onde a instituição erra, onde o analista se embaraça...

de uma cova aberta em que fixa o olhar. No período das festas de final de ano, ela me descreve com detalhes como pretende ficar de posse da arma que o irmão leva todos os anos para comemorar com tiros a passagem de ano na casa de veraneio da família. Carla recusa, terminantemente, a hipótese de uma internação ou da convocação da família da qual, aliás, esconde que está em tratamento.

Minha posição se tornava bastante ingrata na condução deste caso. Imobilizada, impotente, começo a desconfiar que ali estava como mera biógrafa e testemunha dos *acting-out*[7] de minha paciente. Em sua frieza e ironia, formas costumeiras de se endereçar a mim, parecia gozar dos efeitos que seus relatos me causavam, da mesma forma que se divertia ao ver o pânico do "carona", que estivesse eventualmente ao seu lado em suas aventuras automobilísticas. Carla deseja o sujeito dividido, porém do lado do Outro – seus *acting-out* vinham intervir, justamente, no sentido de abrigá-la de sua própria castração e, conseqüentemente, protegê-la da angústia.

A série de *"acting mortíferos"*, que ocorrem ao longo de sua vida, vem configurar uma forma particular de tratar a castração e parece se inscrever como uma tentativa de dar conta daquilo que o luto fracassou em realizar, a saber, a falta no Outro. Estou falando da depressão decorrente de um luto interminável que surge para obliterar o saber da falta, da castração, dando lugar a *actings*.

Poderíamos dizer que estes são dirigidos a um pai que ignorou sua falta, ao fazer da filha a realização perversa de seu próprio gozo. Em outras palavras, os *acting*, diríamos, "depressivos", de nossa paciente podem ser considerados tanto um esforço fracassado em retificar a dimensão da falta no campo do Outro, como também uma forma desatinada de interrogar o desejo do Outro.[8] É o que ela me

---

7. Estou usando o termo acting-out aqui, como Lacan o formula no seminário sobre "As formações do inconsciente" (LACAN, 1970), enquanto comportamento que torna fundamental a presença do Outro – há um acento demonstrativo em direção ao Outro – e guardaria uma "quase equivalência" com o fantasma, pois se estrutura de uma maneira que se aproximaria a um cenário.

8. Lacan nos ensina a respeito do primeiro objeto que a criança propõe ao enigma do desejo parental, a saber, a sua própria perda – "Podem eles me perder?" A fantasia de sua morte, de seu desaparecimento é a maneira pela qual o sujeito coloca em prova o amor de seus pais, que nada mais é que trazer a resposta da falta percebida no Outro. O desejo do Outro, continua Lacan, é apreendido pelo sujeito nas faltas do discurso do Outro. (LACAN, 1964, p. 203.)

diz, certo dia, e com espanto: "às vezes, eu chego completamente doida em casa, não sei como eles não notam nada". Ou ainda, na mesma direção, porém numa formulação denegatória a respeito da vida sombria que leva: "Eles não precisam saber o que eu faço, para saber que eu existo." Podemos falar aqui da depressão decorrente do impedimento da significação do desejo do Outro pelo sujeito, uma vez que ele não consegue aí se localizar de forma alguma.

Por outro lado, o sofrimento, que acompanha o vazio depressivo em que se encontra, apesar de autêntico, é impotente para obturar a satisfação diabólica daquilo de que goza, o que coloca a questão em termos do que pode um analista e os limites da psicanálise em casos semelhantes a este. É ao que nos remete o seguinte episódio que ocorreu nas vésperas das minhas férias. Ela me relata que subira com o carro na contra-mão de sua rua a toda velocidade e, ao cruzar com um carro que descia na direção oposta, joga o seu contra este. Quando o motorista sai do carro para censurá-la, ela começa a rir, entra no carro e vai embora. Interrompo a sessão e lhe digo que desejo que venha no dia seguinte acompanhada pela mãe e que irei entrar em contato com a mesma. Não é a primeira vez que determino o comparecimento de alguém da família. Um mês atrás tinha lhe dado um prazo para o comparecimento de um dos seus membros. No dia em que traria o irmão, ela falta à sessão. Teve uma insuficiência respiratória e foi atendida em emergência. Carla estava com um tipo particular de pneumonia; contraíra o vírus da AIDS. Essa castração, que surge no real sob a forma desta doença fatal, é inicialmente negada de diferentes formas: não nomeia a doença, omite do médico o uso de drogas injetáveis, de maneira a deixar obscuro o diagnóstico, se recusa a ir às consultas, a tomar as medicações prescritas etc. Ela diz: "eu não quero pensar nisso, senão eu não vivo" ou, "se eu tiver certeza, enlouqueço".

Nada querer saber d'ISSO sempre foi a posição de Carla no curso de seu tratamento comigo. A recusa em pensar o inconsciente, sua falta-a-ser, sua própria divisão lhe assegurava a condição de suas certezas como ser de pura consciência. Mas o sopro da castração com o advento da AIDS fez vacilar o desmentido sobre o qual edificava o fundamento de todo o seu saber. É como ela diz: "Eu sempre achei que tinha consciência de tudo, que tinha tudo sob controle", ou "que ironia, eu sempre brinquei com a morte, só que eu sempre vencia, eu estava sempre à sua frente e agora ela quer me pegar... não é que eu não tivesse a noção do perigo, mas sabia que ia sair vencedora, eu chegava perto da morte, mas sabia que podia passar a perna nela, driblá-la... Medo? Eu não tinha medo. Medo eu tenho agora. Eu queria me ultrapassar, a gente sempre quer ultrapassar os nossos próprios limites". Para quê? "Para provar que eu era boa". Para quem? "Ah! O que eu pensei é besteira. É uma fila enorme: minha mãe, meu pai, Nico..."

A fatalidade da doença foi a responsável pelas primeiras e raras significações advindas do campo do Outro, lhe possibilitando produzir algum saber sobre seus atos.

Breve nota sobre a transferência na perversão

O caso o qual eu acabo de relatar brevemente o essencial, trouxe a espinhosa interrogação se estaria diante de um caso de perversão,[9] devido principalmente ao estilo e à lógica da transferência adotados no curso do tratamento. Além do tom insolente e de desafio que marcavam a transferência, conforme assinalei anteriormente, chamou-me atenção o fato desta moça manifestar uma reviravolta muito particular em relação ao Outro na transferência.

Se o sujeito sob transferência na neurose é correlato, segundo Lacan (1967), ao endereçamento de um saber suposto ao analista daquilo que ele, o sujeito, quer se desvencilhar, o mesmo parece não ocorrer na perversão. Trata-se aqui de uma posição subjetiva diante do saber, produzindo o que poderia assinalar como uma subversão

---

9. Desenvolvi, num estudo anterior, algumas questões relativas à função dos fantasmas masoquistas recorrentes em certas toxicomanias. (BITTENCOURT, 1990).

da posição do analista no dispositivo da transferência. Ora, para minha paciente não há uma fonte enigmática naquilo de que goza – em seus dizeres; "droga-se para se divertir". Ledo engano supor algo lúdico ou ingênuo nessa diabólica diversão. Revela antes a fixidez de um gozo o qual não quer abrir mão. O consumo de drogas para ela é uma questão de direito – direito ao gozo. Cabe, em casos semelhantes a este, designá-los como uma "toxicomania confirmada", na qual o sujeito se coloca da seguinte forma: "É o que eu faço, faço e repito"; ao contrário de alguém que diz: "Faço isso, mas não estou bem certo se é o que eu quero."

Lacan em "Kant com Sade" (1962) fala do imperativo sadiano do direito ao gozo, em que o desejo na perversão é definido como vontade de gozo. Coloco aqui o recurso à droga na estratégia perversa se prestando exatamente a esta vontade de gozo. O perverso sabe o que quer: gozar. Lacan dirá ainda que para o perverso só há desejo que conduza ao gozo, ou seja, não há lugar para um desejo insatisfeito, incerto, vacilante. O gozo torna-se um dever, o gozo é obrigatório. Carla diz então: "por que eu vou parar de me drogar se me satisfaz, se me faz bem". O estatuto da droga para ela se petrificou enquanto objeto causa de gozo, condição de gozo do sujeito, e jamais se constituiu enquanto sintoma analítico, enquanto enigma que é a expressão da divisão do sujeito. Nem mesmo supõe que haja um saber oculto sobre si – aliás, recusa qualquer indício deste[10]. Por conseguinte, ela não formula pergunta alguma no ponto em que esta se correlaciona com um Outro suposto saber, a exemplo do neurótico, que se propõe o tempo todo como "não sabendo" e faz com que seja, justamente, um analista o que lhe falte. Em contrapartida, o sujeito perverso é aquele que sabe, e quem sabe não pergunta, por que nada lhe falta. A pergunta, enquanto demanda dirigida a um saber, não faz outra coisa senão

---

10. Aliás, a simples presença do inconsciente não significa que haja análise, muito embora no caso em questão chama atenção mais propriamente o fato do sujeito desmentir o saber inconsciente, o que inviabiliza a possibilidade de qualquer retificação subjetiva. Não se submete ao in*sabido*, na medida que se ancora nesse saber sobre o gozo.

confrontar a falta constitutiva do sujeito, da qual o perverso nada quer saber. No que diz respeito a nossa paciente, podemos assinalar que ela põe em dúvida o saber, mas do lado do Outro.

Parece correto pensar que na relação transferencial, Carla dirige-se diretamente à falha do Outro, melhor dizendo, faz vibrar no Outro sua própria divisão. Embora vá ver um psicanalista, nada disso conta para ela, a tal ponto que é preciso chamar a família para ver se haveria algum lugar onde ela poderia submeter-se a um certo não saber.[11] Então há aí uma linha de perversão, não se pode negar.

Neste sentido, poderíamos dizer que a transferência que se estabelece neste caso aproxima-se à estrutura da Verleugnung, própria da perversão, a saber, o reconhecimento da diferença dos sexos ao lado da consolidação de sua recusa. Com efeito, retenho como hipótese, a incidência lógica da castração se atualizando na realidade da transferência para o perverso, através de duas posições subjetivas distintas diante do saber: (a) o sujeito se defronta com o inelutável aceno do saber inconsciente que irrompe em seu discurso; (b) concomitantemente, ele o recusa. São duas posições coexistentes e inconciliáveis diante do saber inconsciente que materializa a Spaltung própria do perverso, onde não há, diríamos, a subjetivação da primeira posição: o saber inconsciente. Ou seja, o perverso sabe da castração, mas não a subjetiva. Subjetivar, segundo Lacan, significa que o sujeito se constitui, tem lugar num outro sujeito: o Outro. Ora, uma ignorância situada, nada mais é que a presentificação do inconsciente. Partindo desta indicação, é possível assinalar que o perverso não quer saber que é no campo do Outro, lá onde falta um significante, que o sujeito se faz. Assim, o que observamos em Carla, em decorrência da sua dificuldade em abandonar a posição de "senhora de si", é o incremento, sob o signo do triunfo, de um profundo descrédito do meu saber de psicanalista, bem como do saber da medicina, do qual ela tanto necessita e, no entanto, recusa sistematicamente.

---

11. O irmão, por exemplo, o único que consegui ter acesso, não só ignorava completamente qualquer aspecto da vida de minha paciente, como me acusou de estar inventando "coisas".

O que vem fazer, então, um perverso diante de um analista? É interessante notar o uso perverso da demanda de análise, que surge, não raro, na clínica das toxicomanias, funcionando como uma maneira de impedir o sujeito de confrontar-se com a lei. Foi, justamente, no exercício de uma transgressão (roubo de ampolas de demerol, um tipo de opiáceo), que Carla, interceptada por uma autoridade em seu local de trabalho, teve, como condição imposta para não ser demitida, submeter-se a um tratamento. Diria que a continuidade aos nossos encontros foi decorrente da desestabilização fantasmática produzida no confronto da paciente com o dispositivo analítico, logo no início dos nossos encontros, fazendo-a cair numa profunda dessubjetivação. Mas, o que a fez ser uma paciente exemplarmente assídua no curso do tratamento? Precisamos considerar que o analista é antes de tudo para o sujeito perverso, um "auditor", um biógrafo de suas memórias, uma testemunha viva de seu saber sobre o gozo.[12] Como nos indicou S. André (1983), os analistas que lidam com estes pacientes contam que se sentem sempre um pouco violentados com o que escutam, é como se eles nos convocassem a ser seus cúmplices, ou quisessem nos corromper, convidando-nos ao crime.

Se não é ao sujeito suposto saber que o perverso se dirige na transferência, pois ele próprio se apresenta como quem detém o saber, uma outra forma de endereçamento parece ocorrer. Este seria o ponto em que o sujeito fixa o analista no lugar da lei, e lhe demanda algum tipo de regulação do gozo. Nesta perspectiva, a nossa questão final quanto à direção do tratamento com esse sujeito é a seguinte: ao convocar o analista como autoridade de empréstimo na enunciação da lei, com o escopo de reparar, diríamos, aquilo que o pai histórico falhou, o perverso não estaria, assim, condenando o analista à impotência

---

12. O que ela deixa sob a minha guarda, é aquilo de que ela goza: suas demonstrações de que pode escapar da própria morte.

Referências Bibliográficas

ANDRE, S. Transferência e Interpretação em um Caso de Perversão. *Falo 415*. Salvador: Fator, 1983.

BITTENCOURT, L. Toxicomania e Masoquismo. *Agenda de Psicanálise*. Rio de Janeiro: Relume Dumará, 1990, p.74-78.

CALLIGARIS, C. *Hipótese sobre o Fantasma na Cura Psicanalítica*. Porto Alegre: Artes Médicas, 1986.

COTTET, S. Perversão e Sublimação. In: *Folha*, n° 31, p. 17-27, out./dez. 89.

FREUD, S. Luto e Melancolia (1917 [1915]). *Edição Standard Brasileira das Obras Psicológicas Completas de Sigmund Freud*. Trad. Jayme Salomão. Rio de Janeiro: Imago, 1977, v. 14.

FREUD, S. Fetichismo. (1927). *Op. cit*. Rio de Janeiro: Imago, 1977, v. 21.

LACAN, J. Juventude de Gide ou a Letra e o Desejo (1958). *Escritos*. Trad. Vera Ribeiro. Rio de Janeiro: Jorge Zahar, 1998.

LACAN, J. *El Seminário. Libro V. Las Formaciones del Inconsciente*. (1958/1959). Buenos Aires: Nueva Visión, 1970.

LACAN, J. Kant com Sade (1962) *Escritos*. Trad. Vera Ribeiro. Rio de Janeiro: Jorge Zahar, 1998.

LACAN, J. *O Seminário. Livro 11. Os Quatro Conceitos Fundamentais da Psicanálise* (1963-1964). Trad. M. D. Magno. Rio de Janeiro: Zahar, 1979.

LACAN, J. *El Seminário. Libro XIV. La Lógica del Fantasma* (1966/1967). Inédito.

LACAN, J. Proposition du 09 Octobre de 1967 sur le Psychanalyste de L'Ecole (1967). *Silicet*, n°1. Paris: Seuil, 1968, p.14-30.

LACAN, J. *Le Séminaire. Livre XXIII. Le sinthome* (1975/1976). Inédito.

Neurosis y locura: el efecto malicioso de lo imaginario

Alicia Hartmann

Acerca de la causalidad psíquica

Sorprendieron durante la puesta en escena en Buenos Aires, en julio de 2003, de *El Holandés Errante*, los abucheos a la escenografía de G. Kuitca. Comentado por todos los críticos y entre pasillos en el Teatro Colón, los espectadores – especialmente aquellos que podemos reunir dentro de la clase de los wagnerianos – no pudieron tolerar una puesta donde el imaginario que esperaban no apareciera en el escenario: el mal llamado buque fantasma. La reacción general fué de ira, de indignación.

¿Estamos tan presos de la imbecibilidad de nuestro imaginario que se degrada desatando tal reacción especular ¿Por qué se vuelven tan consistentes estos excesos de significación? La puesta de Kuitca proponía una lectura simbólica austera y depurada del texto y de la música que se plasman en la obra de Wagner. En la representación se vació especialmente de ornamentos la escena.

> Franz Biberkopf, en otro tiempo albañil y mozo de cuerda en Berlín acaba de salir de la cárcel en donde se encontraba por viejas historias. Está otra vez en Berlín y quiere ser honrado, y no hacer más que lo que hace la gente respetable.[1]

Así comienza Alfred Döblin su *Berlín Alexanderplatz*, periplo donde Biberkopf sólo entiende las fatalidades de lo que le ocurre

---

1. DÖBLIN, 1929, p. 5.

como que le vienen desde afuera, sólo sobre el final puede entender que se trata de él mismo. Franz, después de matar a su novia, se propone "ser honrado". Rainer Werner Fassbinder recurre repetidamente a la imagen de la atroz golpiza que mata a Ida para mostrar la ira, el odio en el que puede caer Franz.

Una imagen yoica sostenida solamente en ese enunciado, su pobreza subjetiva, y una disposición abierta a la captura virtual lo hacen circular con fascinación por distintos personajes, a quienes trata de mostrar su honradez, mientras lo mutilan: pierde un brazo, pierde su único objeto de amor, único objeto de referencia al que ama decididamente, y aparece en un manicomio, donde allí, por primera vez, podrá soñar.

Döblin tiene un propósito diferente al de Fassbinder, pero no poco interesante para nosotros analistas: estudiar la fragilidad subjetiva de aquellos que hicieron masa en el nacionalsocialismo. El bigotito del Führer aparece en varios de los personajes más siniestros en pleno comienzo del nazismo, no sólo dando cuenta de un rasgo sino diferenciando esa fragilidad yoica capturable del que hace masa del canalla que se identifica claramente como el que maneja el fantasma del Otro: encarnado en Reinhold otro de los personajes.

El texto es de 1929, Döblin se refiere a sujetos que buscan más que un pedazo de pan, sin llegar a ubicar a Biberkopf en escenas con los que hacen masa, lo muestra en una posición casi hipnótica, que sólo puede romper con la modalidad agresiva suicida del narcisismo.

Fassbinder da a ver a aquellos que en el borde de la subjetividad humana los llevan a la locura o a la muerte. Locura del imaginario humano, no patrimonio de una estructura en particular. Susan Sontag, en *Novel into Film: Fassbinder´s Berlin Alexanderplatz*, define a Biberkopf como un hombre fornido, sentimental, *naif*, violento, a la vez inocente y bruto, no estúpido sino **extrañamente dócil**, capaz de ingenua ternura y de que sus pasiones se apoderen de él. La novela es para Sontag de trasfondo educativo y se asemeja a un moderno Infierno del Dante.

Para Fassbinder fue desde los 14 años la novela de su vida, sus propias fantasías estuvieron impregnadas por ésta, que constituyó narcisísticamente una parte oculta de su ser. Hubiera querido representar a Biberkopf él mismo.

En el otro extremo ubicamos a Alcestes, en *El Misántropo o el Amante Irascible* de Molière. Con esa pasión de demostrar al mundo su unicidad, encuentra en un último acto una satisfacción altamente jubilosa:

> Razonad y haced lo que gustéis, que nada me apartará de mi resolución. Mucha perversidad reina en nuestro siglo, y quiero separarme del trato de los hombres. ¿Es posible que, cuando todo en mi causa (todo sí: honor, probidad, pudor y leyes) se vuelve contra mi antagonista; cuando se publica por doquier la equidad de mi derecho y en esa fe reposa mi alma; es posible, digo, que me vea entonces burlado por el mismo éxito, (que tenga la justicia en mi favor y pierda el proceso sin embargo)?[2]

Hay locuras y son diferentes. Franz intentando demostrar su honradez no sostenida en ninguna marca del ideal, puro efecto virtual, cuando su posición endeble lo va conduciendo al asesinato, al robo, al maltrato.

La primera época de Lacan, en su apogeo, sin duda nos enseña también en relación a ciertas condiciones de la subjetividad actual mostrativa y dada al espectáculo al estilo de lo propuesto por Guy Debord en su libro *La Sociedad del Espectáculo*.

En un amplio espectro, el de la debilidad, o bien poderosas identificaciones, al estilo de la ley del corazón, son almas bellas que recuerdan el narcisismo freudiano, narcisismos de los cautivos del Amor, que se expresan por la pasión de la unicidad.

Incluiremos también, diferenciando desde otra perspectiva el fenómeno del amor-pasión así denominado por Stendhal, del que trata Strindberg, en el *Alegato de un loco*, que podría llamarse también

---

2. MOLIÈRE, 1946, p. 185.

de una loca, donde el personaje se define respecto de su amor como que había perdido su carácter individual. Nos dice patéticamente Strindberg: "mi persona estaba consagrada a ella". Stendhal define el amor-pasión: "La cristalización no cesa nunca en el amor, la cristalización de una solución imaginaria. Sólo por la imaginación estás seguro que tal perfección existe en la mujer que amas".[3]

Lacan estudia la persona y su vinculación con la máscara. Si la persona encarna esa unidad que se afirma en el ser. Veremos cómo la sobreestimación de un objeto ha sido descripta en la literatura como la que puede producir una conmoción de la armadura yoica. "Perdí la cabeza", reza nuestro lenguaje porteño. Intensas pasiones amorosas pueden cursar un camino semejante.

Situamos al menos tres lugares diferentes: el de Franz Biberkopf, sostenido en débiles identificaciones virtuales, Alcestes pertrechado en su pasión de unidad, y la dilución del yo frente a amores pasionales. Problemáticas diferentes que pueden leerse a la luz de lo que Freud define en *Psicología de las masas* como "un grado en el interior del yo"[4], siendo el Ideal vara de medida en la dimensión simbólica entre el yo actual y el yo-ideal: 1) el Ideal del yo es casi inexistente, apareciendo fenómenos de permanente virtualidad como en Biberkopf; 2) o se infla fundiéndose el yo-ideal y el Ideal del yo como en Alcestes; 3) o se entrega el yo como objeto cuando se pone el objeto de amor en el lugar del Ideal como en el amor-pasión.

Si bien lo que hacemos es una descripción fenoménica y la locura se entiende en forma independiente de la estructura, vale decir, es patrimonio de psicosis o neurosis, Lacan abre una vía para preguntarse por los obstáculos transferenciales, cuándo estas modalidades del yo no permiten el comienzo de un análisis dentro del marco de la neurosis, más allá de la exacerbación de la transferencia imaginaria yoica que la teoría de la relación de objeto hace abuso en su perversión transitoria en la transferencia.

---

3. STENDHAL, 1969, p. 1248.
4. FREUD, 1986, p. 122-126.

Pero cuando estas modalidades identificatorias se ponen en cuestión en la cura, las Tesis III y IV sobre la agresividad nos recuerdan: "Todo el mundo siente que el exceso de tensión agresiva constituye tal obstáculo a la manifestación de la transferencia que su efecto útil sólo puede producirse con la mayor lentitud" (Lacan, 1986: 102). Subrayamos **con la mayor lentitud**. Sigue: "La agresividad es la tendencia correlativa de un modo de identificación narcisista y determina la estructura formal del yo del hombre y del registro de entidades características de su mundo".[5]

De la Tesis III recortamos: "Los resortes de la agresividad deciden de las razones que motivan la técnica del análisis".[6] Agregamos cuándo se produce esta estasis del ser en una identificación ideal. Una manera diferente de fijación.

De un Otro al otro: crónica de una interrupción anunciada

Nuevamente el imaginario cobra relevancia en *De un Otro al otro*,[7] pero trabajado como concepto reñido con el discurso de la ciencia, sin embargo cobra relevancia cuando aparece en esos sueños de unidad y produce lo que se denomina efectos maliciosos del campo imaginario. El Ideal es definido en esa época de una manera singular como cuerpo que obedece.

M es una adulta joven. Consulta por problemas amorosos, amores interrumpidos, amores imposibles. La violencia de sus enunciados cuando describe a sus otros significativos no deja de escucharse, como así el tono de exceso pasional que le agrega a las múltiples escenas. La pregunta que se impone en este inicio de tratamiento es: ¿Cómo se podrá atravesar si aparece la pasionalidad en la transferencia?

---

5. LACAN, 1986, p. 106.
6. LACAN, 1986, p. 99.
7. LACAN, 07-05-1969.

Hay injurias referidas a sus padres, se siente desalojada: **la oveja negra**. La certeza de sus argumentos y juicios la llevan a aseveraciones que parecen inconmovibles.

Querellante frente a los males del mundo; se trata con algunas intervenciones de producir cuestionamientos de las certezas, a las que ella responde con nueva argumentación. Sin embargo, un rasgo que supone por una contingencia inicia una transferencia imaginaria y acompaña sus cuatro años de entrevistas trayendo información, comentarios, críticas e invitaciones a películas nacionales, festivales de cine independiente, y posteriormente aparecen paulatinamente artículos del diario que polemizan en torno a la injusticia de la realidad nacional, desocupación, etc.

Se los recibe, ya que ese sostén permitirá un trabajo muy lento sobre esta modalidad discursiva que aunaba fuertemente saber y poder.

Los ataques a las mujeres son brutales, empezando por su madre, siguiendo por sus compañeras y amigas. Con los hombres no es más benévola: un objeto fijo, su jefe, se recorta en la injuria, lo feminiza y lo degrada. Del padre sólo recuerda agresiones y descalificaciones en la infancia. Ella sabe de su identificación con esta violencia, no puede hacer mucho para dominarla.

Una compañera de su escuela de cine le presenta a su hermano e inicia un noviazgo; hace muchos esfuerzos para contenerse y poder soportar diferencias. "Trato de controlarme, usted sabe cuánto me cuesta". Las intervenciones son del orden de comentarios banales, alguna que otra nota de humor que muchas veces produce risa y le diluye significaciones fijas, o el también el silencio, escuchándola con interés.

De la madre afirma: "a pesar de sus tres hijos, ella sólo existe de la cintura para arriba". El **"a pesar"** se lo escucha como su no alojamiento en el Otro, marca del rechazo.

Una intervención médica por un problema físico hace que se le sugiera definir la maternidad. Esto le produce un tremendo malestar en relación a la posibilidad de un casamiento en corto plazo. Los ataques se empiezan a dirigir a la analista: "Los médicos me han transformado, se cambió mi cuerpo, yo no soy la misma. Usted no me ha preparado psicológicamente".

Es llamativo que durante las consultas a profesionales la madre estuvo presente y empieza a gestarse otra relación entre ellas.

El cine ya no la sostiene, al novio no le interesa, los artículos que sigue trayendo sobre lo más insoluble de la realidad nacional, metaforizan a modo de un punto de imposible la interrupción del tratamiento. La cura se interrumpe en un par de sesiones donde se pone violenta. En la última viene silbando como si ya nada le importara. Se le sugiere que sigamos hablando en la próxima, sesión a la que ya no concurre.

Los nudos, la consistencia del imaginario

Aun cuando el corte fue abrupto, tal vez era esperable el desenlace. Ya sueños con "monstruos que la perseguían" cuando empieza a plantearse la posibilidad de casamiento y de tener un hijo, antes de caer enferma. La angustia frente al enigma del Deseo del Otro se vela con la tensión agresiva. Sin embargo, el acercamiento a la madre y la aceptación de su pareja por el padre le había proporcionado a un alojamiento diferente en la estructura familiar. La pareja respondía al Ideal parental, dejó de ser oveja negra, una vuelta del narcisismo en cierto sentido estabilizante, una vuelta al hogar.

¿Podríamos ubicar esta suplencia dentro de lo que Lacan llama suplencia del Edipo, más precisamente del Ideal? ¿Por qué no, si se trata de aquellos que se suponen desalojados y que tal vez puedan ser alojados tardíamente? Pensé en llamar este trabajo *Un caso contrario a un clásico de un comienzo de análisis*, ya que el tratamiento termina donde tal vez podría empezar.

Dos sesiones antes de interrumpir dice: "sabe, este verano estuve preocupada por la salud de mi madre". Del padre cuenta cómo espera al novio los domingos con una sonrisa. ¿Hubo neurosis de transferencia? ¿O sólo operaciones sobre lo real como en los niños? Podría sí decir que se constituyó alguien que empezó a hacerse amable ante los ojos de Otro, pero la relación Ideal-objeto permanece incólume.

Escenas ofrecidas a la mirada del analista. Prudencia en el manejo del tono, es decir de la voz.

Esta interrupción nos remite a la clínica en la infancia. Tal vez ella tenga que cursar su neurosis de la infancia. ¿Y por qué no? Está detenida en esa consistencia de ser, donde la inflación yoica taponaba su angustia frente al desalojo.

Recordamos a Porge al hablar de restablecimiento de la neurosis de transferencia con los padres. Ciertos tratamientos de adultos, sin ser cosa de niños, nos llevan a pensar en los niños. Para la dirección de la cura, la lentitud se resume en la prudencia. Prudencia en el sentido aristotélico, que tiene el carácter del cálculo. Se calculó seguir recibiendo sus comentarios sobre el cine, y los artículos que escribían sobre los males de la sociedad, una manera de sostener el teatro imaginario que se producía en cada sesión. Intentar hacerlo caer, se trató de hacerlo, sin eficacia, producía un malestar insoportable de desalojo en la transferencia.

Si la prudencia es cálculo, es contingente, y lo que nace perece. Y al mejor estilo de la yocracia americana, y en nombre de no sé qué bullicios un sujeto puede ser aceptado tardíamente, la cura se interrumpe en cierto punto donde de alguna manera se hace límite y parece ser feliz por vivir.

El cambio en el cuerpo (forma que toma la castración como real), tal vez quede *en souffrance* para otro tiempo, si tiene la chance de elevarse a la dignidad de un síntoma, pero sólo queda como pregunta del lado del analista.

Referencias bibliograficas

DEBORD, G. *La sociedad del espectáculo*. Buenos Aires: Ed. La Marca, 1995.

DÖBLIN, A. *Berlín Alexanderplatz*. España: Ed. Bruguera, 1929.

FREUD, S. Psicología de las masas. In: *Obras completas*. Trad. José L. Etcheverry. Buenos Aires: Amorrortu, 1986. Tomo XVIII.

LACAN, J. Tesis sobre la agresividad. *Escritos I*. Trad. Tomás Segovia. Buenos Aires: Ed. Siglo XXI, 1986.

LACAN, J. Acerca de la causalidad psíquica. *Escritos I*. Trad. Tomás Segovia. Buenos Aires: Ed. Siglo XXI, 1986.

LACAN, J. *Seminario R.S.I.* (1974-1975). Inédito.

LACAN, J. *De un Otro al otro* (1968-1969). Inédito.

MOLIÈRE. *El Misántropo*. Barcelona: Ed. Obras Maestras, 1946.

SONTAG, S. Novel into Film: "Fassbinder´s *Berlin Alexanderplatz*". In: *Where the Stress Falls*. New York: Picador, nov. 2002.

STENDHAL, H. B. Del amor. *Obras inmortales*. Madrid: EDAF, 1969.

STRINDBERG, A. *Alegato de un loco*. Mexico: Premiá, 1990.

Circunvoluções: na contra-mão do desejo

Lélia Dias

Falar da prática psicanalítica faz surgir a dimensão do impossível. Escolha possível, a ficção. Inventar, construir a verdade.

Um jovem se apresenta às entrevistas preliminares. O que o traz é a doença, ameaça de morte. A morte, o morto... palavras subjacentes. A linguagem, esta moeda de câmbio silenciosa, de circulação difícil, como dizia Mallarmé.

Algo de intransponível consegue "parar" o sujeito. Um limite, o último anteparo; ele tem então, 17 anos. A família, "sem limites em sua conta bancária", reage com "doses moderadas de sofrimento e de moralidade".

Logo após ter recebido o diagnóstico, ele vai ver um psicanalista. Segundo ele, durante dois meses, falou sozinho... Só quando tocou na doença, o analista rompeu o silêncio, propondo uma metáfora sobre a vida e o curso de um rio. "Provavelmente para dizer que vamos todos morrer um dia", conclui o paciente. Nesta ocasião, interrompe o tratamento. Não volta mais. Impasse da transferência. Precisava poder considerar esse analista em posição de sustentar o que ainda estava por vir. Tudo se passa como se a morte tivesse sido banalizada, como se a particularidade de sua relação à morte tivesse sido negada.

Alguns meses mais tarde, decide retomar a análise e vem me ver.

Por muito tempo, fica mergulhado nas histórias da infância. A dor e as queixas ocupam as sessões. Paralelamente, surgem alguns momentos vividos como uma fusão com a mãe. Reminiscências envoltas em uma ironia amarga.

Durante quase três anos, sua infância é evocada ao lado das histórias sobre suas atividades sexuais. Ele "não pode viver sem as lembranças", como não pode evitar as saídas noturnas, onde o prazer é constantemente associado ao sangue, à dor, ao sofrimento. "Rasgar, dilacerar."

A lembrança do episódio de uma briga com a prima insiste. Sobre a intervenção do pai da menina, ele comenta: "Meu tio agiu como pai". O pai protege a menina que apanha. "Queria ter esse pai."

As brigas com o irmão mais velho são violentas, o pai não oferece proteção, nenhum abrigo possível, diz ele. Quase sempre ausente, o pai "não faz valer sua palavra".

Relegados ao time dos "fracos", ele e a mãe têm medo. A mãe dirigia aos filhos juras e imprecações, votos de morte. Um destes votos aparece várias vezes nas sessões. Justamente este que conjura uma morte terrível e dolorosa.

Uma série interminável de sonhos, longos e detalhados. Sempre o mesmo estribilho: "ter o outro em suas mãos", o poder de tudo controlar. Nestes relatos de sonhos, ele se torna "a arma mortal". O que fazer desta arma na qual ele se transforma? Grandiloqüência fálica: ele é a arma mais potente. A identificação à mãe nos dá a posição sexual do sujeito.

Segundo Freud, dois pontos de importância no início de uma cura analítica são os acordos quanto a tempo e dinheiro.[1] Alguns acidentes de percurso nos falam deste princípio. Eis aqui três exemplos em torno destas questões de tempo e de dinheiro:

– Com o carro, freqüentemente ele pega a contramão ou então a faixa reservada aos ônibus. A partir de uma lógica um tanto enviesada, ele se queixa: "se todos respeitassem a lei, eu poderia infringi-la sem problemas". Ele vai "às cegas". Alguns acidentes se produzem. Freqüentemente, arrisca sua vida (e a dos outros). Surpreso por certas palavras pronunciadas nas sessões, ele se interroga sobre sua maneira de dirigir, recupera os patins e reinveste na bicicleta. O carro fica reservado para ir à faculdade. Começa a se engajar com os horários

---
1. FREUD, 1913, p. 168.

das sessões e a calcular o tempo do trajeto. Seus atrasos, nem sempre são devidos aos problemas de trânsito, como ele pensava.

– Durante quase dois anos os problemas com o banco se multiplicaram. Uma construção do analista e um aumento no preço das sessões e ele vai ver seu gerente para regularizar a situação bancária.

– Na faculdade, decide aproveitar sua "última chance". Estabelece prioridade de horários. Faz prova de tenacidade nos estudos, passa no concurso e obtém boa classificação. "Graças à análise", é o que ele diz.

Estes exemplos retraçam uma primeira entrada em análise. Cada um deles nos mostra um primeiro movimento da ordem do sintoma e alguns ajustes feitos ao longo das sessões, em relação ao pagamento e aos horários. Uma organização mínima, apenas o suficiente para fazer prosseguir o trabalho.

Ao analista cabe escutar o endereçamento destas questões. "Progressos" e " bons propósitos". Presentes do paciente sob transferência, eles aí estão para sustentar um desejo, apenas o suficiente para continuar ligado à vida.

As palavras de Lacan, à guisa de orientação:

> Alguma coisa começa a se implicar e não se trata de uma coisinha qualquer, pois é seu próprio sentido que ele vem buscar. Qualquer coisa esta aí, misticamente colocada sobre a pessoa de quem escuta. Ele avança por esta experiência, por esta via original, com o que tem a sua disposição: a saber que ele crê que, antes de qualquer coisa, é preciso informar o analista. Trata-se de falar, e de preferência, sem buscar colocar ordem, sem organizar. O que quer dizer, sem se colocar, segundo um narcisismo bem conhecido, no lugar de seu interlocutor.[2]

Um outro período começa e as sessões se tornam carregadas de negras reflexões: previsões pessimistas, imagens suicidas... Um bom número de transgressões se exprimem igualmente. A ordem negativa

---
2. LACAN, 1953.

na qual elas se inscrevem nos permite reconhecer algo da ordem da *Verleugnung*.

Ele vive na exacerbação...

Uma dívida se acumula. As interrupções são freqüentes. O sujeito se prepara armadilhas que o impediriam de retornar às sessões.

O terreno é escorregadio. A cada corte na sessão ele reage provocando um atraso na sessão seguinte, ou mesmo longas interrupções. E ele quem faz os cortes. Agindo como um esfíncter, produz e modela seus restos. Ele se encarrega de fechar as vias de acesso ao desejo a partir do gozo. Tateando, busca uma saída. Encontrara a porta de entrada?

O tempo passa, a palavra sulca seu caminho...

Um dia, no momento em que a sessão é interrompida, o olhar envia faíscas ao analista e ele vai embora. Surpresa. Um certo significante produz efeito. Na sessão seguinte, a confirmação: ele foi atingido.

Lá onde o sentido escorrega, um corte se produz.

Algo escapa ao sentido, isso não se controla.

Captar esse significante vindo de um outro, este equívoco, transformá-lo para poder responder pagando a dívida ao analista... A palavra opera aí, mas em que nível? Questão para o analista.

Esta captura do significante, este instante é único. Momento que não vai se repetir. Mais precisamente, o tempo de retornar, uma vez terminado o ciclo inerente a seu ritmo, não lhe será talvez outorgado. E no entanto, é este curto instante que vai dar o tom ao novo ciclo que virá.

As questões do sujeito giram em torno das exigências impostas à suas práticas sexuais, sobre a natureza das relações com a mãe, sobre o que quer dizer "ser um homem para uma mulher"...

Após oito anos, as coisas mudaram. Na faculdade obteve o diploma, a doença não o ameaça tanto, com o dinheiro ele se organiza... Segundo ele "tudo bem". "Quero uma nova vida" é o que diz, quando vem anunciar o final da análise. "Certas coisas eu não falei ainda, mas isso será para a minha análise de adulto."

Ele se escuta. Suspende o discurso tão bem-alinhavado. Tudo recomeça. Ainda uma nova entrada em análise.

De ciclo em ciclo, chegará o sujeito a se dar conta – em seu país estrangeiro interior – que o que é desmentido (*verleugnet*) por ele, está nele? E mais que isso, que este desmentido age a partir dele? O texto de Freud sobre as regras práticas nos traz uma advertência sobre o risco de uma descrição esquemática, lá onde se trata de considerar o início a partir do esclarecimento do final.[3] E Lacan, retomando Freud, vai precisar que o que nos permite chegar ao fim é justamente aquilo de onde partimos. Um ponto de circularidade, diz ele.[4]

O trabalho analítico compreende várias vezes o mesmo arco, como uma espiral. Um vai e vem sob a forma de ciclos Não se trata da repetição do que é idêntico. O que é retomado, **foi**, existiu, aconteceu. Ou, então, não seria retomado. Mais precisamente, é o fato de **ter sido**, que faz da retomada (da repetição), uma coisa nova.[5] Um "novo" que possa fazer o intermediário entre o ser da significação e o Outro, *semblant* de *a*.

> Sem a repetição, o que seria da vida? Quem poderia pretender ser uma lousa negra, sobre a qual o tempo escreveria, a cada instante, um novo escrito ou então um escrito lembrando o passado? A repetição (a retomada) é a realidade, a seriedade da existência.[6]

Em *Les quatre concepts fondamentaux de la psychanalyse*, Lacan reenvia ao texto de Freud de 1914: *Erinnern, Wiederholen und Durcharbeiten*, para melhor precisar: *Wiederkehr,* a função de retorno, assegura a constituição própria do campo do inconsciente, e como tal é essencial. *Wiederholung*, a revisão, se aparenta à *Erinnerung,* a rememoração, e se aproxima do sirgar[7] do sujeito, que puxa seu barco segundo um caminho do qual não se pode sair.[8]

---

3. FREUD, 1913.
4. LACAN, 1953.
5. KIRKEGAARD, 1990, p. 87.
6. KIRKEGAARD, 1990, p. 67.
7. Em francês: *halage*.
8. LACAN, 1963-1964, p. 50.

A repetição nos obriga a seguir uma direção, única referência para a escuta. Direção, à qual o analista não quer escapar... O relevo dos vários ciclos de uma "cura" – ciclos que não se superpõem – desenham uma curva cicloidal que comporta pontos de retorno bem nítidos.

Nesta apresentação clínica, a incidência destes pontos de retorno é o excesso. Algo insiste enquanto excesso. Dinheiro demais, sexo demais, riscos demais.

Desmentido, evitação da falta. O que insiste excede, e quando escorrega, produz a falta. Como chegar a construir um saber novo, a partir do caminho pontilhado por estas repetições?

O conjunto da atividade visa o que não está presente. O indizível... Não se diz o real, e apesar de tudo, as palavras o esboçam.

De um lado o real, registro imposto pela conceituação teórica, de outro lado a enunciação, lógica que sustenta os enunciados, que suporta o real.

Não se diz o real, mas ele nos força a falar, a tecer em cachos. Circunvoluções.

Considerando que o real jaz do outro lado do que insiste, atrás do *automaton*,[9] o analista se augura uma entrada possível na matéria, um possível acesso ao real. Escrevendo...

Referências bibliográficas

FREUD, S. Sobre o início do tratamento. Novas recomendações sobre a técnica da psicanálise I (1913). *Edição standard brasileira das obras psicológicas completas de Sigmund Freud*. Trad. Jayme Salomão. Rio de Janeiro: Imago, 1969, v.12.

LACAN, J. *Le symbole, l'imaginaire et le réel*. Conferência de Roma, 1953. Inédito.

LACAN, J. *Le séminaire. Livre XI. Les quatre concepts fondamentaux de la psychanalyse* (1963-1964). Paris: Seuil, 1973.

KIRKEGAARD, S. *La reprise*. Paris: Flammarion, 1990.

---

9. LACAN, 1973, p. 54.

O DESAFIO DA PERVERSÃO

Maria Lúcia Salvo Coimbra

Je proposerai que ce qu'il y a de plus fondamental dans les soi-disant relations sexuelles de l'être humain a affaire avec le langage, en ce sens que ce n'est pour rien que nous appelons le langage dont nous usons notre langue maternelle. ...la découverte de l'inconscient est une chose très curieuse, la découverte d'une très spécialisée sorte de savoir, intimement nouée avec le matériel du langage, qui colle à la peau de chacun du fait qu'il est un être humain et à partir du quel on peut expliquer ce qui est appelé, à tort ou à raison, son développement, c'est-à-dire comment il a réussi à s'ajuster plus ou moins bien dans la société. ...Mais le fin de la vérité, la vérité vraie, est qu'entre homme et femme ça ne marche pas.

Lacan

Enquanto florescem construções teóricas e relatos clínicos sobre neuróticos e psicóticos, temos ora uma hesitante aproximação das perversões, ora uma abordagem moralista. Tanto uma quanto outra não promovem adequado tratamento dessa estrutura clínica. Ao mesmo tempo, os profissionais da área da saúde mental, exigidos pelo próprio sistema social, opinam publicamente sobre acontecimentos que abalam e horrorizam o seu meio ou são solicitados pelo judiciário a estabelecer diagnóstico diferencial entre "perversidade moral" e "perversão patológica".

O próprio termo – perversão – já carrega o risco do extravio na conotação moralista: uma perturbação de função "normal", uma depravação, indicadora de má índole. Porém, temos outros sentidos, às vezes esquecidos, derrubar ou alterar, surpreender profundamente, apontando para o que Lacan nos mostrou: o lado maldito da perversão que força os limites da lei e ameaça destruir uma frágil crença de normalidade, perturbando cabeças bem-pensantes.

Pretendo sustentar este trabalho na ética da psicanálise e no desejo de analista, afastando-me seja de propostas normativas, inspiradas em uma posição moral tradicional, seja evitando os tolerantes e generosos acenos liberalistas. Gostaria ainda de facilitar o espaço de interlocução com aqueles que estão implicados no estudo da perversão – juristas, advogados, educadores, entre outros.

Ao buscar, criar ou mesmo inventar pontos de articulação com as diferentes posições teóricas no campo da psicanálise ou com outros saberes e o discurso psicanalítico, temos a oportunidade de partilhar impasses, questões e dúvidas em cada prática e talvez elaborá-las melhor. Neste campo, já de início nos defrontamos com o impasse colocado pelo próprio conceito de castração, pois sabemos que a transgressão espreita cada lei instaurada, inclusive o universal da castração. Tal impasse pode ser relançado como uma aposta-desafio, fazendo vigorar a singularidade do discurso psicanálitico, ao nos arriscarmos no questionamento de conceitos teóricos não só para verificar se continuam funcionado, mas a fim de permitir que algum outro pedaço de verdade possa irromper, sem abandonar balizadores teóricos, transmitindo a aventura psicanalítica, na criação e na invenção.

Será que podemos ainda dizer, com Freud, que "a psicanálise revela tantas coisas novas... tantas coisas que contradizem opiniões tradicionais, e tanto fere sentimentos profundamente arraigados, que não pode deixar de provocar contestação?"[1] Estamos ainda autorizados a pedir às pessoas para "deixar em suspenso seu julgamento e permitir que a psicanálise, como um todo, provoque (nelas) sua impressão?"[2] Pois "...mesmo essa indesejada novidade (a psicanálise) é digna de se conhecer e indispensável para todo aquele que deseja compreender a mente e a vida humana".[3]

Atualmente, no meio psicanalítico, proliferam tentativas veladas ou explícitas de ultrapassar a teoria freudiana para adaptá-la a uma suposta realidade do "mundo moderno ou pós-moderno". Porém,

---

1. FREUD, 1916-1917, p. 24.
2. FREUD, 1916-1917, p. 24.
3. FREUD, 1916-1917, p. 24.

desde sua origem, a psicanálise foi obrigada a se reinventar ao enfrentar novos problemas e porque é exigência da sua própria transmissão. Precisamos continuar e, quem sabe, avançar nossas indagações sobre a posição do psicanalista em face do mal-estar. É possível datá-lo? Podemos dizer "mal-estar do nosso tempo?" Não sem saber que sustentamos o trabalho de psicanalistas, operando na singularidade do discurso psicanalítico. Um trabalho que interroga tanto a divisão do sujeito e aquilo que causa seu desejo quanto o limite do próprio saber. O sujeito está em questão na estrutura do aparelho psíquico e podemos nos perguntar se sua localização mudou desde a época freudiana.

Considerar a metáfora paterna

O conceito de castração, a função do falo como objeto especular que se distingue do falo objeto imaginário, sem representação especular e operador na castração ou como significante – quer de desejo, quer de gozo – e a função do pai foram trabalhados por Lacan ao longo de toda a sua obra.

A fórmula da metáfora paterna aparece pela primeira vez no texto "D'une question préliminaire à tout traitement possible de la psychose" (1957/58). Os seminários *As psicoses* e *A relação de objeto* antecederam e prepararam sua escrita.

Em 1958, Lacan pronuncia uma conferência em alemão, cujo título "Die Bedeutung des Phallus" foi traduzido por "A significação do falo". Tal tradução pode encobrir o paradoxo do termo *Bedeutung*, que carrega dois sentidos: o já citado, "significação", e também o de "referente". Lacan se reporta a esta "péssima tradução", embora diga que não encontrou equivalente melhor, "pois *Bedeutung*... designa a relação com o real".[4]

Em novembro de 1963, Lacan pronuncia um único seminário *Les Noms du Père* (interrompido pela sua expulsão da IPA), tema

---
4. LACAN, 1988, p.130.

anunciado nas últimas lições do seminário sobre a angústia. Já naquela época, questionava sua própria teorização sobre a metáfora paterna e o Nome-do-Pai. Dez anos depois, inicia o seminário *Les non-dupes errent* e, em seguida, *R.S.I.*, heresia.[5]

Por que faço esta escolha entre os diversos seminários e escritos de Lacan? Para dizer-lhes que os conceitos de castração, falo e Nome-do-Pai precisam ser percorridos em sua obra. Para sugerir-lhes que a nossa apropriação desses conceitos supõe situá-los nos diferentes momentos de sua elaboração teórica e supõe ser possível ressignificá-los a partir de outros dados. E, mais ainda, quando Lacan toca a dimensão do herético, estamos diante de um ato de subversão. Produz-se uma comoção tal que a psicanálise surge modificada, instaura-se uma práxis no equívoco, que suporta o real.

Assim, nos anos sessenta, a metáfora paterna pode ser considerada a escrita lacaniana do complexo do Édipo e da castração. Ação simbólica, fundante de uma estrutura pela introdução do elemento de falta no universal, cujo efeito é inscrever o sujeito na lei e na filiação, marcado pela culpa, pela dívida e pelo desejo. Sujeito dividido nesta estrutura significante que sempre produz perda. Culmina na produção da significação fálica, metafórica ou metonímica. No entanto, algo escapa: enigma que incide sobre o desejo materno, sobre o *desejo do Outro*.

Na fórmula da metáfora paterna, o desejo da mãe comporta relação a um x que, do outro lado, é o falo. O que a mãe deseja falta. Como o mesmo termo está no numerador e denominador, esse pode ser barrado e o Nome-do-Pai metaforiza o desejo da mãe:

$$\frac{NP}{\cancel{DM}} \cdot \frac{\cancel{DM}}{x} \rightarrow Nome\text{-}do\text{-}Pai \left(\frac{A}{Falo}\right)$$

---

5. *R.S.I.* soa em francês como *hérésie* (heresia), de raiz grega, que significa escolha (*Dicionário de Bloch et von Wartburg*).

Porém, esse x enigmático, sem barrar, permanece, efeito da própria inscrição na linguagem e no discurso. Ao mesmo tempo, abre-se uma passagem possível para a questão do gozo feminino, que Lacan vai desenvolver mais tarde. Apesar da necessária interdição do Nome-do-Pai, porque há tal interdição, demarca-se o falo como significante de desejo e de gozo e também a possibilidade de ultrapassar este limite: o gozo não fálico.

O significante Nome-do-Pai foi usado, muitas vezes, numa dimensão religiosa, de garantia. Porém, o Outro não assegura nem a verdade, nem o gozo, o que Lacan enfatiza em seus últimos seminários. Ao pluralizar o Nome-do-Pai, ao escrever *les non-dupes errent*[6], mostra que *não há o significante regulador do gozo*, "desidentifica" o analista deste lugar... e propõe trabalhar o equívoco que a própria linguagem carrega. Os nomes do pai vêm suprir o erro estrutural humano, promovendo uma certa estabilização e não têm a mesma função que na metáfora paterna, inauguradora da estrutura.[7]

O sujeito ao se confrontar com a perda estrutural, a falta de garantias e inconsistência do Outro, apresenta respostas sintomáticas. Para o analista, coloca-se a questão de responder do lugar que mantenha aberto o espaço do desejo articulado ao gozo, no desassossego que recusa a idealização, a identificação; sem deixar o paciente cair como objeto; sem oferecer "respostas tranqüilizantes" e também sem se omitir.

Lacan diz em algum lugar que a práxis psicanalítica não é impossível. É difícil. Na conferência de Bruxelas[8], afirma que as histéricas desempenharam um papel social preciso: em seus salões, acontecimentos intelectuais, artísticos se difundiam e "ao escutá-las Freud inaugurou uma forma inteiramente nova de relação humana". Porém, hoje a "doideira" psicanalítica substitui os sintomas históricos. Televisão, jornais, revistas ocupam-se da psicanálise e os analistas

---

6. *Les non-dupes errent* ("os não-tolos erram") produz em francês o equívoco, *Les noms du père* ("os nomes do pai"), *Les nons du père* ("os nãos do pai") etc. Equívoco que só com a escrita podemos demarcar.

7. Referem-se ao quarto termo que enoda o real, o imaginário e o simbólico. A saber, o complexo de Édipo, a realidade psíquica, o sinthoma, o fazer-se um nome e o ego.

8. LACAN, 1977.

são instigados a falar sobre qualquer assunto, fora de seu campo, desamarrados do discurso psicanalítico, desamarrados do real. Chamado a comparecer, participando do tecido social, o analista não pode responder que não há ninguém. Assim não consideramos a omissão uma saída, embora seja possível e, às vezes, tentadora... Entre a "doideira" e a omissão não haveria alternativas?

Sem se esquivar, reconhecer o limite da psicanálise, posição esta que não é clamor de verdade, nem revolucionária, nem busca convencer. Subversiva, talvez. Algo passa pelo equívoco. Analista errante na estrutura de dogma, faz seu caminho de questionamento, sustentado por um discurso marcado pela finitude, não dá garantias. Diferente do discurso religioso, que se supõe eterno e não, contingente. Datado, tem algo de acontecimento. Este lugar do analista vai ficando mais claro nos últimos textos de Lacan, demarcando uma nova clínica que responde cada vez com mais precisão à dimensão do real. Não se trata, portanto, de imaginário, de sintomas novos, mas é preciso desvencilhar-se de velhos conceitos psicanalíticos que beiram a ideologia. Os sintomas de fato variam porque em cada época histórica o sujeito recolhe fios da trama social para tecê-los.

No início do século passado, assistimos à decadência do pai. Freud, com o complexo de Édipo e o mito do pai primevo, em parte obturou esta falha, tentando dar consistência a algo que desvanecia. Lacan analisa essa consistência e provoca a ruptura nesse ponto já frágil, mas não de qualquer forma. Aponta a ex-sistência. Não fala nem além do pai, nem além do falo. Não se supera o pai, nem se fica livre dele. A questão é outra: a relação com o real.[9] A função não é apenas do falo como significante ou como objeto, mas função escritura e o falo como letra. O real tem que ser escrito e não superado. Ultrapassar o pai é uma demanda neurótica para não escrever nada.

Os psicanalistas, como qualquer um, estão inscritos no simbólico, submetidos à sua dimensão de verdadeiro-falso; certo-errado. Desta forma, podem se instalar do lado imbecil do saber, alienados a algum

---

9. Real compreendido como o que retorna sempre ao mesmo lugar e como impossível (modalidade lógica). Articula-se com a lógica do não-todo e não pode ser alcançado pela representação.

significante do ideal ou ao próprio fantasma. Até mesmo a teoria psicanalítica pode imbecilizar – por exemplo, a amarração do complexo de Édipo, percebida como a única possível – embotando a descoberta de outras e o trabalho com o real. Daí a importância da interlocução com um ponto fora do discurso psicanalítico para desalojá-lo de sua própria debilidade mental. Assim, os analistas ficam advertidos[10] do ponto fora: o que ex-siste é fundamental.

Se não há garantia da tomada do sujeito no campo do Outro, estar aí enganchado depende do acaso, é acidental, poderia não ter ocorrido e o modo como cada sujeito se inscreve na estrutura não só é precário como muito particular. Em análise não se trata de retificação. Trata-se de tocar um real que não se move. A escritura que faz a borda do real é uma invenção de cada análise, sustentada pela ética do bem-dizer. Em que momento as palavras passam à escritura? Quando se perde o sentido como significado; como significação metafórica e metonímica, defrontando-se com o sentido: não há relação sexual. Então, deste trabalho no particular, também nos implicamos na psicanálise em extensão (em escolas, hospitais, prisões) e somos convidados a generalizar para a mídia. Acrescente-se ainda o risco de se extraviar no preconceito ou na demanda.

Talvez o que o analista tenha a dizer se relacione, em síntese, com limites – inclusive o da própria psicanálise –, com o franquear destes (sintomas, comportamentos impulsivos) e como abrir passagem para o desejo e o gozo, sem passagem ao ato. Estas reflexões sobre a mudança no conceito de metáfora paterna e sua implicação na direção da cura, especialmente na posição do analista, podem nos orientar na análise de pacientes perversos: os nomes do pai abrem outras possibilidades – diferentes da metáfora paterna, como ação simbólica fundante – de amarração da estrutura, definida pelo enodamento do real, imaginário e simbólico, e que carrega uma perda que exige escrita e não apenas articulação significante.

A prática psicanalítica implica envolvimento do analista com os acontecimentos de sua época, "...pois, como poderia fazer de seu ser o eixo de tantas vidas quem nada soubesse da dialética que o

---
10. Desejo *averti* (advertido, avisado, prevenido) será retomado no subtítulo Desejo do Analista.

compromete com essas vidas em um movimento simbólico?"[11]
Assumir esse compromisso exigiria afastarmo-nos da cômoda divisão bem-mal e sustentarmos que, até mesmo, atos perversos ou violentos são cometidos por seres humanos nem sempre psicóticos e têm valor tanto de gozo quanto de verdade.

Sabemos que na dimensão do simbólico nos entendemos, somos razoáveis. Mas, esse registro apaziguador não dá conta de toda ação humana. Todos nós esbarramos, tropeçamos, em maior ou menor grau, com o desmedido, com o incomensurável, até o desvario do gozo.

Considerar esses dois pontos – por um lado, a responsabilidade de cada analista com seu paciente, enlaçada ao compromisso com o simbólico, e por outro lado, a irrupção de atos perversos ou sem sentido – significa que, como analistas, nos encontramos desalojados de uma certa neutralidade, defendida por alguns... Não podemos cruzar os braços e fingir que o horror não está à nossa porta ou que o pecado não mora ao lado.

Conseqüentemente, temos que considerar uma nova posição clínica para o analista, a de semblante de objeto e operando com o desejo do analista. Nem seria tão nova assim, para um leitor atento de Freud. No seu texto "A interpretação de sonhos", nos ensina que é necessário um trabalho para extrair a função do desejo: o ato da interpretação articula desejo e o real da experiência de satisfação, produzindo um saber específico da prática psicanalítica.

Será que o avanço da ciência não provocou uma certa descaracterização da posição do psicanalista, efeito de sua identificação com outros discursos? Trabalhar essa questão poderia produzir uma justa amarração do discurso psicanalítico?

4+1 questões – à procura de um *neues Subjekt*

A montagem pulsional no corpo, a montagem do desejo e gozo no fantasma traçam os rumos humanos do ser-para-o-sexo, no

---
11. LACAN, 1953, p. 321. Trad. nossa.

descompasso entre sexualidade e significante, na desordem ou devastação causada pela paixão.

Nos "Três ensaios sobre a teoria da sexualidade" (1905), em "Pulsões e seus destinos" (1915) e no texto "Uma criança está sendo espancada – uma contribuição ao estudo da origem das perversões sexuais" (1919), a noção de pulsão sadomasoquista é diferente da noção de masoquismo primário dos textos posteriores de Freud ("Além do princípio do prazer", 1920 e "O problema econômico do masoquismo", 1924). Devemos a Lacan ter nos reconduzido de extravios clínicos, ao separar masoquismo e sadismo e, da mesma forma, exibicionismo e voyerismo, que não são complementares.

O que é sadomasoquismo até 1920 para Freud? Ora uma forma de satisfação pulsional, ora perversão. Em 1915, considera o sadismo primário – ao agredir outra pessoa o alvo pulsional não é a dor e não há prazer sexual envolvido. No segundo tempo, o do masoquismo (sadismo voltado para a própria pessoa), Freud introduz dois movimentos: o primeiro, conversão no contrário (*Verkehrung ins Gegenteil*), ou seja, uma mudança de atividade para passividade. Porém, mesmo nesta suposta fase passiva do sujeito masoquista, a sua própria pulsão é sempre ativa.

O segundo movimento, retorno contra a própria pessoa (*Wendung gegen die eigene Person*) introduz na gramática pulsional a voz média reflexa, fazer-se sofrer. A pulsão sádica, no obsessivo, é desse tipo: "...encontramos aí o retorno sobre a própria pessoa sem que haja passividade em face de uma outra... A necessidade de atormentar, torna-se tormento infligido a si mesmo, autopunição e não masoquismo. Da voz ativa, o verbo passa não à voz passiva (acrescentamos, como é o caso de uma criança que está sendo espancada), mas à voz média reflexa."[12]

Nesse segundo tempo, a atividade pulsional assume significação sexual, entrando em jogo a identificação: o "eu passivo" coloca-se fantasmaticamente no lugar que ocupara antes, e que é cedido a uma outra pessoa (*eine fremde Person*). Apenas em um terceiro tempo,

---
12. FREUD, 1915, p. 149.

tem-se o sadismo compreendido como "...enquanto se provocam dores a outros, goza-se com elas masoquisticamente, pela identificação com o objeto que sofre".[13]

Lacan organiza as pulsões parciais de acordo com a voz média reflexa – fazer-se comer (sugar), cagar, olhar, ouvir (a série dos *semblant* do objeto *a*, seio, fezes, olhar e voz), que "realizam o contorno gramatical do objeto perdido do gozo (objeto a)... Cada pulsão parcial comportaria, no circuito de sua satisfação, o gozo ...masoquista de fazer-se objeto (seja de gozo, seja de desejo) do Outro".[14]

Se o masoquismo primário se distingue da noção anterior de sadomasoquismo – pulsional ou perverso – como compreendê-lo? Masoquismo primário, noção articulada à pulsão de morte, parte desta que permanece no organismo e aí se liga à coexcitação libidinal. É sofrimento promovendo satisfação pulsional (gozo) e forçando a barreira do princípio de prazer. Um problema para cada ser humano. Como viver com a perda do gozo que "tornaria vão o universo", com a ausência de complementaridade sexual?

Até que ponto situar o gozo no campo aberto por Freud modifica nossas referências às estruturas clínicas, especialmente as perversões, questionando o próprio diagnóstico (neurose, perversão, psicose), a condução da cura e o final da análise? As questões sobre a angústia articulada ao desejo, gozo e pulsão nos pressionam, vindas da própria clínica psicanalítica que, como sabemos, é uma forma muito especial de laço social.

Tendo o ensino de Lacan como referência, dissemos que o lugar do analista vai ficando mais claro, em seus últimos textos, ao demarcar uma nova clínica, na qual se coloca cada vez com mais precisão a dimensão do real. Isto provoca efeito sobre nossas elaborações de questões sociais: totalitarismos, imperialismos, as diversas formas de segregação, inclusive das perversões. Nem mestre de gozo – como um moralista kantiano –, nem seu cúmplice, o analista se baliza pelo que sabe sobre objeto, pulsão e gozo.

---

13. FREUD, 1915, p. 149-150.
14. VIDAL, s.d., p. 134-143.

Fazer-se sofrer; fazer-se devorar; fazer-se olhar; fazer-se ouvir são contornos para o objeto perdido de gozo nas construções fantasmáticas de neuróticos, perversos ou simples fantasias em um trajeto pulsional possível. O conceito de gozo, de *objeto a* condensador de gozo, ao ser relacionado com o desejo como desejo do Outro, coloca em cena o Outro do gozo (perversos), diferente do Outro da verdade (neuróticos).

Para compreendermos melhor a satisfação pulsional, o ganho do gozo – que sempre supõe perda anterior – vamos retomar a frase de Lacan "...gozo, ...cuja falta tornaria vão o universo".[15] Para todo ser falante não há saber sobre o gozo de cada sexo como tal. Além disto, a entrada na linguagem, a mortificação significante sempre acarreta perda de gozo. O gozo fálico; gozo de "lalangue"; gozo do sintoma; gozo d' mulher; objeto *a* mais de gozar, todos são mistérios de gozo, dolorosos ou gloriosos, recuperações de gozo, suplências, devido à perda desse gozo todo, que seria o da complementaridade sexual... que não existe. Dito de outra forma, trata-se da inexistência do outro sexo, o feminino, da inexistência do universal da mulher.

Porém, a inexistência do Outro sexo não substitui o fato que o desejo é desejo do Outro. Quais são os destinos para o desejo e gozo? Com o ensino de Lacan e, seguindo Freud, temos o fetichismo como modelo da estrutura perversa e que expressa no mecanismo da *Verleugnung* duas posições paradoxais: o reconhecimento da ausência do falo materno e, ao mesmo tempo, a negação desse reconhecimento através do fetiche, um substituto de um suposto falo materno, apaziguando a angústia de se defrontar com o desejo do Outro (quem sabe insaciável?) e a diferença sexual.

As diversas traduções para o termo *Verleugnung* (renegação, desmentido, rechaço, repúdio, recusa, negação) indicam, talvez, o lugar desconfortável para o qual a existência da perversão nos empurra. Qual é mesmo o nome d'Isso? O que é mesmo que aconteceu com esses sujeitos, nossos pares tão ímpares?

---
15. LACAN, 1960 (1998), p. 834.

O desejo perverso – em sua articulação com o desejo do Outro – assume a forma de vontade de gozo. Lacan diz que são os verdadeiros crentes, pois crêem no gozo do Outro, o que lhes permite evitar a sua castração (A sem barrar e, conseqüentemente, S, também sem barra). Crêem, portanto, na consistência do Outro, garantia do gozo "todo". Para o neurótico, a questão é com o Outro da demanda, ao mesmo tempo o sustenta como garantia para uma verdade "toda" e se contenta com pontos de gozo.

O movimento pulsional, chamado sadomasoquista, é apenas um caminho pulsional, sem caracterizar nem traço neurótico, nem estrutura perversa. Tem como ponto diferencial o não-saber: o sujeito não sabe qual a sua localização no gozo, que é vivido no corpo. A pulsão contorna o buraco cavado pela perda do objeto. Nesse nível, de "subjetivação acéfala", não se precisa considerar nenhum sujeito. Trata-se de um aparelho lacunar e nessa hiância se instaura a função do objeto... perdido. Na perversão, o sujeito se situa na posição de objeto, alvo da pulsão. Sua fixidez e escravidão ocultam a verdade da castração, numa relação com o saber "todo": escravo do gozo do Outro, do Outro do gozo. Na perversão masoquista ou sádica, o acordo entre parceiros se baseia em um "saber" sobre o gozo.

Considerar que o real do gozo precisa ser tratado em análise nos aproxima de nossos pacientes. Podemos incluir em nossa clínica os *borderline* de outrora, psicóticos e perversos ousando apostar na produção de um novo sujeito, graças a uma mudança na economia do gozo. Como fazê-lo? Trabalhando a relação do sujeito ao objeto *a* (causa de desejo e condensador de gozo), considerando as duas fórmulas do fantasma, $ <> a e a → $, sabendo que a formalização da junção-disjunção do $ e objeto *a* é fundamental, axiomática (veja grafo do desejo). Mas, também é fundamental o trabalho de construção-desconstrução fantasmática para *cada* sujeito. Temos que arriscar o "salto" do conceito, fórmula ou axioma do fantasma para uma prática singular, articulável à teoria: "...nossa concepção do conceito implica que este é sempre estabelecido por uma aproximação que não é sem relação com aquilo que nos impõe, como forma, o cálculo infinitesimal. Se o conceito se modela, com efeito, pela aproximação à realidade que ele deve apreender, não é senão por um salto, uma passagem ao limite que ele termina por consegui-lo".[16] A saber, acaba por conseguir, por realizar a apreensão da realidade.

Os perversos, verdadeiros crentes que "sabem" do gozo do Outro – uma saída para a angústia de se defrontar com a castração radical (S[ ]). Forçam os limites do pensável com a "oferenda de um objeto de sacrifício a deuses obscuros (isto é, ao desejo do Outro) ...numa captura (às vezes), monstruosa."[17]

A perversão seria o negativo da psicanálise, na medida em que esta oferece uma saída outra, sustentada no desejo de analista e construída com a ética da psicanálise?

Sobre desejo do analista

Trabalhar com a noção desejo do analista reorienta as nossas questões acerca do final de análise e sobre o que torna alguém psicanalista, ou melhor, como alguém "está" psicanalista, pontualmente, em sua clínica. Dizer alguém "está" psicanalista é apropriar-se da ambigüidade do verbo *être*, do francês, que, como sabemos, significa tanto "ser" como "estar". Deixo entre parênteses a questão filosófica e psicanalítica do ser como substância, embora esteja implícita em minha discussão da incidência do gozo e do objeto *a* na prática psicanalítica, considerada em sentido amplo.

A importância do desejo e, particularmente, da função desejo do analista, tanto na condução do tratamento analítico quanto no tratamento de nossas imaginárias querelas institucionais, desnuda a trama complexa entre nossa prática e nossa escolha teórica, nossas fantasias e angústias, nossos ideais e desejo.

---

16. LACAN, 1963-1964. p. 23. Trad. nossa.
17. LACAN, 1963-1964, p. 247. Trad. nossa.

A questão "o que torna alguém psicanalista" está diretamente relacionada tanto aos impasses institucionais quanto à formação de analistas e à transmissão da psicanálise. Também afeta diretamente a prática dos que já se consideram psicanalistas. Como descobrir uma forma de circular o significante psicanálise e o que se decanta de nossa implicação nele? Apostar no desejo do psicanalista como função pode ser um operador para além de ritos e modelos institucionais.

O que torna uma pessoa psicanalista? Embora a psicanálise seja uma "profissão" (ou um *job*, como diz Lacan), supondo a existência de pessoa apta para exercê-la e confiante nos resultados de seu método, sua sustentação se encontra no desejo do analista, que deve ser diferenciado do desejo de ser analista.

Gostaria de relembrar-lhes a coragem e despojamento dos analistas que ousaram expor sua prática, articulando-a à contratransferência. Escreviam sobre seus pacientes e se implicavam na direção da cura. Inventaram um espaço de transmissão e verificação do efeito de uma análise ao dizer e escrever sua própria clínica. Suas questões são nossas ainda hoje. O que sustenta a experiência analítica? Como teorizá-la? Como usar o espaço institucional para fazer trabalhar tais questões?

Considero a noção *desejo do analista* uma forma para superar os impasses da noção de contratransferência, preservando seus acertos. Hoje, podemos apontar equívocos nas respostas contratransferenciais desses primeiros analistas, provocados pela incidência imaginária do desejo do analista. Porém, estavam no mesmo lugar topológico em que Lacan situou esse desejo.

Que tipo de saber se supõe na noção de contratransferência? Um saber inconsciente do analista provocado pelo inconsciente do analisando. Algo (do inconsciente) afeta o analista: uma inquietação, efeito residual de alguma sessão, um sonho, provocado por um dito do paciente. Como teorizar isso?

Sabemos do esforço de vários analistas, desde Freud, passando por Ferenczi, Melanie Klein, Winnicott (com seu precioso artigo "O ódio na contratransferência"), e das suas diferentes respostas: que o analista continue sua própria análise; que utilize seu mal-estar como balizamento para analisar o paciente; ou mais radicalmente, que a interpretação seja via reações contratransferenciais.

Naquela época, os analistas dialogavam com o inconsciente; este era um parceiro e havia excessiva suposição de sujeito. Hoje, estamos lado a lado com Freud, o inconsciente não comunica – nem com o próprio sujeito – não pensa, não julga. Mas, há um *lugar* que o analista deveria ocupar para sustentar a experiência analítica. É a topologia em jogo, lugar do inconsciente como experiência do in-sabido (recalque primário).

Dizer o *desejo é o desejo do Outro* é uma fórmula geral demais para dar conta do desejo do analista. Este não faz parcerias, é uma função. Da mesma forma não há "relação" analítica, nem suposição de um "encontro" de inconscientes. Um significante ímpar emerge no ato falho, chiste, mas não espera nada do outro. O inconsciente trabalha para obter um certo ganho de prazer (*Lustgewinn*) e o *analista faz semblant de relação* e *suporta alguma relação* também com o objeto *a*. Porém, seu desejo é avisado, prevenido, advertido (*averti*) porque sabe que a experiência não termina no *semblant* – é preciso avançar mais, promovendo sua ruptura e travessia.

Podemos estabelecer analogia entre *A carta roubada*, escrito de Lacan, e o processo da análise, em dois tempos: o da palavra e o da escrita. No primeiro, o da palavra, há passagem do significante. Sabemos de seu significado, o essencial – é uma ameaça à lei, um possível fator de desestabilização do sistema – e seu movimento determina efeitos de sujeito. Distinta desses efeitos, a vertente da letra, vinculada ao campo do olhar. Um objeto se presentifica e também diversas formas de se situar em relação a ele.

Porém, como conduzir a análise de sujeitos perversos, se os próprios psicanalistas renegarem o real, siderados pela "realidade social", que nos coloca hoje, com maior clareza, questões sobre o gozo? Numa nostalgia da "Lei do Pai", que se apresenta como proposta para recuperar a função paterna (autoritária, claro!), desconhecendo o que sabemos sobre essa função, sempre falha. O que dizer da hipótese de um "narcisismo de nosso tempo", recusando tratar a ferida narcísica como perda, marca da separação corpo-gozo, o que nos faz avançar na clínica psicanalítica, poupando-nos da função de educadores ou de defensores de uma ideologia qualquer?

O que está em questão? Saber e verdade, desejo e objeto no campo da psicanálise. Tarefa impossível? O saber da psicanálise é "descompletado" pela extração do objeto. A palavra "descompletado" não existe no dicionário. É coisa de psicanalista... Marca que não se trata de algo incompleto suposto vir-a-se-preencher. A perda é estrutural, impossível recompor o todo, que, aliás, sempre foi mítico. Portanto, não é cada vez mais saber que nos coloca no lugar de analistas.

No entanto, insistimos neste trabalho. Por quê? Da impotência à impossibilidade, a via da psicanálise. Dito de outra forma, da articulação significante – que certamente produz saber e também o sujeito, este, por sua vez, sempre em busca do significante que o defina e cesse a ronda das palavras – ao confronto com a perda do objeto, impossível dizer.

Qual o estatuto da verdade em psicanálise? Não temos que escolher entre o sim-não; certo-errado, verdadeiro-falso. A verdade se desencadeia nas artimanhas do discurso. Não está logo ali pronta para se revelar ao bem-pensante passante que sabe descobri-la ou a moralistas que sabem olhar na direção correta.

Da fábula "D'un prestre que mit leu a lêtre", sobre o mais velho[18] que iniciou um lobo na(s) letra(s), assinalo passagens, algumas, a fim de pontuar aquilo que na escrita toma o corpo como letra e produz saber e verdade, ditos de outra forma:

---

18. Significado da palavra grega *presbyteros* – *prestre* – *prêtre*, padre.

D'un prestre qui mit Leu a lêtre
Un prestre vult jadis aprendre
Un leu et faire lêtre entendre:
A, dist li prestre; A, dist li leux
Qui moult est fel et *engeigneux*
B, dist li prestre, di od mei
B, dist li leu, la lêtre vei.
C, dist li prestre diavant
C, dist li leu, a-t-il donc tant?
Li prestre feit: *O dis par toi.*
Li leu respont: *jeo ne sai quoi.*
– Di que t'en semble et si epel.
Respond li leu: Aignel, Aignel.
Li prestre dist que *verté tuche*
Tel en pensé, tel en la buche.

Le loup à l'école
Un prêtre voulut jadis enseigner
Un loup et lui faire apprendre à lire.
A, dit le prêtre; A, dit le loup
Qui est très faux et trompeur,
B, dit le prêtre, dis avec moi,
B, dit le loup (qui) regarde la lettre.
C, dit le prêtre continuant;
C, dit le loup, est-ce donc si difficile?
Le prêtre fait: Oh! Dis tout seul.
Le loup répond: je ne sais quoi.
– Dis ce qui t'en semble, et ainsi épelle.
Le loup répond: Agnelle, agnelle.
Le prêtre dit que la verité touche
Comme en pensée ainsi dans la boeche.[19]

Sobre um padre que iniciou um lobo na(s) letra(s)
Um padre quis outrora ensinar
Um lobo e fazê-(lo) compreender a(s) letra(s)
A, diz o padre; A, diz o lobo
Que é muito falso e mentiroso.
B, diz o padre, diga comigo
B, diz o lobo (que) olha a letra
C, diz o padre continuando;
C, diz o lobo, há, então, tanto?
O padre exclama: Oh! diga do seu jeito.
O lobo responde: Eu não sei o quê.
– Diga o que lhe parecer e assim soletre
O lobo responde: Cordeirinha, cordeirinha.
O padre diz que a verdade toca (atinge)
Tanto o pensamento como a boca.[20]

O mais velho quer iniciar o lobo nas letras, tornar o lobo letrado. A aliteração em francês arcaico é mais feliz – *leu a lêtre* – produzindo duplo sentido, *lelêtre,* condensação de *lêtre* (o ser, o estar) e *lettre* (letra-carta).

---
19. GRÈVE, 1959, p. 127.
20. GRÈVE, 1959, p. 127. Trad. nossa.

Ser marcado pela letra se escreve de forma muito particular, um a um. De novo insisto, a letra opera numa espécie de contra-corrente da significação da língua e faz surgir algo de pessoal, único. Indica o lugar de um "novo sujeito" e supõe desmontagem da posição fálica e esvaziamento do imaginário. O padre começa.

Uma letra de cada vez, repetida. De repente, uma frase surpreende: "o lobo que é muito falso e mentiroso..." É uma afirmação. Introduz a questão da verdade, como Freud o fez no chiste dos dois judeus (que) se encontraram num vagão de trem:

– Onde vai? – perguntou um.
– Cracóvia – foi a resposta.
– Como você é mentiroso! – não se conteve o outro. – Se você dissesse que ia a Cracóvia, você queria fazer-me acreditar que estava indo a Lemberg. Mas sei que, de fato, você vai a Cracóvia. Portanto, por que você esta mentindo para mim?[21]

com a engenhosa palavra *engeigneux*, mentiroso (*engeigner*, enganar), cuja origem é *engin*, do latim *ingenium*, talento, caráter. Lembram-se de Camões? "Cantando espalharei por toda parte./ Se a tanto me ajudar engenho e arte."[22] Em algum ponto da etimologia se recortam engano, mentira e talento, para nos localizar na estrutura do Inconsciente. À demanda, "Diga do seu jeito", o lobo responde: "Eu não sei o quê", negação, diríamos nós, no sentido da *Verneinung* freudiana. O padre insiste no dizer que junta as letras uma a uma. "Diga o que lhe parecer e assim soletre." O lobo retruca, marcado pelo desejo (O que quer um lobo?) e com leve ironia, o mais velho assinala que a verdade é não-toda. "Afeta (toca) tanto o pensamento como a boca."

São pedaços de verdade que emergem, articulados com o real. Se o lobo quer comer as cordeirinhas... O que faz com que alguém seja capaz de sustentar essas questões sobre o saber e a verdade, sobre desejo e objeto, sobre o final de análise, sem perder a amarração necessária à dimensão do real? O que quer um psicanalista? O que

---

21. FREUD, 1905, p.136.
22. CAMÕES, 1972, p.14.

quer o psicanalista? A modificação do artigo – *um* psicanalista ou *o* psicanalista – tem conseqüências para a compreensão do sintagma "desejo do (dum) psicanalista".

O que quer *um* psicanalista? Lacan, no *Seminário XI*, ao se interrogar sobre o fundamento da psicanálise, examina a relação desta com a religião e a ciência. Detém-se, no capítulo I, nos aspectos pertinentes ao registro da ciência: a pesquisa, a existência de um objeto de estudo, a delimitação do campo da práxis e a construção de fórmulas.

A noção de sujeito, articulado ao desejo e ao gozo, deixada fora da ciência moderna, não só está no centro da elaboração dos conceitos fundamentais (Inconsciente, Repetição, Transferência e Pulsão) como tais conceitos trazem a marca do desejo de Freud. Esta é a radical separação entre psicanálise de um lado, religião e ciência, de outro.

Retomar os conceitos fundamentais (*Grundbegriffe*) implica refazê-los, pois a incidência do desejo tanto de Freud quanto de suas pacientes histéricas causou, na sua teorização, pontos de opacidade. Assim, a questão do gozo fica encoberta na noção freudiana do complexo de Édipo e no mito do pai primevo. Da mesma forma, o processo de rememoração nas histéricas é muito convincente porque seu desejo é sustentar o desejo do pai, e, para o analista, que pode ocupar este lugar, *rememora coisas até a exaustão*[23] ..., obscurecendo a função da repetição. Compreendida aqui como repetição em ato, que é a forma como o real se apresenta.

Considerar o "fato que alguma coisa nunca foi analisada em Freud",[24] não significa situá-lo no mesmo nível dos outros analistas que se seguiram, nem no das histéricas que ensinaram a Freud o caminho do inconsciente.

Talvez possamos dizer que a contribuição de cada analista às questões teóricas da psicanálise pode padecer de sua própria teoria sexual infantil. Assim, Lacan interpretou que a teoria sobre a transferência de Abraham carregava seu desejo de ser uma mãe completa, Ferenczi era o filho-pai, Nunberg aspirava a uma posição

---
23. LACAN, 1963-1964, p. 38.
24. LACAN, 1963-1964, p. 16.

divina.[25] Lacan não poupa os analistas porque pretende extrair a *função desejo do analista*, uma incógnita, um x... que é o pivô da cura.

Temos que distinguir, então, o desejo de Freud, que encontrou a "porta de entrada do inconsciente", o desejo de um analista qualquer, sujeito a diversos extravios, e a função desejo do analista. Esta última articula-se ao discurso analítico, saber do analista e seu ato, independentemente de qual analista particular a encarne como função e pode ou não operar, no um a um de cada análise: "o desejo do analista não é um desejo puro. É um desejo de obter a diferença absoluta..."[26]

Como compreender esta afirmação *desejo de obter a diferença absoluta*? A dimensão do real está velada no encadeamento significante. Entre um significante e outro existe separação. Lacan se propõe, em seus últimos seminários, a construir a topologia desse intervalo.

Ausência de relação entre significantes, entre fala e escuta, entre o sujeito em análise e o analista... Então, existe uma diferença que não faz enlace simbólico, que é impossível dizer e escrever e, ao mesmo tempo, exige escrita, como demarcação de limite desse espaço da diferença. Portanto, não se trata de recuperação de lembranças porque não há nada para ser recuperado. Também não é injetar significantes onde não há nenhum para recobrir a hiância.

O inconsciente como dimensão de saber que toca as bordas do real se opõe ao inconsciente freudiano como descoberta e à linguagem, obturadora do real. Há uma passagem do sujeito alienado à cadeia significante ao sujeito da escrita, pois só esta suporta o real.

Mas Freud também nos ensina que *é tarefa árdua para o analisante...* e *prova de resistência para o analista*. este *pedaço de vida real* que emerge em análise. Cabe não hesitar ao embrenhar-se nesta travessia do que escapa à lembrança, pois ao fazê-lo se exerce grande *influência modificadora* e se marca a diferença entre a cura analítica e os tratamentos por sugestão – noção de uma clínica do *Durcharbeitung*, um tempo para fazer trabalhar a incidência do real, uma elaboração que produz escrita, e é diferente de uma clínica da rememoração.

---

25. LACAN, 1963-1964, p. 145.
26. LACAN, 1963-1964, p. 248.

Para o analista, essa *prova de resistência* tem um segundo tempo – diferente da sustentação de sua posição de analista, com cada paciente – que é o trabalho para verificar a articulação de sua clínica com a teoria. Atento ao risco de se extraviar, seja enredado em sua própria trama fanstasmática, seja alienado em algum ideal ou preconceito. Ou pior, enredado na simulação, na impostura ou canalhice.

O que faz que haja essa ruptura – travessia do *semblant*? O que faz que haja final de análise?

Introduzindo a noção de luto temos importante balizador neste percurso, atenuando o determinismo da fórmula *O desejo é o desejo do Outro*. Não há apenas um destino inevitável para cada sujeito. Reencontramos certa margem de liberdade e escolha para cada sujeito em análise, situando essa experiência na modalidade lógica de uma determinação contingente, histórica, traumática – abrindo possibilidades de reescrita e invenção, de construção de algo novo e inesperado no final de uma análise.

Entre o Um massificador do coletivo e o Um histérico da exceção, temos o lugar do analista como semblant do objeto a, "...o analista deve ser capaz de alcançar... o lugar que é seu... e oferecê-lo vazio ao desejo do paciente para que se realize como desejo do Outro".[27] Qual é a forma de o analista ocupar esse lugar de *semblant* de objeto *a*, que deve ser esvaziado ao longo de uma análise?

Deveria saber que não há objetos nem de maior, nem de menor valor porque padecemos da inexistência do Bem-supremo e da incomensurabilidade dos objetos *a*. Isto coloca o analista numa posição difícil, mas não impossível. Apenas contingente...

A criação e a invenção só são possíveis com a perda desse lugar de objeto, a partir do qual fomos desejados como causa. Para o analista, seria o luto pela perda da *função* de objeto causa de desejo do Outro histórico do paciente. Daria no mesmo dizer: o analista não é necessário, não é o Um da exceção, não é sujeito suposto saber, conduzindo aos extravios da servidão. O necessário tampona a contingência do encontro em análise: "uma instituição que se diz

---

27 LACAN, 1960-1961, p. 128. Trad. nossa.

psicanalítica deve ser um local que suporte a tensão de diversos discursos",[28] porque é nessa tensão que se abre o lugar onde resiste o desejo do analista e o singular discurso psicanalítico.

Em cada instituição ou escola de psicanálise, temos o espaço de formação/produção permanentes, onde podemos elaborar (*durcharbeiten*) nossa experiência de análise pessoal, nossa prática clínica e sua sustentação teórica, extraindo o lugar do analista como função ao colocar à prova o nosso desejo de analista.

Parece ser um consenso acreditar que perversos não procuram consultórios de psicanalistas – será que aceitamos tratá-los? O que quer *um* psicanalista? De qualquer forma, nós os achamos no trabalho em escolas, prisões, postos de saúde, no serviço público em geral.

Na "nova posição para o analista", que estamos considerando, a sua função é separadora: fazendo cair as roupagens imaginárias do objeto *a*; comovendo significantes do ideal; promovendo a separação do falo imaginário (- φ) e do objeto *a*. Portanto, abrindo espaço para a causa de desejo ex-sistir, ou seja, "onde Isso era (onde era o real, o gozo) o sujeito deve acontecer, advir".[29] Este é o imperativo ético da psicanálise, com valor também para sujeitos perversos.

Portanto, para que o gozo enlouquecedor (preso ao imaginário) não desencadeie ações devastadoras; para que exista alguma passagem (*pas sage*) ao gozo, onde o sujeito, servindo-se de pedaços de real, invente um saber não-todo, o desejo precisa ser articulado ao real da satisfação.

Ninguém melhor que um perverso para colocar em xeque esse imperativo ético. Ao mostrar o desmedido do gozo, pode confundir um analista que se desloca para uma posição de mestre, desconhecendo que o desejo se realiza nos trilhamentos da satisfação, além da barreira do prazer, e que a interpretação como ato deveria extrair o objeto *a*, causa de desejo, mantendo o equívoco, forma de circunscrever o real, que a psicanálise propõe.

---

28 CECCARELLI, 1999, p. 55.
29 LACAN, 1963-1964, p. 45.

Temos uma nova articulação teórico-clínica: considerar neurose, perversão e psicose como escritas de gozo que atestam a violência da intromissão da linguagem no corpo, e como formas de nominação, revelando a necessidade de a análise conduzir o sujeito a sustentar o nome que porta (e não aboli-lo...), ao questionar alíngua que fala nele. Dito de outra forma, o trilhamento do psicanalista pela ética do bem-dizer dos "casos de verdade" possibilitaria trabalhar com aqueles sujeitos *mal-ditos*, atormentados pelo impossível do gozo, pela inexistência da relação sexual.

Concluindo, "é preciso reconhecer que o psicanalista é colocado... pelo discurso que o condiciona... o discurso do psicanalista, numa posição... difícil. Freud dizia impossível, é, talvez, um pouco forçado..."[30]

Referências bibliográficas

ANDRÉ, S. *A impostura perversa*. Trad. Vera Ribeiro. Rio de Janeiro: Jorge Zahar Ed., 1995.

BLOCH, O. V. W. *Dictionnaire etymologique de la Langue française*. Paris: Presses Universitaires, 1996.

CAMÕES, L. *Os lusíadas*. Rio de Janeiro: Agir, 1972.

CECCARELLI, P. R. Identidade e instituição psicanalítica. In: *Boletim de novidades da livraria pulsional*. São Paulo: Escuta, ano 12, n° 125, 1999, p.49-56.

FREUD, S. Conferências introdutórias sobre psicanálise (1916 – 1917) (1915 – 1917). *Edição standard brasileira das obras psicológicas completas de Sigmund Freud*. Trad. Jayme Salomão. Rio de Janeiro: Imago, 1976, v. 15.

---

30 LACAN, 1971/1972, aula de 01/06/72, p. 100.

FREUD, S. As pulsões e seus destinos (Os instintos e suas vicissitudes) (1915). *Op. cit.* Rio de Janeiro: Imago, 1995, v. 14.

FREUD, S. Os chistes e sua relação com o inconsciente (1905). *Op. cit.* Rio de Janeiro: Imago, 1976, v. 8.

FREUD, S. *La technique psychanalytique.* Paris: PUF, 1981.

GRÈVE, S. J. A. *Littérature française.* São Paulo: Cia. Edit. Nacional, 1959.

JULIEN, P. *Psicose, perversão, neurose.* Trad. Procópio Abreu. Rio de Janeiro: Companhia Freud, 2002.

LACAN, J. *Intervenciones y textos* – 2°Czz Trad. Julieta Sucre, Juan Luis Delmont. Buenos Aires: Manantial, 1988.

LACAN, J. *Seminário XXII. R.S.I.* (1974-1975). Inédito.

LACAN, J. Propos sur l'hystérie. Conferência de Bruxelas, 26/fev/1977, reproduzida no suplemento Belga *La Lettre mensuelle* de l'École de la cause Freudienne.

LACAN, J. Fonction et champ de la parole et du langage en psychanalyse (1953). In *Écrits.* Paris: Seuil, 1966, p. 237-322.

LACAN, J. Subversão do sujeito e dialética do desejo no inconsciente freudiano (1960). In *Escritos.* Trad. Vera Ribeiro. Rio de Janeiro: Jorge Zahar Ed., 1998, p. 807-892.

LACAN, J. *Les non-dupes errent.* Seminário XXI (1973/1974) Inédito.

LACAN, J. *Le séminaire. Livre VIII. Le transfert* (1960/1961). Paris: Seuil, 1991.

LACAN, J. *Le séminaire. Livre XI. Les quatre concepts fondamentaux de la psychanalyse* (1963-1964). Paris: Seuil, 1973.

LACAN, J. *Autres écrits.* Paris: Seuil, 2001.

LACAN, J. *O saber do psicanalista,* 1971/1972. Trad. Luiz de Souza Dantas Forbes. Inédito.

LACAN, J. Conferénces et entretiens dans les universités nord-américaines. In: *Scilicet*: Paris, n° 6-7, 1976, p. 14-15.

ROUDINESCO, Elisabeth. *La famille en désordre*. Paris: Fayard, 2002.

VIDAL, D. Eduardo. Masoquismo originário: ser de objeto e semblante. In: *Letra Freudiana*, Pulsão e gozo. Rio de Janeiro, ano XI, n 10/11/12, s.d., p. 134-143.

A PERVERSÃO DO OUTRO LADO DO DIVÃ

Paulo Roberto Ceccarelli

Introdução

Partindo da premissa de Freud segundo a qual a perversão é ingrediente constitutivo do psiquismo humano, a proposta deste texto é de avaliar em quais circunstâncias nossas moções pulsionais perversas podem atravessar a condução do tratamento. Esta questão torna-se pertinente quando lembramos que qualquer modificação psíquica só ocorre por sugestão, apoiada na transferência positiva (amor).[1] Ora, por mais bem-analisado que o analista tenha sido, ele não está livre dos efeitos de seu inconsciente, inclusive dos perversos. Assim cabe perguntar em que medida corremos o risco de responder perversamente às representações, conscientes e inconscientes, mobilizadas pela transferência? Como o analista, apoiado no poder que a transferência lhe confere, pode atuar de forma perversa, sobretudo no que diz respeito à agressividade? Lacan[2] sublinha que a agressividade deve ser compreendida a partir da experiência subjetiva pois, sendo um fenômeno de sentido, implica necessariamente um sujeito. Além disto, ela está sempre correlacionada com o modo narcísico de identificação: o outro, o diferente, o que nos remete à castração, constitui um alvo por excelência de nossa agressividade. Resumindo: somos agressivos por sermos castrados. Nesta perspectiva, a relação transferencial pode ser utilizada para manter o lugar de não-castrado que o analista acredita, imaginariamente, ocupar.

---

1. FREUD, 1938, p. 203.
2. LACAN, 1966.

A perversão do outro lado do divã tem múltiplas faces: vai desde a imposição de uma teoria como defesa contra a escuta, passando por atuações concretas com pacientes, até nossa escolha profissional. Afinal, se somos capazes de estabelecer relações as mais pertinentes entre caminhos pulsionais e escolhas profissionais, deveríamos nos perguntar sobre nossa própria "escolha": o que nos torna analistas?

Uma primeira dificuldade

Um primeiro ponto que chama a atenção quando falamos de perversão é que, diferentemente da neurose, o constructo teórico-clínico em torno desta manifestação da sexualidade varia consideravelmente de um modelo teórico para outro.[3] Cada escola de psicanálise tem posições claras e definidas sobre o tema, fazendo com que o estatuto da perversão não obtenha consenso entre os psicanalistas. Por extensão, o manejo clínico dos casos ditos "perversos" também varia, o que coloca uma questão de fundo: em que medida os diferentes modelos teóricos facilitam, ou dificultam, a escuta do sujeito perverso? Pode a perversão estar na teoria quando esta é utilizada como defesa para justificar nossa dificuldade, ou até mesmo incapacidade, de escuta? Existe o risco de um sujeito ser considerado perverso quando é a teoria que não contempla esta especificidade pulsional?

Escutar o perverso é muito diferente de escutar o neurótico devido à maneira como ele nos afeta transferencialmente. Isto requer uma disposição outra do que a necessária no caso do neurótico pois há de se suportar o ódio que aparece na transferência como forma de agressividade, de desprezo e desdém, pelo trabalho e pela capacidade do profissional.[4] A escuta do perverso exige um investimento particular do analista para acompanhá-lo passo a passo de volta pela

---

3. Em um texto, que será publicado em breve, discuto a questão dos modelos em nossa prática profissional. Cf. CECCARELLI, 2004.

4. STOLLER, (1975) 2000.

tortuosa e repetitiva trilha da sexualidade pré-gential até os pontos de fixação da libido.[5] Juntam-se a isto suas atuações, que revelam o caráter infantil de sua sexualidade, e que podem por em jogo a possibilidade de mudança que o trabalho analítico pode propiciar. Como reagimos a isto?

Outro ponto a ser mencionado, embora não vá discuti-lo neste texto, é o fato de como a sociedade atual está cada vez mais assujeitada a uma ordem perversa. Assim, como podemos nós analistas que, evidentemente, estamos inseridos no social, escapar a esta organização perversa? Como isto afeta nosso trabalho clínico?[6]

Como vemos, várias são as entradas para discutirmos o tema proposto. No presente trabalho, centrarei minhas reflexões nas relações entre algumas formas de apresentação do sexual e a perversão do outro lado do divã.

O sexual na obra freudiana

A presença do sexual na obra freudiana vai gradativamente ganhando força e aparece em etapas sucessivas, com desdobramentos próprios e conseqüências particulares. No mínimo, quatro momentos, igualmente importantes, são detectáveis:[7] 1 – O sexual genital; 2 – O sexual perverso; 3 – O sexual dos Ideais; e 4 – O sexual narcísico. Ao colocar a sexualidade como central, esta última passa a ter um lugar de destaque, único, tornando-se em uma dimensão específica da condição humana.

O sexual genital – a sexualidade genital – é o passo fundador da nova disciplina. Freud[8] é categórico: são problemas sexuais que provocam as neuroses atuais. Estas últimas aparecem cada vez que

---
5. Em um texto de 1998 relato um caso clínico que ilustra bem esta situação. Cf. CECCARELLI, 1998a.
6. Apresentei uma reflexão sobre a ética no II Fórum Mineiro de Psicologia Hospitalar. Cf. CECCARELLI, 2002b.
7. Abordo este ponto inspirando-me nas posições de Gérard Bonnet sobre o tema. Cf. BONNET, 1993.
8. FREUD, 1898.

a prática sexual se encontra entravada ou exercida em condições adversas. Com estes pontos de vista, Freud separa-se de seus colegas da época, para os quais os transtornos genitais eram apenas um entre outros – transtornos alimentares, sociais, etc. – e, como tal, deveriam ser tratados pela repressão. Por ser inseparável da dimensão fantasmática, as irrupções do sexual genital na cena analítica estão sempre atreladas aos outros arranjos do sexual que discutirei a seguir.

O sexual perverso é o passo revolucionário da descoberta freudiana. Já em 1896, e no começo de 1897, Freud começa a interessar-se, através da análise das psiconeuroses em particular da histeria, pelas manifestações ditas perversas da sexualidade.

Como sabemos, a grande genialidade de Freud foi a de perceber as semelhanças entre os fantasmas apresentados pelos pacientes histéricos, e as perversões descritas pelos clínicos da época. O que aparecia nas perversões estava mascarado nas psiconeuroses: a neurose é o negativo da perversão.

Enquanto a preocupação de seus predecessores era a de classificar, etiquetar, enfim, de traçar um minucioso inventário das perversões sexuais, rigorosamente dentro do discurso psiquiátrico, Freud opera uma passagem fundamental e inovadora quando afirma que as tendências perversas catalogadas pelos seus colegas como aberrações assombram o espírito humano, inclusive daqueles que as catalogaram, estando também presentes nas crianças: a sexualidade infantil é polimorficamente perversa.[9] Sendo o inconsciente dos homens animado pelos desejos que os perversos põem em cena, as perversões deixam de ser algo que só eles – os perversos – exibem e passam a ser entendidas como constitutivas do psiquismo: "a se tratar cada homem segundo seu merecimento, quem escapará do açoite?"[10]

A perversão do outro lado do divã, a partir do sexual perverso pode ser observada em atuações por parte do analista. Ocorre quando, na revivência de complexos infantis, a cena de sedução é reatualizada pela transferência ganhando o primeiro plano. O próximo passo pode

---

9. FREUD, 1905.
10. Hamlet, final do segundo ato.

ser o envolvimento entre os protagonistas da nova cena, pois o par analista/analisando representa *para ambos* objetos proibidos, por incarnarem desejos incestuosos. Por isto, entendo esta forma de atuação como sendo da ordem da pedofilia: não é com o adulto que o analista está se envolvendo mas, antes, com a criança presente no adulto que procura análise, justamente para tentar elaborar uma vivência traumática a qual, uma vez mais, é atuada em vez de elaborada.[11] A culpa que acompanha o ato, devido a realização de desejos proibidos, muitas vezes impede que o analisando expresse sentimentos de ódio que lhe permitira reavaliar, ou mesmo abandonar, o tratamento. (Esta situação guarda semelhanças com aquela onde a criança, vítima de abuso sexual, não conta a sua mãe o que está acontecendo por medo de ser punida. Punida tanto pela realização de algo proibido quanto pelo prazer que esta realização propicia.)

Em certos casos, a reatualização de traumas infantis pode levar o sujeito a um estado de paralisia – não apenas psíquica mas também motora – pois a invasão de moções pulsionais geradas pelo retorno do recalcado imobiliza o ego. Nesta situação, o agente causador do trauma, encarnado na figura do analista, tem total controle da situação. Isto pode ocorrer quando, por medo e não por idealização, o sujeito faz todo o possível para não despertar a ira que outrora sofrera, e que supõe estar presente no analista. Muitas vezes, este estado de coisas é erroneamente interpretado (por defesa?) como gozo.

Ao mesmo tempo, é curioso constatar como as atuações de analistas eram tratadas, e mesmo toleradas, pelo pai da psicanálise. Basta lembrarmos dos casos famosos como o de Jung e Spielrein, Ferenczi e Elma, e o de Jones e Kann. Na conhecida carta a Jones, datada de 14 de janeiro de 1912, Freud, sabendo da impulsividade sexual de Jones escreve: "Lamento muito que você não seja capaz de controlar tais tendências, conhecendo bem, ao mesmo tempo, as fontes de onde se originam todo este mal".

---

11. Temos aqui a definição de perversão dada por Joyce McDougall: "impor a imaginação erótica (a do analista) a um outro que não consentisse nisto ou que não fosse responsável (à "criança" presente no analizando)". Cf. McDOUGALL, 1997, p. 192.

Sobre as incertezas de Jung, que provavelmente esperava represálias de Freud em relação ao seu comportamento com Spielrein, encontramos, na carta de 7 de junho de 1909, um Freud bastante compreensivo:

> Tais experiências, embora dolorosas, são necessárias e difíceis de serem evitadas. É só depois que se conhece a vida e com o que estamos lidando. A mim mesmo, é verdade, nunca aconteceram estas coisas, mas cheguei muito perto disto várias vezes e "sai pela tangente". Acho que foram unicamente as demandas do meu trabalho e o fato de eu ser 10 anos mais velho que você quando comecei com a psicanálise, que me salvaram de tais experiências. *Mas nenhum mal duradouro advém daí.* (o grifo é meu) Tais fatos, ajudam-nos a desenvolver a pele dura que necessitamos para tornarmos mestre da "contratransferência" a qual, no final das contas, é um constante problema para nós, e que nos ajuda a colocar nossos afetos nos lugares certos. É uma dádiva disfarçada.

Talvez, estas atitudes de Freud refletissem suas opiniões em relação à ética:

> Ética é algo remoto para mim... Não perco muito meu tempo sobre o bem e o mal, mas tenho encontrado muito pouco "bem" entre os humanos de modo geral. Na minha opinião a maioria deles nada valem, independentemente do quanto publicamente defendem esta ou aquela doutrina ética ou nenhuma delas. Se formos falar de ética, eu a considero como um grande ideal do qual a maioria dos seres humanos que tenho encontrado distanciam-se lamentavelmente.[12]

Seja como for, a realização de fantasias proibidas e incestuosas pode levar à autodestruição tanto do analista quanto do analisando, pois os fantasmas presentes nestas situações vão muito além da sexualidade em si, revelando restos não elaborados de análise. O caso Jung-Spielrein, que quase destruiu a carreira de Jung e levou

---

12. GABBARD e LESTER, 1995, p. 81.

Spielrein às bordas do desespero, retrata de forma exemplar as conexões entre morte e sexualidade presentes no relacionamento entre os dois. Segundo Gabbard e Lester,[13] provavelmente devido a ressentimentos em relação à sua mãe, Jung interessava-se, nesta época, aos arquétipos de mães potencialmente incestuosas e destrutivas responsáveis pela descida mitológica do homem às profundezas abissais. Na mesma ocasião, Spielrein pesquisava sobre a inevitável presença da destruição para a realização do amor: os textos de Jung e de Spielrein se complementavam admiravelmente.

Outra forma de manifestação desta sexualidade corresponde à passagem da perversão sexual ao sexual perverso. Como vimos, a análise das psiconeuroses permitiu a Freud dizer que nas perversões sexuais as pulsões inconscientes – as mesmas que nos neuróticos produzem sintomas – aparecem à luz do dia provocando choque e constrangimento. Testemunhas da fixação de uma pulsão parcial, a perversão é vivida pelo sujeito como algo que o controla e sem o quê a satisfação sexual não é alcançada.

No caso do sexual perverso, as pulsões apresentam-se de maneira bem mais disfarçadas, fazendo irrupção nas situações mais inesperadas. O objetivo desta legião de pulsões é simples: o prazer; o prazer imediato e ao menor preço possível. O objeto destas pulsões múltiplas e anárquicas é o que há de mais intercambiável, parcial, e instável: o que conta é a obtenção de prazer. Pouco importa que ele seja adulto ou criança, humano ou animal, vivo ou inanimado: tudo é bom dependendo do lugar e das circunstâncias.[14] Dito de outra forma: enquanto nas perversões sexuais observa-se uma organização em torno de uma pulsão parcial fixada a uma forma monótona e repetitiva de satisfação, no sexual perverso, ao contrário, tudo é bom desde que a pulsão seja satisfeita: o sexual perverso prescinde de qualquer fixação libidinal.

---

13. GABBARD e LESTER, 1995.

14. O mais importante que Freud denuncia aqui foi, e continua sendo, a ideologia que por trás da categorização, em vigor até hoje, de "perversão". Cf. CECCARELLI, 2000.

As manifestações do sexual perverso mostram o que o desejo humano é capaz de fazer na sua busca de satisfação. O que mais nos choca é que ele atinge pessoas comuns e não, necessariamente, os perversos sexuais: ninguém está ao abrigo desta forma de sexualidade. Sua eclosão pode ser observada de forma privilegiada em situações extremas – guerras, atos de torturas em regimes totalitários – onde, sob sua égide, pessoas pacíficas são capazes das maiores atrocidades e atos de crueldade contra aqueles que, até bem pouco tempo, eram conhecidos, vizinhos, amigos.[15]

Manifestações de puro sadismo ocorrem em ocasiões onde a pulsão não está atrelada ao fantasma. Sem este último, uma moção pulsional destrutiva não tem possibilidade de ser modificada para ser vivenciada como, por exemplo, em um jogo erótico, ou na atração que exercem certos programas de televisão onde captados em um misto de horror e fascínio não conseguimos desviar o olhar.[16]

Ainda que os fantasmas propiciem uma montagem "aceitável" para dar vazão à moções perversas, separar fantasma e pulsão para, em seguida, analisá-lo constitui um dos momentos mais difíceis e cruciais do trabalho analítico, pois aí a resistência é máxima. Sem a mediação fantasmática o sujeito é colocado frente a frente com a pulsão em estado puro e com o potencial destrutivo que ela abriga. Potencial este que, por vezes, está em oposição direta aos padrões estéticos tão caros à civilização. Exemplos não faltam onde a dificuldade em elaborar a perda de um objeto altamente investido deve-se tanto ao ódio e ao sadismo em relação ao objeto, quanto aos fantasmas masoquistas relativos a esta perda, que se misturam com a dor do luto. Elaborações de lutos identificatórios carregados de destrutividade contra o objeto exigem do analista a disposição para acompanhar o sujeito em uma minuciosa análise de suas escolhas objetais. Frente à transferência impregnada da virulência do sexual perverso que se vê ameaçado de perder seu objeto de satisfação, o analista pode ter atitudes que impeçam

---

15. Situações deste tipo, noticiadas pelos meios de comunicação, ocorreram na recente guerra da Bósnia. Da mesma forma, a frieza dos torturados durante os regimes ditatoriais atestam a presença do sexual perverso.

16. CECCARELLI, 1998b.

que o sujeito vivencie seu ódio sem sentir que este último ameaça tanto a si mesmo quanto ao analista.

Nossas escolhas profissionais podem ter ligações com o sexual perverso. Para Freud,[17] lembremo-nos, os grandes pesquisadores que se interrogam sobre as origens, seja do universo ou da vida – e eu acrescentaria, dos processos de subjetivação, do psiquismo, da construção da psicossexualidade – todos eles estão reatualizando, via deslocamento e sublimação, suas pesquisas sexuais infantis. Nesta perspectiva, não podemos deixar de nos perguntarmos sobre nossa escolha profissional. Se, rapidamente, somos capazes de reconhecer a ligação entre o artista e o exibicionista, entre o cirurgião e o sádico e outras tantas, deveríamos nos interrogar sobre as raízes libidinais que sustentam nossa escolha profissional. Até aqui pouca coisa pode ser feita, pois nossos encontros são sempre reencontros. Porém, é necessário estarmos atentos até onde levamos nossas pesquisas sobre as "teorias sexuais infantis", ou seja, qual o limite ético a ser respeitado na escuta? Sem este questionamento nossa escuta corre o risco de transformar-se em uma ávida tendência voyeurista – uma expressão do sexual perverso – embutida na regra fundamental de que tudo deva ser dito. Em que medida a cena analítica pode ser usada para que, através do analisando, o analista explore os "pontos cegos" de sua análise? ou ainda, para que ele repita ativamente o que sofreu passivamente? Talvez, o desejo de nos tornarmos analistas, assim como nossa curiosidade pelos mistérios da mente, originaram-se em nosso sofrimento psíquico.[18] Alguns autores sustentam que as monumentais descobertas de Freud devem-se a sua coragem e honestidade em não recuar, como seus sonhos o indicam, frente a seus problemas sexuais. Afinal, de onde vem a fascinação de Freud pelo erotismo humano?

À medida em que avançava em suas pesquisas, Freud se dava conta de um outra forma do sexual que ocupa um lugar de destaque no psiquismo humano: **o sexual dos Ideais**. Sendo um "Ideal", pouco

---
17. FREUD, 1908, p. 218.
18. McDOUGALL, 1997, p. 231 e seg.

importa que seu objeto seja real, fictício ou imaginário. O amor pelos líderes, pelos mestres, ou os vínculos que unem os humanos, nutrem-se deste sexual.[19] Os fenômenos coletivos, onde ocorre uma ligação libidinal entre as massas e o líder, sustentam-se graças a esta forma de sexualidade. A situação amorosa talvez seja sua manifestação extrema. Nela "o objeto serve de sucedâneo para algum inatingido ideal do ego em nós mesmos".[20] Este sexual é também utilizado na criação de demandas de consumo onde objetos são apresentados como referências identificatórias: produz-se, desta maneira, a ilusão de que os possuindo, comprando determinados produtos, torna-se parte de um grupo.[21] Ele está presente no conceito lacaniano de gozo: o Ideal responde ao gozo do Outro que se inscreve no sujeito quando, via identificações, ele – o sujeito – reflete o desejo daqueles que o acolheram no mundo. Esta forma do sexual pode ser alienante na medida em que o sujeito, apreendido em uma malha imaginária que lhe promete tanto o reconhecimento narcísico quanto a ilusão identificatória que acalmaria seu desamparo (*Hilflosigkeit*), anula-se como sujeito.

A situação hipnótica, produzida entre uma teoria e um sujeito em busca da Verdade que aplacaria suas angústias, ocorre a expensas do sexual dos Ideais. É também esta forma do sexual que instala o Mestre no lugar de tirano da horda, investindo-o do poder de fazer desta posição um instrumento político-ideológico. Nesta situação, qualquer tentativa de posicionar-se como sujeito, de ter opinião própria e de falar de igual para igual, é considerada heresia sob pena de excomunhão.

Os Ideais criam filiações imaginárias que podem levar, como testemunha a História das Sociedades Psicanalíticas, a desdobramentos fratricidas. Em torno do Mestre organizam-se reivindicações narcísicas que abala a "união" entre os membros da Sociedade. Mais uma vez, as tendências antagonistas do ser humano afloram[22]:

---

19. Em um texto de 2003 discuto as conseqüências da ausência de uma figura que ocupe o lugar do Ideal nos destinos pulsionais da criança do sexo masculino. (Ceccarelli, 2003)
20. FREUD, 1921, p. 143.
21. Sobre o uso dos sexual dos Ideais pela mídia, em particular pela televisão. Cf. CECCARELLI, 2001.
22. FREUD, 1930.

constituir-se como "um", quer dizer, unir-se em comunidade e, ao mesmo tempo, reivindicar os privilégios de ser "UM" para ocupar o lugar de filho predileto do Mestre com todo custo que manter esta posição imaginária e idealizada, logo invejada e disputada, acarreta.
Transformar a teoria psicanalítica em uma seita é, igualmente, uma perversão do sexual do Ideais. Isto ocorre quando, em busca de representações psíquicas que aplaquem nossas angústias, sacralizamos conceitos teóricos transformando-os em dogmas, e fazendo da teoria uma prisão normativa. Como escrevi em outro lugar:

> Agrupamo-nos segunda a forma de pensamento – que aqui ocupa o lugar do (mestre) – que nos parece a mais "correta". Mas, mais correta em relação a quê? Em relação aos modelos que, transferencialmente, melhor confortam nossas angústias. Podemos então falar de objetos internos, significantes constitutivos do sujeito, elementos alfa e beta, objetos transicionais. O que está em jogo aqui é a transferência para a teoria que melhor descreve nosso mito individual. Reagrupados em torno dela, criamos instituições que a utilizam em sua base teórico-clínica na tentativa de explicar o inexplicável, de dizer o indizível.[23]

O grande perigo aqui é usar a descoberta freudiana não como um modelo teórico para compreender a circulação do desejo, mas como uma técnica para ditar como este desejo deve circular.[24] Comprometer-se com uma teoria, e não com o sofrimento do sujeito que procura análise, contamina a escuta do analista pois seus pacientes não se encaixam nesta teoria. Esquecer-se disto, é não levar em conta a pluralidade das apresentações, sempre enigmáticas, do sexual. Tal com Édipo frente à esfinge, cada um dá uma resposta, sempre original, frente ao enigma de sua sexualidade: não existe uma forma única de travessia edípica.

Damos pouca atenção ao fato de que as mudanças psíquicas produzidas no trabalho analítico não dependem de nossas crenças

---
23. CECCARELLI, 1999, p. 54.
24. Os riscos de se usar a psicanálise de forma normativa são muitos. Cf. CECCARELLI, 2002a.

teóricas. Somos nós, e não nossos analisandos, que necessitamos de teorias para entendermos o que ocorre na relação analítica. Nossa metapsicologia nada mais é do que uma tentativa de colocar palavras no fato clínico. Talvez não tenhamos ainda suficientemente avaliado o paradoxo que existe entre nossas teorias e nossa prática psicanalítica.

A clínica constitui um terreno particularmente fértil para o afloramento do sexual dos Ideais. Como sabemos, as condições necessárias para a instalação de um processo analítico ocorrem graças a reatualização de complexos infantis que a transferência propicia. A essência do trabalho analítico é a de descobrir o procedimento adequado para que o sexual aí presente transforme-se numa força ativa que permita o sujeito fazer o luto das identificações.

Entretanto, se esta reatualização instaurar, entre analista e analisando, uma relação idealizada, estamos diante de um efeito perverso do sexual dos Ideais. Para manter-se no lugar de objeto do gozo do Outro, que o analista supostamente encarna, o sujeito pode imobilizar-se em um narcisismo mortífero que o leva a renunciar as modificações que conseguiu graças à análise. Quanto ao analista, inebriado pelo lugar idealizado no qual foi colocado e esquecendo-se que a transferência é sempre um investimento imaginário, pode cristalizar esta situação onde tudo, menos uma análise, pode acontecer.

Finalmente, **o sexual narcísico** aparece quando Freud constata a existência, no fundo da alma humana, de um amor de si próprio por si próprio. O grande problema em relação a este sexual não é o fato do sujeito estar submetido ao gozo do outro, como é o caso do sexual dos Ideais. Mas, sim, o fato de que o amor de si por si pode gerar uma situação tal, que o sujeito encontre em si mesmo um gozo que o prescinda do outro. (Seria o autismo sua expressão máxima?)

Como as outras formas do sexual, o narcísico pode dar origem a desdobramentos perversos. O primeiro deles afeta diretamente a transferência: como utilizá-la quando a dinâmica da relação é pautada no narcisismo? Neste caso, o analista pode utilizar-se da situação analítica para elaborar feridas narcísicas. Ou, ainda, para transformar o processo analítico em uma tentativa inconsciente de amar, e de sentir-se amado por seus pacientes, como gostaria de ter sido amado, esperando, com isto, continuar a ser idealizados por eles. Segundo Kernberg,[25] isto decorre de uma incapacidade do analista em separar seus próprios limites, incluindo os corporais, dos limites do outro. Ou seja, a transferência excessiva apaga a distância entre o sujeito e o objeto. O desejo de curar e o de ser curado são dois lados de uma mesma moeda.[26]

O sexual narcísico, quando exacerbado, pode fazer com que o analista se julgue um "predador" onde qualquer cliente representa uma parceira, ou um parceiro, sexual em potencial. Outra vertente do "analista predador" é aquele que alcança os maiores níveis de reconhecimento profissional e, intoxicados pelo narcisismo daí advindo, crê ser superior ao ponto de racionalizar suas atuações.

Considerações finais

As questões apresentadas neste texto estão longe de esgotar a complexidade do tema. Devemos estar atentos a fim de evitarmos que, levados pelo sexual perverso, transformemos este debate em um exercício de voyeurismo que se limitaria a detectar os traços de perversão presentes em qualquer sujeito castrado, analista ou não, para a partir daí adotar uma crítica pejorativa que não traria nenhuma contribuição ao debate.

A proposta de uma reflexão sobre uma questão tão polêmica quanto pouco abordada é uma variante da recomendação de Freud segundo a qual todo analista, de tempos em tempos, deve retomar a análise. Esta preocupação é fundamental não só para nos interrogarmos sobre a nossa prática clínica, como também para revisar os pressupostos teóricos que a sustentam, e sobre os quais repousam nossas intervenções. Estaremos, assim, contribuindo para o avanço da psicanálise.

---

25. KERNBERG, 1997.
26. GABBARD e LESTER, 1995, p. 87.

Referências Bibliográficas

BONNET, G. Le sexuel freudien. Une énigme originaire et toujours actuelle. *Monographies de La Revue Française de Psychanalyse. Les troubles de la sexualité*, p.11-46, 1993.

BONNET, G. Des perversions sexuelles au sexuel pervers. *Psychanalyse à l'Université*, v. 19 n° 74, p. 73-90, 1994.

CECCARELLI, P. R., Neo-sexualidade e sobrevivência psíquica. *Psychê, Revista de Psicanálise*, v. 2, n° 2, p. 61-69, 1998a.

CECCARELLI, P. R., Potencialidades de perversão. *Boletim de Novidades da Livraria Pulsional*, v. 11, n° 113, p. 79-82, 1998b.

CECCARELLI, P. R., Identidade e instituição psicanalítica. *Boletim de Novidades da Livraria Pulsional*, v. 12, n° 125, p. 49-56, 1999.

CECCARELLI, P. R., Sexualidade e preconceito. *Revisa Latinoamericana de Psicopatologia Fundamental*, v. 3, n° 3, p. 18-37, set. 2000.

CECCARELLI, P. R., Os efeitos perversos da televisão. In: COMPARATO, C., MONTEIRO D, (org.) *A criança na contemporaneidade e a psicanálise. Mentes & Mídia: diálogos interdisciplinares*. São Paulo: Caso do Psicólogo, 2001.

CECCARELLI, P. R. Configurações edípicas da contemporaneidade: reflexões sobre as novas formas de filiação. *Pulsional Revista de Psicanálise*, v. 25, n° 161, p. 88-98, 2002a.

CECCARELLI, P. R. Aspectos legais, ético e políticos (da psicologia hospitalar). *Revista de Psicologia Plural*, n° 17, p. 71-78, 2002b.

CECCARELLI, P. R. May I call you father? *International Forum of Psychoanalysis*. v.12, n° 4, p. 197-295, 2003.

CECCARELLI, P. R. As bases mitológicas da normalidade. *Latin American Journal of Fundamental Psychopathology on Line*. 2004. http://fundamentalpsychopathology.org/br.

FREUD, S. A sexualidade na etiologia das neuroses (1898). *Edição standard brasileira das obras psicológicas completas de Sigmund Freud*. Trad. Jayme Salomão. Rio de Janeiro: Imago, 1976. v.3.

FREUD, S. Três ensaios sobre a teoria da sexualidade (1905). *Op. cit.* Rio de Janeiro: Imago, 1972, v. 7.

FREUD, S. Sobre as teorias sexuais das crianças (1908). *Op. cit.* Rio de Janeiro: Imago, 1976, v. 9.

FREUD, S. Psicologia de grupo e análise do Ego (1921). *Op. cit.* Rio de Janeiro: Imago, 1976, v. 18.

FREUD, S. O mal-estar da civilização (1930). *Op. cit.* Rio de Janeiro: Imago, 1974, v. 21.

FREUD, S. Esboço de psicanálise (1938). *Op. cit.* Rio de Janeiro: Imago, 1975, v. 23.

GABBARD, G., LESTER, E., *Boundaries and Boundary Violations in Psychoanalysis.* New York: Basic Books, 1995.

KERNBERG, O., F., Boundaries and structure in love relations. *Journal of the American Psychoanalytic Association.* 25, p. 81-114, 1977.

LACAN, J. L'agressivité en psychanalyse. In : *Écrits.* Paris : Seuil, 1966, p. 104-124.

MCDOUGALL, J. *As múltiplas faces de Eros.* Rio de Janeiro: Martins Fontes, 1997.

STOLLER, R. *La perversion: forme érotique de la haine* (1975). Paris: Payot, 2000.

Parte III

Homossexualidade

A Homossexualidade a partir da lógica da sexuação

Antônio Barbosa Mello
Flávia Drummond Naves
Izabel Cristina Azzi
Ludmilla Zago

Este texto apresenta algumas considerações sobre o modo como a psicanálise pensa a questão da homossexualidade. Para tanto, investiga o tratamento do tema da sexuação, de Freud a Lacan, a fim de compreender como o discurso psicanalítico abordou o tema e que possibilidades se abrem para pensar a questão da homossexualidade hoje.

A sexuação em Freud e Lacan
A diferenciação sexual em Freud

Para Freud, a diferenciação do homem e da mulher é um processo extremamente complexo, articulado ao desenvolvimento da pulsão sexual e relativamente tardio, porque os dois sexos são considerados um até a fase fálica. O resultado do processo de diferenciação sexual, no entanto, jamais será puro. Freud aponta, nos "Três ensaios":

> (...) nos seres humanos a masculinidade pura ou feminilidade não se pode encontrar nem num sentido psicológico nem num biológico. Todo indivíduo, ao contrário, revela uma mistura dos traços de caráter pertencentes a seu próprio sexo e ao sexo oposto, e mostra uma combinação de atividade e passividade, concordem ou não estes últimos traços de caráter com seus traços biológicos. [1]

---
1. FREUD, 1905, p. 226.

Somos bissexuais. Essa tese norteia o pensamento freudiano, e ele a considera decisiva para a compreensão das manifestações sexuais, pois para Freud a vida psíquica inconsciente de todos os neuróticos (sem exceção) mostra impulsos invertidos e fixações da libido sobre pessoas do mesmo sexo. As relações parentais (pai/filho, mãe/filha), as relações entre grupos de mesmo sexo são permeadas por uma certa dose de homoerotismo, que confere ao recalcamento a justificativa para que não chegue no nível da consciência. Que não se entenda, por isto, que a homossexualidade deva ser tomada, na concepção freudiana, como via normal ou modelar das escolhas de objeto. Ela apenas deve ser considerada como algo que permeia, ainda que inconscientemente, nossos laços sociais diários.

A diferença entre homem e mulher repousa sobre a articulação relativa e temporal entre o complexo de Édipo e o complexo de castração. Nesse percurso do Édipo à castração, no caso do menino, e inverso, no caso da menina, a anatomia é, para Freud, o destino: a diferença anatômica vale por suas conseqüências psíquicas. Para ele, é em decorrência da anatomia que a criança é levada a levantar questões que a remetem à ameaça de castração, no caso dos meninos, e à inveja do pênis, no caso das meninas.

Para Freud, o falo entra em jogo pela via da fase fálica e do complexo de castração. É durante essa fase que o sujeito eleva seu gozo íntimo à dimensão de um significante universal. O complexo de castração intervém, no menino, como uma ameaça sobre o órgão e a satisfação que dele retira. A masturbação, inicialmente ligada às fantasias edipianas, gera um conflito entre o interesse libidinal narcísico ligado ao pênis e o investimento libidinal nos pais: salva-se o pênis ou amam-se os pais. Freud diz que tal conflito é o primeiro a arrebatar o sujeito, pois escolher o pênis torna-se essencial, o que põe em xeque uma satisfação ligada a um universal (todos o têm) e a uma parte do corpo. De modo que, para Freud, a problemática da castração está ligada a "Ter o Falo" e ao modo como aí se articula o gozo. O menino se define pela ameaça de perder e a menina pela espera de um dia ter, o que configura a inveja ou desejo do pênis.

Na elaboração da organização genital infantil, Freud localizará a primazia fálica e, então, o momento em que o sujeito depara com a diferença. O contraponto do determinante que é o falo será a ausência – portada pela menina – do órgão peniano. Mais tarde, ocorrerá a generalização: ser mulher = não ter pênis, como efeito do confronto com a castração. O órgão feminino recebe desde já a marca, a significação de algo jamais descoberto.

A sexuação[2] em Lacan

Lacan propõe que abordemos o sexo pela via do gozo e da linguagem. Há um recuo, ainda que aparente, da importância da anatomia. Aparente, porque ele vai considerá-la ao falar da sexuação. Para Lacan, a anatomia faz parte do destino, mas não é toda do destino.

Lacan mostra-nos que a relação do sujeito com o falo não é a relação do sujeito a não importa qual significante. Este significante, o falo, está ligado a um universal, a uma inscrição do gozo, o gozo fálico, e a uma perda.

Por volta de 1958, Lacan vai ajuntar à concepção freudiana da sexuação uma nova problemática, a do "Ser o Falo", insistindo sobre a função significante do falo, distinta do órgão, o que nos permite compreender melhor a complexidade da sexualidade feminina, como também as questões que a homossexualidade suscita.

Para Lacan, nessa fase, as posições sexuadas jogam com frases que incluem "ser", "ter", "falo" e uma negação: "A mulher não é sem o ter"; "É preciso renunciar a ser para ter"; "É preciso que o homem, macho ou fêmea, aceite ter e não ter a partir da descoberta de que ele não é."[3]

A expressão "ser o falo", com toda sua polissemia, possibilita que pensemos a inclusão de diferenças na sexuação e abre uma

---
2. O termo sexuação é utilizado a partir da leitura de Lacan, e será explicitado no decorrer do texto.
3. LACAN, 1958, p. 642.

perspectiva lógica interessante para a clínica psicanalítica: se o sujeito é o falo, ele não deseja; se tem o falo, ele também não deseja; se não é o falo, inicia-se uma perspectiva em que o enigma do desejo do Outro é apontado; se não tem o falo, articula-se ao desejo do Outro e tem de desejar para vir a ter. Logo, o significante do desejo implica duas negativas: não ter e não ser.

Assim, Lacan, nesse período, situa a sexuação em torno do ter ou ser o falo, e a função fálica encontra-se nessas fórmulas retóricas fabricadas com as negações possíveis implicadas nessas posições: o falo situado no centro da problemática da sexuação.

Decorre daí que a homossexualidade não pode ser considerada como simetricamente oposta à heterossexualidade. O *heteros* persiste como um enigma na sexualidade, na medida em que, no inconsciente, o Outro sexo é impensável. *Homo* ou *heteros*, é do falo que se trata e também do objeto, que, apesar de impossível de apontar, é, assim mesmo, algo real e de natureza assexuada. O objeto, causa da divisão do sujeito, é um objeto *a*, sem mais escrita, sem sexo.

Mas, então, o que define verdadeiramente a diferença entre os sexos? Qual o papel do par parental na definição sexuada e nas escolhas de objeto?

Tais questões foram, primeiramente, tratadas pelo viés da identificação. Tomemos Dora como exemplo. Como sabemos, Dora apresenta um certo acúmulo de sintomas corporais, de conversão histérica, entre eles uma tosse e uma afonia. Freud destaca do relato de Dora o significante *unvermögend* (impotente), que se articula com *vermögend* (afortunado), e interpreta os sintomas como traços de identificação com o pai impotente. A afonia de Dora representaria, então, uma identificação sexual.

Mas essa identificação, que tem uma significação sexual fálica ("impotente"), não nos diz de qual sexo é Dora. Não é, então, uma identificação que determina seu sexo, menina ou menino. Ela marca sua histeria, se considerarmos que o pivô disso é a identificação com o gozo do pai como castrado. Ao contrário de resolver sua posição sexuada, Dora sustenta sua questão neurótica sobre a feminilidade e sobre o sexo. Trata-se de uma questão a decifrar, mais do que de uma resposta. As identificações ditas viris recobrem e complicam a sexuação, mas ela não se reduz a isso.

Os impasses do sexo no ser falante provêm do fato de que somente se aborda o sexo, no inconsciente, pelas vias da linguagem. Daí sua não escritura no campo da psicanálise, em contraposição à sua escritura no campo das ciências. São dois reais distintos, cuja distância estabelece limites na prática do psicanalista. No caso Dora, o fracasso de sua análise decorre, entre outras razões, da "certeza" de Freud de ser Dora uma mulher.

Certeza e dúvida foram posteriormente retomadas por Freud ao falar das teorias sexuais infantis: a criança pode ver bem que as mulheres não têm o pênis e continuar a supor a existência de um falo para sua mãe.

Por essas razões, concernentes à especificidade do campo psicanalítico no trato da questão da sexuação no ser falante, Lacan afirmará:

> Eu enuncio que o discurso psicanalítico só se sustenta pelo enunciado de que não há, de que é impossível colocar-se a relação sexual. É nisto que se escoram os avanços do discurso analítico e é por isso aí que ele determina o que é realmente do estatuto de todos os outros discursos.[4]

Diferentemente da ciência, na qual a experiência que invalida uma regra e faz aparecer o impossível a saber incita a invenção de uma nova teoria, na psicanálise não existem leis universais, dedutíveis da experiência que permitiriam predizer, com certeza, o que levará o sujeito a se situar de um ou de outro modo em tal ou qual conjuntura. Existe o saber singular, do caso a caso, que não precede a experiência.

---

4. LACAN, 1972-1973, p. 17.

Não há relação sexual

O aforismo de Lacan – "Não há relação sexual"[5] – pode ser compreendido como: não há como escrever a lei psicanalítica da atração dos seres humanos. Há relações sexuais, no sentido usual do termo, mas a psicanálise não pode escrever a lei universal dessa relação, nem lhe dar regras: cada um faz um tipo de "bricolagem" que vai mais ou menos bem.

Ao anunciar a inexistência da relação sexual, Lacan investe numa tentativa de abordagem do real, no sentido mesmo de fazer uma borda para isso que se apresenta como insondável, delimitando a falta do significante sexual da mulher no nível da instância inconsciente. *Não há relação sexual* enuncia a não-relação, para se opor à idéia que pretende traduzir a relação sexual como o momento complementar entre dois corpos de tal maneira que formem, por ela, um único ser. Sabemos que o encontro entre um homem e uma mulher ou entre pessoas de um mesmo sexo já se coloca, de antemão, como inevitavelmente discordante, pois é, aqui, do gozo que se trata e dele pouco ou quase nada sabemos.

Logo, mesmo que seja real dizer que há dois sexos, não se pode dizer que o segundo sexo existe a fim de entrar em relação com o primeiro. A relação sexual não pode se escrever entre o um e o Outro, pelo fato de que não há um significante que identifique o Outro – ele é marcado por uma falta, um vazio. Deve-se levar em conta uma dimensão que não é redutível nem à oposições significantes nem à lógica dos atributos conferida pelas identificações ao traço unário, mas que exige uma construção a cada vez singular: a dimensão do gozo e suas modalidades na relação com o outro sexo.

As questões implicadas nas diversas posições de gozo do sujeito, as identificações narcísicas que encontramos nas teorizações freudianas sobre a homossexualidade e mesmo as identificações inconscientes do sujeito não são suficientemente respondidas pelas formulações propostas por Lacan até então. Tais formulações, que

---
5. LACAN, 1973, p. 11.

colocam o falo como significante do desejo no centro da problemática da sexuação, precisaram ser reformuladas. Uma nova lógica foi necessária para tratar a função fálica. Lacan usa a "função proposicional de Frege"[6] para definir a função fálica como uma função proposicional a um só argumento variável, *x*, que representa o sujeito em sua relação com o sexo. Esse x, portanto, é um significante por intermédio do qual o sujeito se inscreve na função, são os significantes do gozo para o sujeito. Disso resultou o quadro da sexuação, com suas fórmulas quânticas, ou seja, com os novos quantificadores agora utilizados: o Todo, a Existência, o Não-Todo e a Não-Existência, que vamos retomar para explicitar as questões suscitadas pela sexuação.

Lacan define a sexuação como uma "opção de identificação sexuada" – "opção" quer dizer que há escolha do sujeito, "identifi-

---

6. "A invenção de Frege é extremamente forte. Ele criou um dispositivo novo para analisar a frase, distinto dos dispositivos de Aristóteles. Pela primeira vez na história da lógica se dá um corte importante, é a data da lógica moderna. Frege inventa uma nova decomposição da frase. Para Aristóteles, a frase se decompunha em sujeito, cópula e atributo ou predicado. Quando se diz: *o homem é branco*, o sujeito é o *homem*, a cópula é *ser*, e *branco* é o atributo ou predicado. Frege introduziu um novo casal, uma nova maneira de se servir da frase, que é a dupla função, argumento que se deduz da frase quando se corta a frase de um certo modo. Tomemos o exemplo do hidrogênio: *H2 é mais leve que CO2*. Ele diz que quando se vê uma frase como esta, pode-se fazer variar o sentido da frase e o seu valor de verdade, pois são duas coisas diferentes. O sentido é *"o que isto quer dizer?"* e o valor de verdade é *"isto é verdadeiro ou falso?"* Frege afirma que é possível variar tudo isto retirando hidrogênio e colocando ali oxigênio ou azoto, por exemplo. Se coloco oxigênio, a frase é verdadeira, mas se coloco azoto ela é falsa.
Fazer uma frase furada é uma boa idéia: faz-se um furo aqui e, nesse momento, podemos substituir por outras coisas, mudando, assim, o sentido e também o valor de verdade. Podemos, também, furar em outro lugar e colocar outros gazes. (...) Primeiramente, segundo Frege, há um elemento constante que representa o conjunto de relações que existem na frase. Nesta frase, por exemplo, se vocês fazem apenas um furo, o elemento constante que representa o conjunto de relações na frase será: ( ) é mais leve que CO2. Mas, por outro lado, se vocês decidem fazer dois furos, o elemento constante que representa o conjunto de relações na frase será: ( ) é mais leve que ( ). São vocês quem escolhem, a depender do número de furos que fizerem, que relação será colocada em evidência. (...) O elemento constante que representa o conjunto das relações é a própria função proposicional.
Temos, em segundo lugar, os elementos substituíveis, onde se pode colocar um bocado de coisas. O elemento substituível, que vai se alojar no lugar vazio, no furo, é o argumento. No exemplo, a função é ( ) é mais leve que o CO2 e o argumento é um x, qualquer variável que vocês coloquem no lugar do furo: (x) é mais leve que o CO2 (...).
Podemos fazer frases com vários furos e frases com apenas um furo, o importante é reconhecer aquilo que continua constante – as relações – e aquilo que muda – o argumento ou a variável.
Com a mesma frase dada de início, Aristóteles fazia apenas uma decomposição, enquanto Frege pode fabricar várias funções diferentes a depender do lugar onde se coloca o furo. A lógica desloca-se, então, da gramática. (...)
É interessante ver como Lacan utiliza esse instrumento para localizar o lugar vazio do sujeito em relação ao falo, numa função que condensa a positividade de um gozo e a negatividade do complexo de castração freudiano. Cf. MOREL, 2000, p. 13-14.

cação" implica a intervenção da linguagem, e "identidade sexuada" implica outra identificação que a tomada por traços do objeto.

A sexuação se dá em 3 tempos.[7] O primeiro tempo é o da diferença natural entre os sexos. Já aqui a anatomia não é a natural, nem a do gênero, e, sim, a tensão entre a diferença natural dos sexos e suas conseqüências para o sujeito. Nesse tempo é de um real mítico que se trata, na medida em que ele somente adquirirá seu valor no segundo tempo, o do discurso sexual.

A importância do discurso que cerca o sujeito e que fala de sua definição sexual passa muitas vezes desapercebida, pois, aparentemente, ele apenas faz refletir a natureza. Mas essa importância se evidencia nos casos em que o discurso sexual não reflete o sexo anatômico do sujeito.

No momento em que se profere "é um menino" ou "é uma menina", "menino" não quer dizer somente portador de um pênis e, sim, portador de virilidade, capaz de ser um homem; "menina" perde também seu sentido anatômico para tornar-se sinônimo de privação, falta, feminilidade, beleza, "enigma perpétuo". A natureza torna-se semblante. O falo torna-se o significante único que categoriza a diferença natural em termos de falo e castração; torna-se o significante mestre do sexo.

O terceiro tempo se configura por uma certa decisão inconsciente do sujeito de se inscrever ou não na função fálica. Se ele recusa, é a psicose como estrutura, o sujeito está fora do discurso, ou seja, não aceita o discurso sexual comum e seu significante mestre fálico. O sujeito deverá, então, inventar para si uma sexuação inédita, sem a ajuda da função fálica e seu termo correlativo, o Nome-do-pai, que torna possível a inscrição do sujeito nessa função.

Na neurose, um significante articula a função fálica ao sintoma – o sintoma é articulado ao Nome-do-pai e substitui o pai como agente da castração, numa função de gozo singular e não mais universal, que tem como matriz o fantasma fundamental do sujeito – é o que o faz identificar-se com seu sintoma.

---

7. MOREL, 2000.

Na perversão, a castração será afirmada e negada, sendo essa recusa recoberta pelo objeto fetiche, imprescindível ao gozo do sujeito.

Se somente há uma função de gozo universal – a função fálica relativa ao gozo fálico – há dois modos de nela se inscrever, que correspondem a dois modos diferentes do gozo fálico, logo, a dois sexos.

As fórmulas quânticas da sexuação

Com as fórmulas quânticas da sexuação, Lacan prescreve a disjunção existente entre o sexo masculino e o feminino, ao abordá-los como um lugar inominável que, *à priori*, não poderia ser qualificado pelo sujeito. A maneira como cada um se insere, nessa função Φ(x), é que vai falar da diferença de posição ou de identificação sexuada, o modo como se coloca assujeitado a essa função, à lei fálica.

Homem (UM)	Mulher (A̶ Outra)
$\exists x . \overline{\Phi x}$	$\overline{\exists} x . \Phi x$
$\forall x . \Phi x$	$\overline{\forall} x . \Phi x$
$\$$ Φ	$S (A̶)$ a A̶

Do lado homem, temos o significante principal, o significante do Um, o Todo e a contradição:

∃x. Φx – existe um sujeito para quem a função Φ x não funciona;

∀x. Φx – para todo sujeito é verdadeiro que Φx funcione.

A primeira proposição demonstra, a partir do mito do pai, de "Totem e Tabu", que há uma impotência constitutiva, na qual a castração funciona como limite e como forma de reassegurar a posição masculina. O homem é todo fálico, e esse falicismo somente subsiste a partir de sua relação com o pai como agente da castração. O homem é um termo universal, que corresponde extensivamente ao conjunto de homens. Esse universal se apóia sobre a existência do pai, que é uma exceção a essa lei.

Nos *Escritos,* Lacan observa: "Não há virilidade que a castração não consagre".[8] O pai não está, então, como "todo homem". A contradição entre a exceção paterna à lei da castração e a essência do "todo homem" da virilidade é, então, o princípio mesmo da sexuação masculina, segundo Freud relido por Lacan.

Objeção e obstáculo são características da sexuação masculina. Serge André[9] diz que é necessário que, para cada homem, possa acontecer, ao menos uma vez, de superar essa impotência constitutiva. Se para todo sujeito é verdadeiro que Φ x funcione, isso implica que, para o homem, a relação com a parceira mulher se reduz à fantasia. Ela deverá lhe valer, como Lacan indica com a seta que sai do $ → *a*, como objeto *a*, parcial relativamente àquilo que seria o corpo do Outro. É de um olhar, de umas partes do corpo mais ou menos fetichizadas da parceira que o homem goza. Jamais, a menos que se coloque na posição feminina, do corpo feminino como tal, em sua radical alteridade. O gozo do significante, que se interpõe aí entre o sujeito e o corpo do Outro, barra-lhe o acesso a este. Tal é a lei da castração, a função Φσx, à qual todo sujeito deve estar submetido.

---

8. LACAN, 1960, p. 742.
9. ANDRÉ, 1995.

Mas é necessário lembrar que não é pelo fato do homem fazer Um em seu inconsciente que devamos, contudo, tomá-lo, ao contrário da mulher, como todo significantizado. O homem também não é todo e é sobretudo nisso que Lacan insiste nas equações da sexuação. Trata-se, aqui, de posições subjetivas sustentadas pelo sujeito a partir da oposição entre o ter e ser o falo e da subjetivação do sexo sendo decidida no nível de sua relação com a castração.

O lado mulher, Lacan anota, é o Outro do Um, cujo significante principal é o significante do Outro.

$\exists x. \overline{\Phi x}$ – não existe figura fundadora de um conjunto de mulheres, de modo que nenhuma mulher faz exceção à regra. Se falta a exceção, falta a regra, portanto, não há regra que determine uma identidade feminina, um conjunto, uma lei comum.

Quem recusa esse fundamento da posição feminina na sexuação aloja-se do lado $\forall x. \Phi x$, ao abrigo de uma identidade, decorrendo daí a inveja do pênis e o complexo de masculinidade.

$\overline{\forall x}.\Phi x$ – para não-todo sujeito é verdadeiro que Φx funcione. Isso significa que a mulher está não-toda submetida à função fálica, e em conseqüência, ao gozo fálico.

Ao lado mulher, portanto, é prescrita a condição de um gozo Outro. Outro no sentido de que ela é não toda fálica – há uma parte que não passa para o Um fálico, permanecendo real. Dizer, portanto, que "A Mulher não existe" é dizê-la sujeita a um gozo suplementar e que, por isso, a faz não como um outro sexo mas como Outro absoluto, em toda a radicalidade que nele se encerra. É, sobretudo, este para-além do gozo fálico que a particulariza, do mesmo modo que é também o que a faz mirar-se e lançar-se rumo à própria feminilidade.

No *Seminário XX*, Lacan observa:

> Não é porque ela é não-toda na função fálica que ela deixe de estar nela de todo. Ela não está lá não de todo. Ela está lá à toda. Mas há algo a mais... Há um gozo... para além do Falo... há um gozo dela,

desse ela que não existe e não significa nada. Há um gozo dela sobre o qual talvez ela mesma não saiba nada a não ser que o experimenta – isto ela sabe. Ela sabe disso, certamente, quando isso acontece. Isso não acontece a elas todas.[10]

O falo tem por efeito cindir mais do que unificar a posição feminina. Isso se caracteriza por fazer desta posição um fazer-se Outro. Assim, ao apelo do parceiro ao gozo do corpo, a mulher se abstém de responder, segundo Serge André, "para não escorregar na rampa da dessubjetivação".[11]

É o que não acontecerá no caso da jovem homossexual analisado por Freud e retomado por Lacan. Impossibilitada de fazer semblante, ela fica no gozo fálico, tentando promover o encontro com o gozo do Outro. "O falo entra como obturador, potencializando a função do significante e tentando sustentar que existe um x que não Φx."[12] Existe uma para quem a função fálica não funciona, $\exists x. \overline{\Phi x}$. Uma tentativa de fazer valer a exceção, de sustentar o falo da mãe, busca que define o desejo perverso.

Diante do fracasso dessa operação, frente ao corte anunciado pela dama – "Temos que terminar aqui" – a jovem cai (*niederkommen*). A dama, que de uma posição histérica, veicula a lei paterna para a jovem, anunciando a falta, falta essa velada pelo objeto fetiche. Dessa forma, "o S($\slashed{A}$) como matema que se refere ao ponto de gozo que é da não relação sexual, não será desvendado pelo lado feminino".[13]

Em vez de dirigir-se ao S($\slashed{A}$), fazendo escrita do obstáculo ao encontro com o Outro, a jovem volta-se para o *a*, "o verdadeiro parceiro do sujeito com relação ao gozo",[14] tornando ato seu desejo de obter um filho do pai, assim como sua vingança por não o obter.

---

10. LACAN, 1972-1973, 100.
11. ANDRÉ, 1991.
12. GODIN, *s.d.*
13. FÉRES, *s.d.*
14. FÉRES, *s.d.*

É o que tentamos ilustrar no quadro que se segue: [15]

Homem (UM)	Mulher (A̸ Outra)
$\exists x . \overline{\Phi x}$	$\exists x . \overline{\Phi x}$
$\forall x . \Phi x$	$\overline{\forall} x . \Phi x$
$\$ \quad \Diamond \qquad \qquad A̸$ $\Phi \twoheadleftarrow \qquad a$	

Poderíamos dizer que a jovem se sustenta num arranjo fantasmático, $ ◊ a, que lhe permite fixar-se como fálica, posicionando-se do lado masculino das fórmulas da sexuação. Na parte inferior do quadro, nas fórmulas, podemos ler os efeitos desse posicionamento. A jovem posiciona-se como fálica e relaciona-se com a dama, também tomada como objeto fálico. Diríamos que encontramos aí uma relação falo-falo, relação homossexual por excelência. Isso nos remete ao título dado por Freud ao estudo da jovem: "A psicogênese de um caso de homossexualidade feminina".

A gênese desse caso é clínica, o que nos permite dizer que, no particular da clínica, cada caso será "um caso". Aos demais cabe interrogar, no um a um.

Examinaremos agora algumas questões suscitadas pela homossexualidade na compreensão da sexuação.

---
15. NAVES, 2002.

Sexuação e homossexualidade

No que tange à afirmação homossexual, diversos modos (tão diversos quanto na heterossexualidade) são configurados, incluindo-se aí o fator de suas diferenciações quanto a seu estatuto na neurose, na perversão ou na psicose. Uma via, segundo Serge André, preferencial de acesso à questão homossexual na clínica seria a pergunta: Já que não há elemento comum entre as variadas soluções, então "o homossexual" não existe?

Dizer-se ou ser dito homossexual, o citado autor precisa, é um *fato de discurso*: "Um fato de discurso é uma fala que (...) tem por função criar ou confirmar a existência, entre esses sujeitos, de um vínculo social."[16]

André descreve o que dizem os homossexuais, no *setting*, quanto a não se sentirem à vontade no lugar em que a fala "de todo mundo" os institui. Daí a importância de que o psicanalista coloque em suspenso o saber e o juízo sobre o que está implícito socialmente na expressão "homossexual". Cabe-lhe, enquanto analista, suspender sua participação no discurso dominante. É a este discurso que o homossexual se dirige e é a partir desse discurso que ele discute um lugar que não o satisfaz. Ele interroga a coincidência entre o comum, o social e o particular ao sujeito.

A homossexualidade, especialmente na contemporaneidade, apresenta-se como um dos mais sólidos tabus impostos pela cultura. Ao se falar em homossexualidade, freqüentemente lança-se mão de argumentos morais que a apresentam quer como um desvio patológico da personalidade, quer como uma prática que engendra em si mesma um poder desestabilizador do discurso vigente, o que nos convida a pensá-la como uma outra modalidade de gozo, que, de certa forma, foge ao rígido controle estabelecido pela moral dominante. Por conseguinte, o homossexual responde ao projeto segregador imposto pelo social, que de tempos em tempos elege "bodes expiatórios" para que possa continuar fazendo valer as suas regras.

---
16. ANDRÉ, 1995, p. 113.

A pouca tolerância para com uma escolha homossexual não deixa de ter os seus efeitos tanto para o sujeito quanto para a civilização que, ao segregar, conserva um sistema em que a clandestinidade de tais práticas se impõe de maneira a delimitar zonas e espaços prefigurados como guetos, que confinam em seu seio tanto a voz dos que compõem essa minoria quanto o silêncio que as envolve.

De tempos em tempos, o discurso científico também se debruça sobre a questão da homossexualidade, procurando extrair, com suas proposições, a causa ou a origem de tal comportamento. Ser homossexual seria, para muitos, uma marca genética indelével que o indivíduo carregaria, assim como carrega a cor de seus cabelos ou o tamanho de suas pernas. Entretanto, para outros, a coisa não funcionaria assim de modo tão determinista.

O sujeito sobre o qual a psicanálise se debruça causa-se em sua fenda por um objeto *pequeno a,* sem mais escrita, sem sexo. Homo e heterossexualidade, desde que ancoradas no falo, contam com o que o caracteriza: um significante sem significado cujo sentido, o que simboliza, é da ordem do fracasso, apontando para o limite do sentido.

> Um discurso como o analítico visa o sentido. (...) O que o discurso analítico faz surgir, é justamente a idéia de que esse sentido é aparência. Se o discurso analítico indica que esse sentido é sexual, isto só pode ser para dar razão ao seu limite.(...) O sentido indica a direção na qual ele fracassa.[17]

Como pensar, à luz do fio que se inicia em Freud e vai até a lógica da sexuação, questões como: Gostar de homem é coisa de mulher ou de um "não tão homem?" O que acontece com o fato sexual aí? Homem, és homem? De que sofre o homossexual?

Inexistindo a relação sexual, como localizar a homossexualidade como constituindo uma questão para a psicanálise? A queixa homossexual reivindicaria então uma escrita possível ao impossível do sexo?

---
17. LACAN 1972-1973, p. 106.

Se, para Lacan, não há mais que duas saídas no que tange à identidade sexual, ao homossexual não está concedido um sexo outro, ou um terceiro sexo. É fato que, freqüentemente, numa relação entre dois homens, um deles há que se posicionar enquanto passivo diante do companheiro – prática esta até hoje mal vista tanto entre os *heteros* como entre os homossexuais. A posição passiva do homossexual masculino é vista como especialmente degradante, pois leva a uma analogia sintomática com o papel sempre desprivilegiado ocupado pela mulher na cultura diante "daquele homem" que tinha, que tem. "Tinha o quê? O que que ele tem que eu não tenho?", muitas perguntam. A palavra, a decisão, a Lei – entendida aqui como asseguradora de toda uma alegoria fálica – desde os primórdios era conferida ao homem, como ainda o é. Por conseguinte, podemos entender sem muitas dificuldades que a posição passiva do homem diante do mesmo sexo denuncia uma degradação do falo, é a falência viril no que diz respeito ao desinvestimento do próprio órgão, que culminaria no equívoco corriqueiro de que o homossexual seria um desvirilizado, um afeminado, uma mulher provida que não faz jus a seus atributos. Já o parceiro que desempenha a posição ativa, que numa primeira instância, faz crer que, mesmo gozando com o mesmo sexo, assuma uma posição masculina diante do outro. Homem e mulher devem ser examinados, antes, como efeitos de um discurso, a partir do qual o sujeito interrogará a coincidência ou a distância deste discurso em relação à sua anatomia e à sua escolha objetal. O mesmo, contudo, não podemos dizer em relação às homossexuais.

"Tratar uma mulher como homem jamais comporta o toque de degradação e até de sacrilégio, implicado na inversão masculina", salienta Serge André.[18] É nessa medida que, ao partirmos do discurso estabelecido pela cultura, a homossexual ativa não se equivale ao homem passivo, na medida em que ela se equipara a este, para gozar daí – com o Um – nessa posição que imaginariamente lhe assegura

---

18. ANDRÉ, 1995, p. 73.

ser a portadora do falo. E não seria exagero pensar o homossexual passivo de maneira invertida, como aquele que diante da castração tende a imaginarizá-la em demasia. Contudo, é visível, tangível, que os enunciados *ativo e passivo* "só se baseiem numa fantasia com a qual eles tentaram suprir ao que de certa maneira não se pode dizer, isto é, a relação sexual", ensina-nos Lacan.[19]

Ao analista reitera-se: o *a* não escreve nenhuma aparência, ou corpo aos quais se referir. O homossexual, na escritura que dá a ler ao analista, reafirma a não-inscrição e os impasses dela decorrentes. Resta indagar se articulações que arranjam o que é do sexo seriam efeitos do que está interditado a todos.

A partir, sobretudo, da ênfase dada neste trabalho às manifestações discursivas que carregam em si as múltiplas versões do sujeito, as variadas inversões do discurso, é preciso indagar se a psicanálise não seria uma alternativa de promover brechas no seio da cultura, abrindo outras possibilidades para que a homossexualidade possa ser pensada fora dos liames assegurados pelas patologias e depravações, ganhando, assim, um estatuto discursivo, lingüístico, tornando-se capaz de, por ele, afirmar, quem sabe, sua legítima inexistência. O inexistente aqui é pensado a partir de uma tentativa de dar consistência a uma relação que, por princípio, não há.

Referências bibliográficas

ANDRÉ, S. *A impostura perversa*. Trad. Vera Ribeiro. Rio de Janeiro: Jorge Zahar, 1995.

ANDRÉ, S. *O que quer uma mulher?* Trad. Dulce Duque Estrada. Rio de Janeiro: Jorge Zahar, 1991.

FÉRES, N. R. A cada mulher o seu corte. *s.d.* Inédito.

---

19. LACAN, 1972-1973, p. 110.

FREUD, S. Três ensaios sobre a teoria da sexualidade (1905). *Edição standard brasileira das obras psicológicas completas de Sigmund Freud*. Trad. Jayme Salomão. Rio de Janeiro: Imago, 1972, v. 7.

FREUD, S. O problema econômico do masoquismo (1924). *Op. cit.* Rio de Janeiro: Imago Editora, 1972, v. 19.

FREUD, S. Organização genital infantil (1923). *Op. cit.* Rio de Janeiro: Imago,1972, v. 19.

FREUD, S. Psicogênese de um caso de homossexualidade feminina (1920). *Op. cit.* Rio de Janeiro:Imago, 1972, v. 7.

FREUD, S. Algumas conseqüências psíquicas da diferença anatômica entre os sexos. (1924), *Op. cit.* Rio de Janeiro: Imago, 1972, v. 19.

FREUD, S. A dissolução do complexo de Édipo (1924). *Op. cit.* Rio de Janeiro: Imago, 1972, v. 19.

GODIN, J.G. Sobre a psicogênese de um caso de homossexualidade feminina. In: *Textos psicanalíticos*. Belo Horizonte: Edições Pirata, s.d.

LACAN, J. A direção do tratamento e os princípios de seu poder (1958). In: *Escritos*. Trad. Vera Ribeiro. Rio de Janeiro: Jorge Zahar, 1998.

LACAN, J. *O seminário. Livro 20. Mais, ainda* (1972-1973). Versão brasileira de M. D. Magno. Rio de Janeiro: Zahar Editores, 1985.

LACAN, J. L´´Etourdit. In: *Scilicet 4*. Paris: Ed. Du Seuil, 1973.

LACAN, J. Diretrizes para um Congresso sobre a sexualidade feminina (1960). In: *Escritos*. Trad. Vera Ribeiro. Rio de Janeiro: Jorge Zahar, 1998.

MOREL,G. *Ambiguïtés sexuelles. Sexuation et psychose*. Paris: Anthropos Ed, 2000.

NAVES, F. D. Freud e o desejo do analista no caso da jovem homossexual. *Grîphos*, Belo Horizonte, IEPSI, nº 19, 2002.

Homossexualidade — Um ensaio sobre o tema

Gilda Vaz Rodrigues

Introdução

Para introduzir o que chamo de um ensaio sobre a homossexualidade, por não se tratar de um trabalho minucioso como o assunto requer, mas uma pontuação sobre um aspecto que considero relevante entre outros que atravessam esse tema tão complexo, recorro-me a uma citação de Lacan formulada em seu *O seminário – As formações do inconsciente*.

"Fala-se dos homossexuais. Trata-se dos homossexuais. Não se curam os homossexuais. E o mais impressionante é que não são curados, a despeito de serem absolutamente curáveis."[1]

A ênfase inicialmente recairá sobre a palavra cura. Oportunidade de nos indagar sobre o que é a cura para a psicanálise. Devido à própria especificidade do discurso analítico, a noção de cura não tem o mesmo sentido que o formulado pelo discurso médico, impondo-nos a desarticulação da relação doença-cura. Indagaremos então sobre o que vem a ser a cura para a psicanálise, se considerarmos que a direção de uma análise nos leva ao confronto com o incurável – aquilo que no homem não tem cura, que toca no mais íntimo do seu ser expondo-o ao incurável da dimensão fantasmática em que o desejo se ancora.

Lacan vai centrar sua formalização teórica em torno desse ponto do real na estrutura do sujeito em que se toca o incurável. Poderíamos dizer que o curável para a psicanálise está articulado à

---
1. LACAN, 1957-1958, p. 214.

operação do recalque, que implica o esquecimento daquilo que, na verdade, nunca foi lembrado. Paradoxo inerente ao humano em função da própria estrutura do inconsciente freudiano, por um lado, um campo de inscrições que se manifestam por meio de formações, como lapsos, sonhos, sintomas e, por outro, um campo de perda, ausente de representações e que evoca o vazio não menos constituinte do inconsciente.

Freud situou esse ponto na junção entre o sexo e a morte, que, por estrutura, portam uma impossibilidade de saber.

Não há, portanto, existência da morte no inconsciente. "...Existem mortos, e é só", diz Lacan dando mais ênfase: "E, quando morrem, ninguém mais no mundo lhes presta atenção".[2]

Ele articula a relação do sexo com a morte a partir da formulação freudiana e conclui que foi pela realidade sexual que a estrutura significante fez sua entrada no mundo. Isso nos oferece os fundamentos da afinidade existente entre os jogos significantes e os enigmas da sexualidade.

A partir do momento em que fazemos entrar em jogo o significante, a partir do momento em que duas pessoas se relacionam ou se referem uma à outra por intermédio de uma cadeia significante, haverá sempre um resto, um resíduo que impõe uma impossibilidade a essa relação. Lacan irá formular, por isso mesmo, seu conhecido aforismo "A relação sexual não existe".

É curioso que Lacan entende heterogeneidade colocando a ênfase no *hetero*, que significa inspiração em grego, e cuja acepção própria, em latim, segundo ele, é a de resto, de resíduo. A relação heterossexual, portanto, diz respeito àquela que decorre da inscrição na lei significante. A ênfase não recai no objeto, no sentido de este ser ou não ser do mesmo sexo, mas naquilo que no desejo é resto, isto é, sua causa e esteio de sua insatisfação, se não, de sua impossibilidade. O *hetero* evoca algo que resta como enigma e equívoco com relação àquilo que será tanto para homens como para mulheres o Outro sexo, o da mulher.

---

2. LACAN, 1957-1958, p. 322.

Essa questão se engendra no mesmo veio criado pela procura de uma "Outra Coisa", sempre ansiada pelo homem, capaz de dar conta da falta radical inerente à sua própria existência. Essa ânsia por uma Outra Coisa se manifesta, por exemplo, por meio de uma busca obstinada de provas da existência de Deus, principalmente no período medieval, da existência desse Outro capaz de responder ao obscurantismo que envolvia esse campo atormentado da alma humana. Também a psicanálise exigiu de Freud que ele fundamentasse as provas da existência do inconsciente. Freud não recuou frente a essa busca obstinada de provas.

Lacan não precisou provar a existência d'A Mulher, pois, de início, ele já formulou que ela não existe; e dedicou-se a provar não mais a existência, mas a ex-sistência de um campo em que situou Deus, o inconsciente, o analista e A Mulher.

Como provar a existência desse Outro sexo, se ele mesmo, Lacan, insistiu que A mulher não existe? Se Lacan, num primeiro tempo de seu ensino, insistiu na não-existência d'A Mulher, na medida em que ela é não-toda submetida ao gozo fálico, a partir do seminário *O ato psicanalítico,* ele parece indagar se é possível acreditar na Mulher, no Outro sexo. Para ele, acreditar na Mulher é um ato de fé, o que a aproxima da identificação entre Deus e A Mulher do ponto de vista da localização na estrutura.

Deus, o analista, o inconsciente, A Mulher, isso que inspira os homens a buscarem sempre uma Outra Coisa. Essa Outra Coisa, entretanto, não é outro objeto, outro parceiro, outra ocupação, mas esse campo do não-todo onde nenhuma representação representa. Essa Outra Coisa está além do campo fálico. Isso implica a experiência da castração simbólica que incide sobre o falo imaginário e faz cair suas significações. O falo só acede a seu estatuto simbólico ao perder as formas imaginárias por intermédio da castração. O que restará do falo terá o estatuto de marca, traço, sinal ou cicatriz, que dará sustentação àquele que poderia dizer: eu passei pela experiência de castração e inevitavelmente isso ficou marcado em mim. Resta especificar o estatuto dessa marca na estrutura. Freud e Lacan o fizeram mediante os esquemas, os grafos, as figuras topológicas e os nós.

A psicanálise permite entender, numa outra via, as referências antropológicas da circuncisão, os ritos da puberdade e das tatuagens, formas de acesso à ordem do falo institucionalizadas pela cultura, que testemunham o imperativo de inscrição nessa ordem. Essas marcas não têm só a função de reconhecimento, como o de distinguir o rebanho; elas são marcas significantes que fundam o desejo humano. Desejo que é antes de tudo desejo de Outra Coisa ou desejo de desejar.

Em "Posição do inconsciente", Lacan ressalta a questão da causa como efeito da linguagem e, portanto, inerente à estrutura do inconsciente. Ora, o efeito, nessa estrutura, é sempre falta, o que impõe o deslizamento da cadeia de significantes e a busca incessante de uma Outra coisa. Toda vez que há um descolamento da pulsão de uma representação à qual está fixada, o que ocorre é um intervalo habitado por uma falta imanente ao próprio sujeito do inconsciente. A causa do desejo é, portanto, indissociável do inconsciente estruturado como uma linguagem e do sujeito que daí advém.

Lacan distinguiu a função da causa por meio do objeto *a*, definindo-o como causa de desejo. Porém, se, de um lado, o objeto aparece do lado do inconsciente e do desejo como causa, sendo aí constitutivo do próprio sujeito do inconsciente, o que nos leva a pensar o sujeito como um *a*, em posição de causa, por outro, o *a* pode surgir como ganho, como mais de gozar e não como perda, como desejo[3], o que nos leva a falar de alguém na posição de objeto. "A aparição do conceito de mais de gozar implica a recuperação do objeto do lado do isso, quer dizer, do lado da pulsão. O objeto se apresenta, do lado do inconsciente e do desejo, como causa, e do lado do isso e da pulsão, como mais ou ganho de gozo."[3]

Na verdade essas duas posições não são estanques nem cronologicamente situáveis. Elas constituem um desenvolvimento do que Lacan formulou no seminário *Os quatro conceitos fundamentais da psicanálise*, como operações lógicas de causação do sujeito: alienação e separação. O sujeito é causado em dois tempos que se recobrem: o tempo do sujeito e o tempo do objeto.

---

3. Rabinovitch, Diana. *O desejo do psicanalista – liberdade e determinação*. P. 98.
3. RABINOVICH, 2000.

O efeito libertador de uma análise é como um *flash*, para, logo em seguida, cair novamente no imperativo de sua própria causalidade, o que leva D. Rabinovich a considerar a experiência psicanalítica implicada no paradoxo de conciliar o determinismo com a liberdade. Entretanto, se não há margem de liberdade possível, também não existe psicanálise possível. Assim, o estatuto do objeto como originalmente perdido implica a contingência estrutural do próprio objeto para cada sujeito.

Lacan relaciona o conceito de liberdade com a noção de sem-sentido, como liberação do sujeito do efeito afanísico do significante binário, e o determinismo, sendo da ordem do significante, à possibilidade de ser operado mediante certo manejo da temporalidade. Conclui-se que restam da experiência psicanalítica um ponto de determinismo e uma margem de liberdade.

Sobre a homossexualidade

Esta breve introdução pretendeu situar o que é a cura para a psicanálise: desejar. A ênfase não recai, portanto, no objeto a ser desejado. Retomo aqui a frase que dá início a este trabalho. Será que, ao afirmar que os homossexuais são absolutamente curáveis, Lacan não estaria privilegiando o desejo como barreira ao gozo, ou a derrisão do monopólio fálico, ou ainda, o acesso a essa Outra Coisa que as formas fálicas obturam?

O campo do objeto é o campo do gozo. É ao gozo que importa com que objeto se goza, e isso é o que há de mais variável no universo humano. Ao formular o conceito de objeto *a*, Lacan especificou o estatuto do objeto na psicanálise, destituindo-o das predicações fálicas e definindo-o como perdido. Isso modificará profundamente a teoria da sexualidade e desvinculando a diferença sexual do fator anatômico, estabelecerá as fórmulas da sexuação para definir homem e mulher como posições na estrutura.

Ao homem compete a satisfação do gozo fálico que gera a ilusão do todo, de que não há resto, objeto *a*, sustentando a ilusão de que há uma complementaridade sexual. À mulher cabe a posição de objeto *a*, resto não significável, do lado do não-todo fálico em que operam os processos que marcam a presença do inconsciente. Portanto, homossexualidade se refere às relações restritas ao campo fálico.

Freud, em "Psicologia das massas e análise do eu", cita como exemplos de instituições fálicas a Igreja e o Exército, pois são instituições onde impera o monopólio fálico. Não é por outro motivo que a presença das mulheres foi vetada nessas instituições. Algo que nas mulheres acenava como uma Outra Coisa que ali não tinha lugar. Não se trata, entretanto, das mulheres.

No Seminário *As formações do inconsciente*, Lacan enfatiza que os homossexuais, ao contrário do que se possa pensar inadvertidamente, têm uma relação profunda e estruturada com as mulheres. Na verdade, eles não têm dificuldade com as mulheres. A questão da homossexualidade é com Mulher, esse Outro sexo, tanto para os homens como para as mulheres.

No Seminário *A transferência*, Lacan dedica algumas páginas discorrendo sobre a homossexualidade na Grécia antiga, assinalando que ela exerce uma função análoga à do amor cortês, da ordem da sublimação. É bem verdade que Freud a indica como base do laço social da fraternidade entre os homens. A homossexualidade é um fato de cultura, centro de elaboração das relações inter-humanas. Portanto, o que vemos como elaboração teórica na psicanálise sobre a homossexualidade diz respeito ao monopólio das relações fálicas.

Vejamos, entretanto, o que dizer, no campo da sexualidade, do lugar que o órgão masculino ocupa ao tornar-se indispensável, para alguns, como condição de prazer. Desde seus primeiros textos, Freud enfatizou a relação pênis-falo. O pênis é eleito o órgão fálico por excelência. Porém, se considerarmos o falo como um significante conforme Lacan o conceitua, o pênis é apenas um órgão que lhe dá suporte num primeiro tempo da estruturação simbólica. Ao se instaurar a dialética significante, a relação pênis-falo se desfaz. Por outro lado, a vagina apresenta-se como sede da ameaça de castração.

Pela sua própria estrutura de fenda, de hiância, presta-se à articulação com a estrutura do inconsciente. A experiência analítica nos mostra que a aderência ao pênis, como objeto de desejo, é solidária às relações pré-edipianas da criança com a mãe fálica, persistindo como um traço de perversão que insistirá de forma irredutível como um resto de gozo que atravessa as vias do desejo de cada um.

Esse resto de gozo pode surgir na neurose pela fantasia ou pela angústia. As duas formas, entretanto, apontam para uma divisão do sujeito. Por meio da montagem fantasmática, o neurótico, dividido desde o início pelo conflito, pode concordar-discordando em sua relação com o objeto de gozo. Ao mesmo tempo que se vê ligado a esse objeto, ao qual a pulsão está irremediavelmente fixada, ele também se separa desse objeto, deslocando-se, a si próprio, da posição de objeto de gozo. Já a solução perversa se dá pela identificação com esse objeto de gozo e na manutenção da montagem fantasmática que reveste o objeto, não se descolando, como seria o caminho da efetivação da castração simbólica.

Philippe Julien, nos oferece uma definição de perversão que me parece oportuna nesse ponto de nossa articulação. Diz ele: "Todo gozo fálico é perverso, isto é, estabelece relação sexual graças ao Outro completo".[4]

Lacan amplia essa afirmação em seu seminário O Sinthoma, ao retomar Freud: "Toda sexualidade humana é perversa, se seguimos bem o que Freud diz". Assim, "se o homem quer A mulher, ele só a alcança fracassando no campo da perversão", dirá ainda Lacan em "Televisão".[5]

Ao dizer, no seminário Mais, Ainda, livro XX, que "a mulher só entra na relação enquanto mãe", Lacan nos deixa a conclusão de que, enquanto mãe, a mulher está toda no gozo fálico. Fazendo de seu filho a rolha que obtura o vazio do feminino, ela estaria, portanto, no gozo perverso. Entretanto, ela não é toda mãe, mas também mulher e, como tal – Lacan dirá em "Televisão" – ela só encontrará o homem na psicose.

Constata-se, assim, que o encontro entre um homem e uma mulher é pura contingência.

---

4. JULIEN, 2002, p. 129.
5. LACAN, .1974, p.538.

Conclusão

Para concluir, vale ressaltar algumas pontuações referentes à clinica, a partir da questão: o que seria a cura da homossexualidade? Ou o que a psicanálise pode oferecer ao homossexual? Dentro da perspectiva que procurei esboçar neste trabalho, penso que ela só oferece uma coisa: acesso ao desejo. Como tal, o desejo fará barreira ao gozo. Não quer dizer que ele elimina o gozo, ele faz barreira, portanto, possibilita ao sujeito se posicionar perante seu gozo e sair da posição de objeto desse gozo decorrente das identificações primitivas. Além disso, sabemos que, ao final de uma análise, o analisante deve chegar num mais além, no real de seu gozo, o que Lacan definiu como gozo feminino, esse gozo suplementar, e terá que se haver com a dimensão do não-todo-fálico, ou seja, o acesso ao *hetero*. Só aí ele terá condições de fazer sua escolha.

À psicanálise não compete julgar, escolher, nem decidir sobre os objetos de desejo, isto é, de cada um. Cabe, sim, abrir o acesso ao desejo por meio da experiência de castração, e isto só se fará não mais pela estreita relação pênis-falo, mas pela relação desejo-significante.

Se a relação com o objeto estivesse desde logo instituída, não haveria problema para a análise, talvez nem sequer existisse a psicanálise, pois os homens, como se presume que os animais o façam, iriam direto ao seu objeto. Assim, o desejo humano se mantém irredutível a qualquer adaptação. Nenhuma experiência analítica irá contra isso.

O sujeito não satisfaz simplesmente um desejo, mas goza por desejar, e essa é uma dimensão essencial de seu gozo. Para isso, é preciso incluir a dimensão do não-todo, ir além do falo, suportar aquilo que uma mulher evoca – o real do feminino, fazendo o exercício de sua própria diferença para que se possa fazer uma escolha responsável. Tomemos aqui o termo responsável, não na sua acepção moral, mas no sentido da máxima formulada por Lacan: "De nossa posição de sujeito, somos sempre responsáveis".

Referências bibliográficas

FREUD, S. Projeto para uma psicologia científica (1895), *Edição standard brasileira das obras psicológicas completas de Sigmund Freud*. Trad. Jayme Salomão. Rio de Janeiro: Imago, 1977, v. 1.

FREUD, S. Além do princípio do prazer (1920). *Op. cit.* Rio de Janeiro: Imago, 1976, v. 18.

JULIEN, Ph. *Psicose, perversão, neurose – A leitura de Jacques Lacan.* Trad. Procópio Abreu. Rio de Janeiro: Companhia de Freud. 2002.

LACAN, J. *O seminário. Livro 5. As formações do inconsciente* (1957-1958). Trad. Vera Ribeiro. Versão final: Marcus André Vieira. Rio de Janeiro: Jorge Zahar, 1999.

LACAN, J. *O seminário. Livro 11. Os quatro conceitos fundamentais da psicanálise* (1963-1964). Trad. M.D.Magno. Rio de Janeiro: Jorge Zahar, 1985.

LACAN, J. *O seminário. Livro 8. A transferência* (1960-1961). Trad. Dulce Duque Estrada. Rio de Janeiro: Jorge Zahar, 1992.

LACAN, J. *O seminário. Livro 20. Mais, ainda* (1972-1973). Trad. De M. D. Magno. Rio de Janeiro: Jorge Zahar, 1985.

LACAN, J. Televisão (1974). In *Outros escritos.* Trad. Vera Ribeiro. Versão final: Angelina Harari e Marcus André Vieira. Rio de Janeiro: Jorge Zahar, 2003.

LACAN, J. *O seminário, livro 15: O ato psicanalítico* (1967-1968). Inédito.

RABINOVICH, Diana. *O desejo do psicanalista* – liberdade e determinação em psicanálise. Trad. Paloma Vidal. Rio de Janeiro: Campanhia de Freud, 2000.

ALGUMAS CONSIDERAÇÕES SOBRE A HOMOSSEXUALIDADE NA PSICOSE

Vanda C. Pignataro Pereira

A sexualidade, este tema envolto em brumas, porta sempre em si um traço enigmático. Parece mesmo assunto sem fim. Uma coisa é clara: as conclusões a que se pode chegar não parecem simples nem tranqüilas, a visibilidade da relação sexual que a biologia inscreve no animal ou no homem tomado como animal não existe. A linguagem subverte a natureza e o instinto animal programado, lógico que isto não exclui o acasalamento. Entretanto, este não é suficiente para um reconhecimento mútuo nem para uma definição sexual. De mais enigma ainda parece se revestir a sexualidade na psicose, o que justifica algumas de nossas indagações: de que forma vive o psicótico sua sexualidade? que lugar, na economia psíquica deste, essa sexualidade ocupa?

Samuel, chamemo-lo assim, numa enorme tela de fundo branco e através de uma linha contínua, desenha um corpo de costas. Assemelha-se bastante ao seu – esguio, meio enviesado. Essa figura de costas porta na mão direita um espelho, onde se vê refletido, em perspectiva, um corpo de mulher. É interessante ressaltar que este quadro foi executado durante uma fase em que se apresentava bastante estabilizado e apaziguado. Vinte e nove anos de esquizofrenia, vários analistas, tratamentos psiquiátricos de toda ordem não lhe tiraram o humor irônico e uma inteligência ainda aguda. Apesar da bizarria de sua aparência, aos 54 anos, não tem nada de demente.

Não faz maiores comentários a respeito do desenho. Assim como não os faz de sua vida sexual, parece mais viver num estado assexuado. Executou-o como parte de uma atividade de pintura, numa instituição na qual de vez em quando pede para ser acolhido quando as vozes o ameaçam e quando o imperativo de masturbar-se torna-se insuportável.

Pensar essa superfície como uma representação que de si faz um homem, vendo-se como uma mulher e tomar essa questão pelo lado de uma manifestação homossexual, ele próprio indica o equívoco, pois em outras ocasiões e, tendo passado por outros analistas, ouviu de alguns interpretações desta natureza para explicar o seu modo de ser. E não hesita em dizer: "Imagina, doutora, que terapeuta doido, tenho horror de homossexualidade". Sua atividade sexual é masturbar-se demasiado. Quando o demasiado se torna insuportável, faz considerações delirantes sobre seu pênis, se vai ou não se gastar, ou se seu esperma não se esgotará. Não é um ato acompanhado de fantasias. Suas preocupações delirantes se fazem em torno do orgão, não desliza daí, indicando com isso que também daí não se destacou o falo, "testemunha por excelência, que pode fazer de um homem um pai, o sexo masculino nos indica o próprio lugar da articulação do real e do simbólico porque somente o testemunho da fé e da lei podem prestar contas da paternidade".[1] Sabemos que o reconhecimento de uma posição sexual do sujeito exige seu lugar num plano simbólico pré-formado, a partir do qual instaura-se a lei na sexualidade e essa lei não permite mais ao sujeito realizar sua sexualidade senão naquele plano. Ora, Samuel parece longe de uma articulação simbólica em suas preocupações quase hipocondríacas com seu pênis.

Num outro extremo, convoquemos Schreber, esse louco famoso cujas memórias sobre sua doença psicótica serviram de inspiração para o escritos de Freud a esse respeito e forneceram matéria para algumas de suas fundações teóricas sobre a paranóia, que se mantêm até hoje. Tomado de alucinações, insônia, desesperos de toda ordem e, ao longo de um prolongado processo reconstrutivo, tece sua metáfora delirante, que se reveste do aspecto de uma verdadeira missão – *ser a mulher de Deus*. É desta posição que irá engendrar uma nova raça de homens.

---

1. LECLAIRE, 1979, p. 168

Freud, nesse ensaio demonstra-nos o valor decisivo que uma frase de Schreber tomou. Pensemos nele (em Schreber) como alguém de estilo e princípios morais rigorosos, um guilherminiano que se impunha muita contenção, principalmente no que diz respeito a sua vida sexual. Pois bem, esse homem, algum tempo antes de adoecer, ao acordar certa manhã, invadido por uma imagem contraditória e com um sentimento paradoxal, formula a seguinte frase:

> ...de manhã... ainda deitado... Tive uma sensação que me perturbou da maneira mais estranha quando nela pensei em estado de vigília, era a idéia, de que deveria ser realmente bom ser uma mulher se submetendo ao coito... idéia tão alheia ao meu modo de sentir... que a teria rejeitado.[2]

Entre o pânico inicial e aquele momento em que à rejeição se substitui a aceitação de ser efetivamente uma mulher especial – *a mulher de Deus* – Schreber vai do crepúsculo do mundo, que com Freud podemos chamar de uma retirada da libido dos objetos do mundo externo, até o seu delírio de grandeza, que denota um investimento maciço da libido no eu. É graças ao enredo significante constituído pelo delírio, que Schreber acha uma saída para controlar a libido que foi desinvestida do objeto. Seu prazer sexual, tão bem descrito por ele nos argumentos com os quais levanta a interdição de seus direitos civis, é tão só aquilo que ficara como resíduo de seu quadro clínico, bizarrice em seu comportamento que talvez pudesse espantar seus semelhantes. Não passava de uma atividade realizada na superfície de seu corpo e sobre a qual assim se expressava: "qualquer pessoa que me vir de pé diante do espelho, com a parte superior do corpo desnuda – sobretudo se a ilusão for corroborada por algum acessório feminino – terá a impressão indubitável de um torso feminino".[3] Ficar diante do espelho com adereços femininos, na privacidade de seu quarto, era uma atividade que o poupava de uma enorme ansiedade e isto justificava a seus olhos quaisquer críticas que pudessem suscitar.

---

2. SCHREBER, 1995, p. 54.
3. SCHREBER, 1995, p. 217.

Freud, em seu ensaio sobre o narcisismo,[4] introduz a idéia do investimento libidinal do eu (inspirado certamente no delírio de grandeza de Schreber) e faz deste um momento de constituição do sujeito. Distingue-o do investimento libidinal do objeto, mostra como o eu é produto de desenvolvimento e não algo que tenha existência originária, acentuando que antes do eu o que existe são pulsões auto-eróticas e que, para o narcisismo ter forma, é preciso que tenha havido uma nova ação psíquica entre o auto-erotismo e o narcisismo. Essa nova ação psíquica Lacan nomeará como o estádio do espelho.

Nosso Samuel não vai assim tão longe. Sua atividade sexual, como já disse, tão só caminha na direção de uma masturbação sem fim. Visa à descarga é essa sua exclusiva forma de prazer, às vezes perturbada por considerações delirantes de que possa gastar seu órgão, ou ainda que seu esperma possa se acabar, sem que este julgamento tenha o menor efeito sobre sua prática. Não constitui um delírio, são idéias vagas e imprecisas que não se fixam num sistema de crença consistente. Jamais fez qualquer consideração sobre pensamentos ou fantasias que acompanhassem essa atividade. Então, quando a libido se retira dos objetos, como neste caso, ela não se volta para seu eu para construir um delírio de grandeza, localiza-se no seu órgão, que além de virar objeto de preocupações delirantes, consome todo seu interesse. É o que ele mostra e diz em suas inquietações petrificadas com seu pênis.

Tausk, em um de seus ensaios,[5] numa linguagem muito impregnada de biologia, mas nem por isso menos rica se soubermos ler suas metáforas, investiga sobre a gênese do aparelho de influência – uma construção delirante que ele encontra em alguns esquizofrênicos, uma verdadeira tentativa de religação da libido objetal a culminar neste delírio. Parte da idéia de que a libido percorre todo nosso corpo e que a coesão de nosso organismo está condicionada por um "tonus libidinal", cujas flutuações dependem das flutuações do narcisismo e da libido objetal. A melancolia, ele diz, essa "psicose de perseguição

---
4. FREUD, 1914.
5. TAUSK, 1990, p. 68.

sem projeção" é a própria demonstração de como a desagregação do narcisismo psíquico adoece. Quando o apetite, a defecação, a menstruação, a potência genital não funcionam mais por ação de mecanismos primários, essa parada deve ser atribuída à desagregação das diversas posições libidinais que, em senso estrito, são inconscientes.

À primeira vista poderíamos pensar que ambos, Schreber e Samuel, um na superfície do corpo e outro na superfície da tela, estão projetando uma sexualidade de cunho homossexual e isto não esclareceria nada. Lacan em um de seus textos é contundente a este respeito:

> A homossexualidade que se manifesta no delírio psicótico, exige-nos uma determinação mais detalhada do uso que se pode fazer desta referência na teoria. O uso deste termo na interpretação pode acarretar graves prejuízos se não for esclarecido por relações simbólicas que devemos considerar determinantes. [6]

Katan,[7] como muitos psicanalistas pós-freudianos, toma o ensaio de Freud sobre Schreber sem ir ao escrito de Schreber, e deduz que a psicose é um conflito bissexual em que o fator heterossexual foi abandonado. Onde Freud não cede quanto à referência edípica, Katan propõe o abandono desta referência. Para ele, a psicose de Schreber é o fracasso defensivo que decorre de um enfraquecimento do eu. Não tendo ido ao texto do próprio Schreber, ele e outros farão prevalecer a versão de Freud que melhor convier seus fins.

Em 1953, Ida Macalpine, uma psicanalista com quem Lacan dialoga em seu texto, coloca a teorização de Freud sob verificação e se liberta do uso estendido que os autores fizeram da questão homossexual, aplicando-a ao conjunto das psicoses. Indica-nos como essas teorizações eram de segunda mão, posto que não iam às teorias do próprio Schreber. Baseavam-se na leitura de Freud, mas fazendo desta uma apropriação nas vertentes que interessavam a uma

---
6. LACAN, 1958, p. 574.
7. KATAN, 1950.

valorização de sua segunda tópica, onde o aparelho psíquico conjecturado por Freud era tomado de forma muito consistente e não em sua vertente de ficção. Ela faz um chamamento a irem direto à fonte, a lerem o próprio Schreber.

Em sua crítica, aponta que Freud utiliza, para pensar a psicose, o modelo da neurose. E ainda, o que era então interpretado como homossexualidade inconsciente de Schreber traduzia muito mais uma incerteza de sua identidade sexual.[8] Seu equívoco: passar ao largo do Édipo e ver na homossexualidade de Schreber o avatar de uma fantasia de procriação que ela coloca como determinante.[9] Alerta contudo para uma deriva clínica, pontuando que interpretar essas manifestações aparentemente homossexuais como tais conduziriam muito mais a uma piora do quadro do que a uma melhora. Não colocando a castração como esse momento lógico da constituição de um sujeito humano, toma uma formação imaginária como algo passível de conferir uma especificidade à psicose. A lição de Lacan é contundente – não existe nenhuma configuração imaginária que seja própria e exclusiva da psicose.

A incidência da homossexualidade, diversamente interpretada pelos diferentes autores, quando ocorre na psicose, seja sob forma de delírio, seja como uma prática atuada com alguém do seu próprio sexo, consiste mais numa relação de dependência ao pai idealizado, em ser penetrado ou fecundado. Schreber é exemplar neste aspecto. Ele será o ponto de partida de uma descendência renovada. Sua *eviração (Entmannung)* e a transformação em *mulher de Deus*, não passam por uma castração, enquanto momento lógico da sexuação. Na impossibilidade de ser o falo que falta à mãe, estará fadado a ser *A mulher* que falta aos homens. Quando Freud escreve sobre Schreber, colocando o desejo homossexual inconsciente como central no caso de paranóia, é preciso que nos interroguemos sobre o que

---

8. MACALPINE & HUNTER, 1955, p. 23.

9. MACALPINE & HUNTER, 1955, p. 24: "This was the deepest layer of his psychosis and with it showed what we have come to regard as the two pathognomonic features of schizophrenia: doubt and uncertainty in sex identity, which is of course implied in ideas of change of Sex accompanied by archaic procreation fantasies".

ele está falando. Indica algo referente à feminização no delírio de Schreber, algo que não tem relação com uma homossexualidade no campo da neurose ou da perversão, dependentes da fantasia. Para Freud, o delírio, é uma tentativa de cura, de religação. Na neurose e na perversão, a metáfora paterna, presente na constituição desses sujeitos, é o que distribui as significações sexuais. Não se situa assim na psicose a diferença sexual e a significação dessa diferença, colocadas, respectivamente, pela castração e pela metáfora paterna.

Certa manhã, há anos atrás, um pouco antes de sair de casa para o trabalho, o porteiro do prédio onde morava me interfona sobre alguém querendo falar comigo. Tratava-se de um paciente, que em sua errância de analista em analista, eu acompanhava naquele momento. Quando desci ele me disse, em estado de agitação: "Olha, vim aqui porque quero que você me interne no hospital. Aquele homossexual X está me perseguindo, querendo ter relações sexuais comigo". Bem, eu conhecia o caso e sabia tratar-se de um delírio. Diante da consistência do seu delírio e da consistente nomeação do seu perseguidor, não contestei a natureza sexual de sua perseguição, simplesmente disse que entrasse no meu carro e que estaríamos seguindo para o Hospital. Naquelas circunstâncias, também achava prudente que ele se recolhesse um pouco. Eu sabia que estava num desses momentos em que a passagem ao ato é eminente. Invadido por um Outro perseguidor, a significação sexual desse sujeito psicótico no seu delírio era uma significação com respeito a um pai no Real. Sabemos, na psicose paranóica, como são perigosos esses momentos de invasão de gozo de um Outro perseguidor.

Em Schreber, sua transformação em mulher é figurada como uma metamorfose corporal energética que, de forma assintótica e jogada para um futuro ainda não alcançado, vai permitir a procriação sobrenatural. Esta homossexualidade dependente da relação com o pai idealizado, que advém da emanação da potência virtual deste, portanto, muito distante de um prazer genital do tipo perverso, está repudiada em comparação com a relação sobrenatural ideal em questão. Se designada pelo terapeuta sob esse termo geral, homossexualidade, que sugere práticas genitais diretas, traz mais danos que eventuais benefícios, o que torna a advertência de Macalpine, clinicamente, muito pertinente. A localização da homossexualidade nestes casos de psicose deve levar em conta essas perspectivas que Schreber nos ensinou: a homossexualidade é a própria agressão, perseguição, arrombamento, assassinato da alma, perda de identidade e seu esforço, esforço de escrita diga-se de passagem, para dominar a ameaça torna-se uma transposição corretiva dela (tentativa de cura) como base narcisista de toda relação com o outro. Essa "sublimação" delirante da homossexualidade é o ponto de contenção da paranóia, a idealização central. Sua contestação pois, só pode ser desestruturante.

Que grave perturbação na constituição do psíquico destes pacientes terá ocorrido para provocar uma tal perturbação na capacidade de julgar? Freud, fazendo algumas considerações fundamentais sobre os processos primário e secundário e também sobre o recalcamento, no que ele chama de sua "ficção de um primitivo aparelho psíquico",[10] examina a antítese da experiência de satisfação. Propõe que consideremos a experiência de um sobressalto, um estímulo penoso. Seguir-se-ão, diz ele, manifestações motoras desordenadas até que uma delas afaste o mecanismo da percepção, assim como a dor. Se a percepção reaparece, o movimento se repete e, neste caso, não permanece nenhuma inclinação para investir a percepção da fonte dolorosa, seja alucinatoriamente, seja de qualquer outra maneira. Haverá no aparelho uma inclinação a abandonar a imagem mnêmica, se houver algo que a reaviva, pois a lembrança, diz ele, diferente da percepção, não tem qualidade suficiente para excitar a consciência. Essa evitação regular, sem esforço, efetuada pela memória, de qualquer coisa que seja ou tenha sido aflitiva, nos fornece "o protótipo, e o primeiro exemplo do recalcamento".[11] Faz uma consideração bem-humorada de que o ato de evitar o aflitivo desta forma, esta *política de avestruz* pode ser vista na vida mental em geral, como se fosse uma tendência universal.

---

10. FREUD, 1901, p. 636.
11. FREUD, 1901, p. 639.

Não podemos deixar de observar de forma bem-humorada também que, em matéria de política de avestruz, o psicótico é de uma inabilidade rara, não é mesmo?

O inconsciente só pode investir uma idéia se se encontrar em posição de inibir o desenvolvimento do desprazer que dela pode provir – e essa é a chave de toda teoria do recalque. O próprio do processo primário é esforçar-se pela descarga da excitação, para tentar estabelecer uma identidade perceptiva (com a experiência de satisfação). O pensamento seria então um caminho indireto da lembrança de uma satisfação a um investimento da mesma lembrança que se espera atingir mais uma vez através de um estágio intermediário de experiências motoras. Como o caminho é indireto, o pensamento tem de preocupar-se com o caminho de ligação entre idéias sem se deixar desviar pelas intensidades destas. A falha na eficácia funcional deste aparelho não é o fato da atividade secundária de pensamento estar sujeita ao processo psíquico primário. Esta é a fórmula com que podemos descrever a atividade que conduz "ao sonho e aos sintomas histéricos".[12] Esta ineficiência surge da convergência de dois fatores originados da história de nosso desenvolvimento. Um, exclusivo de um aparelho que está regido por funcionamentos e regimes temporais distintos, o que influencia decisivamente na relação entre os dois. O outro que se faz sentir em grau variável, advém das forças pulsionais. Ambos originam-se, estão enraizados na infância e são precipitados, resíduos das experiências que caem desde então.

Os processos primários, diz Freud, acham-se presentes nesta ficção teórica desde sempre, enquanto é no decorrer da vida que os processos secundários se desdobram e vêm inibir ou até sobrepor-se aos primários. Em conseqüência deste aparecimento, digamos assim, atrasado, o *âmago do nosso ser*[13] (*kern underes wessen*) feito de impulsos inconscientes, impregnados de desejo, será sempre inacessível à compreensão e à inibição pré-consciente.

---

12. FREUD, 1901, p. 641.
13. FREUD, 1901, p. 642.

Em seus três ensaios sobre a sexualidade, Freud, ao pesquisar as fontes da sexualidade infantil, nos fala das excitações mecânicas, da atividade muscular e dos processos afetivos, acentuando que todos estes processos, comparativamente intensos, inclusive até mesmo terroríficos "se avizinham da sexualidade".[14] E, mais adiante, "efeitos erógenos semelhantes, se prendem até mesmo a sentimentos intensamente dolorosos",[15] acentuando que o elemento decisivo destas fontes de excitação é a *qualidade* dos estímulos. Em um grande número de processos internos, a sexualidade surge como um efeito concomitante (*marginal*?), tão logo a intensidade desses processos passe além de certos limites quantitativos".[16] Com as transformações da puberdade, surge um novo estado de coisas, o que Freud chama de prazer da satisfação derivada da descarga. É claro que se avizinhar da sexualidade não significa que possamos chamar a essas atividades sexualidade propriamente dita. Porque Samuel se masturba compulsivamente, não significa que sua atividade se situe no campo da sexualidade. É preciso algo mais: que se tenha constituído um campo simbólico em primeiro lugar.

Em seu artigo "A negativa", Freud afirma que o julgar é uma ação intelectual que decide sobre a escolha da ação motora. No extremo do aparelho anímico, no nível das percepções dos sentidos, o eu aprendeu a técnica que utiliza para os processos de pensamento. A protelação do pensamento tem que ser considerada uma ação de prova, um tatear motor, com pequenas despesas de energia. A percepção não é um processo passivo, o eu periodicamente envia pequenas quantidades de investimento no sistema de percepção, através das quais prova os estímulos externos, retirando-se novamente depois de cada avanço tateante. O juízo então nos abre a visão para o surgimento de uma função intelectual a partir do jogo das moções pulsionais primárias. O julgar então é a evolução objetivada da inclusão no eu, ou expulsão do eu, realizadas originalmente conforme

---

14. FREUD, 1905, p. 209.
15. FREUD, 1905, p. 210.
16. FREUD, 1905, p. 211.

o princípio do prazer. A afirmação pertence a Eros e a negação – sucessão da expulsão – a Thanatos. O negativismo do psicótico deve ser entendido como sinal do desamalgamar das pulsões por subtração dos componentes libidinais. O desempenho da função do juízo só é possibilitado pela criação do símbolo da negação que permite ao pensar um grau de independência dos resultados do recalque e, com isso, também uma coerção do princípio do prazer. Ao diferenciar a negação do negativismo de alguns psicóticos, aponta para a questão de que o que determina a psicose está fora do recalque. Trata-se da *Verwerfung* (rejeição) que exclui toda possibilidade de *Bejahung* (afirmação). A recusa, que Lacan vai nomear como forclusão, é a rejeição do juízo primeiro: "carência de efeito metafórico que impossibilita significar a realidade psíquica com a marca do falo".[17] Os efeitos desta carência retornam como gozo no real, prazer universal de negar, negativismo, que longe de serem formas de negar, denotam intrusão de gozo.

O Nome-do-Pai é o nó que enlaça as duas pulsões, sua foraclusão na estrutura da psicose acarreta o desamalgamar pulsional, com a subtração dos componentes libidinais, como acentua Freud. O psicótico está desprovido da possibilidade de fazer funcionar uma negação adequada ao fenômeno que se desencadeia no real. Tenta suprir a falta de mediação simbólica com uma proliferação imaginária.

Samuel, imperativamente cativo ao plano de sua anatomia, demonstra que, como não tendo acessado o plano simbólico do significante fálico, ficou escravo da dimensão do ser. Na tela em que desenhou a mulher refletida, débil tentativa de sair do próprio órgão, não deixa de corroborar esse caráter de feminilização, caráter esse que se identifica mais claramente nas atitudes de Schreber diante do espelho, na intimidade de seu quarto. Sabemos que a identificação a um Outro onipotente constitui a identificação fálica da criança. Se nada vem intermediá-la, permanece aí petrificado, sujeito a um gozo tão absoluto quanto proibido. Não é isso que demonstra, quando se vê imperativamente agarrado a seu pênis, numa masturbação sem fim?

---
17. VIDAL, p. 30.

Sem o operador fálico e consequentemente sem *Nome do pai* enquanto metáfora a nortear a existência, como constituir-se sujeito?

Em termos libidinais, é impressionante como Samuel parece ter desistido de qualquer objeto de amor e das sublimações e como se ancora nesta atividade auto-erótica, masturbatória, sem fantasia e sem reminiscência. Neste embate do real e do imaginário, onde o simbólico se fez corda rota, agarrar-se aí é verificar-se mais uma vez precipitado no abismo. A construção imaginária, sempre frágil, é uma possibilidade, desde que estejamos alertas para sua fragilidade. Uma saída possível, a invenção de um significante que pudesse funcionar como significante do Nome do Pai, mesmo que fosse *A mulher de Deus*. Ou essa insistência de inscrição numa superfície (de antemão esburacada) do papel, da tela ou até do próprio corpo.

Referências bibliográficas

FREUD, S. Sobre o narcisismo:uma introdução (1914). *Edição standard brasileira das obras psicológicas completas de Sigmund Freud.* Trad. Jayme Salomão. Rio de Janeiro: Imago, 1979, v. 14.

FREUD, S. Interpretação dos sonhos (1900). *Op. cit.* Rio de Janeiro: Imago, 1972, v. 4-5.

FREUD, S. Três ensaios sobre a teoria da sexualidade (1905). *Op. cit.* Rio de Janeiro: Imago, 1972, v. 7.

KATAN, M. Structural aspect of a case of schizophrenia. *The Psychoanalitic Study of the Child,* v. 5, 1950.

LACAN, J. De uma questão preliminar a todo tratamento possível da psicose (1958). In: *Escritos.* Trad. Vera Ribeiro. Rio de Janeiro: Jorge Zahar Ed.,1998.

LECLAIRE, S. A propósito do episódio psicótico do homem dos lobos. In: KATZ, C. E.; AULAGNIER, P. *et al. Psicose: uma leitura psicanalítica.* Belo Horizonte: Ed. Interlivros, 1979.

MACALPINE & HUNTER. *Memoirs of my nervous illness*. Translated, edited with introduction, notes and discussion. London: WM Dawson & Sons ltd., 1955.

SCHREBER, D. P. *Memórias de um doente dos nervos*. Trad. Marilene Carone. São Paulo: Ed. Paz e Terra, 1995.

TAUSK. V. Da gênese do "aparelho de influenciar" no curso da esquizofrenia. In: BIRMAN, J. (org.) *Tausk e o aparelho de Influenciar*. São Paulo: Escuta 1990.

VIDAL, E. Comentários sobre *"Die Verneinung"*. *Revista da Letra Freudiana-Escola, Psicanálise e Transmissão*, Rio de Janeiro, ano VIII, n° 5.

Quando uma mulher ama outra

Thais Gontijo

Não é preciso mentir.
O mundo pertence à morte.
Portanto deve ser deixado às mulheres.

Philippe Sollers

O termo "homossexualidade" vem do grego *hómoios*, que significa igual ou semelhante e baseou-se na conhecida expressão "o semelhante é conhecido pelo semelhante". A partir do século XIX, o termo passa a designar amor carnal entre duas pessoas do mesmo sexo, em oposição ao amor heterossexual.

A homossexualidade feminina parece, ainda hoje, estar submetida a um longo silêncio e fadada a uma repetição que acaba por gerar uma fixação: não há, na psicanálise, texto sobre homossexualidade feminina que não remeta aos de Freud em "A jovem homossexual" e "O caso Dora". A não ser em Freud, é difícil encontrar uma contribuição realmente relevante no tocante à especificidade do desejo entre mulheres, apesar do número cada vez mais crescente de homossexuais, tanto no nosso meio social quanto, conseqüentemente, em nossas clínicas. A homossexualidade se manifesta em várias estruturas, porém vamos trabalhar aqui, apenas a maneira como ela se apresenta na neurose.

Quando crianças, os meninos ficam com os meninos e as meninas ficam com as meninas, a fim de não perturbar a estabilidade narcísica que aí se estabelece. Assim, para a menina, em alguns casos, sua devoção caracteriza-se por uma dedicação tão intensa que pode levar até mesmo ao aniquilamento do sujeito.

Outra característica marcante da homossexualidade é o ciúme que na neurose, por si só, pode ser considerado como sinal singular desta ligação entre mulheres, mesmo naquelas que nunca tiveram a menor fantasia homossexual. O ciúme surge em função da rivalidade com a mãe, como conseqüência da disputa de amor pelo pai, entre a criança e a mãe e, muitas vezes, o que começa como ciúme acaba transformando-se em amor pela mãe.

Ferenczi considera a homossexualidade como uma inversão, que na maioria dos casos, só tem lugar na puberdade quando surgem os desejos sexuais de forma consciente. Os relatos clínicos quase sempre confirma esta hipótese, pois é justamente na puberdade que as meninas, muitas vezes, assustadas com a força deste desejo, descobrem-se enamoradas por uma pessoa do mesmo sexo. Acredita ainda que a homossexualidade é um recalcamento da heterossexualidade que, ao possuir uma força excessiva (insuportável para o eu), apresenta-se não-atenuada no inconsciente, atingindo seu paroxismo sob a forma de uma máscara homossexual. Considera, portanto, a invenção do terceiro sexo como uma forma de resistência.[1] Já é um passo para contestar a idéia da hereditariedade sobre a qual até hoje insistem os americanos com a indagação: a homossexualidade é uma escolha?

Por outro lado podemos considerar a tese de Ferenczi ultrapassada, pois a inversão caracterizada por uma bipolaridade já foi, há muito tempo, excluída pela lógica moderna. Na lógica clássica, o falso só é percebido por ser o avesso do verdadeiro. Nesta vertente, o verdadeiro seria a heterossexualidade e a homossexualidade simplesmente seu avesso. A aplicabilidade da lógica na clínica encontra-se justamente neste ponto que nos torna possível ir alem do bipolar, para um horizonte de perspectivas transfinitas onde podemos localizar o desejo. A lógica nos permite romper com um pensamento estacionário que aplicado à clínica nos possibilita aceder ao inconsciente e interpretá-lo sob uma outra referência. Podemos, assim, situar a homossexualidade feminina na vertente de um paradoxo onde a mulher se interroga sobre seu próprio sexo.

---

1. FERENCZI, 1992.

Freud coloca a primazia do falo, tanto para a menina quanto para o menino, possuidor ou não do falo, como sendo o elemento diferencial determinante da organização genital e evidencia, nesta fase, a oposição entre os sexos.[2] O que falta está inicialmente em estreita ligação com o objeto primordial, ao qual o sujeito busca um equivalente ou substituto imaginário, encontrando no falo o objeto central de toda sua economia libidinal, pois, ao negar a castração da mãe, a criança se identifica a esta vazio, o qual sente em forma de angústia. O falo faltante não pode ser considerado como único fator desencadeante da homossexualidade. O que seria então necessário para provocar uma reviravolta na orientação da escolha objetal? Uma forte decepção com o pai? Ora, se o amor paterno é o pivô da homossexualidade feminina, ainda assim não é suficiente para justificá-la, podendo ser considerado como um aspecto também presente na heterossexualidade.

Como a experiência analítica nos ensina, a mulher tem que fazer uma escolha entre aquilo que está para ser atingido e aquilo que não pode ser atingido: *noli tangere mater*, ou seja, há algo que está para sempre interditado, que não pode ser tocado. Em "Kant com Sade" isto está representado pela mãe de Eugénie.[3]

Segundo a doutrina do Édipo e do inconsciente, a homossexualidade, como conseqüência da bissexualidade, existe em um estado latente em todos os heterossexuais. Identificar-se ao pai e passar posteriormente a amar as mulheres como o pai ama a mãe denota uma passagem da rivalidade com a mãe para o amor pelas pessoas do mesmo sexo. Esta vem sendo a posição defendida por alguns até hoje.

Lacan, no "Congresso sobre a Sexualidade Feminina", esclarece que a homossexualidade na mulher seria melhor definida se não passasse pelo apoio cômodo da identificação, tratando-se essencialmente de uma substituição de objeto: um desafio aceito.[4] Esta saída, apontada por Lacan, é de fundamental importância para que

---

2. FREUD, 1905.
3. LACAN, 1962.
4. LACAN, 1960.

possamos começar a delimitar os campos da homossexualidade e da heterossexualidade. A identificação, neste caso, é insuficiente para marcar a diferença, sendo a substituição o elemento primordial da diferenciação. A substituição parece vir acoplada ao desafio, característica muito presente na homossexualidade feminina e, às vezes, tão forte que a pessoa se dispõe a perder tudo, apenas para conseguir levar adiante seu desejo sexual. A figura paterna é extremamente desafiada no que diz respeito ao seu poder, talvez para demonstrar ao pai como se deve amar. Há, pelo menos, uma coisa que o pai tanto não pode quanto não sabe. Logo, o desafio tem sua origem em uma exigência de amor, situando o desejo como um desafio ao desejo paterno.

Conclusão

A conclusão tradicional a que podemos chegar é que a homossexualidade feminina é um complexo de virilidade insistente, porém particularizado por uma posição indiferenciada quanto aos papéis desempenhados, seja de mãe e criança, seja de marido e mulher. Entretanto, esta questão talvez exija uma reformulação que nos permita avaliar sua incidência na estrutura social que, ao mesmo tempo que tem uma função organizadora, permanece suprimida.

Lacan se pergunta como situar os efeitos sociais da homossexualidade feminina. O movimento feminino acaso não veicula algo contrário à entropia social? A entropia apresenta-se como a lei da degradação da energia. Uma máquina para funcionar precisa de um corpo quente e um corpo frio. Um só corpo, por muito quente que esteja, não pode por em movimento nenhum mecanismo. Dá-se entropia sempre que ocorre uma diferença de temperatura entre dois corpos sem produzir trabalho útil. A entropia, portanto, mede o esperdício, o esbanjamento. Como exemplo de entropia podemos pensar no carvão utilizado para aquecer e mover uma locomotiva. Assim, obtém-se energia mecânica. Parte desta energia é transformada em movimento. Por outro lado, ao tomar banho com água quente, o calor se perde no ambiente e nunca mais é recuperado. Neste caso, produzimos o máximo de entropia que se pode obter. Produzir entropia seria inutilizar uma certa quantidade de energia original, numa relação irreversível com o tempo. Quanto maior a entropia, maior o caos, quanto menor a entropia menor o caos. Aplicada à Psicanálise, a entropia está relacionada a uma perda de gozo. O gozo está implícito na repetição. Na repetição produz-se algo da ordem do fracasso, pois nela há desperdício de gozo. É neste efeito de entropia que o gozo se apresenta. Esta entropia, como ponto de perda, é o que nos dá acesso ao que está em jogo no gozo e vem diretamente ligado a ela. Quando há busca do gozo, como repetição, é justamente isto que se dirige contra a vida. A vida desejando a morte.

Estar contrário à entropia social seria triunfar sobre a lei da Física? O contrário da entropia é a neg-entropia, ou seja, algo que nunca aumenta seu caos, mas aumenta sempre sua ordem. Considerar a homossexualidade como a verdadeira heterossexualidade, ou afirmar que a homossexualidade é o cimento dos grupos, seria admitir aí uma neg-entropia? Tratar-se-ia de fazer melhor da próxima vez, ou seja, introduzir algo diferente a cada vez?

Foi somente em 1974 que a *American Psychiatric Association* riscou a homossexualidade de lista das doenças mentais pela impossibilidade de definir cientificamente sua natureza. Freud em "Os Três Ensaios", já se opusera à separação dos homossexuais dos outros seres humanos como um grupo particularizado.[5]

Com relação à direção do tratamento sabemos que ele não deve ser conduzido com o objetivo de mudar a escolha sexual. Seria tão absurdo quanto tentar fazer de um heterossexual um homossexual.

A homossexualidade feminina continua a ser uma questão extremamente enigmática. A eventualidade de que a mulher possa encontrar um prazer específico, que não tem correlatos na homossexualidade masculina, poderia ter um efeito de recalque no saber? Podemos desconfiar que o motivo imaginário de preservar um falo

---

5. FREUD, 1905.

na mulher tome outro destino. Dizer que a homossexual cultua uma imagem viril privilegiada talvez não funcione para todos os casos, mesmo se o falo imaginário ocupa posição central que acaba por gerar uma competição com o pai. E esta competição, ao invés de levar à renúncia, termina num triunfo narcísico. Temos a tendência de considerar a homossexualidade feminina como um complexo de virilidade, onde o masculino serve de modelo. Assim, a libido feminina se torna amputada de seus próprios objetos pulsionais. O inconsciente desconhece as diferenças sexuais assim como suas referências. Dizer que a homossexual toma como referência a conduta masculina é um passo aquém da teoria do inconsciente, pois isto seria o mesmo que dizer que o pênis é sinônimo de falo.

Quem sabe não chegou a hora de nos debruçarmos sobre questões sem resposta que poderiam nos guiar para outras direções tais como a fórmula: heterossexual, por definição, é aquele que ama as mulheres, independente do seu sexo.

Referências bibliográficas

FERENCZI, S. *Obras completas*, v. 4. São Paulo: Ed. Martins Fontes, 1992.

FREUD S. Três ensaios sobre a sexualidade. (1905) *Edição standard brasileira das obras psicológicas completas de Sigmund Freud*. Trad. Jayme Salomão. Rio de Janeiro: Imago, 1969, v. 7.

LACAN, J. Kant com Sade (1962). In: *Escritos*. Trad. Vera Ribeiro. Rio de Janeiro, Zahar, 1998.

LACAN, J. Diretrizes para um congresso sobre a sexualidade feminina (1960). In: *Escritos*. Trad. Vera Ribeiro. Rio de Janeiro, Zahar, 1998.

DO MESMO LADO DO UNIVERSO

Maria Inez F. L. de Figueiredo

*O real do gozo sexual é o falo,
em outras palavras, o Nome do Pai.* [1]

Lacan

A radical subversão da descoberta freudiana repousa sobre a noção de que a verdadeira liberdade humana resulta da consciência que um sujeito possa ter de não ser livre, e, sem dúvida, eis-nos no reinado da determinação inconsciente. A partir da concepção freudiana do inconsciente – esse requinte de uma lógica que faz do sujeito pura divisão, pura clivagem – a crença em uma possível filosofia da liberdade, decididamente, coloca-se em questão.

Jacques Lacan foi o primeiro pensador do século a formalizar o que a revolução estrutural freudiana encarna, que o sujeito é, primordialmente, sujeito do Inconsciente. Certamente, aqui, uma outra dimensão se inscreve, a do sujeito não-apreendido pelo "eu" – esta instância que se supõe soberana. Freud nos afirma que o "eu" se constitui na impetuosidade das identificações narcísicas e se funda em uma construção imaginária. Indubitavelmente, nesse campo o sujeito não reina como senhor absoluto.

Nesta vertente, a primazia da lógica do Inconsciente evidencia o sujeito dividido por seu próprio discurso. Divisão constitutiva, na verdade, enunciada pelo fato de que o sujeito habita a linguagem, e como tal, a marca do significante, sua incidência, designa a estrutura da linguagem em que o sujeito está implicado. Com efeito, esta

---
1. LACAN, 13/01/71.

implicação é fundadora de toda lógica que vai se estabelecer. O sujeito será, pois, instalado pelo Outro no cerne da linguagem, em uma rede significante. Sem dúvida, determina-se aqui um enlaçamento dos enigmas da sexualidade – suas conflituosas paixões – com o jogo dos significantes, na medida mesma em que o falo, como o significante da castração, tece a trama dos efeitos da significação. Essencialmente, à esse nível, encontramos as estruturas elementares que delimitam a marca do desejo do Outro, sustentam os paradoxos do desejo na vida de um sujeito, inscrevem seus tortuosos caminhos. Eis o verdadeiro alcance da paixão humana, eis seu irremediável comprometimento com a determinação "de que o desejo é o desejo do Outro".[2] Melhor dizendo, o ser falante constitui-se em um determinado lugar que, em uma radicalidade lógica – a lógica da estrutura – defini-se como o lugar do Outro. Torna-se surpreendente que a sexualidade do ser humano seja marcada pela função da linguagem e, fundamentalmente, por seus efeitos.

O que Freud nos afirma e testemunha ao longo de sua obra, de seu trabalho analítico, apóia-se na singularidade dos caminhos do sujeito no campo do Outro, ou seja, os caminhos que o sujeito percorre em sua vida, os caminhos que "deve fazer como homem ou como mulher, tem que aprender peça por peça, do Outro".[3] Homem ou mulher são significantes cujos efeitos de significação permanecem enigmáticos, isto na medida mesma em que não sustentam a demarcação de dois sexos opostos e complementares, ao mesmo tempo que não expressam, de forma inequívoca, a diferença sexual.

Aos nos debruçarmos sobre a história da humanidade, torna-se impossível ignorar o que ela nos revela desde sempre, este princípio que imperou fortemente desde os primórdios da civilização – a de que nem todo macho se sente atraído pelo encanto das fêmeas, e vice-versa. Formular esta questão, nos remete de forma inevitável ao discurso da ciência, discurso este que, sustentado por uma convicção ilusória, tenta estabelecer o mito da "relação sexual", a

---
2. LACAN, 1963-1964, p. 111.
3. LACAN, 1963-1964, p. 194.

crença na possibilidade de que homens e mulheres se completem, ou que estejam inscritos na lógica de uma existência – a da relação sexual – sustentados pelo ideal de completude.

Nesta configuração, o que persiste como enigma, mas, paradoxalmente, inscreve-se como verdade na sexualidade humana, refere-se ao fato irrefutável de que o Inconsciente ignora a diferença sexual – não há inscrição possível do Outro sexo. O ser falante é fundamentalmente só. Do Outro está separado. Na verdade, isso não o impede de imaginar o contrário.

Afinal, para homens e mulheres, heterossexuais ou homossexuais, a realidade do inconsciente é a própria realidade sexual – eis a inscrição do falo, eis sua prevalência.

Neste momento, torna importante lembrar que "o falo é, propriamente falando, o gozo sexual enquanto ele é coordenado, enquanto é solidário a um semblante".[4]

Freud só possui uma bússola para distinguir o homem e a mulher, apenas uma referência, única e verificável – a diferença entre os sexos por intermédio do complexo de Édipo e do significante fálico como eixo do complexo de castração, nos quais, cada ser humano, estamos no reinado do semblante, supostamente encontra o caminho de sua sexuação. Na verdade, só se atinge a especificidade da mulher pela subjetividade da falta fálica. Precisamente, é nesta dimensão de falta que abre para a mulher a possibilidade de fazer semblante de mulher, na medida mesma em que se reconhecendo como desprovida do falo, ela o deseja. Nessa vertente, a homossexualidade masculina nos revela que a feminilidade de uma mãe, de uma mulher, não se determina pelos liames da função materna, nem pelos traços de sua anatomia.

Consideremos, com Freud, que o tornar-se homem resulta de uma simbolização, na qual o órgão peniano eleva-se à categoria de representante da posse do falo. Não podemos deixar de assinalar que o falo é igualmente o Nome do Pai, significante este capaz de dar sentido ao desejo da mãe. Nessa perspectiva, o menino não é o falo, não se inscreve como o falo que falta à mãe, mas, sobretudo, identifica-se com aquele que o tem, ou seja, o pai.

---
4. LACAN, 13/01/71.

Por outro lado, a homossexualidade masculina não se situa apenas como uma questão de eleição do objeto sexual, nem somente vinculada à escolha de uma identidade sexual. Ancora-se, primordialmente, na profunda interrogação que se coloca ante a tão evidente, tão suposta masculinidade que lhe é apresentada como tal. Sobretudo, o enigma persiste – como se tornar um homem?

A resposta a esta questão só parece evidente aos filhos que se inscrevem na linhagem, na herança de um pai, ou seja, a esse pai supõem o atributo da virilidade, assim como a transmissão de sua posse – legitimados. Torna-se importante recorrer a Lacan: "O que é nomeado Pai, o Nome do Pai, se é um nome que tem uma eficácia, e precisamente porque alguém se levanta para responder."[5]

Na perspectiva da transmissão do falo, o homossexual se inscreve em uma linguagem materna. Assim, a marca específica de sua filiação imaginária determina o paradoxo de sua masculinidade. Em suma, identifica-se com a mãe, na medida mesma em que ela porta as insígnias fálicas, ou é guardiã da tradição que sustenta o ideal masculino, pautada no ideal viril. Com efeito, o sujeito homossexual, o cerne de seu impasse, situa-se nessa única possibilidade de fundamentar sua virilidade na linhagem de um desejo materno e, nessa mesma dimensão, institui essa virilidade como impostura.

Aliás, neste vasto universo que a mãe encarna, nele, o sujeito homossexual se encontra prisioneiro, mesmo ao buscar as diversas representações do semblante fálico, já que é mesmo na promoção do Édipo e do significante fálico como sustentáculo do complexo de castração que algo fracassa. Há uma conjunção do gozo e do semblante que se manifesta como a castração, é justamente nisso que ele se revela, de alguma maneira, inapto. Em síntese, podemos dizer que há um fracasso por excesso de imaginarização da castração – a virilidade parece condenada a permanecer no registro do imaginário, pautada no ideal viril – eis-nos situados na homossexualidade neurótica.

---

5. LACAN, 16/06/71.

Certamente, é na dimensão de uma reverência à mãe que podemos interrogar o lugar e a função da homossexualidade na cultura. E, primordialmente, que o discurso do analista possa abrir uma fenda no discurso do homossexual e que, sobretudo, possa ouvir o momento e a condição em que o sujeito pede a palavra.

Referências bibliográficas

FREUD, S. Três ensaios sobre a sexualidade (1905). *Edição standard brasileira das obras psicológicas completas de Sigmund Freud.* Trad. Jayme Salomão. Rio de Janeiro: Imago Editora, 1969, v. 7.

FREUD, S. O ego e o id (1923). *Op. cit.* Rio de Janeiro: Imago Editora, 1976, v. 19.

LACAN, J. *D 'un discours qui ne serait pas du semblant* (1971). Seminário inédito.

LACAN, J. *O Seminário. Livro 11. Os quatro conceitos fundamentais da Psicanálise* (1963-1964). Trad. M. D. Magno. Rio de Janeiro: Jorge Zahar Editor, 1985.

A HOMOSSEXUALIDADE NA PERVERSÃO

Yolanda Mourão Meira

Eu estava lento, atento, e lucidamente me surpreendia de não sofrer. Desta vez, a lembrança de minha mãe, ardente de intimidade, já não me dilacerava. Já não se misturava ao horror daqueles risos obscenos que tinha ouvido tantas vezes.

Georges Bataille

Todo homem mata a coisa amada! – Nem por isso Todo homem vai morrer.

Oscar Wilde

A homossexualidade sempre foi tratada de formas distintas na psicanálise. Desde considerar que faz parte da sexualidade do sujeito até colocá-la numa entidade nosológica, vemos, no decorrer dos tempos, uma oscilação no que se refere à maneira como é conceitualizada. Assim, houve época em que a homossexualidade era situada no registro da perversão. Talvez isso tenha se dado em função de leitura equivocada do texto "Três ensaios sobre a teoria da sexualidade", no qual Freud aborda a homossexualidade, denominada por ele de uma "inversão sexual", no primeiro ensaio, "As aberrações sexuais".

Contrariando o mito segundo o qual os seres humanos eram duas metades – o homem e a mulher – eternamente procurando se unir pelo amor, Freud nos conta que há homens cujo objeto sexual é outro homem e não uma mulher, e mulheres cujo objeto sexual é outra mulher e não um homem.

Apesar de ter utilizado o primeiro ensaio para se aproximar de tema muito mais polêmico naquela época, a saber, a existência da sexualidade infantil, estruturalmente perversa, a inserção da homossexualidade no ensaio das aberrações sexuais talvez tenha propiciado a idéia errônea de que a homossexualidade seria necessariamente uma perversão. Esse assunto foi alvo de muitas polêmicas dentro da psicanálise e fora dela. Afinal, a homossexualidade seria uma escolha? Uma doença? Algo que encontramos em todo sujeito?

Haveria, assim, uma superposição entre a homossexualidade e a estrutura perversa ou a homossexualidade poderia ocorrer nas diferentes estruturas clínicas? Para abordar esta questão é importante desenvolvermos o conceito de homossexualidade e o de perversão em Freud e em Lacan a fim de que possamos verificar se são coincidentes ou se são campos distintos que podem se superpor em determinados aspectos.

Tratarmos neste trabalho da homossexualidade no homem, pois a homossexualidade na mulher se dá de forma distinta, que envolve outras características ligadas à sua condição.

Entre o Édipo, o narcisismo e o desmentido

Destacamos dois momentos distintos na obra de Freud no que se refere à perversão. O primeiro, que perpassa o texto "Três ensaios sobre a teoria da homossexualidade", ao estabelecer um conceito de perversão, tendo como base o predomínio das pulsões parciais sobre a genitalidade. O segundo, após a enunciação do conceito de desmentido (*Verleugnung*), quando para Freud a distinção entre neurose, perversão e psicose fica mais nítida, a partir dos operadores básicos de cada estrutura, isto é, recalque (*Verdrängung*) nas neuroses, desmentido (*Verleugnung*) na perversão e rejeição (*Verwerfung*) nas psicoses.

Nos "Três ensaios sobre a teoria da sexualidade",[1] Freud trata da homossexualidade como desvio relativo ao objeto sexual, que se

---
1. FREUD, 1905, p. 123-252.

torna um parceiro do mesmo sexo. A homossexualidade não é nem uma degenerescência, nem congênita, pois o ser humano não nasce com a pulsão sexual ligada a determinado objeto. Ao contrário, o objeto é o elemento mais variável da pulsão. Freud conclui que o homem se torna homo ou heterossexual de acordo com as vicissitudes da sua sexualidade infantil, perverso-polimorfa por definição.

Novos elementos que ligam a homossexualidade ao narcisismo são apontados inicialmente no ensaio sobre Leonardo da Vinci, e desenvolvidos, mais tarde, no texto sobre o narcisismo. Em "Leonardo Da Vinci e uma lembrança da sua infância", Freud se refere à "homossexualidade ideal (sublimada)"[2] de Leonardo a partir de indícios, como, por exemplo, a relação que Da Vinci mantinha com seus alunos, que só eram admitidos se fossem belos, e tratados por ele com muita gentileza e consideração. Leonardo tomava conta de seus pupilos quando doentes e tratava deles como uma mãe cuida de seus filhos.

Freud levanta a hipótese da relação causal entre as ligações infantis de Leonardo com a mãe e sua posterior homossexualidade. Acrescenta que em todos os casos de homossexuais masculinos, os indivíduos haviam tido uma ligação erótica muito intensa com uma mulher, geralmente sua mãe, durante o primeiro período de sua infância, na qual o pai havia desempenhado um papel secundário.

Num momento posterior, o menino recalca seu amor pela mãe, coloca-se em seu lugar, identifica-se com ela, e toma a si próprio como um modelo a que devem assemelhar-se os novos objetos de seu amor. Desse modo, transforma-se num homossexual. Ama figuras que substituem lembranças de si próprio durante sua infância; gosta de meninos da forma como sua mãe o amava. Encontra, portanto, seus objetos de amor segundo o modelo do narcisismo. Lembremos que, na lenda, Narciso preferia sua própria imagem a qualquer outra.

Em "Sobre o narcisismo: uma introdução", Freud aponta que a atitude narcisista é encontrada em homossexuais, e em outros, o que reivindica "um lugar no curso regular do desenvolvimento sexual humano."[3] Nesse texto, elabora a existência de dois tipos de escolha

---

2. FREUD, 1910, p. 55-124.
3. FREUD, 1914, p. 89.

objetal: o anaclítico, alicerçado no modelo da mãe que alimenta e do pai que protege, e o narcisista. Indivíduos, cujo desenvolvimento libidinal sofreu alguma perturbação, tais como pervertidos e homossexuais, adotaram em sua escolha ulterior de modelos de objetos amorosos, não a mãe, mas seus próprios eus. Procuram a si mesmos como um objeto amoroso.[4] Em *Querelle,* romance de Jean Genet, podemos ver a incidência do narcisismo: "Pela primeira vez Querelle beijava um homem na boca. Tinha a impressão de bater com o rosto num espelho refletindo sua própria imagem."[5]

Desde o começo, portanto, Freud liga a hetero ou homossexualidade não a uma relação entre homem ou mulher biológicos, mas, sim, à posição de cada sujeito frente ao Édipo e ao narcisismo. Um tipo de escolha de objeto aparentemente heterossexual pode mascarar uma homossexualidade, daí a importância de considerarmos os mecanismos envolvidos na escolha de objeto. Um exemplo de tal situação nos é dado por Freud, quando relaciona o delírio de ciúme com a homossexualidade.

Apesar de considerar o ciúme como um estado emocional que pode ser descrito como normal, Freud[6] descreve três graus de ciúme: o competitivo ou normal (medo de perder o objeto amado e hostilidade contra o rival), o projetado (a própria infidelidade é atribuída ao parceiro), e um terceiro, de tipo delirante, que tem sua origem em impulsos recalcados da infidelidade, mas o objeto é do mesmo sexo do sujeito. Nesse tipo de ciúme, por exemplo, o homem delira que a mulher o está traindo. Não é uma suspeita, é vivida como uma certeza, como uma verdade incontestável. Esse homem, não aceitando que possa ter desejo por um outro homem, atribui seu desejo à mulher. Apesar de aparentemente heterossexual, o ciúme delirante é, pois, uma tentativa de defesa contra um forte impulso homossexual, e pode ser descrito no homem pela fórmula: "eu não o amo; é ela que o ama!"[7]

---

6. FREUD, 1922, p. 273.
4. FREUD, 1914, p. 104.
5. GENET, 1986. p. 189.
7. FREUD, 1922, p. 273.

Na verdade, é um longo e difícil caminho o tornar-se homem e o tornar-se mulher. Podemos reconhecer tanto no homem quanto na mulher traços do sexo oposto, que podem emergir em algum momento da vida, o que também não garante que seja tomado como homossexual. Freud constata: "Não passei por uma só psicanálise de um homem ou uma mulher sem ter de levar em conta uma corrente bastante considerável de homossexualidade".[8]

Ao analisar a corrente homossexual de Dora com relação à Sra. K, Freud lembra que, na puberdade, rapazes e moças mostram sinais da existência de afeição por pessoas de seu próprio sexo. Essa amizade romântica é o precursor comum da primeira paixão séria de uma mulher por um homem. Em circunstâncias favoráveis, a corrente homossexual de sentimento, muitas vezes, seca completamente, mas se uma jovem não é feliz em seu amor por um homem, essa inclinação pode reaparecer.

Contemporâneo ao estudo acerca do caso Schreber, Freud elabora uma gramática da fantasia de desejo homossexual, tido como núcleo do conflito na paranóia e formulado em: "eu (um homem) o amo (um homem)". Essa proposição pode ser contraditada de três maneiras diferentes, dando origem às três formas de delírio paranóico, quais sejam, a primeira forma, o delírio de perseguição: "eu não o amo, eu o odeio, porque ele me persegue"; a segunda, a erotomania: "não é ele que eu amo, é ela que eu amo, porque ela me ama"; a terceira, o delírio de ciúme, desdobrado por Freud em delírio de ciúmes alcoólico: "não sou eu que amo o homem, é ela que o ama" e delírio de ciúme da mulher: "não sou eu que amo as mulheres, é ele que as ama".

Na neurose, a homossexualidade vai se dar de forma distinta, e articulada por Freud a partir do complexo de Édipo e da angústia de castração.[9]

Em "Dissolução do complexo de Édipo" (1924), Freud aborda as duas vertentes do Édipo no menino: uma ativa (colocar-se no lugar de seu pai à maneira masculina e ter relações com a mãe) e outra

---

8. FREUD, 1905 (1901), p. 107.
9. FREUD, 1926, p. 167.

passiva (assumir o lugar da mãe e ser amado pelo pai). O reconhecimento da possibilidade de castração da mãe põe fim às duas maneiras possíveis de obter satisfação do complexo de Édipo, uma vez que ambas acarretam a perda de seu pênis. Encontra-se numa encruzilhada: ou retira a catexia libidinal de seus objetos parentais, ou se dá uma vivência de castração. Uma solução possível é a de abandonar as catexias de objeto e substitui-las por identificações. Há a formação do supereu e as tendências libidinais pertencentes ao complexo de Édipo são, em parte, dessexualizadas e sublimadas e, em parte, inibidas em seu objetivo e transformadas em afeição. Desta forma, o menino afasta o perigo da perda do órgão genital, havendo um "recalcamento" (*Verdrängung*) do complexo de Édipo.

Para Freud, a homossexualidade na neurose estaria relacionada com diferentes vicissitudes do complexo do Édipo e das identificações. Para que haja uma "dissolução do Édipo", é preciso que ocorra um desinvestimento amoroso do menino tanto em relação à mãe, quanto ao pai. Assim o menino pode continuar seu investimento amoroso com a mãe, identificando-se com ela. Como se dá, por exemplo, no caso de Leonardo Da Vinci: "ele recalcou seu amor pela mãe", identificou-se com ela e buscou parceiros que seriam o espelho do próprio eu.

No entanto, outras possibilidades existem: o menino desinveste a libido da mãe, mas permanece amando o pai, o que acaba redundando numa homossexualidade, uma vez que a identificação com o homem deve ser subseqüente a uma renúncia a seu amor, o que, muitas vezes, não se dá.

Para Lacan,[10] a homossexualidade se estrutura diante de um Édipo pleno, mesmo que modificado muito sensivelmente, na medida em que realiza o Édipo de forma invertida. Há um certo número de traços que podemos assinalar no homossexual, a começar por uma profunda e perpétua relação com a mãe, que tem uma função diretiva: ela dita a lei ao pai. No momento em que a intervenção proibidora do pai deveria ter introduzido o sujeito na fase de dissolver sua relação com o objeto do

---

10. LACAN, 1957-1958, p. 174.

desejo da mãe e cortado pela raiz qualquer possibilidade dele se identificar com o falo, o sujeito encontra na estrutura da mãe, ao contrário, o suporte, o reforço que faz com que a crise não ocorra. Lacan assinala ainda que o mesmo efeito se dá quando o pai é apaixonado demais pela mãe. Temos como conseqüência a identificação do sujeito com a mãe, pois esta não se deixa abalar. Assim, ao lidar com um parceiro, substituto do personagem paterno, trata-se de desarmá-lo, de humilhá-lo ou, até mesmo, de incapacitá-lo de se impor perante uma mulher ou as mulheres.

Por outro lado, a exigência do homossexual de encontrar em seu parceiro o pênis corresponde, precisamente, na posição primitiva, àquela ocupada pela mãe que dita a lei ao pai; a questão é se o pai tem ou não tem o que é exigido pelo homossexual a seu companheiro. Lacan conclui que no homossexual masculino, então, trata-se de uma situação estável, repleta de segurança e com três pés, que não é, de modo algum, dual. Se o homossexual se identifica com a mãe detentora da lei é porque ela possui as chaves da situação particular que prevalece na saída do Édipo.

O conceito de desmentido (*Verleugnung*) – fundamental como operador da perversão – aparece em "Sobre as teorias sexuais infantis" (1908), no ensaio sobre "Leonardo da Vinci", para ser destacado com rigor em "Organização genital infantil" (1923), com o enunciado da primazia do falo para ambos os sexos.

O menino percebe a distinção entre homens e mulheres, porém, inicialmente, não as vincula com a diferença nos órgãos genitais deles. Os meninos reagem às primeiras impressões da falta de pênis da seguinte forma: "desmentem o fato e *acreditam* que eles realmente, ainda assim, vêem um pênis. *Encobrem a contradição entre a observação e a preconcepção* dizendo que o pênis ainda é pequeno e ficará maior dentro em pouco e depois lentamente chegam à conclusão emocionalmente significativa de que, afinal de contas, o pênis, pelo menos, estivera lá e fora retirado depois. A falta de pênis é vista como resultado da castração e agora a criança se defronta com a tarefa de chegar a um acordo com a castração".[11] Freud acentua ainda que o complexo de castração só pode ser avaliado corretamente quando se leva em conta que tem sua origem no momento de primazia fálica. A depreciação das mulheres, o horror a elas e a disposição ao homossexualismo derivam da convicção final de que as mulheres não possuem pênis.

No texto de 1927, Freud propõe *o Fetichismo* como o protótipo da perversão, relacionando-o com a castração, o desmentido (*Verleugnung*) e a divisão do eu. O significado e propósito do fetiche são sempre o mesmo: ele é um substituto do pênis da mulher (mãe). Freud esclarece que não se trata de uma "escotomização", a qual sugere que a percepção é inteiramente apagada. Ao contrário, ela continuou e uma ação muito enérgica foi empreendida para manter o desmentido.

No conflito entre o peso da percepção desagradável e a força do contra-desejo, chegou-se a um compromisso que só é possível sob o domínio das leis inconscientes do pensamento (processo primário): "para ele a mulher teve um pênis, mas esse pênis não é mais o mesmo de antes, outra coisa tomou o seu lugar, foi indicada como seu substituto e herda o interesse anteriormente dirigido a seu predecessor".[12] O fetiche permanece como indício do triunfo sobre a ameaça de castração e como uma forma de se proteger dela. Uma aversão aos órgãos genitais femininos continua como uma marca do recalcamento que se efetuou. Nos fetichistas, a construção do fetiche implica simultaneamente em desmentir e afirmar a castração. Só uma determinada corrente na sua vida mental não reconhece a castração, a outra dá conta plena desse fato.[13]

Em "A divisão do eu no processo de defesa" (1940 [1938]), Freud descreve o processo de divisão ou cisão. Assim, frente ao conflito entre uma exigência por parte da pulsão e a proibição por parte da realidade, na medida em que a satisfação poderá resultar num perigo real quase intolerável, pode ocorrer uma outra saída diferente do recalque ou da rejeição.

---

11. FREUD, 1923, p. 182. Grifo nosso.
12. FREUD, 1927, p. 183.
13. FREUD, 1927, p. 183.

A criança "com auxílio de certos mecanismos rejeita a realidade e recusa-se a aceitar qualquer proibição; pelo outro, no mesmo alento, reconhece o perigo da realidade, assume o medo desse perigo como um sintoma patológico e subseqüentemente tenta se desfazer do medo".[14] É uma solução bastante engenhosa: "ambas as partes na disputa obtém sua cota – permite-se que a pulsão conserve sua satisfação e mostra-se um respeito apropriado pela realidade".[15] Mas, o sucesso é alcançado ao preço de *uma fenda no eu* que aumenta à medida em que o tempo passa. As duas reações contrárias ao conflito persistem como ponto central de uma divisão do eu.

Então, usando o desmentido, o fetichismo e a divisão, a homossexualidade perversa fica melhor demarcada, encontrando-se ligada ao tipo de estrutura que denota um uso predominante de tais operadores. Impossibilitado de outra solução, o homossexual perverso se acha preso no penoso trabalho de afirmar e desmentir a castração: seu eu está rachado. É uma divisão diferente da que se dá em todo o sujeito, como Freud nos fala em "Esboço da psicanálise e divisão do eu", e Lacan destaca com o "sujeito dividido". A intolerância frente à castração que não consegue simbolizar, aprisiona o homossexual na vertigem contínua de tamponar as possíveis faltas que remetem à castração e também ao desejo.

Fantasia, o gozo e a lei

Recorremos novamente a Genet:

> A morte estava ali, espreitando-o quando tantas vezes ele fora a morte espreitando a sua presa.(...)
> A fim de respeitar uma tradição tornada cerimônia ritual, nele trazida pela necessidade... de travestir o crime, de maquilar o quadro final do homicídio, graças a um objeto que disposto de determinado modo,

---
14. FREUD, 1940 (1938), p. 309.
15. FREUD, 1940 (1938), p. 309.

parecia ter "suspenso" a vida, Querelle, inspirado pela expressão de felicidade do rosto da vítima, entreabriu-lhe a braguilha e arrumou as duas mãos, mortas, prontas para o prazer. Ele sorriu. Os pederastas, para o carrasco, oferecem um pescoço delicado. Pode-se afirmar – veremos isso mais tarde – que é a vítima que faz o carrasco. Essa inquietação crônica, eterna, que sentimos vibrar na voz das mariconas, até as mais arrogantes, já é um suave apelo à mão terrível do assassino.[16]

Freud, em "Bate-se em uma criança"(1919), trabalha a fantasia fundamental. Tal fantasia, considerada como "um traço primário de perversão,"[17] subsiste à parte do conteúdo da neurose, não encontrando lugar adequado na sua estrutura. A fantasia de espancamento e outras fixações perversas análogas também seriam apenas resíduos, cicatrizes do término do complexo de Édipo.

Lacan põe em destaque a questão da fantasia fundamental, ponto de limite da análise, que norteia a direção da cura. Ela é uma resposta ao significante que falta ao Outro – $S(\cancel{A})$ –, uma resposta frente ao desejo do Outro, ao *Che vuoi*? É uma relação do sujeito dividido que deseja e procura o objeto ($\$ \lozenge a$). Toda a fantasia é perversa, pois ela visa reunir dois elementos heterogêneos: o sujeito e o objeto *a*, objeto causa de desejo. Colocar-se nessa posição de objeto é se submeter, pôr-se na mão do Outro: a posição do sujeito como objeto é sempre masoquista. No entanto, a temporalidade do encontro com o objeto é diferente: o neurótico chega tarde demais, ou cedo demais. No perverso, há um "encontro com o objeto", com todas as conseqüências que disso advém, inclusive a sujeição ao imperativo de gozo. Apesar da fantasia ser perversa, a fantasia do perverso é de outra natureza.

Em "Kant com Sade", Lacan apresenta uma formalização da fantasia sadiana, característica da perversão, como podemos ver no gráfico abaixo:

---

16. GENET, 1986, p. 183 e p. 230.
17. FREUD, 1927, p. 175-185.

Fantasia sadiana

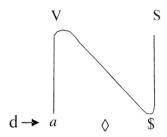

Temos: "*a*" – objeto *a*
◊ – Desejo de, falta de
V – vontade de gozo
S – sujeito bruto do prazer
$ – sujeito barrado

Assim, Lacan nos diz do gráfico: "a linha de baixo satisfaz à ordem do fantasma enquanto suportando a utopia do desejo. A linha sinuosa inscreve a cadeia que permite um cálculo do sujeito. É orientada, e sua orientação constitui aí uma ordem em que o aparecimento do objeto *a* no lugar da causa se esclarece com o universal de sua relação à categoria da causalidade".[18]

O gráfico sadiano parte do desejo, causalidade louca, porque desejo é desejo de nada.[19][22] Na linha inferior do gráfico (*a* ◊ $), temos que o sujeito se determina como objeto em seu encontro com a divisão subjetiva. A estrutura da fantasia sadiana comporta uma inversão: *a* ◊ $. Na perversão, o sujeito se determina como objeto em seu encontro com a divisão subjetiva, colocando-se como objeto de gozo frente à divisão do outro. O agente executor, o carrasco, é colocado em "*a*", ocupando o lugar de objeto e causando a divisão do Outro ($). O que é diferente da fórmula da fantasia neurótica ($ ◊ *a*),

---
18. LACAN, 1962.
19. Anotações pessoais do seminário "Kant com Sade", realizado por Nilza Rocha Féres e Ana Lúcia Lutterbach em Belo Horizonte, 1994.

na qual o sujeito se localiza na divisão da subjetividade e se sustenta na direção de um objeto causa de desejo. O perverso se defende da falta no Outro, da castração e põe o fetiche como um tapa-buraco nesse lugar da falta, deixando o sujeito a salvo, sem enfrentar sua própria divisão.

Podemos sintetizar a fantasia sadiana da seguinte forma: movido por seu desejo, o carrasco vem colocar-se na posição do objeto – e não sujeito – da fantasia: ele faz-se instrumento de uma *vontade de gozo absoluto*. Daí, dirige-se à sua vítima, a quem é deixado todo o peso da subjetividade e a divide da maneira mais profunda entre a submissão à voz imperativa e a revolta contra a dor. A manobra do mestre sadiano visa produzir um sujeito mítico nunca atingido, nem por ele, nem por sua vítima: um *puro sujeito de prazer*, um sujeito que só experimenta prazer ao gozar. Aqui está a vontade de gozo, tal como nos apresenta Lacan.

No menino, o tornar-se homem passa por uma simbolização em que o pênis é elevado à categoria de representante do falo. Na configuração edipiana, é preciso que duas mensagens sejam expressas ao menino: na primeira, sua mãe é desprovida do falo e, portanto, o deseja; na segunda, ele próprio não é o falo que falta à mãe, mas deve identificar-se com aquele que o tem, o pai. Para tal, a mãe deve reconhecer aquilo que lhe falta e não negar sistematicamente o falo àquele que se supõe ocupar o lugar do homem na família. É na instauração do Édipo e do significante fálico como pólo do complexo de castração que se produzirá um fracasso que sobreviva segundo duas modalidades, nas quais se distinguem dois tipos de homossexualidades masculinas: a neurótica e a perversa.

Podemos resumir a posição do homossexual perverso da seguinte forma: não podendo lidar com a castração do Outro que remete à própria castração, o perverso continua usar o "desmentido" (*Verleugnug*) como um operador central de sua estrutura. Ele simultaneamente afirma e desmente a castração, impossibilitado de encontrar outra forma de lidar com ela. No perverso homossexual, observa-se com freqüência uma busca frenética de parceiros, que chega às raias do esgotamento, desafiando todos o perigos decorrentes desta procura. O que se visa é o gozo: um puro sujeito de prazer, que só experimente prazer ao gozar. Coloca-se como objeto *a*, permitindo-lhe ludibriar a castração.

Observamos essa posição frente ao gozo – na maioria dos homossexuais perversos – em períodos de "caça" desenfreada, durante os quais parecem movidos por uma compulsão irresistível a se oferecer como "buracos" a qualquer falo. Tudo ou quase tudo é codificado na prática da caça homossexual: os locais de encontro são conhecidos e delimitados e as particularidades sexuais de cada um são indicados por uma sinalização sutil, de tal modo que o encontro do parceiro fortuito se resume no reconhecimento de um sinal, seguido de uma aquiescência muda e do coito. É preciso gozar: esse imperativo revela uma situação distinta do desejo e do prazer.

A homossexualidade do perverso aponta para uma diferente via: a do desafio, da transgressão da Lei. Ele se vangloria de posição de não submeter-se à lei edípica, mas só desafia uma lei quem dela tem uma marca. Na verdade, está submetido a outra lei, a do imperativo do gozo, não concebido como direito ou extremo prazer, não como efeito de uma escolha, mas como um dever, algo da ordem do sacrifício, devido ao outro. Assim, muitas vezes, nota-se a existência de um contrato, onde se definem os menores atos e as posturas exigidas pelo companheiro.

Outro paradoxo na relação do homossexual perverso com a lei é a necessidade de um Outro que garanta a verdade de seu discurso e a legitimidade de seu atuar, o que é representado na cena pela testemunha, o terceiro, o olhar que supõe como garantia do gozo. O desafio aparece claramente no comportamento do perverso. No nível manifesto, surpreende a sua intenção de escândalo ligada à verbalização da fantasia do desejo, fantasia proposta como um discurso de saber e de verdade.

Em *Querelle*, temos uma dica de como se lida com a transgressão da lei, da castração temida e desmentida, por meio da "morte" do corpo e renascimento, assim se ludibriando a castração:

"Eu dou o rabo e pronto" ...Que corpo novo seria o seu? Ao seu desespero, contudo, acrescentava-se a certeza aliviante de que aquela execução o lavaria do homicídio no qual ele pensava como um corpo maldigerido. Enfim, deveria pagar essa festa, essa solenidade que é a execução do homicídio. Toda execução é uma sujeira: eis porque lavar-se. E lavar-se tão bem que nada sobre de si. E renascer. Para renascer, morrer. Depois, ele não temeria ninguém. Sem dúvida a Polícia poderia ainda pegá-lo, cortar-lhe a cabeça: deveria então tomar suas precauções, não se trair; mas perante o tribunal fantástico que se erigia em si mesmo, Querelle não teria mais que responder, pois aquele que cometera o homicídio estava morto. [20]

Virilidade não contrapondo à mulher, mas à morte

Assim, a homossexualidade masculina na estrutura perversa possui características que a diferenciam da homossexualidade nas outras estruturas. Tanto o neurótico quanto o perverso têm uma questão com a castração e com o Édipo, que se coloca, entretanto, de forma distinta. O neurótico se confronta com a castração, apesar de, muitas vezes, ficar se debatendo com ela, como, por exemplo, acontece com o histérico através da questão "sou homem ou mulher?" No homossexual perverso, apesar de sua inscrição no Édipo, o desmentido a que se entrega frente à castração do Outro, leva-o a outras vias.

Para Serge André, no perverso "a homossexualidade masculina não é apenas uma questão de escolha do objeto sexual, nem de escolha de uma identidade sexual. Consiste, antes de mais nada, numa interrogação e num questionamento da aparente evidência da

---

20. GENET, 1986, p. 66.

masculinidade".[21] Se o desejo da mulher é desmentido pois remete à falta, à castração, a busca de "virilidade pura" faz surgir o paradoxo de um sexo que se define, por si só, sem levar em consideração a diferença entre os sexos. E, como pode aceder à masculinidade, se não existe o contraponto da castração feminina, sistematicamente desmentida, se a transmissão do falo se dá pela figura da mãe, que desviriliza o pai e mantém assim o falo, na medida em que o filho é o seu falo? Ele é másculo pelo poder de uma mãe – ou de uma linhagem de mulheres – portadora de insígnias fálicas ou depositária da tradição que sustenta o ideal masculino. Por outro lado, a transmissão proveniente do pai a respeito do atributo de virilidade é suspeita, pois a posição do sujeito provém precisamente da desvirilização do pai e da degradação do falo que teria a dar.

Resta ao sujeito uma posição de impostura. "Bancar o homem" ou "bancar a mulher",[22] para o perverso é sempre representar, ou melhor, é sempre encenar uma impostura, um estereótipo cuja relação com a verdade é questionável, já que, para ele, não há como se confrontar realmente com a castração e com a diferença sexual. Daí a busca de rituais, nos quais a castração é encenada como uma ferida real, inclusive com a possibilidade de danos físicos e morte, além da decadência subjetiva. A virilidade não se define, pois, em relação à mulher mas, sim, com respeito à morte e à lei. Mais uma vez em *Querelle*, podemos ver essa questão:

> ...Perto de Querelle, parando de considerar um homem que gosta de mulheres, banhava-se na atmosfera especial que sempre suscita um homem que gosta de homens. Entre eles, apenas para eles, estabelecia-se um universo (com suas leis e relações secretas, invisíveis) onde a idéia de mulher estava banida. No momento do gozo, um pouco de ternura perturbara a relação dos dois machos – sobretudo em relação ao patrão... Não que estes se tornem algo que se aproxime do verdadeiro amor entre homem e mulher ou entre dois seres onde um deles é feminino; mas a ausência de mulher nesse universo obriga os dois

---
21. ANDRÉ, 1995, p. 134-142 e p. 170.
22. ANDRÉ, 1995, p. 143.

machos a extraírem de si um pouco de feminilidade. A inventar a mulher. Não é o mais fraco ou o mais jovem, ou o mais delicado que realiza melhor essa operação, e sim o mais hábil que com freqüência é o mais forte e mais velho. Uma cumplicidade une os dois homens, mas, nascida da ausência da mulher, essa cumplicidade suscita a mulher que os une pela sua falta.[23]

Serge André nos fala de uma "Mitologia do homossexual", na qual o homem acaba morrendo para alcançar seu destino viril, como se o menino só pudesse tornar-se homem na morte e no sacrifício. Por esta razão, a AIDS, em vez de criar uma barreira ao desejo homossexual, torna-se um fascínio ou até uma verdadeira necessidade estrutural para muitos homossexuais perversos. Há uma procura de códigos do tipo de "ordens de cavalaria" masculina, ou busca de regras e rituais dos ambientes "barra pesada", cujo objetivo é a celebração e o reconhecimento da virilidade. A função delas está essencialmente ligada a consumar a castração, sob a forma de ritual ou simulacro.

Essas práticas homossexuais reencontram sem saber um ritual de passagem situado na própria origem da história da homossexualidade, quando em festas religiosas, ou nas provas materiais que eram impostas aos adolescentes, a idéia central era a de que o herói feminilizado devia morrer, ou, pelo menos, correr o risco de morrer, a fim de renascer para si mesmo, depois de ter abandonado toda a feminilidade.

Se o homossexual perverso faz essa busca de rituais é porque sem se haver enfrentado a castração não há como existir uma posição viril autêntica. O mito antigo organizava a renúncia do rapaz a ser o falo para que ele pudesse aceder à condição de tê-lo. O que o homossexual perverso faz é afirmar, ao mesmo tempo, que tem o falo – ele não se toma realmente por uma mulher – e que é o falo. Para tal, vemos em ação a presença da divisão radical, ou "fenda", possibilitando que a castração seja, simultaneamente, afirmada e desmentida. Ele se vê impelido, então, a um perpétuo sentimento de impostura e à necessidade de recorrer aos ritos que garantam ter o falo, ainda assim.

---

23. GENET, 1986, p. 117.

Referências Bibliográficas

ANDRÉ, S. *A impostura perversa*. Trad. Vera Ribeiro. Rio de Janeiro: Jorge Zahar Ed., 1995.

FREUD, S. Três ensaios sobre a teoria da sexualidade (1905). *Edição standard brasileira das obras psicológicas completas de Sigmund Freud*. Trad. Jayme Salomão. Rio de Janeiro: Imago, 1972, v. 7.

FREUD, S. Leonardo da Vinci e uma lembrança da sua infância (1910). *Op. cit.* Rio de Janeiro: Imago, 1970, v. 11

FREUD, S. Sobre o narcisismo: uma introdução (1914). *Op. cit.* Rio de Janeiro: Imago, 1974, v. 14.

FREUD, S. Alguns mecanismos neuróticos no ciúme, na paranóia e no homossexualismo. (1922). *Op. cit.* Rio de Janeiro: Imago, 1976, v. 18.

FREUD, S. Fragmento de um caso de histeria. (1905 [1901]). *Op. cit.* Rio de Janeiro: Imago, 1969, v. 7.

FREUD, S. Inibição, sintoma e angústia. (1926). *Op. cit.* Rio de Janeiro: Imago, 1974, v. 21.

FREUD, S. A dissolução do complexo de Édipo. (1924). *Op. cit.* Rio de Janeiro: Imago, 1976, v. 19.

FREUD, S. Organização genital infantil: uma interpolação na teoria da sexualidade. (1923). *Op. cit.* Rio de Janeiro: Imago, 1976, v. 19.

FREUD, S. A divisão do eu no processo de defesa. (1940 [1938]). *Op. cit.* Rio de Janeiro: Imago, 1976, v. 23.

FREUD, S. Uma criança é espancada. Uma contribuição ao estudo da origem das perversões sexuais (1919). *Op. cit.* Rio de Janeiro: Imago, 1976, v. 17.

GENET, Jean. *Querelle*. Trad. Demetrio Bezerra de Oliveira e Jean Marie L. Remy. Rio de Janeiro: Nova Fronteira, 1986.

LACAN, J. *O seminário. Livro 5. Formações do inconsciente* (1957-1958). Trad. Vera Ribeiro. Rio de Janeiro: Jorge Zahar Ed., 1999.

LACAN, J. *Kant com Sade* (1962). Tradução de Luiz de Souza Dantas Forbes para uso interno da Biblioteca Freudiana Brasileira.

OSCAR WILDE NO TEMPO DE COMPREENDER O FANTASMA

– *EPISTOLA IN CARCERE ET VINCULIS: DE PROFUNDIS*

Bárbara Maria Brandão Guatimosim

*"Como conseqüência de ter-me deixado colher no laço (...)
me encontro na mais espessa lama,
situado entre os célebres Gilles de Retz e Marquês de Sade."*

Oscar Wilde

*"Das profundezas do abismo, clamo a vós,
Senhor! Senhor, escutai a minha voz.
Estejam vossos ouvidos atentos à voz de minha súplica."*

De Profundis, Salmo 129

Aos quarenta e um anos, já tendo escrito praticamente toda a sua obra, composta de contos, poesias, peças teatrais e um romance, o escritor irlandês Oscar Wilde, inglês por adoção, se vê comprometido em sua vida pessoal e artística pelo encontro do que foi para ele uma "funesta amizade"(1).[1] Em Londres, já casado e com dois filhos, mantinha relações com outros rapazes, que acolhia generosamente em um "banquete de panteras"(2). Eram em sua maioria prostitutos, que a era vitoriana com suas leis que condenavam o homossexualismo tornara chantagistas em potencial. Com alguns destes rapazes não buscava apenas divertimento. "Casei-me três vezes em minha vida, uma com uma mulher, duas com homens!"[2] Seu último e fatal casamento foi com um jovem de pouco mais de vinte anos, Lord Alfred Douglas, do qual tentou se separar várias vezes (3) e que já transitava com amigos

---
1. Os números entre parênteses correspondem aos extratos selecionados ao final do texto.
2. WILDE, citado por ELLMANN, 1988, p. 343.

homossexuais pouco confiáveis. O belo Douglas, aspirante a poeta, passou a viver perdulariamente (4) às custas de um Wilde que sempre cedia (5), da mãe débil e complacente (6), e às turras com o pai, J. Queensberry, que fazia do estandarte do moralismo uma autopromoção.

Douglas não era muito discreto em sua amizade com Oscar e com isto provocava Queensberry que passou a insultar o escritor já famoso acusando-o de sodomita e corruptor de jovens, ou mais precisamente, do filho (7). Incitado em extremo por Lord Alfred, Wilde resolveu comprar a disputa entre filho e pai processando o último por difamação (8). Oscar, que se dizia filho típico de seu século, não contou com a violência da hipocrisia da sociedade inglesa que tanto criticava, mas da qual também usufruía. Wilde com sua vida dupla, convencional e clandestina, recorreu à lei moral e recebeu sua resposta invertida (9). O pai acusado em nome da moral tornou-se acusador do imoral, e por meio de estratagemas escusos conseguiu condenar Wilde à pena máxima de dois anos na prisão com trabalhos forçados, depois de um longo processo do qual se recusou a fugir por um misto de honra, orgulho, prepotência, impotência e sacrifício (10).

Wilde passou em sua carreira rapidamente da fama incontestável à infâmia e falência absolutas. Na prisão sofria horrivelmente, com direito a raras visitas e restritos contatos por carta com poucos amigos. Mas de A. Douglas só lhe veio o silêncio e notícias que lhe indignavam. Foi nos últimos meses do cumprimento de sua pena na prisão de Reading, já com acesso a alguns livros, papel e tinta antes negados que, diante do silêncio do amante e no isolamento, redigiu talvez a maior carta de amor conhecida na literatura, destinada ao "Querido Bosie", A. Douglas. A Epístola, segundo Wilde, não defende sua conduta: explica-a.[3] Mas não só: lamenta-se, acusa, interpreta, busca redenção no sofrimento, na dor, no amor, no perdão, na humildade, em Cristo e esperança na "*Vita Nuova*" que se prescreve, fazendo o levantamento das causas e da extensão de sua ruína. Insistia em dizer que a prisão o havia modificado profundamente "porque lá encontrei minha alma" (11).[4]

---

3. "Depois de teres lido esta carta, verás a explicação psicológica de uma ordem de conduta que, de fora, parece uma mistura de idiotice absoluta e de vulgar fanfarronada." Carta a Ross, WILDE, 1980, p. 1339.

4. WILDE, citado por ELLMANN, 1988. p. 486.

Posto em liberdade tentou ingressar em um monastério de jesuítas para um retiro, mas isso lhe foi recusado. Talvez recluso, se sentisse mais liberto. Pois sua libertação parece tê-lo deixado ainda mais prisioneiro. Divorciado de sua mulher Constance Lloyd e proibido de ver os dois filhos retomou sua vida com Douglas, seu "porto seguro",[5] e foi por ele novamente abandonado reencenando a mesma situação anterior, já que não havia dinheiro que os sustentassem (12).

Sua única obra posterior ao tempo do cárcere foi a *Balada da Prisão de Reading*, e alguns artigos jornalísticos criticando o sistema penitenciário britânico que, na época, praticamente se igualava à pena de morte. Ainda lhe vinham boas idéias, mas não queria, não podia mais escrever (13).

A condição de viúvo reservou-lhe uma pensão modesta, sempre insuficiente para seus gastos.[6] Passou o final da vida, bebendo, esmolando, divertindo-se com rapazes, e em conversações com alguns poucos amigos, admiradores e apiedados que o sustentavam em todos os sentidos. Mas sofria com a indiferença e o desprezo da maioria e de muitos que sua generosidade havia regalado nos tempos de glória e fortuna. Com isso, passou a evitar também o convívio, mesmo dos que lhe eram simpáticos. Morreu em 1900, na miséria, cercado dos contados amigos mais chegados e de Robert Ross que nunca o abandonou e que foi seu executor literário. Quando saiu da prisão, a *Epístola*, ou "De profundis" como Ross a intitulou, foi confiada a este com a recomendação de uma cópia a Douglas. Não se sabe se este a leu ou não na ocasião; de qualquer maneira, isto provavelmente não faria diferença (14). Antes de morrer, Wilde manifestou o desejo de que a Epístola fosse um dia publicada.[7] Uma primeira versão parcial da carta veio a público e, tempos depois, foi integralmente publicada.

É desta carta impressionante, dramática, desigual, contraditória, entremeada de reflexões filosóficas, religiosas e artísticas, atormentada

---

5. ELLMANN, 1988, p. 468.
6. "A exemplo do querido São Francisco de Assis, casei-me com a pobreza; no meu caso, porém, o casamento não é um sucesso; odeio a noiva que me foi dada." WILDE, citado por ELLMANN, 1988, p. 486.
7. "Pois essa obra, assim achava, em certa medida o reconciliaria com o mundo." ELLMANN, 1988, p. 499.

como o complexo remetente, que faço uma leitura a partir da escuta psicanalítica, acompanhando, no testemunho que traz, algumas de suas linhas temáticas, com seus circuitos, suas repetições e seu desfecho. As muitas citações selecionadas e numeradas no corpo e no final deste texto, extratos da voz escrita de Wilde, têm o objetivo de fazer a carta falar por si mesma, dando suporte vivo ao que vou pontuando.

A *Epistola in cárcere et vinculis*, como o autor a nomeou, desde seu início, não promete uma agradável leitura. É uma "carta terrível". Nesta missiva Wilde recompõe um pouco de sua vida de glória e vai acompanhando cirurgicamente (15) todos os passos, por vezes em detalhes microscópicos, tanto factuais como subjetivos, que o levaram à ruína. Não poupa ninguém, a começar por Douglas (16) e por ele mesmo (17). Percebe que o processo judicial que o levou a perder tudo: família, fortuna, amigos, reconhecimento social, saúde, sua arte, seu nome (18), enfim, qualquer possibilidade de futuro (19), não foi o causador de sua tragédia. Apesar de culpar o Destino, os Deuses e Douglas, é perfeitamente lúcido sobre o quanto escolheu a fatalidade (20). Reconhece a evidência do quanto algumas de suas obras anteciparam e retrataram seu percurso (21). Viu claramente quando e como poderia ter evitado o pior e como se deixou enredar nas armadilhas da comédia (22), da superficialidade e frivolidade (23); teve consciência de como servia como instrumento de gozo aos apetites narcísicos insaciáveis que o rodeavam (24). Descobre a certeza (25) na dor recorrente, como mantenedora da identidade (26); mas alertado está para não fazer da dor, um bem (27). Recusa terminantemente o ódio e o ressentimento como destilações da amargura (28), pois se dá conta de que foi nas malhas do ódio que se deixou apanhar (29). Afirma, não a revolta, mas o segredo da humildade, que "consiste em aceitar todas as experiências" como a única revelação digna a se extrair da experiência de dor. Preconizava o amor como o único dom que torna possível a compreensão e o perdão. Descobre, assim, na *Vita Nuova* (30) de Dante, não um corte total com o passado, mas a feliz vitalidade no desprendimento (31), para alcançar a última realização da vida artística.

Não a religião, mas a vida de Cristo emerge, em certo ponto no texto, análoga à verdadeira vida do artista. A partir disso, Cristo é figurado de maneira nada ortodoxa, como o maior poeta romântico do esteticismo, ao qual Wilde se identifica idealmente, um tanto à sua imagem e semelhança (32). Defende que os rituais litúrgicos deveriam ser uma espécie de celebração teatral. Cristo é então protagonista, não do altruísmo, mas do supremo desapego individualista, porque visa à alma do homem (33); e a de uns vale como a de outros, porque são diferentes (34). Defendendo a errância (35), despreza os homens para quem a vida é uma sagaz especulação, um cálculo dos caminhos e meios, e que, onde quer que vão, vestem a máscara do que programaram; e o castigo é que terão de usá-las. Wilde entende que Cristo amava os pecadores, próximos da perfeição, porque só estes podiam se arrepender (36). Compreende que o desejo primordial de Cristo não era reformar os homens, tampouco aliviar o sofrimento (37). Sem acreditar em reformas morais ou teológicas, os passos da paixão de Wilde dá-lhe o direito adquirido de compartilhar da dor (38), dor que aqui, infiel a Dante, toma como um belo bem (39) em uma convicta lealdade catexial. Quer que a dor se introduza em sua obra a advir, não imitando a realidade, nem da forma vulgar que experimentou (40), mas com uma certa qualidade estética (41). Porém, este projeto não foi realizado.

Wilde prossegue na Epístola destrinchando suas ilusões, máscaras (42) e equívocos, o principal deles, indubitavelmente, o deixar-se levar pelo gozo, com a parceria perfeita para isto que encontrou em A. Douglas (43) e seus familiares (44). Com tudo isso, sua tragédia não é grega. O amor que se queria acreditar e se mostrar grego, exibiu-se como uma realização perversa do fantasma, revelando seu rosto real na ruína que trouxe (45). Wilde percebe que estava dominado, não apenas por um rapaz voluntarioso, mas por um estilo moderno (46), por um mestre perverso; aquele que exige o gozo e o consumo rápido, que, independente da época, é sempre "moderno" (47) – por sobrepor o gozo ao desejo, este sempre historicamente causado, por sua inconseqüência, sua indiferença ao outro, e destruição dos laços sociais.

Esta máquina de gozar que assola Wilde e que este lastima reiteradamente em Douglas é, por definição, absolutamente destituída de imaginação e carece por completo de poesia (48). O escritor Wilde expressa de forma precisa e repetidamente que, não é esse, mas um Outro gozo que atravessa sua arte.

Tudo o que se seguiu na vida de Wilde sobrevém de uma fixação da qual não consegue, e em grande medida não quer, decididamente, livrar-se. Não só retomou seu vínculo com Douglas depois da prisão como a própria carta vaticinava (49), mas talvez por saber mais ainda do gozo a partir da *Epístola*, mergulhou fundo no sorvedouro fantasmático buscando sorver a Vida até a sua última gota.[8]

Ao longo de toda a carta, onde lemos o discurso histérico se exercendo em plena súplica, produzindo saber, fazendo ciência, acompanhamos também a gravidade da sedução do fantasma que se faz, ao final, inexorável, obstruindo a saída. Certamente a bela imagem de Douglas era só uma tela imantada, eleita dentre todas, que encobria o fantasma masoquista e mortífero (50). Pois o que a pintura feita por Wilde espelha e retrata (51) era o que Douglas implicava enquanto figura obscena e imperativa do gozo que não quer saber do impossível; ou sabe, mas mesmo assim... Não é surpresa então que ao pintar a imagem de Douglas encontre as cores lúgubres da mesma figura em si mesmo. Eis como Wilde fabula o encontro com sua alma na prisão.

> Um homem deparou com um ser, que dele escondeu o rosto, e disse: "Vou obrigá-lo a mostrar seu rosto". O ser fugiu. Ao ir em seu encalço, perdeu-o de vista, mas sua vida continuou. Por fim, seu prazer levou-o a uma sala comprida, onde mesas tinham sido postas para muitas pessoas, e, em um espelho, viu o ser que perseguira na juventude. "Desta vez você não haverá de me escapar", disse, mas o ser não só não tentou fugir como também não escondeu o rosto. "Olhe", gritou o ser, "e agora saberá que não mais poderemos nos ver, pois este é o rosto de sua própria alma, e ela é horrível".[9]

---

8. Wilde, sobre o suicídio: "Nunca pensei seriamente nisso como uma saída. Achava que devia esvaziar o cálice de minha paixão até a última gota." ELLMANN, 1988, p. 480 e p. 497.

9. WILDE, citado por ELLMANN, 1988, p 487.

Assim como o amado, não foi o homossexualismo que condenou Wilde e do qual ele nunca abriu mão, se lamentou (52) ou questionou[10]. Mesmo porque o homossexualismo já fervilhava na casta e sóbria Inglaterra de então. Era tolerado, conquanto não se o revelasse. Não foi o sexo, mas um amor devastador que o aprisionou. Este "Amor que não ousa dizer seu nome", como Douglas o chama em seu poema "Dois Amores", esconde menos a opção sexual amorosa que uma outra terrível paixão oculta: aquela que leva à morte. E Wilde responde repetindo em eco nos ditos e escritos últimos: "Porque cada um de nós mata o que ama, mas nem todos hão de morrer". (53) [11]

É provavelmente com a lúcida visão desse cenário trágico que Wilde, na carta, se identifica ao débil Hamlet de Shakespeare, ao sentir a missão que lhe vem do fantasma como um fardo insuportável para ele: um poeta, um sonhador que se arrasta para a ação, sem saber o que fazer (54). Compara Douglas aos companheiros de Hamlet, os imortais tartufianos Rosencratz e Guildenstern (55) e à doce Ofélia, que roçam o segredo trágico do príncipe, mas dele nada sabem, e nada adianta revelar-lhes aquilo que não podem compreender (56).

Todavia a carta se mantém do início ao fim, mesclando variações temáticas, como uma grande súplica sinfônica ao Amor; Amor que, com toda a estupidez, sem nada compreender, sabe do gozo: "por que não me escreveste?", "por que não me escreves?" Pergunta que o autor, por ele mesmo, vai respondendo insistentemente, explorando de modo desesperado os incansáveis matizes de uma "compreensão", tão incessante, que se torna, no texto, inumerável. Uma compreensão que se diz e se revela por demais "psicológica" para o que é preciso "aprender" e "ensinar" (57) a Douglas (58); isto é: o impossível, dom da castração (59). Evidentemente, o fato de insistir por escrito nessa compreensão, em nada mudou a vida do escritor, nem lhe reservou um futuro diverso (60).

---

10. "Um patriota aprisionado por amar seu país, ama seu país, um poeta na prisão por amar rapazes, ama rapazes." Wide, em carta a Ross citado por ELLMANN, 1988, p. 491.
11. WILDE., *Balada da Prisão de Reading*, in *Op. cit.*, p. 970.

Wilde passou seus últimos anos de Vida abandonando-se a ela,[12] fazendo comédia da tragédia humana, navegando entre uma e outra, sedando-se com álcool e humor quando a dor de sua desgraça mostrava suas garras.[13] Sob o nome de Sebastian Melmoth, que adotou ao sair da prisão, passou seus últimos meses exilado em Paris; mas, como disfarce, era completamente inútil; Wilde com sua estatura gigantesca dizia ser tão conhecido como a torre Eiffel. Teve como companheiro inseparável seu estilo inconfundível, uma escritura composta de ironia, humor e poesia que, para além de sua obra escrita, o mantinha como um conversador insuperável, contador de estórias, prosador irresistível, o que certamente salvou-o da solidão absoluta, no epílogo de sua vida, acompanhando-o até em seu leito de morte.[14]

De profundis é uma súplica ilimitada, uma espécie de expurgo que, por falta de um corte conclusivo, ato decidido, faz retroceder o longo tempo de compreender para o instante de ver – e então se torna inevitável repetir e re-vi-ver a mesma e nefasta experiência em *looping*. O compreender deixado à deriva, só pode degradar-se na submissão e subserviência ao que foi revelado. O tempo de compreender só se legitima enquanto tal – real elaboração, construção – a partir da antecipação lógica que o momento de concluir exige como perda de gozo e aposta no desconhecido, abrindo as portas da cela fantasmática. No caso de Wilde, o resultado é que o prisioneiro não sai da prisão. Aliás, é essa certeza que ele antecipa como sentença.[15]

Wilde acaba deixando o que foi dito tão nítida e radicalmente no levante do recalque, no esquecimento; tudo que diz não, tudo que diz basta é novamente recalcado. Se com a carta, de algum modo intentava realizar uma mutação da posição subjetiva, é como se estivera escrevendo na água, ou pregando ao vento. Finaliza a *Epístola*

---

12. "Não sei dizer o que vou fazer da minha vida; pergunto a mim mesmo o que minha vida fará de mim." WILDE, citado por ELLMANN, 1988, p. 474.

13. "Sou um vagabundo. O século terá tido dois vagabundos, Paul Verlaine e eu." WILDE, citado por ELLMANN, 1988, p. 493.

14. "Meu papel de parede e eu travamos um duelo fatal. Um ou outro tem de partir." WILDE, citado por ELLMANN, 1988, p. 498.

15. "Sei, sem dúvida, de certo ponto de vista, que no dia da minha libertação passarei simplesmente de uma prisão para outra, e há momentos que o mundo inteiro não me parece maior que minha cela e tão cheio de horrores quanto ela." Carta a Ross, in WILDE, 1980, p. 1339.

com o perdão acostumado de quem sempre cedia e a resignação frente à beleza da dor. Encarou como honrosa dignidade deixar-se cair na humildade orgulhosa de quem optou até o fim por ser vítima da lei moral que repudiava, e pelo comando férreo do gozo trágico, apesar de encobrir-se e sustentar-se em comédias.

"Tenho um dever para comigo mesmo que é divertir-me assustadoramente. Não felicidade. Acima de tudo, sem felicidade. Prazer! Deve-se sempre aspirar ao mais trágico."[16]

Extratos selecionados: *De profundis*

(1) "Havia-te eu dito antes uma infinidade de vezes que ias ser a perdição de minha vida e isto te fazia rir sempre." p. 1384.

(2) "(...) eram deliciosamente sugestivos e estimulantes (...) O perigo constituía metade do prazer. Era como embriagar-se na companhia de panteras: o próprio perigo era a verdadeira embriaguez." p. 1415.

(3) "Era-me impossível apartar-te de minha vida; tinha-o tentado em várias ocasiões (...) com a esperança de livrar-me de ti; mas tudo fora inútil. E, não obstante, eras o único que podias ter feito algo de eficaz; em tuas mãos estava a solução da questão." p. 1370.

(4) "(...) e assim tive de pagar diariamente todas as pequenas despesas que fazias. Isto só poderia fazê-lo um homem que fosse de uma bondade de coração realmente única ou de uma estupidez ilimitada; em mim se uniam, desgraçadamente, as duas coisas." p. 1424.

(5) "Isto trouxe como conseqüência imediata que tuas pretensões, tuas ânsias de dominação e tuas acabrunhantes exigências aumentassem até o absurdo. O mais mísero de teus impulsos, o mais baixo de teus apetites e a mais abjeta de tuas paixões, transformaram-se para ti em leis que deviam reger sempre a vida dos demais e às quais tinham que ser sacrificadas fatalmente, sem o menor escrúpulo." p. 1349.

---

16. WILDE, citado por ELLMANN, 1988, p. 373

(6) "(...) tua mãe terá de deplorar alguma vez o ter tentado descarregar sobre outra pessoa suas graves responsabilidades, sobre outra pessoa que já devia suportar uma carga enormemente pesada (...) Se eu tive toda a máxima indulgência com teus caprichos, teus arrebatamentos e teus escândalos, deve ter tido ela a mesma indulgência." p. 1422.

(7) "De todas as numerosas pessoas que cruzavam minha vida foste a única sobre quem não podia eu de modo algum e em nenhum sentido influir (...) Essa teoria da influência de um homem sobre um rapaz pode ser engraçada até chegar a meu conhecimento, porque depois é grotesca." p. 1423/4.

(8) "(...) disse-te que me dava perfeitamente conta de que vos ia servir unicamente de instrumento em vossa contenda e de que, por estar colocado entre os dois, sairia sempre perdendo." p. 1384.

(9) "Naturalmente, uma vez postas em movimento as forças da sociedade, voltou-se esta contra mim e disse-me: 'Tens vivido durante todo este tempo desafiando minhas leis e agora recorres a elas para que te protejam. Ser-te-ão rigorosamente aplicadas. Terás de submeter-te às leis que invocaste.' O resultado é que estou na prisão." p. 1415.

(10) "Forçaste-me a entabular um processo, porque sabias perfeitamente que a ti nunca atacaria teu pai, nem em tua pessoa nem em tua vida, e que eu vos defenderia a ti e à tua vida até o final, lançando sobre meus ombros tudo quanto quisesses carregar sobre eles." p.1422.

(11) "Diz-se que por trás da dor há sempre dor. Teria sido mais sensato ainda dizer que por trás da dor há sempre uma alma." p. 1414.

(12) "Disse-te muitas vezes – Lembra-te? – quanto me desagradava que visses em mim um homem 'útil', sabendo-se que o artista e também a arte, na sua mais íntima essência, devem carecer por completo de utilidade." p. 1424.

(13) "(...) durante o tempo em que estivemos juntos, não escrevi uma única linha (...) minha vida, enquanto estiveste a meu lado foi inteiramente estéril, nada criadora". p. 1345.

(14) "Tudo tem de brotar da gente, espontaneamente. E torna-se por completo inútil querer dizer a alguém uma coisa que nem sente, nem pode compreender." p. 1371.

(15) "Deves ler esta carta até o final, ainda que cada palavra tenha de ser para ti como o cautério e o bisturi do cirurgião que queima ou sangra as carnes delicadas." p. 1344.

(16) "Sabias muito bem que te era suficiente provocar um escândalo para impor tua caprichosa vontade e por isso era muito natural que talvez inconscientemente, não duvido, tornasses mais aguda a violência até o inverossímil (...) quiseste possuir, na cegueira do teu desejo insaciável, o meu ser inteiro. Fizeste dele sua presa. Foi este o momento mais crítico de minha vida e de um aspecto mais trágico." p. 1349.

(17) "Deveria ter proibido tua entrada em minha casa e em meus aposentos. Censuro-me sem reservas pela minha debilidade. Isso não foi mais que uma debilidade (...) no caso de um artista, a debilidade é nada menos que um crime, quando essa debilidade é a que paralisa a imaginação." p. 1346.

(18) "Possuía gênio, um nome distinto, uma elevada posição social, brilho e audácia intelectual." p. 1388.

(19) "O que parecia ao mundo e a mim mesmo meu futuro, perdi-o irreparavelmente, quando me deixei arrastar pela tentação de empreender uma ação judicial contra teu pai; havia-o perdido, posso mesmo afirmar, em realidade, muito antes disso..." p. 1347.

(20) "Necessito dizer a mim mesmo que tenho a culpa de tudo, que ninguém se aniquila senão por sua própria vontade (...) Essa acusação cruel atiro-a sem piedade sobre minha conduta." p.1388.

(21) "Na realidade, tudo isso está simbolizado e previsto em meus livros (...) Não teria podido ser de outra maneira, porque em cada momento de nossa vida é a gente aquilo que vai ser, e igualmente o que se é, já se foi." p. 1398/9.

(22) "Cri que a vida era uma brilhante comédia e que tu serias um de seus encantadores personagens. Descobri que era uma tragédia revoltante e repulsiva e que na ocasião sinistra da grande catástrofe, sinistra na concentração de objetivo e em sua intensidade de reduzida vontade, foras tu mesmo despojado dessa máscara de alegria e de prazer pela qual tu, da mesma forma que eu, tínhamos sido seduzidos e perdidos." p. 1366.

(23) "Divertia-me em ser um *flâneur*, um dândi, um homem da moda. Rodeei-me de pessoas de mentalidade grosseira e malgastei meu talento. Às vezes o esperdiçar uma juventude eterna produzia em mim um estranho gozo. Cansado das alturas, baixei ao mais profundo em busca de novas sensações. O desejo foi, afinal, uma enfermidade e uma loucura. Chegaram a não importar-me as vidas dos outros; tomava o prazer onde o achava e continuava depois meu caminho." p. 1389.

(24) "(...) esse mundo irreal da arte no qual antes fui rei e o teria continuado sendo, se não me tivesse deixado aprisionar por esse outro mundo real e baixo, de paixões cruéis e limitadas, de um gosto torpe, de desejos sem limites e de apetites desaforados." p. 1385.

(25) "Procurei fugir a todo sofrimento e amargura. Como odiava a dor, resolvi ignorá-la enquanto me fosse possível, tratá-la como algo imperfeito, distante do meu ambiente. Não lhe concedi o menor resquício em minha filosofia." p. 1395. "(...) não há verdade comparável com a dor e há momentos em que penso que a dor é a única verdade possível (...) Há na dor uma intensa e extraordinária realidade." p. 1396.

(26) "O sofrimento, por curioso que isto possa parecer-te, é o meio pelo qual existimos, porque é o único graças ao qual temos consciência de existir; e a recordação do sofrimento no passado nos é necessária como garantia e evidência de nossa contínua identidade." p. 1356.

(27) "Dante coloca no inferno aqueles que vivem voluntariamente na tristeza (...) Tampouco podia compreender como Dante que disse que 'a dor nos une a Deus' pudesse ser tão duro para com os enamorados da melancolia (...) Não pude imaginar então que chegaria um dia em que isto se convertesse na grande tentação de minha vida." p. 1394.

(28) "O ódio – e isto tens de apreendê-lo ainda – é, dum ponto de vista intelectual, simplesmente negativo. E para o coração é uma das formas de atrofia, de conseqüências mortais, mas não somente para a gente mesmo (...) Compreendes agora o que é o ódio e como cega uma pessoa? Reconheces agora que, quando digo que o ódio é uma atrofia funesta e não só para aquele que o sente, defino de um modo científico uma verdade de tipo psicológico?" p. 1372.

(29) "Seu ódio contra ti estava em teu pai tão arraigado como o teu contra ele, e eu era, entre vós dois, algo assim como o escudo que tanto serve para o ataque como para a defesa." p. 1369.

(30) "(...) Não é realmente uma vida nova, mas a continuação por progresso e evolução de minha vida anterior." p. 1398.

(31) "É algo que só se pode alcançar renunciando a tudo quanto se possui e, somente quando perdemos tudo, damo-nos conta de que, por fim, possuímos uma só coisa." p. 1390.

(32) "Sem dúvida alguma o lugar de Cristo se acha entre os poetas. Seu conceito de humanidade provinha da imaginação, uma vez que somente esta é capaz de compreendê-la." p. 1400.

(33) "Para compreender a realidade da alma, é preciso que nos desprendamos de todas as paixões estranhas, de toda a cultura adquirida, de todos os bens exteriores, quer sejam bons ou maus." p. 1402.

(34) "Cristo não suportava os tristes sistemas mecânicos inanimados, que consideram os homens como objetos, e a todos tratam assim; para Ele não existiam leis, mas simplesmente exceções." p. 1408.

(35) "Os homens cujo desejo consiste unicamente em realizarem-se a si mesmos, não sabem nunca aonde vão. Nem podem sabê-lo. Em certo sentido da palavra é necessário (...) conhecer-se a si mesmo (...) mas reconhecer que a alma humana é desconhecida é a suprema realização da sabedoria." p. 1411.

(36) "O momento do arrependimento é o da iniciação. Mais ainda: é o momento mediante o qual alguém pode alterar seu passado." p. 1410.

(37) "Não teve o propósito de transformar um ladrão interessante em um homem honrado e aborrecido." p. 1410/11.

(38) "Talvez saia daqui com algo que antes não possuía (...) Mas assim como a resolução de converter-me em um homem melhor é um ato de hipocrisia anticientífica, o chegar a ser mais profundamente humano é o privilégio dos que sofreram." p. 1412.

(39) "(...) talvez o que ainda me reste de beleza de vida esteja contido em algum momento de abandono, de rebaixamento e humilhação." p. 1414.

(40) "Em minha tragédia tudo foi espantoso, mesquinho, repugnante e desprovido de Estilo. Nosso próprio uniforme nos torna grotescos. Somos bufões da dor. Palhaços com o coração partido. Estamos especialmente indicados para excitar o sentido humorístico." p. 1414.

(41) "(...) o mais terrível da época atual é que a tragédia se veste com roupas de comédia, de modo que as grandes realidades parecem triviais, grotescas ou carentes de estilo. Isto é completamente certo a respeito da época moderna. Foi provavelmente sempre certo na vida real." p. 1413.

(42) "(...) por trás da dor só se encontra mesmo a dor. O sofrimento, contrariamente ao prazer, não usa máscara." p. 1396.

(43) "Eras meu inimigo, um inimigo como não teve ninguém jamais. Havia-te consagrado minha vida e para satisfazer as mais vis e desprezíveis paixões humanas – o ódio, a vaidade e a gula – atiraste-a longe. Em menos de três anos me arruinaste por completo sob todos os aspectos. No meu próprio interesse já não podia fazer outra coisa que não fosse querer-te." p. 1374.

(44) "Pudeste, quando menos, imaginar que tragédia mais tremenda foi para mim encontrar em meu caminho tua família?" p. 1419.

(45) "Censuro-me por ter permitido que uma amizade não intelectual (...) dominasse por completo minha vida." p. 1344.

(46) "Eras o tipo perfeito de uma espécie moderníssima (...) Tua prodigalidade desmedida era um verdadeiro crime." p. 1427.

(47) "Ele (...) não podia suportar os tolos (...) pessoas que estão repletas de opiniões e não compreendem uma sequer; tipo genuinamente moderno, definido já por Cristo". p.1408.

(48) "...Não compreendes agora que tua falta de imaginação foi o único defeito verdadeiramente fatal de teu caráter?" p. 1370, e também nas páginas. 1346, 1360, 1374, 1388, 1414, 1419,1433.

(49) "Lembra-te também tenho ainda de conhecer-te. Ou talvez tenhamos de conhecer-nos mutuamente?" p. 1437.

(50) "Às vezes tenho a impressão de que tu mesmo não foste mais que um fantoche movido por uma mão secreta e invisível para conduzir uns sucessos terríveis a um final terrível. Mas até os próprios fantoches

têm paixões. Criarão eles um novo tema naquele em que são apresentados e, para satisfazer qualquer capricho ou apetite pessoal, envolverão em vicissitudes o final determinado. Ser completamente livre e estar ao mesmo tempo inteiramente dominado pela lei é o eterno paradoxo da vida humana, que realizamos a cada instante, e aí está – como penso amiúde – a única explicação possível de tua natureza." p. 1364/5.

(51) "(...) se leres esta carta com cuidado, como deves, ver-te-ás diante de ti mesmo, verás diante de ti tua vida." p. 1426.

(52) "A moral não me serve para nada. Sou por natureza, oposto a toda lei, e estou feito para as exceções. Mas ao passo que não vejo mal algum em meus atos, dou-me conta de que não posso dizer o mesmo a respeito de suas conseqüências e está bem que haja aprendido isto." p. 1391.

(53) "É erro comum crer que aqueles que são a causa ou a ocasião das grandes tragédias compartilhem dos sentimentos apropriados a esta modalidade trágica: não há erro mais fatal de que esperar isso deles." p. 1428.

(54) "(...) a loucura de Hamlet é uma simples máscara para dissimular sua debilidade (...) Obstina-se em brincar com a ação, como o artista com uma teoria. É o espião de seus próprios atos e escutando suas próprias palavras, sabe que estas não são mais que 'palavras, palavras, palavras'. Em vez de tentar ser o herói de sua própria história, tenta ser o espectador de sua tragédia. Duvida de tudo, inclusive de si mesmo e, não obstante, esta dúvida não o ajuda, pois não provém do cepticismo, mas de uma vontade dividida." p. 1429.

(55) "(...) Guildenstern e Rozencratz são imortais (...) São a contribuição da vida moderna ao antigo ideal de amizade (...) São tipos fixos para todos os tempos (...) Encontram-se singelamente fora da esfera: é tudo." p. 1430.

(56) "A diferença que existe entre ti e mim é muito maior que a existente entre eles e Hamlet. O que neles se devia ao acaso, foi em ti livre escolha." p. 1430.

(57) "(...) estou longe ainda da verdadeira têmpera da alma (...) e por mais incompleto que eu seja, podes, contudo, aprender ainda muito de

mim. Vieste a mim para aprender o gozo da vida e o gozo da arte. Talvez tenha sido eu escolhido para ensinar-te algo mais maravilhoso: a significação e a beleza da dor." Páginas 1401,1437.

(58) "Vais compreender agora um pouco? Desperta por fim tua imaginação do sopor letal em que tem estado mergulhada? Agora já sabes o que é o ódio. Mas começas entrever o que é o amor e a essência do amor? Não é tarde ainda para que o aprendas, embora o ensinar-to haja-me custado viver morrendo numa cela carcerária." p. 1374.

(59) "Em outro tempo estivemos separados por um profundo abismo, o que separa a arte verdadeira e perfeita da cultura adquirida. E agora esse abismo é ainda mais fundo, porque é o da dor; não obstante, não há nada impossível para a humildade, tudo é factível para o amor." p. 1436. "Não temas o passado. Se as pessoas te disserem que é irrevogável, não as creias." p. 1437.

(60) "Todos os julgamentos de uma causa são julgamentos de uma vida inteira (...) A sociedade, tal como a construímos, não terá lugar para mim." p.1435.

Referências bibliográficas:

ELLMANN, Richard. *Oscar Wilde*. São Paulo: Companhia das Letras, 1988.

WILDE, Oscar. *Obra completa*. Rio de Janeiro: Editora Nova Aguilar, 1980.

Parte IV

As vias da sexualidade

Escolha sexual: uma posição singular

Maria Auxiliadora Bahia

As cidades como os sonhos são construídos por desejos e medos, ainda que o fio condutor do seu discurso seja secreto, que suas regras sejam absurdas, as suas perspectivas enganosas, e que todas as coisas escondam uma outra coisa.

Italo Calvino

O que as crianças experimentaram na idade de dois anos e não compreenderam, nunca precisa ser recordado por elas, exceto em sonho; elas só podem vir a saber disso através do tratamento psicanalítico. Em alguma época posterior, entretanto, isso irromperá em sua vida com impulsos obsessivos, governará suas ações, decidirá de suas simpatias e antipatias e, com muita freqüência, determinará sua escolha de um objeto amoroso, para a qual quase sempre é impossível encontrar uma base racional.[1]

Determinando que a vida sexual começa na infância, e que a função sexual nesta fase se define por uma atividade a obter prazer em qualquer parte do corpo, Freud vincula a sexualidade ao campo inconsciente e a desvincula do determinismo biológico da reprodução.

Acrescenta ainda a essas definições uma visão de um desenvolvimento gradual da sexualidade:

> Esses fenômenos que surgem na tenra infância fazem parte de um curso ordenado de desenvolvimento, que atravessam um processo regular de aumento, chegando a um clímax por volta do final do quinto ano de idade, após o qual segue uma acalmia.[2]

---
1. FREUD, 1939 (1934-38), p. 149.
2. FREUD, 1940 (1938), p. 178.

No entanto, constata que essa ordenação do desenvolvimento da sexualidade não segue um caminho preciso, porque sofre inibições provocadas pela fixação da libido em fases anteriores a essa ordenação. Assim, quando a direção do prazer estiver subordinada à primazia dos genitais, essas fixações se manifestariam como disfunções na vida sexual adulta, ou seja, quando estivesse em questão para o sujeito a escolha amorosa de objetos.

Este campo conceitual, jamais abandonado por Freud, onde o conceito de fixação articula-se à teoria do desenvolvimento da libido, sexualidade infantil, pulsões, recalque e, portanto, da determinação inconsciente, define um primeiro contexto, onde a sexualidade com seus percalços pôde ser pensada.

Referido desde os textos da primeira tópica até 1940, em "Esboço de Psicanálise", (póstumo), no qual ele faz uma revisão de sua obra, o conceito de fixação é aí tomado nas mesmas bases conceituais de seus primeiros escritos. Ou seja, como marca que, submetida ao recalque pelo inconsciente, determina uma posição do sujeito em sua sexualidade e cria, por conseqüência, a impossibilidade de ele escolher, a partir da consciência, seu destino. Toda escolha é forçada e causada por relações que nesse campo se dão.

O texto "A disposição à neurose obsessiva – uma contribuição ao problema da escolha da neurose" (1913) é exemplo dessa articulação. Tanto as estruturas clínicas quanto as escolhas sexuais estão aí determinadas.

No caso de uma escolha homossexual, ela acontece porque a libido está aprisionada a um estágio pré-genital, onde a atividade (masculina) é suprida pela pulsão de domínio e a tendência passiva é alimentada pelo erotismo anal.

> Uma acentuação deste erotismo anal no estádio pré-genital de organização deixa atrás de si uma predisposição significativa ao homossexualismo, nos homens, quando o estádio seguinte da função sexual, a primazia dos órgãos genitais, é atingido.[3]

---

3. FREUD, 1913, p. 405.

Se no entanto Freud faz ressaltar o conceito de fixação para pensar o destino das neuroses e das escolhas sexuais é porque elas resistem ao tempo e aí se revelam. Resistem porque no lugar onde se fixam, algo se inscreve como perda, o que faz a pulsão retornar em circuitos na tentativa obstinada de reavê-lo e assim buscar prazer.

Na perspectiva da teoria lacaniana, o lugar da fixação da libido freudiana será lido pela noção de gozo e objeto. É por relação ao objeto *a* enquanto perdido que a pulsão sempre retorna.

Como o que a pulsão visa é gozar de toda a forma para inscrever satisfação, pode-se dizer também que, enquanto aprisionada num circuito de repetição, ela fica na posição de indicar os caminhos pelos quais a história de uma sexualidade pode ser contada.

Seguindo a indicação de Lacan: "O que se chama fixação é a prevalência conservada por esta ou aquela forma de significante, oral, anal ou outro, com todas as nuances..., é a importância especial que foi guardada por certos sistemas de significantes".[4] O conceito de fixação guarda assim, no seu estatuto conceitual, um lugar de pontuar a sexualidade no seu curso de prazer.

Ainda no campo conceitual freudiano, outro conceito pode ser tomado para pensar as escolhas sexuais nas suas singularidades: a castração.

Embora haja diferença entre o conceito de fixação e o de castração, em Freud eles não se excluem, antes mesmo se complementam, porque em vez de relegar para segundo plano a sua teoria
do desenvolvimento da libido, ele, ao contrário, a incorpora nesta nova perspectiva para pensar a sexualidade.

O conceito de castração ganha relevância ao ser referido ao complexo de Édipo, termo consagrado em 1924 no artigo "A dissolução do complexo de Édipo".

Neste complexo, Freud subordina todo o jogo pulsional inconsciente do menino e da menina. Esta trama, na medida em que implica imposição cultural (a proibição do incesto) e investimento amoroso, medo de perda, vai inscrever o destino da sexualidade com suas

---

4. LACAN, 1957-1958, p. 489.

respectivas escolhas. Sob esta ótica, o texto de 1924 é exemplar. Organizando em torno da castração a perda enquanto falta, Freud descreve a dinâmica da sexualidade para o menino e a menina: medo de perder o que tem e desejo de ter o que lhe falta. Uma lógica fálica que vai colocar na teoria freudiana um impasse para pensar o feminino.

Neste viés, a direção a uma heterossexualidade, no caso dos meninos, vai depender de grandes movimentos, os quais são feitos em nome do seu interesse no pênis, enquanto este representa, no jogo edípico, o objeto que veicula o desejo da mãe. Assim, ele terá que dessexualizar, sublimar e, em parte, inibir as tendências libidinais pertencentes ao Édipo e transformá-las em impulsos afetivos; abandonar as catexias do objeto de amor e substituí-las por identificações; introjetar a autoridade paterna e ficar submetido ao representante de sua lei, ou seja, o superego. Todo esse interesse possibilita-lhe, contudo, entrar numa posição, pela via da identificação, de se tornar um homem à imagem do pai e obter uma mulher como a sua mãe. Assim, o medo de perder define sua saída do Édipo.

A direção à homossexualidade se vincularia à depreciação das mulheres "pela convicção final de que elas não possuem pênis".[5] No caso das meninas, a direção à posição homossexual também será pensada a partir dessa lógica fálica.

Em que pese a Freud reconhecer algo indizível que se torna "por alguma razão mais obscuro e cheio de lacunas",[6] a menina também passa, tal qual o menino, pela organização fálica e desenvolve seu Édipo, só que ele reconhece: "nossa compreensão interna dos processos de desenvolvimento em meninas em geral é insatisfatório, incompleto e vago".[7]

Mas a saída da menina, para apropriar-se de um lugar na heterossexualidade, será dada pela possibilidade de poder substituir, por meio de uma equação simbólica, o pênis pelo bebê. Poder fazer essa substituição é, de algum modo, aceitar a condição de castrada, e se inscrever na feminilidade. Saída insatisfatória, incompleta e vaga, reconhece Freud, porque a idéia de ter o que lhe falta permanece em jogo.

---

5. FREUD, 1923a, p. 183.
6. FREUD, 1924, p. 222.
7. FREUD, 1924, p. 224.

O seu caminho para a homoxessualidade vai se inscrever num movimento oposto, mas na mesma determinação: a não-aceitação da castração incentiva a masculinidade e limita a feminilidade, o que ficaria como uma disposição a uma escolha homossexual futura. Assim, na perspectiva dessa leitura, o que fica como ponto de articulação e sustentação da posição sexual é o falo, que fica sempre num horizonte imaginário, como possibilidade de perder ou ganhar.

Ainda que os últimos textos sobre a teoria da sexualidade – "Sexualidade feminina" (1931), "A feminilidade" (1933), "A dissolução do complexo de Édipo" (1924), "A organização genital infantil" (1923), apenas para citar alguns – sejam contemporâneos aos artigos nos quais a noção de uma anterioridade esteja posta: "Totem e tabu" (1913), no qual a teoria da fundação da cultura é dada pela morte do pai primevo; "O Ego e o Id" (1923), em que a primeira identificação é dada como "direta e imediata, e se efetua mais primitivamente do que qualquer catexia do objeto";[8] "Inibição, sintoma e angústia" (1926), no qual a angústia é concebida como anterior e causa do recalque, Freud não faz valer essa noção de anterioridade na sua teoria da sexualidade. Nesta, a noção de algo perdido não se articula. Ele faz valer assim, em torno do conceito de castração, a falta em nome da perda.

É por esta via que seu impasse para pensar o feminino fica colocado. Até nos seus últimos artigos a questão sobre o feminino insiste. Ele intui que algo do lado da mulher restava por ser formulado. A resolução da sexualidade feminina mediante substituição do pênis pela maternidade não satisfaz à sua pergunta, o que o faz então relançá-la para outro campo, o inominável deste ser: pergunte aos poetas.

Contudo, vale ressaltar que a perspectiva de compreensão da homossexualidade, em Freud, não se reduz a uma leitura do ponto de vista fálico. Ele vai fazê-la refletir sobre outros conceitos, em outras articulações.

No texto "Uma criança é espancada" (1919), Freud vai tomá-la em relação à fantasia de espancamento. Ser batido pelo pai vincula-

---

8. FREUD, 1923b p. 45.

se a uma fantasia inconsciente: sou amado por meu pai. Trata-se portanto de uma posição passiva e deriva de uma atitude feminina em relação ao pai. Apesar de a fantasia estar articulada ao Édipo, a uma ligação incestuosa ao pai, a saída para a homossexualidade se daria a partir de um usufruir da posição masoquista.

A teoria de libido com suas aderências ao Édipo aí se aplica.

Em "Leonardo da Vinci e uma lembrança da sua Infância" (1910), a leitura da homossexualidade abre outros caminhos. O que aí se apresenta é a questão da imagem de um duplo com o qual Leonardo conversava.

Assim, Lacan vai se interessar pela inversão de Leonardo enquanto ela evidencia uma prevalência de um Outro imaginário com o qual ele falava como se dirigisse a si mesmo. O segredo da natureza, para Leonardo, "não é um grande Outro, mas um Outro simétrico dele mesmo".[9]

Freud, em "Sobre o narcisismo – uma introdução" (1914), fala da possibilidade de dois tipos de escolha de objeto: uma por apoio ou anaclítica, respaldada pelo modelo das pessoas que dispensaram cuidado ao sujeito; outra narcísica, assentada na característica de só amar um objeto, que comportaria a semelhança da imagem ideal do próprio sujeito. Fica portanto a questão de como pensar a homossexualidade articulada a uma fase anterior à escolha de objeto.

Em nota de 1915, acrescentada nos "Três ensaios sobre a teoria da sexualidade" (1905), Freud reúne três conceitos para formular a homossexualidade – fixação, narcisismo e identificação:

> Os futuros invertidos atravessaram, ...uma fase ...de fixação na mulher (geralmente a mãe) ...identificam-se a esta mulher e se consideram, eles próprios, seu objeto sexual. Isto é, partem de uma base narcísica e procuram um rapaz que se pareça com eles próprios e a quem eles possam amar como eram amados pela sua mãe.[10]

---

9. MILLER, 1997, p. 468.
10. FREUD, 1905, p. 146.

Fixação, narcisismo, identificação, três conceitos que embora remetidos a diferentes contextos, Freud tem a liberdade de entrelaçá-los, numa lógica articulada à especificidade da história do sujeito. Em "A psicogênese de um caso de homossexualismo numa mulher" (1920), Freud faz a análise desse caso a partir da constelação edípica. No entanto, ele faz ressaltar uma dupla vertente para inserção da posição homossexual dessa jovem. Enquanto fixada a uma atitude maternal com o irmão e enquanto posição homossexual, para desagradar o pai e como forma de ensinar-lhe como se ama uma mulher.

Inserida em uma posição masculina, essa jovem toma como objeto de amor uma dama, que fica na posição de satisfazer a sua dupla tendência: como algo endereçado ao pai, posição homossexual; como algo endereçado ao irmão, posição heterossexual.

Não poder-se-ia pensar que, mesmo ao custo de uma identificação ao pai, não estaria aí reverberada uma questão para além do fato? A questão não era exatamente dar conta da posição de mulher para esse pai? Ensinar ao pai como se ama uma mulher não deixa de colocar aí um registro de ambigüidade.

De qualquer forma, conclui Freud, "o problema da inversão é extremamente complexo e inclui tipos diversos de atividade e desenvolvimento sexual".[11]

A leitura lacaniana abre um novo contexto para a teoria da sexualidade, a partir do qual as escolhas podem ser pensadas.

Se no horizonte freudiano a teoria da sexualidade está referida à possibilidade imaginária de ter o objeto, não deixando de pontuar a intuição de Freud para além dele, no que diz respeito à questão feminina, Lacan abre questão para pensá-la enquanto referida ao objeto perdido. Neste estatuto ele não tem sexo. Ele causa. As referências freudianas a uma anterioridade podem aqui encontrar eco. Se podemos dizer que é a noção de algo como inarticulável que define o cerne do trabalho lacaniano, esta vai permitir que conceitos pilares da teoria freudiana sejam revisitados.

---

11. FREUD, 1905, p. 146.

A inserção desse ponto de impossibilidade na origem da constituição do sujeito, notado como um x, possibilita mudar a perspectiva de leitura da posição do homem e da mulher no jogo da sexualidade. Onde havia pai – mãe – filho deve-se acrescentar um x e operar a partir de uma estrutura de quatro. Esse x tomado na estrutura como enigma, como algo que não se inscreve, fica na posição de indagar o sujeito, numa relação de anterioridade, sobre esse inarticulável que é concernido ao desejo da mãe, ao nome do pai, ao falo desejado pela mãe. O pai entra então como um falo a ser significado.

Assim, a entrada do sujeito no campo da significação, no mundo significante, se faz ao preço de algo que cai sob a barra e não é passível de tradução. O desejo assim se constitui a partir dessa estrutura incompleta cujo estatuto é a impossibilidade de dizer-se Todo.

Retomando Freud, vale ressaltar que a teoria do complexo de Édipo, tal como ele articulou a partir da diferença sexual, e da castração, não faz senão reeditar, no pai real, a lógica fálica já dada na constituição do sujeito. Ao não incluir a dimensão do objeto perdido na sua teoria da sexualidade, ele deixa de fora na possibilidade de responder à pergunta que nele sempre insistiu: O que quer uma mulher?

Dando a esse inarticulável o estatuto de "objeto a", Lacan persegue sua formalização em seus seminários. Em *As Formações do Inconsciente* (1957-1958), irá tratá-lo como ujeito desejo de a. Em *A Identificação* (1961-62), o $ujeito é corte, barrado por a. Em *A Angústia* (1962-63), a será tomado como causa do desejo, portanto, do $ujeito. Enquanto causa, está na origem, como um traço que denuncia a marca como falta, ou seja, enquanto aquele que escapa à inscrição e aí não é especularizável $(-\varphi)$ e enquanto marca da falta, que só pode aparecer por miragens, substitutos passíveis de especialização, a. "Toda elaboração do objeto a é para dar conta da elaboração de um objeto cuja estrutura seja comum ao $(-\varphi)$."[12]

É dentro destas formalizações que Lacan irá pensar as posições do sujeito na sexualidade, enquanto se articulam numa lógica a partir

---
12. MILLER, 1997, p. 473.

de algo que não se deixa apreender: o significante recorta o real; não é possível dizê-lo Todo.

Assim, as fórmulas da sexuação que Lacan propõe no *Seminário XX* (1972-1973) são tão somente para inserir, numa escrita lógica, o incomensurável, no qual se inscreve o ser falante. Para isto, ele toma as proposições e as relações de classe da lógica aristotélica e as modifica.

Usando dessa lógica dois quantificadores, um universal, $\forall$ (para todo), e um existencial, $\exists$, e o falo enquanto significante que articula a castração na posição de um operador (Φ x), ele coloca nessa lógica a especificidade de sua escrita. Ou seja, nega o valor das universais, inserindo uma barra, e pensa a sua escrita lógica a partir da negação para marcar o início: algo aí escapa e não se articula na existência.

Insere na sua lógica uma proposição universal negativa como lugar do Não-Todo, onde vai pensar a Mulher como aquela para quem falta um significante para dizê-la. Escreve, portanto, do lado da mulher a impossibilidade. Mas é claro que ao negar, afirma. E do lado do que se pode afirmar, fica a escrita do falo.

Assim, ele escreve quatro sentenças e propõe dois universos distintos: o do Homem e o da Mulher, nos quais todos os seres falantes serão referidos independentemente de sua anatomia.

Do lado do Homem escreve:

$\exists x \overline{\Phi} x$ x: existe Um que não se inscreve na castração. Trata-se de uma sentença que escreve a exceção. Formaliza portanto o mito de *Totem e Tabu*. É a partir desse UM que existiu, como exceção, que foi possível inaugurar o para Todos $\forall$ x Φx: trata-se de uma sentença que universaliza. Para todos a inscrição fálica, portanto a castração.

O falo como significante fica como inscrição possível, com o qual os seres falantes vão tentar responder ao inominável. Porque para todos ($\forall$x) só resta a incompletude. A exceção está fora.

Do lado da Mulher escreve:

Aqui não há exceção. Não existe UM ($\overline{\exists}$ x) que escape como exceção ($\overline{\Phi}$x). Escreve deste lado a impossibilidade. Neste conjunto não há fundadores, portanto não há regras. Constrói-se como um conjunto aberto e não se pode contá-lo. Tende ao infinito.

$\overline{\forall} x\ \Phi x$: Esta frase escreve a contradição: A mulher se inscreve do lado do falo, mas Não-Toda, tem relação com ele, ou seja, uma relação que indica sempre o ponto de uma inconsistência do Outro: S ($\cancel{A}$).
Quer dizer que ela participa não sendo toda fálica.
É outro universo, que aponta para o real, um inominável além da significação.

Assim, retomando Freud, a questão feminina que ele intuía e à qual não pode responder pela via do falo, aqui se articula: a mulher não é TODA escrita e nenhum poeta tem UMA escrita para dizê-la. Do universo de onde esta questão ecoa só restam tentativas, sempre inacabadas. No entanto, vale dizer que é enquanto tentativas de dizer, de produzir sentido, desde esse universo Não-Todo, que se tece a singularidade da história de cada um, e que a sexualidade toma seus destinos.

Mas o que dizer então desses destinos a partir das fórmulas de sexuação?

Se elas remetem à divisão do sujeito, em que homem e mulher participam dos dois lados, tendo o falo como operador lógico, como pensar a homossexualidade e a heterossexualidade?

A perspectiva do senso comum, segundo a qual essa definição está baseada na escolha de uma anatomia, aqui não se aplica, se homens e mulheres participam das sentenças universais $\forall x\ \Phi x$ e $\overline{\forall} x\ \Phi x$, essas escolhas só podem ser pensadas a partir das posições que eles, sujeitos, vão ocupar na função fálica $\Phi(x)$, ou seja, como vão tecer a sua subjetividade ao se assujeitarem a esta função.

Assim, anatomias que se escolhem iguais, podem ocupar uma posição que se insere, na subjetividade, a diferença, ou vice-versa – anatomias diferentes podem ocupar, na subjetividade, posições iguais.

Lacan irá dizer que heterossexual é todo aquele que for capaz de amar uma mulher, ou seja, todos que forem capazes de fazer entrar esse indizível, esse ponto de silêncio que define o feminino.

No entanto, uma questão aqui se instala, porque se o inconsciente é estruturado como linguagem, portanto do lado masculino, como amar então o feminino? Talvez seja melhor dizer: amar a causa, desde onde esta se coloca com suas conseqüências para todo ser falante.

Referências Bibliográficas

CALVINO, Ítalo. *As cidades invisíveis.* Trad. Diogo Mainardi. Rio de Janeiro: O Globo; São Paulo: Folha de S. Paulo, 2003.

FREUD, S. Moisés e o Monoteísmo (1939 [1934-38]). *Edição standard brasileira das obras psicológicas completas de Sigmund Freud.* Trad. Jayme Salomão. Rio de Janeiro: Imago, 1969, v. 23.

FREUD, S. Esboço de Psicanálise (1940 [1938]). *Op. cit.* Rio de Janeiro: Imago, 1969, v. 23.

FREUD, S. A disposição à neurose obsessiva – Uma contribuição ao problema da escolha da neurose (1913). *Op. cit.* Rio de Janeiro: Imago, 1976, v. 12.

FREUD, S. A organização genital infantil (1923a). *Op. cit.* Rio de Janeiro: Imago, 1976, v. 19.

FREUD, S. A dissolução do complexo de Édipo (1924). *Op. cit.* Rio de Janeiro: Imago, 1976, v. 19.

FREUD, S. O ego e o id (1923b). *Op. cit.* Rio de Janeiro: Imago, 1976, v. 19.

FREUD, S. Os três ensaios sobre a teoria da sexualidade (1905). *Op. cit.* Rio de Janeiro: Imago, 1969, v. 7.

LACAN J. *O seminário. Livro 5. As formações do inconsciente* (1957-1958). Trad. Vera Ribeiro. Rio de Janeiro: Jorge Zahar, 1998.

MILLER, J. A. O falo barrado. In *Lacan elucidado:* palestras no Brasil. Vários tradutores. Rio de Janeiro: Jorge Zahar, 1997.

Homo, hetero, trans: o enigma da sexualidade

Dulce Duque Estrada

Há tempos, penso que, uns poucos anos, a imprensa divulgou uma notícia que seria cômica, se não fosse muito sério, até mesmo trágico, o que estava em questão: um projeto de lei apresentado ao Congresso, em Brasília, estabelecia que os banheiros públicos, além de sua tradicional divisão em recintos para homens e para mulheres, teriam ainda um setor destinado a "homossexuais e travestis". Segundo os jornais, mesmo antes de sua aprovação a medida já estaria sendo implantada em algumas cidades, o que me fez pensar, na época, num acréscimo possível à anedota relatada por Lacan para ilustrar a relação lingüística entre significante e significado:

> Um trem chega à estação. Numa cabine, um menino e uma menina, irmão e irmã, estão sentados um em frente ao outro, do lado em que a vidraça dando para o exterior descortina a visão das construções da plataforma ao longo da qual o trem parou: "Olha!, diz o irmão, chegamos a Mulheres!"; "Imbecil!, responde a irmã, não está vendo que nós estamos em Homens?" [1]

Reformulada, a pequena história poderia incluir uma afirmação final: "Nada disso, minha gente: chegamos a *Gays*!"

Emprego aqui o termo inglês, pois ao que parece abrange toda uma gama de indivíduos que, tendo em comum o fato de serem falantes, e portanto humanos, pertencem por outro lado a diferentes estruturas clínicas e se manifestam, em termos de aparência e com-

---
1. LACAN, 1957, p. 503.

portamento, das mais diversas maneiras: homossexuais, bissexuais, travestis, transexuais, além das *drag queens*, variedade especial de travestis caracterizada por um apelo ao grotesco e que só a língua inglesa – sempre ela! – parece haver definido.

Por que motivo, pergunto-me, são todos eles classificados sob esse nome genérico? Qual a razão desse agrupamento, e ao mesmo tempo dessa segregação, que vai muito além da urinária a que Lacan se referia? Será que se acredita realmente na existência de um terceiro sexo, ou medidas como essa, que visam criá-lo, ainda fazem parte da tentativa desesperada de negar a diferença, a divisão sexuada, com tudo o que isso implica de castração e morte?

Seja como for, a divulgação do projeto naquela ocasião gerou numerosas reclamações por parte de psicólogos, representantes dos movimentos de defesa das chamadas "minorias sexuais" e simpatizantes da causa em geral, embora jamais tenha ficado muito claro, na famosa sigla GLS, qual seria exatamente a função do "S". Protestava-se, com todo o fundamento legal, contra um ato discriminatório, e o autor do projeto, talvez pensando na perda de votos em eleições futuras, acabou por desistir dele. Mas parece que a discussão não foi mais adiante, perdendo-se uma oportunidade de refletir sobre outros aspectos envolvidos, e nesse sentido é curioso que dentre os psicanalistas ninguém se houvesse manifestado a respeito, possivelmente por temer o envolvimento em semelhante questão. E no entanto a psicanálise teria muito a dizer sobre isso, já que mesmo depois de engavetado o projeto, reina sobre o assunto a maior confusão...

O que diz, sobre o que fala, desde Freud, a psicanálise? Fala do ser humano como ser sexual, mas um sexual que não se reduz ao biológico e que só pode ser abordado levando-se em conta a dimensão do inconsciente. Um sexual, portanto, que vai muito além daquele de que se ocupa a sexologia, à qual muitos tentam reduzir a teoria psicanalítica e contra o que Freud já protestava em 1904, no início do século de que há pouco nos despedimos. Dizia ele então, com palavras que permanecem perfeitamente atuais:

Sei que a ênfase que ponho no papel desempenhado pela sexualidade (...) tornou-se conhecida de todos. Mas também sei que (...) a memória da multidão é fraca, retendo apenas o estritamente essencial de qualquer tese e fantasiando uma versão extremada que é fácil de recordar. Pode também acontecer que alguns médicos apreendam vagamente o teor de minha doutrina no sentido de que eu considere a privação sexual como a causa última das neuroses. [2]

E pergunta, com certa ironia, se não seria então mais prático e simples recomendar a atividade sexual como medida terapêutica, poupando tempo, dinheiro e todas as asperezas de um tratamento, até concluir que as coisas são um tanto mais complexas e que essa "terapia" é, na maioria das vezes, insensata.

Se a descoberta freudiana é o campo do inconsciente, é através da fala que se pode ter algum acesso a este. A ligação com a palavra, mediante o uso da livre associação, tornou-se o fio condutor de sua clínica desde a escuta das primeiras histéricas, quando começou a constatar nelas o desconhecimento do próprio desejo como causa de sintoma. Por isso mesmo, o nome dado à cura analítica por Anna O., uma de suas pacientes, pode ser empregado ainda hoje: trata-se de *talking cure* (e não de *fucking cure*). Portanto, desde suas origens, o discurso da psicanálise tem uma especificidade que o distancia de uma abordagem semelhante à da medicina, no sentido em que esta procura relações de causa e efeito, necessita diagnósticos rápidos e exige imediata aplicação de medidas terapêuticas. É essa diferença que fica bem-ilustrada no comentário feito por Freud em seu artigo "Psicanálise 'silvestre'". Ali relata um fragmento clínico em que se trata de uma paciente cujas queixas de ansiedade, atribuídas à falta de satisfação sexual na opinião de seu médico, haviam levado este último a lhe receitar três "remédios" alternativos, segundo ele os únicos passíveis de fazê-la recobrar a saúde: a reaproximação do marido (de quem estava separada), a aquisição de um amante ou a masturbação. De quebra, informara à assustada senhora, ao vê-la recusar a terapia proposta, que este novo método de cura devia-se à

---
2. FREUD, 1904, p. 277.

descoberta de Freud, a quem a encaminhava para que confirmasse suas palavras. Como vemos, já era então corrente a redução da psicanálise a uma sexologia de manual de auto-ajuda, e à teoria freudiana, assim banalizada, atribuía-se desde cedo a suposição de tudo "explicar"... Mas Freud, felizmente, não explica, e em vez disso podemos ler nesse artigo:

> O conselho do doutor à dama mostra claramente em que sentido ele entende a expressão "vida sexual" – no sentido popular, ou seja, em que por necessidades sexuais nada se significa senão a necessidade do coito ou de atos análogos (...). Em psicanálise, o conceito do que é sexual abrange bem mais: ele vai mais abaixo e também mais acima do que seu sentido popular. (...) Por essa razão, preferimos falar em *psicossexualidade*, colocando assim ênfase sobre o ponto de que o fator mental na vida sexual não deve ser desdenhado ou subestimado.(...)
> Estranhamente bastante, as três alternativas terapêuticas desse assim chamado psicanalista não deixam lugar para a... psicanálise! Esta mulher, aparentemente, só se podia curar de sua ansiedade pela volta ao marido, ou pela satisfação de suas necessidades através da masturbação ou com um amante. E onde entra o tratamento analítico, tratamento que consideramos o remédio principal dos estados de ansiedade? [3]

Esta é a pergunta: onde entra a psicanálise? No caso em questão, fica muito claro que a atitude precipitada do médico, embora movida por boas intenções e visando uma forma "esclarecida" de lidar com o problema, nada tinha de psicanalítica. O interessante é ver hoje, um século mais tarde, essa mesma abordagem continuar a ser amplamente empregada (e em nome da própria psicanálise!), procurando-se tamponar a angústia – que continua sempre a ressurgir por outras vias – mediante a exposição permanente e escancarada de uma sexualidade humana reduzida a um conjunto de práticas, explicadas de maneira didática, com grande riqueza de detalhes, em todos os meios de

---
3. FREUD, 1910, p. 210-211.

comunicação. Como se tudo dependesse do acesso à informação proporcionando um "saber fazer", quando já naquela época – em 1910! – Freud afirmava ser impossível que a paciente, senhora de seus quarenta e tantos anos, não conhecesse os recursos práticos à sua disposição. Se não os empregava, decerto é que o problema era de outra ordem ou, em bom português chulo, o buraco era mais em baixo... Mesmo assim, preconizando que tudo se passasse somente na dimensão da palavra, Freud causou enorme escândalo ao difundir suas idéias em plena era vitoriana. Em seus últimos anos de vida, fazendo um retrospecto de seu percurso, vamos ouvi-lo dizer:

> Bem se pode acreditar que a psicanálise tenha provocado espanto e oposição quando (...) contradisse todas as opiniões populares sobre a sexualidade. Os seus principais achados são os seguintes:
> a) A vida sexual não começa apenas na puberdade, mas inicia-se, com manifestações claras, logo após o nascimento.
> b) É necessário fazer uma distinção nítida entre os conceitos de "sexual" e "genital". O primeiro é o conceito mais amplo e inclui muitas atividades que nada têm a ver com os órgãos genitais.
> c) A vida sexual inclui a função de obter prazer das zonas do corpo, função que subseqüentemente é colocada a serviço da reprodução. As duas funções, muitas vezes, falham em coincidir completamente.[4]

Esses "achados" desvinculam a atividade sexual, no ser humano, de todo determinismo biológico, ligando-a a lugares até então impensados, como à infância e ao inconsciente. Em conseqüência deles, a posição de Freud em relação à homossexualidade não poderia ser mais "politicamente correta" (muito embora, naqueles tempos, isso não fosse uma "boa política"), levando-o a fazer afirmações que certamente lhe exigiram grande dose de coragem. Assim, ele vai declarar que "a pesquisa psicanalítica se opõe com o máximo de decisão a que se destaquem os homossexuais, colocando-os em um grupo à parte do resto da humanidade, como possuidores de características especiais". Dirá em seguida que, "do ponto de vista

---
4. FREUD, 1940 (1938), p. 177.

da psicanálise, o interesse sexual exclusivo de homens por mulheres também constitui um problema que precisa ser elucidado, pois não é fato evidente em si mesmo, baseado em uma atração, afinal, de natureza química", concluindo: "Não há limites determinados para demarcar a vida sexual dita normal".[5]

Com essa formulação, também a heterossexualidade – em suma, a sexualidade humana em geral – adquire valor de enigma, já que no inconsciente não há inscrição do outro sexo: a coisa vai muito além de uma "química". Essa posição, que implica um não-saber e aponta para uma falta, será mantida por Freud até o fim de sua vida, ao longo de todos os seus remanejamentos teóricos, e vamos vê-lo em 1935 responder, da maneira mais delicada, a uma senhora que lhe escrevia dizendo ter um filho homossexual e querendo saber se a psicanálise poderia "curá-lo", que não se pode curar o que não é doença:

> A homossexualidade não é, certamente, nenhuma vantagem, mas não é nada de que se tenha de envergonhar; nenhum vício, nenhuma degradação; não pode ser classificada como doença: nós a consideramos como uma variação da função sexual.
> (...) O que a análise pode fazer pelo seu filho é coisa bem diferente. Se ele se sente infeliz, neurótico, despedaçado por conflitos, inibido na sua vida social, a análise pode trazer-lhe harmonia, paz de espírito, plena eficiência, continue ele homossexual ou se modifique.[6]

Muito longe, pois, de pregar qualquer segregação, Freud dedica toda a primeira parte de seus "Três ensaios sobre sexualidade" ao inventário das condutas aberrantes ou "perversas" no sentido mais amplo do termo, ou seja, aquelas que não estão subordinadas a fins reprodutivos. Em sua conclusão, depois que se distinguem os desvios relativos ao objeto sexual, ao objetivo, à região do corpo envolvida etc., vai-se descobrir que "a disposição para as perversões não é em si muito rara, devendo constituir parte do que passa como constituição normal".[7]

---

5. FREUD, 1905, p. 146.
6. JONES, 1979, p. 739.
7. FREUD, 1905, p. 135.

Segundo ele, os sintomas neuróticos exprimem, por conversão, pulsões que seriam descritas como perversas, no sentido dado acima, se pudessem se manifestar de modo consciente. "Assim, os sintomas se formam em parte à custa da sexualidade anormal: *as neuroses são, por assim dizer, o negativo das perversões.*"[8]

O estudo das perversões leva Freud a postular a parcialidade das pulsões, impondo às atividades sexuais da criança outros fins e objetos além dos ditos "normais", o que dá à sexualidade infantil seu caráter de perversão polimorfa. No adulto, as pulsões parciais podem persistir, seja organizando a conduta sexual nos moldes da regressão a um estágio anterior da libido – caso da perversão manifesta –, seja sob forma de "tendências perversas", cujo exemplo mais simples seria a busca do prazer nas fases preliminares do ato sexual. Logo, a sexualidade perversa está no próprio fundamento da sexualidade dita normal.

A partir daí, pode-se entender a negativa freudiana de dar à homossexualidade um caráter de exceção, na medida em que impulsos homossexuais, traduzidos por sintomas, seriam encontrados em todos os neuróticos: "Aqueles que se proclamam homossexuais são apenas invertidos conscientes e manifestos e seu número nada é em comparação com os dos homossexuais latentes".[9] Isto, a seu ver, reduziria bastante o valor teórico das diferenças entre um comportamento manifestamente homossexual e uma atitude dita "normal".

A mesma posição é expressa nos "Três ensaios": "Quando a inversão não é considerada um crime, ver-se-á que ela responde amplamente às inclinações sexuais de um número não pequeno de pessoas."[10]

Observe-se que desde muito cedo Freud fala de uma disposição originária para a bissexualidade no ser humano, o que vai ser tema de seu desentendimento último com seu amigo e interlocutor Fliess, para quem o ser humano seria bissexual por natureza, ou seja, por motivos biológicos. Para Freud, que falava em *psicossexualidade*, tratava-se de outra coisa. Nas suas palavras: "Viemos a saber, contudo,

---
8. FREUD, 1905, p. 168.
9. FREUD, 1916-1917, p. 360.
10. FREUD, 1905, p. 360.

que todo ser humano é bissexual nesse sentido e que sua libido se distribui, quer de maneira manifesta, quer de maneira latente, por objetos de ambos os sexos".[11]

Até aqui, vemos que Freud descobre uma mesma sexualidade – perversa polimorfa em suas origens –, em todos os seres humanos. Mas, uma vez tendo partido da mesma sexualidade pulsional, como faz a criança, ao crescer, para tornar-se homem ou mulher? Falamos, agora, não mais de sexualidade, e sim de sexuação. A princípio, esse processo é postulado como uma "síntese das pulsões parciais sob o primado da zona genital", que ocorreria, um tanto misteriosamente, quando o menino se fizesse rapaz e a menina, moça. Mais tarde, em "A organização genital infantil", Freud dirá que não se trata de uma subjetivação, para cada sexo, do tornar-se homem ou tornar-se mulher, mas do estabelecimento de uma função fálica que, esta sim, é subjetivada. Cada um se vê em relação ao falo: uma relação difícil, experimentada de maneira dolorosa, em termos de angústia de castração, por um lado, e de *Penisneid,* de outro.

Note-se que, para Freud, só existe uma libido, que é masculina – embora possua modos de satisfação diferentes, ativos e passivos –, e só há um órgão sexual, igualmente masculino. Além disso, o primeiro objeto de amor para ambos, menino e menina, é a mãe. Na dissolução do Édipo, movido pelo temor da castração, o menino opta por retirar desta a sua carga libidinal, para dirigi-la no futuro a outras mulheres, identificando-se com o pai, num processo aparentemente simples, embora sujeito a acidentes de percurso. Para a menina a coisa é bem mais complicada, envolvendo – a partir da decepção de constatar uma castração já efetuada – trocas de objeto (a mãe pelo pai), de zona erógena (o clitóris pela vagina) e, em suma, de um modo de satisfação ativo (o desejo de ser o falo para a mãe) por um modo passivo: receber o falo do pai. O acesso da menina à feminilidade, em Freud, se dá pelo recalque da atividade sexual endereçada à mãe, muito embora ele reconheça a importância da relação pré-edípica entre as duas, relação de tamanha intensidade

---
11. FREUD, 1937, p. 277.

que dificilmente é superada por completo, sendo em alguns casos a fixação materna transportada mais tarde, de certo modo, para as relações com os homens. Como se vê, tornar-se mulher não tem nada de natural, sendo antes o resultado de um recalque parcial da sexualidade. Acrescente-se a isso o fato de que a espera do falo a ser recebido do pai – sempre frustrada! – aprisionaria a mulher num registro masculino, onde ela se inscreveria como um "a menos", cidadã de segunda categoria. Para isso, a única saída honrosa que Freud parece encontrar é a troca do desejo de obter o falo do pai pelo desejo de ganhar um filho deste, criando, ao lado da equação "pênis = falo", uma nova equivalência, "filho = falo", que não responde à questão do que é uma mulher, já que feminilidade e maternidade não são a mesma coisa, e ainda cria novos impasses. Não é de admirar que a questão – "o que quer uma mulher?" – perseguisse Freud até o fim.

O interessante é que esta teoria, a rigor, estabelece que não existe sujeito homem e sujeito mulher, já que não há subjetivação do masculino e do feminino como tais, e sim uma outra que vem em suplência. É a subjetivação do falo, instaurando duas maneiras de se lidar com a castração: tê-lo ou não, eis a questão. Tê-lo implica temer perdê-lo; ao mesmo tempo, quando não se o tem, se o quer. O que falta a uma, falta na mesma medida ao outro, pois ambos são castrados. Logo, são posições que se poderia pensar simétricas – já que, afinal, ninguém tem *realmente* o falo –, mas que perdem sua aparente simetria na dialética do tê-lo ou sê-lo, como veremos.

Se a problemática da identidade sexual depende da relação que se mantém com a atribuição fálica, podemos pensar em dois aspectos: um primeiro que despreza, ou torna bastante secundária a anatomia sexual de cada um, na medida em que o importante é a elaboração psíquica que se faz a respeito disso; outro aspecto, porém, é que essa elaboração parte de um real anatômico, real do corpo que impõe alguns limites à relação com o falo e com o mundo em geral, o que seria uma das leituras possíveis da célebre fórmula de Freud, "a anatomia é o destino".

A abordagem freudiana – justamente pelas vias perversas, ou não submetidas a fins reprodutivos – separa homem e natureza, instinto e pulsão, uma vez que para o animal não há um tornar-se macho ou tornar-se fêmea por subjetivação: o que comer, o que fazer, que parceiro escolher, tudo está previamente inscrito, codificado. Tampouco se sofre, nesse registro, uma ameaça de castração que venha forçar uma escolha. Pois bem, essa abordagem será melhor entendida a partir de Lacan e seu conceito de objeto, ou antes, de falta de objeto. Retomando Freud em seus textos sobre sexualidade, onde se constata a falta de inscrição no inconsciente de um saber sobre o sexo – o próprio e o do outro –, essa separação do que é biológico e instintual é por ele traduzida como uma falta real no imaginário do ser falante, que cabe ao simbólico preencher; daí a função da fala ser o que caracteriza o humano: somos todos seres-de-fala, ou *parlêtres*. Daí também Lacan ser levado a dizer que "a relação sexual não existe", pois só há um significante sexual, o do homem: o falo, já agora tomado claramente na sua acepção simbólica, do qual o pênis seria apenas a representação imaginária.

É a importância dada ao simbólico por Freud na realização sexual – seja na constituição da identidade sexual, de um posicionamento subjetivo como homem ou mulher, seja na escolha de objeto – que será reafirmada por Lacan, ao tratar o Édipo como uma "relação simbólica que orienta e regula o campo do pulsional e o campo do imaginário (a relação com a imagem), e por conseguinte a função fálica, na medida em que esta legifera o desejo e ordena a sexualidade de cada um".[12] Levando às últimas conseqüências o afastamento do biológico e a função da fala, Lacan cria suas "fórmulas quânticas", onde a sexuação não mais se determina a partir dos corpos, e sim dos discursos. Existem, assim, em termos discursivos e não anatômicos, uma posição, ou um campo, do masculino e uma posição ou campo do feminino.

---
12. KAUFMANN, 1993, p. 393.

$\exists x . \overline{\Phi x}$	$\overline{\exists} x . \overline{\Phi x}$
$\forall x . \Phi x$	$\overline{\forall} x . \Phi x$
$\$ \qquad\qquad\qquad$ Φ	$S(\cancel{A})$ $\quad a$ $\qquad\qquad \cancel{A}$

Como se dá a sexuação em termos lacanianos? Na estrutura, há um primeiro momento, mítico, em que o filho ou filha é o falo da mãe, e é na posição de gozo passivo que oferece o real de seu corpo ao Outro materno visando suprir a falta que ali comparece: momento de angústia. Completá-la, porém, implicaria acabar com o desejo, isto é, ficar impossibilitado de desejar e submergir como objeto perdido no Outro, morrendo como sujeito. Ao ver-se às voltas com a castração, percebendo a própria insuficiência quanto ao falo demandado pela mãe, abre-se o caminho para o reconhecimento da falta-a-ser.

À pergunta – o que quer uma mãe? – há uma resposta que fatalmente vem por via de uma substituição: o Nome-do-Pai advém no lugar do desejo da mãe, dando ao sujeito um significante-mestre que Lacan chama *signifiant maître*, mas também *m'être*, me ser, e que traduzimos por significante sê-lo, por seu caráter de selo, de marca impressa. É este significante, referenciado ao falo, que delimita e representa o sujeito em relação aos demais significantes, permitindo-lhe ingressar no mundo simbólico: é a partir desse lugar que ele fala. Da operação que vai barrá-lo como sujeito da linguagem surge um resto (o objeto *a*), objeto de seu gozo, desde sempre e para sempre perdido, mas ao mesmo tempo sempre buscado através da fantasia que – também sempre! – fracassa. É essa fantasia, vinda para ocupar o lugar do impossível da relação sexual, que dá consistência ao desejo, fazendo com que o sujeito prossiga na busca de um gozo que não lhe pertence. O ser falante persegue incessantemente o gozo do Outro, embora não haja Outro a fazer gozar.

Nas fórmulas lacanianas, temos um lado, o esquerdo, dito do homem. Neste, há *pelo menos um* que escapa à castração: o pai real, da horda primitiva, que goza de todas as mulheres e, uma vez morto, simboliza o Nome-do-Pai, significante enquanto tal não castrado. Ora, a exceção não somente confirma a regra como a constitui, pois se pelo menos um fica de fora, os outros, filhos castrados, permanecem num conjunto fechado, regidos por uma mesma lei. Deste lado, o sujeito referido ao falo procura o objeto que lhe falta para poder gozar... falicamente, único modo que lhe é possível.

Do outro lado, o direito, não existe uma fundadora que constitua exceção. Por isso mesmo as mulheres habitam um conjunto aberto e são contadas uma a uma: não fazem Um, mas permanecem na sua infinitude. Assim, uma mulher ocupa, na sua falta de significante, o lugar da falta de um significante no campo do Outro. Mesmo que existam mulheres, *a mulher não existe*, é o que Lacan vem postular, pois fica cindida entre a função fálica, da qual participa – mas não-toda –, e a referência a essa abertura do Outro (o Outro como Outro sexo), onde ela goza para além do falo.

Isto porque, a uma mulher, não falta apenas um objeto de gozo: outra questão se coloca, a da sua identidade. Lacan nos ensina que o sujeito só pode fixar uma identidade imaginária se esta puder se apoiar num traço simbólico significante, tomado de empréstimo do Outro para ancorá-lo. Ora, a mãe não pode fornecer um traço unário que dê suporte à identidade da menina, pois não existe significante da identidade da mulher, mas apenas traços de feminilidade isolados, como a voz, o olhar etc... É dupla a falta da mãe com relação à filha: por um lado, falta o falo; por outro, falta um significante feminino.

Essa falta radical do Outro materno com que a menina deve se confrontar vem reforçar a castração: ela não pode, como o menino, identificar-se à figura do pai, embora tenha recebido seu Nome. A interdição paterna, que ao mesmo tempo proíbe-lhe o gozo passivo, incestuoso, e dele o protege, é o que vai introduzi-la num segundo momento ao gozo fálico. Entretanto, por ser mulher, ao rejeitar o falicismo do pai ela voltará depois a poder tangenciar o gozo primitivo sem nele se perder, pois a marcação fálica já lhe deu um ancoramento. Trata-se então para ela de um "retornar-se" mulher, num terceiro momento de volta à passividade primeira – mas diferente desta –, momento em que a relação com a imagem própria, dificultada pela falta de um significante do feminino, pode ser sustentada pelo olhar masculino, que condiciona seu amor narcísico (como fizera no passado o olhar da mãe mítica). Diz-se que por trás de um grande homem há sempre uma grande mulher, mas o fato é que uma mulher só se constitui como tal se encontrar pela frente um homem que a ponha neste lugar...

A terceira e última fase seria, pois, a própria da feminilidade, implicando num ato de querer se colocar – mas não todo o tempo – como o objeto da fantasia de um homem: ser para ele o falo. Uma mulher abriga, assim, a causa de desejo de um homem, que procura uma mulher, mas dela só apreende sua própria fantasia. Do lado feminino, portanto, há uma divisão do gozo entre dois pólos: o gozo fálico, a que ela tem acesso, tanto quanto o homem, graças ao Nome-do-Pai; e o gozo suplementar encarnado pela falta de significante no campo do Outro. Uma mulher não recebe todo seu gozo do parceiro, mas também recebe uma parte dele de seu próprio sexo – na medida em que este é não-todo fálico: goza dela mesma enquanto Outra.

Toda essa repartição entre os lados direito e esquerdo da fórmula refere-se, é bom que se lembre, ao sexo como postura discursiva, e não necessariamente anatômico. Compreendemos até aqui que uma mulher é alguém capaz de deslocar-se de um campo para outro, gozando falicamente uma parte do tempo e encarnando, em outra parte, o objeto da fantasia de um homem, o que exige certamente algum jogo de cintura... E se falamos em posturas discursivas, precisamos marcar dois pontos importantes: em primeiro lugar, também um homem pode prestar-se a servir de suporte, a encarnar este lugar de objeto no campo do feminino. O que se dá, por exemplo, quando ocupa a função de analista para um outro. Inversamente, o neurótico – macho ou fêmea – está aprisionado do lado do masculino, incapaz de freqüentar o Outro campo. Nada mais fácil de constatar no dia-a-dia, se observarmos que ninguém é mais homem, ninguém é mais capaz de fazer-se de homem do que uma histérica, mesmo quando sua aparência é sedutoramente feminina... histericamente sedutora.

Uma das conseqüências da retomada de Freud por Lacan parece se manifestar no tratamento psicanalítico dos homossexuais. Assim, podemos ler em Elisabeth Roudinesco:

> Nessa época (1951), eram raros os psicanalistas que viam a homossexualidade como uma forma de sexualidade entre outras. No movimento freudiano, ela era considerada não apenas como uma perversão, mas como um desvio social. Assim, quando psicanalistas tomavam homossexuais em análise, adotavam uma atitude de rejeição. Ou recusavam analisá-los quando estes manifestavam o desejo de tornar-se psicanalistas, ou ocupavam-se deles apenas com o objetivo de trazê-los de volta ao caminho correto da heterossexualidade. Lacan não se curvava a esse conformismo e aceitava analisar os homossexuais como pacientes comuns, sem querer normalizá-los. Por isso um bom número deles freqüentava de bom grado seu divã.[13]

O que daí depreendemos é que Lacan, pouco se importando com o sexo anatômico ou com o tipo de objeto eleito por seu paciente, levava em conta na direção da cura a estrutura de cada um – neurose,

---
13. ROUDINESCO, 1994, p. 233.

psicose, perversão – e, por conseguinte, fazia a diferença entre, por exemplo, uma homossexualidade como sintoma neurótico, ligada a um excesso de investimento imaginário, e uma outra homossexualidade referente à renegação da castração, tal como pode ocorrer num perverso. Mas Lacan sabia sobretudo que, quaisquer que sejam nossas escolhas identificatórias e objetais, somos seres sexuados, o que significa estarmos destinados à fala e à morte: votados a falar até morrer, já que o campo da linguagem é o aparelho de gozo que vem em suplência à falta da relação sexual. O que, é claro, nunca impediu as transações entre os corpos...

A neurose é discursivamente masculina, na sua tentativa de elidir a castração, na sua incapacidade de ver o Outro, de admitir a diferença. O neurótico, antes de aceder à subjetividade, chega em análise com freqüência sendo falado pelo Outro, apresentando-se sob o rótulo de seu sintoma, que pode ser a homossexualidade ou outra característica qualquer. Nem é por outro motivo que Lacan se refere ao *homessexual*, e diz que heterossexual é quem ama as mulheres, quem ama o Outro sexo, não importa qual seja o seu sexo próprio. Logo, seria homossexual quem ama os homens, no campo do "paratodo", e nesse sentido arriscaríamos dizer que o neurótico, macho ou fêmea, seria homossexual por excelência, ao menos discursivamente.

Seja como for, quando falamos de clínica, parece evidente que não se pode falar de uma homossexualidade, mas antes de homossexualidades tomadas caso por caso, conforme a estrutura de cada um, ou seja, sua maneira particular de lidar com a castração.

Da tentativa de segregar e ao mesmo tempo agrupar, como gatos num mesmo saco, todas as condutas que fogem do exclusivamente heterossexual, o que se pode deduzir é uma estratégia mais ou menos generalizada de elidir a castração. Por parte dos que exercem essas condutas fica mais fácil, ainda que incômoda, a inclusão num grupo, num "para todos" – ou, para usar a língua inglesa tão em moda, num *for all* – bem típico do campo do masculino, onde é preciso fugir a todo custo da individuação, do colocar-se na reta do próprio desejo, do assumir a própria condição sexuada, ou melhor, castrada. Em suma, deixar-se ser falado por um grupo, pelo Outro, ao invés de assumir a própria fala, a própria voz. Por parte dos heterossexuais – pelo menos, manifestos –, também existem supostas vantagens: de saída, excluir ou manter num gueto a diferença, até para que ela não remeta às próprias fantasias inconfessadas, ao próprio inconsciente e aos "horrores" que ele possa conter. Ao mesmo tempo e por uma via mais sutil, o agrupamento resultante, na sua composição heterogênea, serve para diluir de certo modo a irredutível divisão sexuada. Pois, não importa quem se seja e quem se escolha, é-se homem ou mulher, há um real do corpo em jogo a servir de limite. Mas, quem sabe, se os sexos fossem três...

Nesse sentido, não será isso, então, que faz com que um neurótico que assumiu a homossexualidade como sintoma aceite incluir-se num rótulo de "minoria" ao lado de outras estruturas, outros comportamentos, e principalmente outros discursos? Inversamente, não é isso que faz com que os heterossexuais, em atitudes aberta ou veladamente preconceituosas, refiram-se a eles como integrantes de um mesmo e grande grupo "minoritário", impondo-lhes a todos marchar numa incessante parada *gay*?

E a questão que permanece como o mistério dos mistérios: a quem se destinava, afinal, o banheiro para "homossexuais e travestis", já que esta categoria, além de ampla, é unissexuada? Porque as denominações, nesse assunto, são da mais perfeita ambigüidade: o próprio termo *gay* é empregado, ora para incluir todas as opções exceto a heterossexual, ora para referir-se aos homossexuais masculinos, apenas, em oposição às lésbicas, como na sigla GLS. O resultado dessa arbitrariedade é uma indiferenciação, caracterizando um "terceiro sexo" onde o destino, ao menos quando se destina ao toalete, pretende ir além da anatomia.

Referências bibliográficas

FREUD, S. Sobre a psicoterapia (1904). *Edição standard brasileira das obras psicológicas de Sigmund Freud*. Trad. Jayme Salomão. Rio de Janeiro: Imago, 1972, v. 7.

FREUD, S. Psicanálise "silvestre" (1910). *Op. cit.* Rio de Janeiro: Imago, 1970, v. 11.

FREUD, S. Esboço de psicanálise (1940 [1938]). *Op. cit.* Rio de Janeiro: Imago, 1975, v. 23.

FREUD, S. Três ensaios sobre a teoria da sexualidade (1905). *Op. cit.* Rio de Janeiro: Imago, 1972, v. 7.

FREUD, S. A vida sexual dos seres humanos. Conferências introdutórias sobre psicanálise. Parte III (1916-1917). *Op. cit.* Rio de Janeiro: Imago, 1976, v. 16.

FREUD, S. Análise terminável e interminável (1937). *Op. cit.* Rio de Janeiro: Imago, 1975, v. 23.

JONES, E. *Vida e obra de Sigmund Freud*. Trad. Marco Aurélio de Moura Mattos. Rio de Janeiro: Zahar, 1979.

KAUFMANN, P. (dir.). *L'Apport freudien: éléments pour une Encyclopédie de la Psychanalyse*. Paris: Bordas, 1993.

LACAN, J. A instância da letra no inconsciente ou a razão desde Freud (1957). In: *Escritos*. Trad. Vera Ribeiro. Rio de Janeiro: Jorge Zahar Editor, 1998.

ROUDINESCO, E. *Jacques Lacan. Esboço de uma vida, história de um sistema de pensamento*. Trad. Paulo Neves. São Paulo: Companhia das Letras, 1994.

O MAL-ESTAR DA SEXUALIDADE

Maria Inês Lodi

Nada está menos em poder dos homens que a sua língua e não há nada que eles possam menos fazer que governar os seus apetites.

Spinoza

A partir de Freud, e ao longo do século XX, aprendemos a ler a sexualidade em manifestações as mais diversas, não só no amor, como também no ódio, na indiferença, no desprezo, na escolha de parceiro ou nas relações com o grupo, na vida reclusa ou ascética, no narcisismo, na luxúria, no erotismo, nos crimes, na determinação pelo trabalho, na indolência, nas brincadeiras infantis, no humor dos espirituosos, no cinismo, na ironia, nos costumes dos turcos, na mascarada, no fetichismo, na fobia. Assim também na obra de Leonardo da Vinci, na falsa gravidez de Anna O., na bofetada de Dora, nos tormentos de Hamlet, do delírio de Schreber, na epifania de Joyce, na sedução de Don Juan, nos sonhos, nos lapsos e nos esquecimentos, nos chistes e nos atos falhos, na escrita e no discurso.

Esse é um tema da famosa Sociedade das Quartas-Feiras, mais tarde Sociedade Psicanalítica de Viena. Numa das reuniões, discute-se como uma expressão de aparência metafórica tem um sentido literalmente sexual e coloca-se em foco uma carta de 1867, de um dos escritores preferidos de Freud, o holandês Multatuli, que revela como o cientista, na investigação de um objeto, tem em mente desnudar uma mulher.

Volto a meus estudos de matemática. (...) Há uma poesia magnífica em retirar as castas vestes da natureza, em investigar suas formas, em examinar suas proporções, em apalpar seu corpo, em penetrar no útero da verdade. Tal é a volúpia da matemática. E – tolo que sou! – sou seu namorado. (...) Vi seus tornozelos, seus joelhos, mesmo, de vez em quando, seus quadris e sua cintura... (...) Mas logo ela me afasta, sílfide que é, vaga-lume, cortesã, virgem... e com tudo isso, a grande e poderosa Ísis, a Jeová Mulher, que é, foi e será, imutável, intocável, indestrutível: o Ser, a Verdade.[1]

Essas considerações sobre o Ser, Jeová, que é um dos nomes de Deus, a Mulher e a Verdade no cerne da matemática instigam questões de ética, que interessam à clínica psicanalítica e chamam a atenção por serem produzidas a partir de uma associação com a sexualidade. São relações presentes na produção da ciência, da política, da filosofia e da religião.

Faremos menção a três casos que atestam essas relações. Podemos começar pelo alcoólatra que bebe à maneira do personagem bíblico Lot, homem escolhido por Deus por ser único em sua integridade, dentre todo um povo devasso. Lot estava em situação de impedimento quanto à missão de dar início a uma nova linhagem, em um mundo sem outras mulheres que não suas filhas, pois sua esposa havia se transformado em estátua de sal ao olhar para trás, na saída da cidade. Para flanquear o acesso à mulher, Lot se deixou embebedar, suspendeu as normas da cultura, relativizou a Lei, esqueceu-se dos laços de parentesco, flutuou sobre a fantasia, acedeu ao gozo e, ao fazer isso, evitou o aniquilamento da morte de si e de sua raça, perpetuando-se na sua descendência, desde então aberta para o possível. Assim também esse sujeito alcoólatra é íntegro e, igualmente, precisa de artifícios para se ver livre dos mandatos implacáveis do supereu, que lhe exige retidão constante.

Nos casos de alguns toxicômanos, há um modo de gozar com substâncias que alteram a percepção, o juízo e o estado de consciência, colocando em evidência o corpo e fornecendo sensações

---
1. MULTATULI, *apud* ROUANET, 2003, p. 25.

que freqüentemente prescindem de um parceiro sexual. Contudo, há casos em que a presença do outro amoroso é mantida. Em um deles, o sujeito cativava as mulheres por sua sensibilidade a elas e pela boa performance na profissão, que lhe angariava fama na política. Uma a uma, garantia satisfação a elas. Mas, sendo-lhe impossível manter-se em plenitude todo o tempo e sustentar o desejo a ele endereçado, resultante da sedução da qual ele mesmo era responsável, passou a desaparecer por alguns períodos, imerso em drogas, quando perdia a capacidade de lembrança e de decisão sobre seus atos – o sujeito em afânise, como recurso de uma barra ao desejo do outro –, para retornar como um homem ferido de morte, a exigir cuidados da mulher. Assim, essa parceira estava fadada a permanecer na relação com um sujeito e um corpo degradados e caducos, justamente porque podia testemunhar a favor de sua potência.

É ainda comum o caso do adolescente pichador que investe tempo e dinheiro na execução de *tags* ou assinaturas estilizadas sobre os muros, sob o olhar admirador das meninas. Diante desse olhar, pode afirmar sua virilidade, em atos de presteza, desenvoltura, talento e coragem, ao escalar os níveis mais altos dos edifícios, integrar gangues de jovens audaciosos, dispor-se à luta contra gangues rivais, afrontar a polícia, fazer uso do *spray* de tinta com habilidade, ter o domínio da rua. Cedo ele se torna prisioneiro da compulsão de pichar sobre o espaço vazio das paredes, cada vez mais absorvido pelos pactos com os meninos no grupo, onde o sexo oposto não tem expressão. Seu encontro com as meninas passa a restringir-se à imagem que forja para elas, tanto de si mesmo quanto de sua escrita nas ruas. A pichação lhe custa a força da vida, como se, ao modo do Fausto de Goethe, tivesse vendido sua alma, e com ela a sexualidade, tendo se exposto ao risco da morte.

Muitos outros casos poderiam ser apresentados, em que a sexualidade se manifesta em realidades aparentemente desconectadas da reprodução, sem que isso possa hoje soar estranho aos ouvidos de alguém. Contudo, o que há em comum entre os três relatos é que eles evidenciam a associação entre a sexualidade e a morte.

Isso está marcado precocemente na obra de Freud, bastando lembrar seu testemunho, escrito em 1901, sobre o esquecimento do nome do artista Luca Signorelli. Ele mostra como esse ato banal e corriqueiro não teria acontecido, não fosse a sua perturbação pelas evidências da caducidade da vida e da ineficácia de um poder sobre a plenitude sexual. Ou seja, a capacidade sexual está associada à plenitude da vida, que melhor se demonstra no sucesso, e qualquer problema nessa área torna-se uma ferida narcísica, prova cabal de que o homem é um ser em falta. A realidade do inconsciente é, fundamentalmente, uma realidade sexual.

Uma inquietude nasceu da responsabilidade atribuída ao homem quando "a palavra fez-se carne e habitou no meio de nós", como está no prólogo de São João: *O logo sarx egeneto,* ou, como Leloup interpretou, "o eterno entrou no tempo".[2] Poderíamos dizer que o preço da fala para o ser humano foi o mal-estar da sexualidade. Essa é uma derivação do que disse Jacques Lacan sobre a necessidade de um par de opostos para fundar a linguagem, ausência-presença, *fort-da*, a diferença calcada sobre um pedacinho do corpo. Em torno da divisão sexual, fez-se um jogo de alternâncias quanto às funções nas estruturas mais elementares do funcionamento social, em combinatórias. É por isso que a posição sexual do sujeito depende da articulação com a linguagem.

> A integração dessa combinatória à realidade sexual faz surgir a questão de saber se não é mesmo por ali que o significante chegou ao mundo, ao mundo do homem. (...) A entrada em jogo do significante na vida do homem lhe permite fazer o sentido do sexo. A saber, que para o homem, e porque ele conhece os significantes, o sexo e suas significações são sempre suscetíveis de presentificar a presença da morte.[3]

É isso que traz, não só a angústia, mas também o sintoma da dúvida, o imperativo de escolher entre a passividade e a atividade, o Bem e o

---
2. LELOUP, 2000, p. 187.
3. LACAN, 1963-1964, p. 243.

Mal. Daí a revolta de Sade, diante da natureza e de Deus, que nos colocam nessa situação insuportável: "quando teria sido mais conforme à bondade, à razão, à eqüidade criar apenas pedras e plantas do que conceber homens cuja conduta pudesse atrair castigos sem fim".[4]

A respeito de Sade, Klossowski pondera que, para ele, é preciso estender a *esfera do crime*, para que o espírito recupere conhecimentos perdidos, uma vez que – e aqui ele recorre a Joseph de Maistre sobre o pecado original – os crimes inauditos "supõem conhecimentos infinitamente superiores aos que possuímos".[5]

Se há crime, há lei, e isso diz da censura e da ferocidade da entrada do simbólico. No desejo de saber e na vontade de gozo já está apontada a questão ética mais além da moral. Nessa direção vai o comentário de Lacan sobre o relato de Octave Mannoni de uma desventura de Casanova – esse personagem sedutor "que desafia o céu e a terra no nível de seu desejo" – quando diz que ele caiu na impotência "como se verdadeiramente tivesse encontrado o rosto de Deus para fazê-lo parar".[6]

Vale relembrar esse episódio, que Mannoni extrai das *Memórias* de Casanova, para fazer um estudo sobre a *Verleugnung,* considerando o aspecto da crença abordado no artigo de Freud de 1927 a respeito do fetichismo e interrogando a perversão e a fobia. Nesse caso, há a recusa da castração, a *Verleugnung,* no francês *désaveu* ou *répudiation* (condenação ou repúdio). O autor se pergunta se Casanova seria um perverso ou um fóbico com uma supercompensação.[7]

Vamos ao relato. Aos 23 anos, Casanova é abordado por um desconhecido que insiste em mostrar-lhe seu gabinete de história natural, em especial, uma antiga faca de São Pedro. Percebe que ali não há nada de autêntico, ou seja, que o homem é um impostor e resolve virar o jogo, fazendo o outro de tolo. Passa a noite fabricando uma bainha para a faca, dando-lhe aspecto de antigüidade. Convence sua vítima de que há em Cesena um camponês que imagina ter um tesouro no porão e que será possível, com a faca e a bainha, fazer com que os gnomos tragam o tesouro à superfície.

---
4. SADE, *A nova Justine, apud* KLOSSOWSKI, 1985, p. 93.
5. MAISTRE, *apud* KLOSSOWSKI, 1985, p. 95.
6. LACAN, 1963-1964, p. 225.
7. MANNONI, 1973.

Agora o impostor é ele, como um mágico que brinca com a crença de alguém, dentro da fórmula: eu sei (que há a castração, a barra e a morte), mas mesmo assim... E não só o outro é crédulo, como também Javotte, a filha do camponês de Cesena. Aí está uma nova conquista para Casanova, mas ele quer primeiro submetê-la a seu prestígio de mágico. Declara, então, que a virgindade de Javotte é essencial ao êxito da empreitada. Prepara-se, mandando fazer roupas especiais e um enorme círculo de papel com desenhos cabalísticos. Lê livros de ocultismo e segue as receitas. De acordo com a magia, ele e Javotte tomam banho juntos e se lavam. Ela se deita na cama dele, e ele a respeita provisoriamente.

No momento do ritual, Casanova se instala no círculo de papel, com as roupas mágicas. Mas uma tempestade desaba e desencadeia nele o pânico. Ele diz: "Foi-se o sistema que eu acreditava à prova de tudo". Contudo, permanece impávido na chuva, porque, mesmo sabendo de sua farsa, alimenta a crença de que o círculo é mágico e o protegerá dos raios. Volta para o quarto em estado lastimável, mas agora diz que Javotte lhe dá medo e que ele seria atingido pela morte se ousasse atacá-la. Reconhece na tempestade um castigo de um Deus vingador que usa da oportunidade para puni-lo de todas as suas loucuras "e pôr fim à minha incredulidade com a morte".[8] Tendo o feitiço virado contra o feiticeiro, ele está agora diante de sua própria castração, e os recursos de compensação não lhe servem. No dia seguinte, contudo, passado o pânico, pediu desculpas a todos, e a vida retomou seu curso sem implicação de Casanova no crime e no castigo.

Mannoni (1973) observa como a *Verleugnung* funcionou nesse caso como uma proteção contra a castração, tendo bastado para criar o mágico. Pode-se dizer de uma relação da magia com a castração e da magia com o fetiche. Na perversão, um episódio como esse, ainda que impactante, tende a ser desconsiderado pelo sujeito, encoberto pela vontade de outros atos, não resultando em esforços de mudança.

Há um momento em que Casanova reconhece sua própria divisão e admite a finitude, a morte, a submissão a uma estrutura organizada em torno de leis. Além disso, por ser forçado a abdicar de Javotte,

---
8. CASANOVA, *Memórias*, apud MANNONI, 1973, p. 29.

contrariamente a seus planos, tem que se dobrar à evidência da falta de controle sobre a sexualidade. Ora, a psicanálise levou em consideração os pensadores que foram sensíveis ao sujeito dividido. A esse respeito, Lacan valeu-se do conceito de desejo em Spinoza.[9]

Podemos recorrer ao ponto primeiro em Spinoza que suscitou a atenção de Lacan. Para nós, é tanto mais interessante, quanto mais sabemos que esse filósofo tinha o português como língua materna, posto que os pais eram imigrantes portugueses. Spinoza, tendo nascido na Holanda, em 1632, onde viveu e morreu em 1677, era marcado pelo conflito entre a origem judaica, a religião católica vivida pelos pais na política dos cristãos novos de Portugal, e a cultura dos Países Baixos, que, à época, viviam um turbulento século de ouro quanto à vida intelectual, artística e política.[10] Ele escreveu sobre essa cisão, em seu tratado intitulado *Ética*, escrito de 1661 a 1665, dizendo que os homens não têm poder sobre sua língua nem sobre seus apetites. "Aqueles que julgam que é em virtude de uma livre decisão da alma que falam, se calam ou fazem seja o que for, sonham de olhos abertos." E acrescentou uma proposição sobre o limite e a falta, afirmando que "a alma, enquanto se contempla a si mesma, imagina a sua impotência".[11]

Da *Ética*, Lacan ainda extrai que "uma afecção qualquer de um indivíduo qualquer mostra com a afecção de um outro tanto mais discordância quanto mais a essência de um difere da essência do outro".[12] Daí se conclui que não há dicotomia entre a normalidade e a patologia e, sim, discordâncias entre os sujeitos em relação ao que cada um imprime na realização de seu ser, discordâncias quanto à quantidade investida para aumentar ou reduzir aquilo que refletirá no aumento ou redução de suas capacidades.[13]

---

9. Mantém-se aqui a grafia original do nome Spinoza, tal como está nas traduções em português da obra de Freud e Lacan.

10. Dados biográficos contidos na introdução de Chauí para *Os pensadores*. Cf. ESPINOSA, 1997.

11. Proposição LV do Livro III (Da origem e da natureza das afecções) da *Ética*. ESPINOSA, 1997.

12. Proposição LVII do livro III da *Ética*, utilizada por Lacan para epígrafe de sua tese, na tradução proposta por ele. Anos mais tarde, em 1988, o filósofo Bernard Pautrat manteve essa tradução e ainda substituiu "afecção" por "afeto", considerando o termo freudiano. A este respeito, vide ROUDINESCO, 1994, p. 69-70.

13. Pode-se bem entender porque a comunidade judaica chegou ao ponto de calcular a excomunhão de Spinoza, o que o levou a se antecipar e escrever sobre a sua "ruptura com a Sinagoga" Cf. CHAUÍ. In: ESPINOSA, 1997.

Segundo Spinoza, de acordo com a história de cada um, pode haver aumento ou redução da alegria ou da tristeza. A alegria e a tristeza são as paixões, o próprio desejo ou apetite. Assim, para ele "todas as afecções (os afetos) se referem ao desejo", e "o desejo é a essência do Homem". Apesar de arrojada a afirmação, ela ainda pedia trabalho, pois que ainda havia uma dependência do desejo ao universal dos atributos divinos. Lacan deu uma volta a mais ao tomar contato com Hegel e Kant, para dizer no *Seminário 11* que a posição de Spinoza não era mais sustentável para ele, razão pela qual escreveu *Kant com Sade*.

Enquanto os conceitos teóricos se abrem a novas perspectivas da sexualidade e se incorporam ao discurso, as manifestações da cultura insistem em denunciar, ou antes, fazer mostração das associações dos impulsos pulsionais e do inconsciente, como se fosse possível iluminar os furtivos pensamentos recalcados.

Basta comparar Leonardo da Vinci a certos artistas de hoje. Freud comentou, em 1910, que a evolução de Leonardo, com sua sede insaciável e incansável de conhecimento, aproxima-se do pensamento de Spinoza. Se ele manifestava interesse homossexual, não há evidências de atos. Houve uma "transformação da força psíquica pulsional" e "seus afetos eram controlados e submetidos ao instinto de pesquisa".[14]

Isso que está subentendido na obra de Leonardo, é desvelado por alguns artistas, principalmente quanto à relação da obra de arte com o corpo, a sexualidade e a morte. Em um recente artigo do Caderno Mais! da Folha de São Paulo, há uma constatação de que, embora a arte seja tormento e violência, explicitamente gritante nas obras de Bruegel e Francis Bacon, agora passou para outro estágio. "Atualmente os criadores não se contentam mais em representar a violência – preferem realizá-la. Muitos chegam a usar carne, sangue e sofrimento como elementos constituintes de sua linguagem artística."[15]

---

14. FREUD, 1910, p. 69.
15. Artigo do *Independent*, traduzido por Luiz Roberto Mendes Gonçalves. FOLHA de S.PAULO, 2004.

Nesse artigo, são apresentados depoimentos de artistas como o americano Andres Serrano (que vai do sagrado ao profano, utilizando fogo, sangue e esperma), o belga Jan Fabre (que parte do Renascimento, com a apresentação da imagem do corpo de Cristo, ao mesmo tempo vivo e morto, usa carcaças de insetos e desenha com seu próprio sangue), o inglês Marc Quinn (que usa moldes do próprio rosto e do corpo, interessando-se pela maneira como estamos ligados a nossos corpos), e a brasileira Marina Saleme (que trabalha com coisas que vazam, escorrem e morrem). Destaca-se ainda Damien Hirst, nascido em 1965, no Reino Unido, o mais famoso artista de sua geração, vencedor do Prêmio Turner, conhecido por seus animais mortos, preservados em formol. Ele explicita: "procuro imagens proibidas, sensacionais. (...) Meu lema é: um mínimo de esforço para o máximo efeito. (...) Embora a morte esteja sempre presente, está ligada a uma obsessão pela vida".

Alguns desses artistas dispõem do próprio corpo como objeto de exposição. Embora essa possa ser uma pretensão de eliminar as representações metafóricas e extrair a *coisa,* que é o cerne de seus impulsos pulsionais, e ainda que Damien diga de um mínimo de esforço, o enodamento que se faz do corpo, da sexualidade e da morte não parece ser o mesmo que aquele realizado pelos casos aqui relatados do alcoólatra, do toxicômano e do pichador, que freqüentam em atos o risco de morte. Talvez todos pudessem endossar a idéia de "obsessão pela vida", no sentido do gozo pleno, do usufruto da capacidade máxima do objeto. Mas, há "discordâncias" entre eles, e as resoluções ou nós de cada um com os elementos da estrutura psíquica dizem de uma posição diferente quanto ao desejo.

Como é que no sujeito os pendores dirigem-se para outro lugar, pergunta Lacan, no Seminário da Ética, a partir da regra da boa ação aristotélica. A psicanálise delimita o enquadre das questões dos casos como os que foram aqui apresentados, oriundas da clínica, da literatura, da imprensa, do cotidiano do homem na cultura, pelo referencial de uma ética específica, que é balizada pelo desejo. Ora, essa ética que norteia uma análise impõe a escuta do desejo e traduz-se na atenção às trilhas no pensamento que se revelam no discurso e que dizem dos investimentos feitos, determinando escolhas de ordem sexual e os caminhos de sua sexualidade. Trata-se de saber, numa análise, em que lugar o real se amarrou.

Referências Bibliográficas

ESPINOSA, B. de. *Os pensadores. Espinosa – vida e obra.* São Paulo: Círculo do Livro, 1997.

FOLHA DE S. PAULO. *Fixação fatal.* São Paulo, 28 mar. 2004. Caderno Mais, p. 4-10.

FREUD, S. A psicopatologia da vida cotidiana. (1904). *Edição standard brasileira das obras psicológicas completas de Sigmund Freud.* Trad. Jayme Salomão. Rio de Janeiro: Imago, 1976, v. 6.

FREUD, S. Leonardo da Vinci e uma lembrança da sua infância (1910). *Op. cit.* Rio de Janeiro: Imago, 1976, v. 11.

KLOSSOWSKI, P. *Sade, meu próximo.* Trad. Armando Ribeiro. São Paulo: Brasiliense, 1985.

LACAN, J. *O seminário. Livro 11. Os quatro conceitos fundamentais da psicnálise* (1963-1964). Trad. M. D. Magno. Rio de Janeiro: Zahar, 1979.

LACAN, J. *O seminário. Livro 7. A ética da psicanálise* (1959-1960). Trad. Antônio Quinet. Rio de Janeiro: Zahar, 1988.

LELOUP, J.-Y. *O evangelho de João.* Trad. Guilherme Teixeira. Petrópolis: Vozes, 2001.

MANNONI, O. *Chaves para o imaginário.* Trad. Lígia Vassalo. Petrópolis: Vozes, 1973.

ROUANET, S. P. *Os dez amigos de Freud.* São Paulo: Companhia das Letras, 2003, v. 1.

ROUDINESCO, E. *Jacques Lacan.* Trad. Paulo Neves. São Paulo: Companhia das Letras, 1994.

Os impasses da relação sexuada

Arlete Diniz Campolina

A presença de um gozo apenas experimentado e jamais sabido, traz embaraço ao ser falante, deixando tanto o homem quanto a mulher em dificuldades diante do gozo sexual e dos outros gozos. Construir um sentido para com ele gozar pode ser considerado uma tolice, mas sermos tolos do gozo é o modo de suportar a castração que se revela como o impossível encontro entre os pares sexuais.

Diante dessa impossibilidade de dizer o que é a relação sexual, o imperativo do supereu que incita a gozar, conduz o ser falante em direção a essa falha irredutível, que não cessa de não se escrever. Como o sujeito apreende esse imperativo? Simplesmente gozando? Gozando porque tem direito ao gozo? Fazendo dele uma questão?

Através da experiência psicanalítica foi possível fundar o falo como terceiro termo com função de mediação da relação sexual. Como função, ele está situado de maneira diferenciada em cada pólo do par sexual, os quais não se comunicam.

Na função de escrita do real, o falo não fala nada, não responde nada. Somente faz apelo a falar e o que dele se fala torna-se o *semblant*, ou seja, estruturas de ficção, ordenadoras do gozo e do desejo.

Como instrumento, não pode ser confundido com o órgão, isso porque o falo é o que de um modo feminino pode estar sujeito ao gozo, tal que seja escrito na função enquanto "x" (Φx), ou seja, como invariante de não-saber. Ele opera então como uma forma de fazer borda ao impossível encontro com o feminino numa relação, sendo o gozo feminino, o gozo do Outro sexo.

Assim a função fálica é possível para-todos: ($\forall x. \Phi x$), desde que seja não-toda: ($\overline{\forall} x. \Phi x$) e que exista "ao menos um" que sustente sua falha irredutível e que se apresente como Nome do Pai para veicular a significação do falo e instaurar a lei do desejo: ($\exists x. \overline{\Phi x}$). Quando não é de um "x" existente que a falha da função possa se escrever, a função aí não faz presença e seu ponto buraco só tem referência pela existência do escrito ($\exists x. \overline{\Phi x}$).

No lugar do três que enoda, o falo explicita a disjunção de dois gozos, a dimensão-homem e a dimensão-mulher do ser falante e as possíveis identificações advindas dessa assimetria.

O mal-estar e os impasses da relação sexuada surgem do fato de que tanto o homem quanto a mulher tornam-se seres sexuados na presença desse gozo Outro, que é apenas experimentado e jamais sabido. Sua propriedade fundamental é ser substância gozante, apenas gozada sem o saber. Como falha de saber, dura *"en-corps, encore, en corps encarné."*[1] Gozo inominável que dura, ainda, sempre, num corpo encarnado. Gozo que estrutura o gozo fálico, dito masculino, e o gozo feminino, dito Outro sexo. O impossível encontro entre eles faz do ato sexual um acontecimento.

Se um corpo é vivo somente pela experiência de que um corpo é gozado, essa experiência sem o saber vai determinar que no ser falante Isso goza por se fazer corpo significante. O significante é o que dá pouso, hospedagem à substância gozante. O significante torna-se portanto o aparelho do gozo.

Este gozo real que o gozo do corpo simboliza, está em conjunção-disjunção com três pontos de não-saber da estrutura do ser falante: o objeto pequeno *a*; o impossível da verdade que se marca como traço de letra, notada S($\cancel{A}$) e o falo enquanto letra (Φ). Pontos de real da estrutura que não cessam de não se escrever e que cessam de não se escrever pelo modo de contingência da função fálica, que se expressa pela consistência de sentido estruturada pelo fantasma. Passo de sentido – *pas de sens* –, onde não há sentido e que tem função de suplência.

---

1. LACAN, 1972-1973, p. 45.

O que traz embaraço é a presença significante como hospedeiro do Gozo real. Essa presença, que se promove do falo, satisfaz por manter o Gozo recalcado. Borda significante que se estrutura do sentido do *semblant*, e que determina a forma "macho" de sustentar a castração, fazendo consistir a falta e durar a presença do desejo.

"Um homem não é outra coisa senão um significante. Uma mulher procura um homem a título do significante. Um homem procura uma mulher... a título do que se situa do discurso, pois, se o que coloco é verdadeiro, a saber que uma mulher não é toda, há sempre alguma coisa nela que escapa ao discurso."[2] Daí o ser falante nutrir amor ao significante. O *semblant* na função de suplência da falha do discurso e para suportar a ética do desejo, leva os sujeitos ao leito, a se reproduzirem em corpos encarnados, a construírem sentidos que norteiam as relações sexuadas. Esse passo de sentido é o **gozo a mais** desse gozo em falta, o que significa que para o "x", ponto buraco da função fálica, um sentido sexual fantasmático, faça aí o três que enoda.

O gozo fálico no seu modo de contingência e como forma "macho" de suportar a não relação é portanto o gozo que é preciso, por manter não sabido o gozo do Outro, gozo real. Esse gozo que é preciso e que faz suspensão à relação, é o substancial da função, o que se entende que seria melhor se não houvesse. Mas só não precisaria se houvesse outro que não ele, mas como não há, é o gozo que é preciso. Portanto, é preciso que haja o gozo fálico do qual se promove a função, por falta de um outro que não há. Isso porque o falo enquanto escrita do real da relação sexuada faz apelo à significação do desejo e à produção do *semblant* para fazê-lo operar.

Fazer *semblant* do falo torna-se então uma elaboração *hommosexuelle*, tanto para os homens quanto para as mulheres, porque abordar o impossível encontro com o Outro sexo a partir da significância fálica, deixa fora o gozo dito da mulher-*horsexe*. O sentido sexual do fantasma a *dit-femme*, a *diffâme*, é o que se diz *d'infamant*[3] sobre

---

2. LACAN, 1972-1973, p. 34.
3. LACAN, 1972-1973, p. 79.

ela, já que o gozo dela rejeita o saber. Dizê-la é torná-la mal-dita. Desse modo se o gozo dela rejeita o saber, estamos diante da exigência de uma borda que seja a escrita da letra.

Homens e mulheres podem escolher estar identificados a esta função. Existem mulheres fálicas quando se tornam identificadas ao falo, fazendo *semblant* do ter. Assim como a função fálica não impede homens de serem homossexuais ao desmentirem a falha da função, fazendo incidir o falo enquanto presença no lugar do Outro sexo. Essa mesma falha leva os homens em direção às mulheres, permitindo a eles gozarem do corpo de uma mulher. Dessa falha, as mulheres constituem a demanda fálica, permitindo a elas consentirem estar no lugar de causa de desejo. Homens místicos, apesar de estarem em posição de ter o falo, escolhem gozar do gozo do Outro, ao conjugarem Deus e o gozo d'A̶ mulher. Nesse caso o amor a Deus substitui o falo como terceiro termo. O amor divino ocupando função de suplência, faz com que mulheres e homens místicos se coloquem em posição de gozar além do falo.

Se existe o lado "macho" de fazer suplência à não-relação, tanto para os homens quanto para as mulheres, não podemos deixar de interrogar sobre a forma "fêmea" de fazer do gozo do Outro, um gozo em falta, um gozo que, do lado da mulher, não há palavras para pronunciá-lo, por ser o lado mulher do ser falante não-todo inscrito na função fálica. O que está em questão é a conjunção/disjunção entre o gozo do Outro e o Outro sexo.

Como uma mulher pode se suportar diante do fato de ser não-toda inscrita na função fálica?

O significante de A barrado S(A̶) é o significante que não deixa vazio o lugar de ex-sistência da mulher. Significante que lhe é próprio e não significa nada, porque ela está excluída de qualquer saber, o que diz de um gozo suplementar, gozo do corpo além do gozo fálico.

Esse gozo dela, desse ela que não existe e não significa nada, é apenas experimentado e ela sabe quando isso acontece. Seria um estrago imaginário nomear esse gozo como o gozo próprio do corpo da mulher, isso porque dele nada se sabe. Daí que seja necessário abordá-lo pela via lógica.

O significante de A barrado, S(Ä), não remete a nenhum outro significante. Tem valor de letra e se promove do S_1, o significante que representa o sujeito, sempre recalcado, portanto jamais sabido. Se o significante de A barrado, S(Ä), tem função de escrita, como o gozo do corpo, o gozo dito da mulher, se realiza?

Essa realização implica um impasse lógico. Sendo um gozo que se promove da infinitude, diz de uma falha irredutível que se mantém além da borda que se faz através do modo de contingência fálica. Esse gozo infinito, aberto, vai se inscrever num campo de interseção, como um gozo dito Outro sexo. Enquanto lugar de ex-sistência, marca a impossibilidade da relação sexual. É nesse campo de interseção que o gozo do Outro se realiza como gozo sexuado. Essa interseção se compõe de infinitos conjuntos abertos que se estendem ao infinito enquanto impossibilidade. O gozo do Outro se realiza como sexuado quando estes conjuntos abertos se oferecem a um sub-recobrimento que os faz finitos. A partir daí conta-se uma por uma. Uma borda se inscreve enquanto Nome Próprio. Foi assim que o fantasma feminino de Don Juan contou 1003 nomes, explicitando o que é o sexo masculino para as mulheres: o homem a tem como uma, o que pode facilmente deslizar para o desejo de ser a única.

O impasse da operação de suplência se evidencia pela coalescência do objeto *a* e do S(Ä), causada pela conjunção fantasmática do gozo do Outro e do Outro sexo, pontos dissimétricos da estrutura do sujeito. Se o sexo dito Outro sexo é a realização do gozo do Outro como sexuado, aglutinar o objeto *a* – lugar do gozo do Outro que se inscreve na estrutura enquanto falha irredutível – e o significante de A barrado, S(Ä) – marca literal de um gozo inominável – é uma maneira de confundir essas duas falhas. O que elas têm em comum é a presença do gozo real, que rejeita qualquer saber.

São essas duas falhas que estão em questão na falha da função fálica. Elas são determinantes da fundação da suplência.

Se o mais-de-gozar se estrutura no limite do gozo real, para compensar o menos de gozo, o sujeito não tem escolha porque não há outro gozo que não seja o fálico, a partir do qual o sentido do gozo possa se constituir. O gozo não se interpela, não se evoca, não se elabora, senão do que opera do sentido gozado, suportado pela tela fantasmática do real, através da qual se vive, fazendo o sujeito percorrer forçosamente os mesmos caminhos e insistir em padrões repetitivos. É o sentido que cada sujeito está em condições de assimilar face ao real e que configura como *semblant* do objeto *a*, causa de desejo, que passa a ser confundido com o lugar de uma mulher como parceiro faltante.

O impasse é fazer do objeto *a semblant* de objeto e suportar através do fantasma, o lugar do Outro sexo como parceiro faltante. Ancora-se mal pelo mais de gozar, o gozo real e o real do gozo, tal como nas representações de gozo no fantasma masoquista – fazer-se amordaçar, bater, maltratar, menosprezar – que asseguram ao sujeito um a mais-de-gozo no limite do real. Elas apresentam o *semblant* do objeto *a* como objeto depreciado, e estruturam o desejo masoquista, associando gozo e sofrimento. Revestir imaginariamente o objeto *a* fazendo *semblant* de objeto depreciado, desprezado, maltratado e estar nesse lugar enquanto uma mulher, é uma forma de fazer metonímia da falha, lugar de incidência do objeto no discurso.

No casal sexual, a posição masoquista do desejo, atende às condições do fantasma do homem, às quais uma mulher deve estar submetida. Fazer *semblant* de objeto sem valor e ostentar a falta, a dor, a dor da falta, imprime ao objeto *a* – parceiro sexual, significação imaginária da castração enquanto condição de escolha de objeto no homem.

Atender às miragens de realização do desejo masoquista, torna-se a via tortuosa e sedutora de se submeter às condições de amor.

Para uma mulher, atender a hora do desejo do homem pode significar que uma mulher não tem como causa o seu próprio desejo, mas o desejo de um outro. Desse modo, para ela, estar no lugar do Outro sexo, indizível, basta que se deixe desejar, que dê seu consentimento. Num extremo, as fantasias de estupro indicam que nem mesmo o consentimento seja uma condição necessária. Num outro extremo, há mulheres que se recusam a ocupar o lugar da hora da verdade do desejo do homem.

Quando a experiência clínica nos confirma que todo fantasma é masoquista, o que se evidencia é um gozo marcado pela renúncia através de uma perda em sacrifício: perda de amor, de poder, de dinheiro, de prestígio. Uma mulher ao se despojar de seus ganhos para sustentar o homem que ama, desconhece que este sacrifício está subordinado à afirmação de um poder fálico que se realiza por procuração de um outro, no caso seu marido. O sofrimento marca o lugar de "mais de gozo" desse poder.

Em tempos diferentes do seu ensino, Lacan elaborou três fórmulas, que demarcaram seu esforço de elaboração da questão do *semblant*: a) ser o falo; b) ser o objeto; c) ser o sintoma.

Numa análise, franquear o desejo estruturado pelo mais-de-gozar possibilita a obtenção de um gozo além do *semblant*, ao dissociar o enlaçamento imaginário do objeto *a* e do S($\bar{A}$). Desse modo, uma mulher pode estar no lugar do objeto *a*, causa do desejo, sem ser objeto degradado e a escolha de objeto no homem não mais exige que o parceiro faltante traga a marca da castração imaginária.

O legado de Freud – a descoberta e a formalização do inconsciente – e o legado de Lacan – a invenção do objeto *a* e do matema do discurso analítico – fazem incidir um corte no mal-estar da relação sexuada, cujo efeito é franquear o impasse do sentido com função de mais-de-gozo.

Inspirado no discurso matemático, o discurso analítico vai à contra-mão do sentido, porque Isso não quer saber nada disso. Sem o saber, o Outro absoluto faz letra às expensas do saber inconsciente. A letra escoa como *rejets d'être,* traços que rejeitam qualquer saber sobre o ser. Ela compõe a materialidade da qual, do saber inconsciente, se faz escritura de gozo.

A paixão de Freud pelo saber inconsciente foi o primeiro passo. Com Lacan este saber tornou-se um suporte, um instrumento através do qual podemos apostar na escrita do real. O percurso de uma análise deixa entrever que o saber inconsciente lido como sujeito suposto saber é desarmônico ao saber que não se sabe, mas mesmo assim é o saber que pode nos conduzir além do real sustentado pelo pouco de realidade do fantasma, que nos conforta em grande desconforto.

O dizer do analista inaugura a ruptura do *semblant* como efeito de produção do discurso. Dessa ruptura se precipita a letra que até então era matéria em suspensão na borda do sentido. Da sulcagem desse escoamento, o gozo se inscreve enquanto rasura, litura.

Nos últimos tempos, quando Lacan define a suplência pela fórmula "ser o sintoma", propõe a consistência literal do *sinthome* resultante da torção determinada pelo escoamento do sentido.

Referências bibliográficas

FREUD, S. Uma criança é espancada. (1919). *Edição standard brasileira das obras psicológicas completas de Sigmund Freud*. Trad. Jayme Salomão. Rio de Janeiro: Imago, 1976, v. 17.

FREUD, S. O problema econômico do masoquismo (1924). *Op. cit.* Rio de Janeiro: Imago, 1976, v. 19.

FREUD, S. Inibições, Sintomas e Angústia (1926). *Op. cit.* Rio de Janeiro: Imago, 1976, v. 20.

FREUD, S. O Inconsciente (1915). *Op. cit.* Rio de Janeiro: Imago, 1974, v. 14.

FREUD, S. Repressão (1915) *Op. cit.* Rio de Janeiro: Imago, 1974, v. 14.

LACAN, J. *Le Séminaire. Livre XX. Encore* (1972-1973). Paris: Seuil, 1975.

LACAN, J. *Séminaire XXI. Les non-dupes errent.* (1973-1974). Inédito.

LACAN, J. *Séminaire XXII. R.S.I.* (1974-1975). Inédito.

LACAN, J. *Séminaire XXIII. Le sinthome.* (1975-1976). Inédito.

LACAN, J. *Séminaire XVIII. D'un discours qui ne serait pas du semblant.* (1971). Inédito.

SOLER, C. Position masochiste, position féminine. In: *La cause freudienne.* sl: n. 24, 1993.

CONSIDERAÇÕES SOBRE A DEVASTAÇÃO

Delma Maria Fonseca Gonçalves

Introdução

Em "Diretrizes para um congresso sobre a sexualidade feminina", Lacan nos fornece três indicações essenciais para trabalharmos a sexualidade do falasser.

No capítulo V deste texto, ele descarta as teorias anatômicas do sexo, para situar, no capítulo VIII, a frigidez como um sintoma que pressupõe a estrutura do inconsciente. Já no capítulo IX, aponta outra inquietação do sujeito ao dizer que "a sexualidade feminina surge como o esforço de um gozo envolto em sua própria contigüidade (da qual toda circuncisão talvez indique a ruptura simbólica) para se realizar rivalizando com o desejo que a castração libera no macho, dando-lhe seu significante no falo".[1]

As duas primeiras nos remetem a um ser transformado pelo simbólico, onde o sexo não surge do corpo, apenas, como simples organismo vivo, mas sim do inconsciente como estrutura de linguagem. A constituição deste sujeito se dá às custas de uma perda, uma exclusão originária e permanente, onde a psicanálise localiza a angústia de castração.

O que compensa o menos de gozo advindo da castração simbólica vem a ser o falo. Um significante que se elege e se faz presença ali onde não há nada, ou seja, situa-se como presença no lugar de pura ausência. É a partir deste significante que os humanos, não mais concebidos a partir da anatomia, vão se situar e subjetivar no registro da sexuação.

---
1. LACAN, 1960, p. 734.

Este é um referencial freudiano, onde a divisão de cada sexo é feita relativamente ao falo. Ter ou não ter é que vai definir, para Freud, o homem e a mulher, respectivamente. A mulher freudiana é fálica, deduzida em função da inveja do pênis, regida pela lei que interdita o gozo e, portanto, comandada pelo horror da castração. A questão que ela coloca é como recuperar o mais de gozar perdido na castração.

Lacan, em "Significação do Falo",[2] fica próximo desta concepção. Localiza a posição feminina na relação sexual como aquela que, por não ter, passa a SER o falo. Isto quer dizer que ela, como parceira do homem na relação sexual, só pode ser complemento do desejo masculino, como atesta a fórmula da fantasia: $ ◊ *a*.

Mas aqui também, embora desvinculada da inveja do pênis, a posição de ser o falo é deduzida da falta, da privação fálica.

Já as interrogações sobre os modos de gozo feminino, para além do simbólico, vão nos remeter à conceitualização que Lacan desenvolve nos anos 70, com sua tese do NÃO-TODO, quando formaliza a divisão do sujeito não entre dois sexos, mas entre dois gozos: – Um fálico, relativo à castração, e outro, que rivaliza com o fálico e faz com ele até ruptura, que é o Outro sexo, sempre excluído das normas fálicas, das formações do inconsciente, "da natureza das palavras", enfim. A questão de que se ocupa todo o *Seminário XX* (1972) é essa dimensão Outra do gozo, ficando dito que só existe um Outro sexo, que é o feminino, para ambos os sexos.

É neste ponto que Lacan interpela Freud, ao abandonar a lógica Universal do Todo para reconhecer a indeterminação do Não–Todo, a fim de se referir à parte do gozo feminino que está fora das coordenadas fálicas, que se manifesta como gozo louco e enigmático, onde a angústia de castração não está relacionada à perda fálica, a uma contabilidade em que se sacrifica alguma coisa por outra que mais compense, mas à própria imperfeição da linguagem que, em sua inconsistência, não pode conciliar o significante e o ser.

Os sujeitos inscritos no lado feminino têm relação com esta inconsistência.

---

2. LACAN, 1958, p. 692.

O que proponho pensar neste trabalho é um efeito subjetivo desta parte excluída, onde a resposta à inconsistência não é um sofrimento delimitado como um sintoma, mas uma destruição marcada por seu caráter de excesso, que encontramos denominada em Lacan pelo termo "devastação".

Devastação

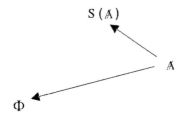

Nesta escrita, Lacan nos aponta A͞ – a mulher barrada, NÃO-TODA, por relacionar-se com o falo φ e, por outro lado, com a inconsciência do Outro, S(A͞).

O amor, que cura coisa que até mesmo Deus duvida, pode ser chamado aí para nomear esse exílio S(A͞). Demandando amor a partir desta falta, fica colocada a questão da exigência de mais, e mais ainda... A parte excluída gera um apelo ao dizer do amor infinito, que pudesse complementar a castração.

Em "O aturdito",[3] Lacan constata a exigência feminina no amor, o insaciável da exigência do amor, que ele vai deduzir de um gozo que ultrapassa a mulher. Neste texto, utiliza o termo DEVASTAÇÃO para se referir ao que pode se tornar uma mãe para uma filha e em "Televisão"[4], também o usa para dizer do que pode ser um homem para uma mulher, no sentido em que não haveria limites para as concessões que ela faz para ele: do seu corpo, de sua alma, de seus bens.

---
3. LACAN, 1972, p. 448.
4. LACAN, 1974, p. 508.

Com devastação, Lacan quer designar a destruição de um lugar ou de um espaço, vinda de um outro, de um invasor. Em psicanálise poderíamos indicar o domínio do Outro gozo sobre o sujeito.

A mãe, como primeira demanda de amor, e demanda impossível por ser incondicional, torna-se também, por efeito de estrutura, o primeiro lugar de todas as decepções. De qualquer forma, a mãe é o primeiro S(Ⱥ) com o qual o falasser tem que se haver e sabemos que pode ser desastrosa a possibilidade de não se ter alguém cuidando, como é preciso, da demanda materna, à qual se está objetalmente exposto.

A criança, a mulher e o masoquista constituem a série de figuras que tomam o lugar de objeto do gozo do Outro. Mas a criança está no início, realmente objetalmente exposta.

Quem cuida, da forma como é necessário, da demanda materna é a FUNÇÃO paterna. Na devastação, o sujeito estaria como que desprotegido desta função, num transbordamento que indicaria uma certa ruptura com o simbólico.

Bernard Nominé, em "O sintoma e a família", nos lembra que:

> Quando uma mulher se deixa encarnar inteiramente no papel objeto do homem, faz dele seu estrago (...) mas que na teoria lacaniana o estrago ocorre quando a filha não deixa de esperar conseguir tudo de uma mãe. Na época do *penisneid* a criança se queixa a sua mãe de que não lhe deu tudo. E não se trata exclusivamente do pênis. É que a menina espera gozar de sua mãe um gozo passivo que é interditado e ficará como algo intraduzível (e é melhor assim, diz Freud, senão a sexualidade da mulher ficaria estragada de modo permanente). [5]

Esta falha na tradução seria o verdadeiro objeto da queixa da menina, que permanece acreditando que a mãe tem tudo, ou seja, o gozo e as palavras para traduzi-lo. Então, o estrago entre mãe e filha corresponde a esta situação em que a criança, e depois a mulher, sempre espera encontrar uma metáfora de seu gozo, procedente de sua mãe.

---

5. NOMINÉ, 1997, p. 42-43.

Clínica

Penso num caso clínico de uma mulher, que me foi encaminhada por um psiquiatra, com o diagnóstico de perversão, conclusão a que ele chegou devido ao fato de que esta jovem, extremamente "desregrada", vivia angustiando a família, os vizinhos e os médicos por estar ora completamente perdida de amor por algum homem, ora em grande sofrimento, por ter ocorrido o fim de uma relação. Em qualquer destas duas situações, nada mais merecia sua atenção, nem mesmo os três filhos, que viviam sob os cuidados de terceiros, parentes e vizinhos. Enfim, ela abandona tudo, pois nada mais vale a pena senão o amor.

As dissoluções amorosas eram freqüentemente acompanhadas de verdadeiras condutas suicidas: dirigia em alta velocidade, atirava-se em carro em movimento, tomava uma dose a mais de comprimidos.

Esta mulher apresentou-se às entrevistas em todo o seu caráter de excesso, "despencando" sua verborragia sem se implicar no que falava nem tampouco considerando o ouvinte. As queixas eram muitas, mas todas direcionadas ao sofrimento advindo das relações amorosas com os homens e com a mãe. "A coisa mais intolerável para mim é não entender tudo. É ficar diante de uma situação onde eu possa sentir dúvida. Eu desoriento. Para mim as coisas têm que ser certas, esta é a minha fraqueza. Eu não gosto de não entender, pois me vem sempre o fantasma da traição." No decorrer do trabalho, o que pôde ir se delineando é que estas exigências de certeza e de completo entendimento se dirigiam, como já foi dito acima, às relações amorosas, cujas dissoluções, evidentemente muito freqüentes, dado ao insaciável da exigência de amor, lhe desarvoravam a existência e a remetiam sempre a uma mesma direção: Telefonar à mãe, de quem ouvia sempre a mesma coisa: – VOCÊ ESTRAGA TUDO! JÁ ESTRAGOU DE NOVO? Este dito materno determinava sempre uma resposta em *acting-out*: bater a cabeça na parede, pular do carro em movimento, machucar-se, gritar exasperadamente...

O alarido não era sem atingir o outro. Nessas ocasiões, a mãe atravessava a noite vomitando num ônibus, repelindo o encontro exigido pela filha, que estava machucada, convalescendo de uma dose a mais de comprimido, enfim, ESTRAGADA! O encontro se fazia mais desastroso ainda, na medida em que se instalavam ali mãe e filha, num eixo consistente e sem saída, onde as duas se perdiam no sem limite das queixas e expressões de sofrimento. A mãe se arvorava em retirada, alegando que tinha vindo para ajudar, mas como via que estava era piorando... A filha suplicava, aos berros e gemidos, a presença da mãe, de quem a saída era por ela interpretada como se tivesse, uma vez mais, Estragado tudo. Isso não tinha fim. O único ponto de parada, mas não regulado pelo simbólico e portanto selvagem, era sempre um *acting-out*.

Esta paciente foi, desde criança, a confidente da mãe: – "Ela achava que eu era amadurecida e despencava tudo em cima de mim." No discurso materno, o pai era o orangotango do gozo, que a traía sempre com prostitutas, a agredia e também aos filhos. A filha nutria intenso "*amoródio*" pelo pai, e ciúme dele com aquelas mulheres imundas, por deixar sua mãe, tão pura, no sofrimento.

O romance familiar já nos traz algo da estrutura a favor da histeria. Onde a prostituta veio revelar um lugar de furo, tinha uma mulher que era o objeto *a* para o pai . Há algo do gozo que é transmitido pelo pai. No decorrer do trabalho isto vem se confirmar, quando ela muda seu julgamento em relação a ele, ao ver que a mãe não era assim tão pura e perfeita. E o pai monstruoso era veiculado pelo discurso materno.

A estrutura de perversão, como um modo específico de não querer saber da castração feminina, esta modalidade de rejeição onde Freud localiza a *Verleugnung*, o desmentido que disfarça, com o fetiche, a falta da qual não se quer saber não encontra aqui seu endereço. Não só por ser a perversão excessivamente rara na mulher, como nos indica Freud e Lacan.

É que o perverso faz *semblant* de ser o *a* com a finalidade de angustiar o outro. Esta mulher, pelo contrário, sofre a angústia devastadora como versão sintomática do S(A).

Os *actings-out*, o sem limite da expressão de sofrimento, a transformação do amor incondicional em ódio e desejo de morte, (o que ocorria nas dissoluções amorosas) a intolerância absoluta à descontinuidade da linguagem, seu lugar de depósito das queixas da mãe e as desmesuras sofridas em decorrência do sem limites para as concessões que faz aos parceiros, nos permitem identificar aqui a infinitude do gozo não-todo, expresso como devastação. Onde, para uma questão colocada no simbólico no momento em que surgem os sinais de um desejo que se dirige ao sujeito, caberia a ele interpretar a falta correspondente àquele desejo, isto é, ligar o desejo ao aparato da fantasia, através da qual a resposta pode ser mediada, tornando possível que a um desejo se responda com uma formação do inconsciente, não encontramos a função do sintoma. Mas não podemos dizer que esteja fora de regime do Nome do Pai, uma vez que a função fálica não está ausente nesta mulher: ela sofre porque a relação sexual não existe, sofre pela inconsistência da linguagem, mas sabe que esta é sua fraqueza, ela não está nunca no campo da certeza. Sofre de uma forma devastadora do fato de saber que o amor é um "amuro", mas não há um trabalho delirante. Também não coloca neste lugar um véu, não elege nenhum objeto fetiche como o perverso. Não tolera a inconsistência do Outro, mas não a desmente, muito pelo contrário, faz dela um alarde. Então, o que surge é a devastação, que podemos caracterizar aqui como o outro lado do amor, retornando da demanda incomensurável. E é isto que é devastador. O parceiro devastação de uma mulher é, na verdade, o Outro barrado. Estas mulheres lidam com a incompletude sem reconhecê-la, colocando-a na questão do "estrago".

Para elas a questão do matema $S(\cancel{A})$ se resolveria com o axioma "Há um companheiro!"

Ao "o que quer uma mulher?", elas responderiam, Ser Mulher de Fulano.

Se nada disto se realizava é porque alguém estragava. Onde deveria haver uma resposta no simbólico, encontramos sempre uma resposta no real e no imaginário, sempre como devoração, onde o sujeito, desapoiado da lei, se reveste de um gozo estranho, que não o identifica, o ultrapassa, e daí o esforço de identificar-se através do amor de um homem.

Para finalizar, podemos situar que a palavra devastação em francês, se diz *ravage*. Há *ravie* – raiva, que é a mesma raiz da palavra *ravissement* – deslumbramento. Onde é possível localizar que a devastação pode ser ainda o modo como acontece um deslumbramento, podendo também conduzir a uma felicidade extrema. Sabemos que é na figura do místico que Lacan localiza a presença do Outro Gozo, e o místico testemunha a sua renúncia ao mundo, na alegria, por estar cativo de outra coisa – do gozo infinito do amor.

Referências bibliográficas

FORBES, J. (Org.). *Psicanálise: problemas ao feminino*. Coleção biblioteca freudiana. São Paulo: Papirus Editora, 1996.

GALLANO, C. *La alteridad femenina*. Asociación Foro del Campo Lacaniano de Medellín. Medellín, Colombia, 2000.

LACAN, J. Diretrizes para um congresso sobre a sexualidade feminina (1960). In: *Escritos*. Trad. Vera Ribeiro. CFB. Rio de Janeiro: Jorge Zahar Editor, 1998.

LACAN, J. A significação do falo (1958). In: *Escritos*. Trad. Vera Ribeiro. CFB. Rio de Janeiro: Jorge Zahar Editor, 1998.

LACAN, J. *O seminário. Livro 20. Mais, ainda* (1972/1973). Versão brasileira de M. D. Magno. Rio de Janeiro: Zahar Editores, 1982.

LACAN, J. O aturdito (1972) In: *Outros escritos*. Trad. Vera Ribeiro. CBF. Rio de Janeiro: Jorge Zahar Editor, 2003.

LACAN, J. *O seminário. Livro 4. A relação de objeto* (1956/1957). Trad. Trad. Dulce Duque Estrada. Rio de Janeiro: Jorge Zahar Editor, 1995.

LACAN, J. Televisão (1974). In: *Outros escritos*. Trad. Vera Ribeiro. CBF. Rio de Janeiro: Jorge Zahar Editor, 2003.

NOMINÉ, B. *O sintoma e a família*. Escola Brasileira de Psicanálise. MG, Belo Horizonte: 1997.

CLARO ENIGMA

Eleonora Mello Nascimento Silva

*Não decifres o enigma. Olha, o mistério
translumina o rosto que está sério.*

Carlos Drummond de Andrade[1]

O escrito mulher. O sexo secreto. A angústia solta. Berço da psicanálise. Sigmund Freud. Viena. Virada do século XIX. A medicina dominada pelo esquematismo organicista, a descrição fenomenológica dos sintomas, a dicotomia corpo/mente não conseguia mais abranger a realidade. Termos como doente dos nervos, neuropata, histéricas, eram pejorativos. Freud, médico inquieto, insatisfeito com os pressupostos científicos da época, decide ir a Paris, em 1885, estudar com Charcot, médico famoso na época por assumir posturas audaciosas no tratamento da histeria. Não se contentava com o que via, pensava mais além. Não considerava a histeria uma possessão demoníaca, como o faziam na Idade Média. Para Charcot, a histeria era regida por suas próprias leis. Ele trouxe-lhe dignidade. Ele muda o *status* da histeria.

Freud retorna a Viena certo de que os fatores da histeria situavam-se na esfera psíquica. Entretanto, duas discordâncias básicas distanciam Freud de Charcot. Uma no campo teórico, outra no campo da técnica. Charcot afirmava que a histeria era uma doença hereditária e que deveria ser tratada por meio do método terapêutico de sugestão hipnótica. Para Freud, a histeria seria uma afecção adquirida e a hipnose era um método limitado. E tudo isso se deu antes de fundar sua primeira tópica.

---
1. DRUMMOND de ANDRADE, 2002. p.185.

Além de Charcot, Freud mantinha dois interlocutores importantes na sua vida: Joseph Breuer e Wilhelm Fliess. Breuer um acadêmico. Fliess um intuitivo. Pelo relacionamento com o primeiro, Freud produziu os primeiros escritos sobre a histeria, com o segundo, por intermédio de uma íntima troca de correspondência, surge o texto "A interpretação de sonhos".

O contato mais formal com Breuer rendeu-lhe a descoberta dos primeiros conceitos da psicanálise. Ambos concordavam que a histeria era uma manifestação psíquica, embora discordassem sobre sua origem. Breuer defendia a idéia dos estados hipnóides, enquanto Freud defendia a noção de defesa, que se transformou em um dos pilares da psicanálise.

Essa discordância foi decisiva para os rumos de cada um e para o futuro da psicanálise. Freud chega à sexualidade no exato momento em que Breuer foge dela. Breuer interrompe o tratamento de Anna O. – Bertha Pappenheim – ao se dar conta da paixão dela por ele. Os sintomas histéricos pelos quais havia sido procurado desaparecem rapidamente, porém, aparece uma pseudociese como prova de amor da relação de ambos. Breuer retira-se do caso, relata-o a Freud, viaja com a mulher, adia a descoberta da transferência, abrindo a porta à sexualidade nas pacientes histéricas.

O contato mais íntimo com Fliess, mantido pela troca de cartas, foi ao mesmo tempo fértil no plano intelectual e decepcionante no relacionamento pessoal. Fliess, como ouvinte privilegiado de Freud, chegou a ser considerado por alguns autores, como Octave Mannoni, seu analista original. Sobre o texto "A interpretação dos sonhos", Freud remete o original do trabalho a Fliess, no qual apresenta um esboço coerente de sua teoria dos sonhos. Nela destacam-se, como pontos fundamentais o caráter da realização de desejos, a dimensão alucinatória das idéias oníricas, a ausência de descarga motora, enfim, todo um sistema coeso no qual os sonhos são processos primários que atuam por meio de mecanismos de condensação e deslocamento. Estava montada uma estrutura que iria revolucionar o mundo ocidental tão profundamente que jamais ele voltaria a ser igual.

Não podemos esquecer que estamos no final do século XIX. Entretanto, como ocorreu com Breuer, houve uma ruptura dramática entre os dois, que marcou Freud ao longo de sua vida. Nessa época, Freud por intermédio de seus próprios sonhos, tentava desvendar a estrutura desse sistema. Por ironia do destino, indicou sua paciente Emma Ekstein para ser operada por Fliess, médico otorrino. Emma sofria de hemorragias nasais e Fliess faz uma intervenção desastrosa esquecendo meio metro de gaze dentro da cavidade do nariz, agravando o estado da paciente pela qual Freud se sentia responsável. Ele então vive um drama de consciência profissional. Nesse momento, tem um sonho em que o elemento central seria uma queixa de Emma em relação a uma injeção cuja substância usada era terimetilamina, aplicada com uma seringa que não estava limpa. Analisando exaustivamente esse sonho, percebe o erro de Fliess com a paciente e isso se torna o pivô da dissolução da profunda amizade. Fliess afasta-se ressentido. Freud, ao contrário, apega-se à análise do sonho de Emma para afirmar que os sonhos são sempre uma forma de linguagem.

Claro enigma I

O escrito mulher. O sexo secreto. A angústia solta...

Freud acolheu sem preconceitos a especificidade feminina, o seu corpo como linguagem velada. Com cada uma, apreendeu e reformulou conceitos teóricos e técnicos da psicanálise.

Começando por Emmy von N. em 1889, faz críticas à hipnose: "a pessoa mesmo numa consciência hipnótica mantinha um olho crítico". Freud já aponta para a importância da cadeia de lembranças em relação aos traumas iniciais. Profecia da associação livre? Quem sabe? A contravontade da histérica, não esquecendo o vocabulário da época, foi igualmente constatada.

Passaram-se três anos, e ele usando o método da associação livre, discutindo a questão da hereditariedade e do adquirido. Seguindo o conceito de defesa, coloca como condição necessária para a histeria, o fato de existir uma idéia incompatível com outras idéias dominantes no ego. Foram contribuições do tratamento de Lucy R. Ainda em 1893, devemos à Elizabeth von R. a descoberta da conversão histérica.

No "encontro" com Katharina, como uma luz que nasce nas montanhas, ensina-nos o conceito de "a posteriori". Segundo Laplanche e Pontalis, o termo "*a posteriori* foi usado freqüentemente por Freud em relação com a sua concepção da temporalidade e da causalidade psíquicas: há experiências, impressões, traços mnésicos que são ulteriormente remodelados em função de experiências novas, do acesso a outro grau de desenvolvimento. Pode então ser-lhes conferida, além de um novo sentido, uma eficácia psíquica".[2]

Entramos no século XX com Dora (1905), a transferência, propriamente dita, a homossexualidade da histérica, e mais ainda, a questão histérica. Quem sou eu, homem ou mulher? Creio que podemos dizer que a psicanálise nasce com as mulheres. Histéricas. Será que somente um homem, ou melhor, quem ocupasse um lugar masculino poderia ter fundado os pilares da psicanálise, ao formar um par com a histérica, na medida em que sua linguagem é o corpo e a eterna busca do olhar masculino é o único que lhe dá acesso ao universo simbólico?

Claro enigma II

O escrito mulher. O sexo secreto...

Retornando ao trajeto freudiano, após a revolucionária elaboração da segunda tópica, Freud escreve dois textos sobre os destinos da sexualidade feminina, agora relacionados ao "complexo de Édipo" e aos avatares da castração. É o novo fio condutor. É uma nova *epistéme* que está em jogo. Houve um longo período entre as primeiras descobertas psicanalíticas, realizadas com as mulheres histéricas, também transgressoras, e o novo paradigma: o conceito da castração.

---
2. LAPLANCHE e PONTALIS, 1976, p. 441.

Em 1931, no texto "Sexualidade feminina", "destaca a importância da relação pré-edipiana da menina com a mãe, ou seja, não existe o complexo de Eletra". O tempo dessa relação é muito mais longo do que se pensava e, a presença da atividade neste par vai nortear o feminino na mulher.

> Com a menina, é diferente. Também seu primeiro objeto foi a mãe. Como encontra o caminho para o pai? Como, quando e por que se desliga da mãe? Há muito tempo compreendemos que o desenvolvimento da sexualidade feminina é complicado pelo fato de a menina ter a tarefa de abandonar o que originalmente constituiu sua principal zona genital – o clitóris – em favor de outra, nova, a vagina. Agora, no entanto, parece-nos que existe uma segunda alteração da mesma espécie, que não é menos característica e importante para o desenvolvimento da mulher: a troca de seu objeto original – a mãe – pelo pai. A maneira pela qual essas duas tarefas estão mutuamente vinculadas ainda não nos é clara.[3]

Além disso, Freud procura compreender a força da anatomia e suas implicações com o psiquismo: "a masculinidade ou a feminilidade é um caráter desconhecido à anatomia". Enfatiza o fato da bissexualidade humana. Deixa claro que um caráter passivo não é sinônimo do feminino, nem vice-versa: "...é necessário uma grande atividade para se alcançar um fim passivo".[4] Em outras palavras, considera que a castração na menina ocorre ao descobrir que a mãe está castrada, no sentido da inveja do pênis. É a prova de fogo.

A partir daí, o destino da mulher encontra-se carimbado em três vias: seja abandonando os seus impulsos sexuais, provocado pela descoberta de que a mãe não possui um pênis, instala-se a frigidez; seja identificando-se com o pai, o que a conduz ao "complexo de masculinidade", podendo provocar uma homossexualidade manifesta; seja, finalmente, escolhendo o pai como objeto amoroso, resolvendo o seu "complexo de Édipo", que lhe dará acesso à feminilidade. É um longo caminho.

---
3. FREUD, 1931, p. 259.
4. FREUD, 1932, p. 125.

Neste sentido, seria a experiência da decepção fálica o caminho possível para a mulher. Em linguagem lacaniana, essa decepção é da ordem da dimensão do desejo e da demanda, introduzindo a falta e sua relação com o falo. Indica o papel ativo da mãe, função materna, que, na verdade, é quem vai permitir, mediante sua própria castração, a entrada do pai para romper a célula narcísica, exercendo, assim, a função paterna, o *non-du-père*. Em "Formações do inconsciente", Lacan nos diz o seguinte:

> A mulher para encontrar a satisfação instintiva da maternidade, deve passar pelas vias da linha substitutiva – pênis – filho. Porém, na linha do "seu desejo se vê até certo ponto na necessidade de ser este falo enquanto é o signo mesmo do desejado". Esta é a origem da profunda *Verwerfung* da mulher, da sua rejeição enquanto ser, do estranhamento do seu ser naquilo que deve parecer. Pois, ao se exibir e se propor como objeto de desejo, encontra-se identificada de uma maneira latente com o falo, esse significante do desejo do outro.[5]

O próprio Freud, no texto "Sexualidade feminina", pede ajuda às psicanalistas mulheres para uma melhor compreensão desse enigma. Confessa que se perde na imprevisibilidade e na incerteza do espaço feminino. Embora já reconheça a importância do feminino e do masculino, a visão freudiana da inveja do pênis e a diferença da importância do clitóris e da vagina para a mulher parecem-me ainda atreladas ao seu próprio tempo. Sem dúvida era pedir demais. O que diriam as mulheres, hoje, do "ponto G", das conquistas femininas? Será que importa, para as mulheres, se o orgasmo é clitoridiano ou vaginal?

Em "Análise terminável e interminável" (1937), Freud prediz que o repúdio da feminilidade é da natureza estarrecedora da condição humana. Não importa se homem ou mulher. No caso do homem, admitir uma atitude passiva ou feminina em relação a outro homem é da ordem do terror. O machão seria sua mais

---

5. LACAN, 1958, p. 113.

perfeita tradução. Enquanto isso a mulher, fazendo um desvio equivocado para uma identificação com o homem, – o que a torna igualmente egossintônica com a primazia do discurso masculino –, adia seu encontro perante a velha e revolucionária castração freudiana, hoje simbólica.

Portanto, se, por um lado, os textos de Freud sobre os destinos da sexualidade feminina devem ser analisados levando-se em conta o seu contexto, por outro lado, não podemos desprezar a atemporalidade de seu pensamento. E, como diria Lacan, *mais ainda* o fato de a visão psicanalítica das estruturas psíquicas já estar aí presente, a tal ponto que podemos afirmar que as histéricas continuam as mesmas. Antes se vestiam para esconder o falo. Hoje se despem pelo mesmo motivo. Acredito que as diferenças de Viena para o século XXI não são tão marcantes assim. Talvez, só mudem "histericamente" os sintomas, de acordo com o cenário e o figurino da época: a estrutura histérica permanece a mesma. O corpo é a sua linguagem.

Claro enigma III

O escrito mulher...

Marguerite Duras, em uma bela passagem do seu livro, *O amante*, por intermédio da literatura, dá um depoimento pessoal do seu ser mulher, traduzindo o inconsciente feminino no seu âmago.

> Já tenho consciência disso. Sei alguma coisa. Sei que não são as roupas que fazem a mulher mais ou menos bela nem os cuidados de beleza, nem o preço dos cremes, nem a raridade, o preço dos adornos. Sei que o problema não está aí. Não sei onde está. Sei apenas que não é onde as mulheres pensam. Observo as mulheres nas ruas de Saigon, nos postos do interior. Algumas são muito belas, muito brancas, cuidam da beleza com muito carinho aqui, especialmente nos postos do interior. Não fazem nada, apenas se cuidam, guardando-

se para a Europa, os amantes, as férias na Itália (...) Elas esperam. Vestem-se para nada. Elas se cuidam (...) Algumas enlouquecem. Outras são abandonadas, trocadas por uma jovem empregada, que guarda silêncio. Abandonadas. Ouvimos essa palavra atingi-las, o barulho que faz, o barulho da bofetada que ela representa. Algumas se matam. [6]

Lacan, em uma passagem igualmente bela, no capítulo X, do livro 8, *A transferência* introduz-nos ao termo grego, agalma: "(...) que significa, com efeito, à primeira vista, *ornamento, enfeite*. Mas não é tão simples assim, a noção de *ornamento*, e vê-se logo que isso pode levar longe. De quê nos enfeitamos? Para que enfeitar-se? E com quê?"[7]

Em outras palavras, estamos diante do objeto parcial freudiano, do objeto causa do desejo, "do objeto *a*" lacaniano.

Claro enigma IV

Hoje, temos diante de nós a mulher fálica e/ou narcísica. É muito triste presenciar, nos dias atuais, a banalização da mulher siliconada, que mostra seus seios, cultua obsessivamente a beleza, sem nenhum vestígio do seu corpo erógeno, na medida em que já o fez desaparecer numa busca insaciável do olhar de todos, e, portanto, de ninguém. Porém, não podemos esquecer a terceira via freudiana, quando a mulher diante da castração torna-se uma mulher. Não mais um destino sombrio. É o humano lutando com som e fúria, com as forças inexoráveis da vida, eros e pulsão de morte. É a nossa balança. Cheia de perguntas, permeada por um doído e prazeroso claro enigma, sinto docemente ser apenas mais uma mulher.

---

6. DURAS, 1984, p. 23-24.
7. LACAN, 1960-1961, p. 139. Grifos do autor citado.

Referências Bibliográficas:

DRUMMOND DE ANDRADE, C. Claro enigma. In: *Poesia completa.* Rio de Janeiro: Nova Aguilar, 2002.

DURAS, M. *O amante.* Trad. Aulyde Soares Rodrigues. Rio de Janeiro, Nova Fronteira, 1985.

FREUD, S. Sexualidade feminina (1931). *Edição standard brasileira das obras psicológicas completas de Sigmund Freud.* Trad. Jayme Salomão. Rio de Janeiro, Imago,1969, v.21.

FREUD, S. Feminilidade (1932). *Op. cit.* Rio de Janeiro, Imago, 1969, v. 22.

LACAN, J. Las Formaciones del Inconsciente (1958). In: *Las formaciones del inconsciente.* Transcripción de J. B. Pontalis. Buenos Aires: Nueva Vision, 1970.

LACAN, J. *O seminário. Livro 8. A transferência* (1960-1961). Trad. M. D. Magno. Rio de Janeiro, Jorge Zahar, 1992.

LAPLANCHE, J.& PONTALIS, J. B. *Vocabulário da psicanálise.* Trad. Pedro Tamen. Santos (SP): Livraria Martins Fontes, 1970.

...ATÉ QUE A MORTE OS AMPARE?

Lúcia Montes

Gostaria de evocar aqui o sacramentado preceito de fidelidade, próprio a um certo exercício de religiosidade: – a promessa de "permanecerem juntos e fiéis ....até que a morte os separe?" – para articular algumas interrogações referentes à passagem teórica, de *Seminário XXI*,[1] onde Lacan lança mão de uma única formulação, para questões da solidão e do desamparo inerentes ao ato *de escolha e autorização*, tanto no que diz respeito ao *ser sexuado* quanto ao *tornar-se analista*.

Para este percurso nos valeremos da lógica das operações de *alienação e separação*, constitutivas do sujeito do inconsciente enquanto efeito de uma estrutura de linguagem.

De onde vêm os sexos?

A linguagem é uma estrutura diferenciada na vida humana porque carrega a marca de uma falta, ou de um desencontro, entre a criança e seu semelhante, aquele que a humaniza, mas que também a lança para uma falta que jamais será suprida pelo par mínimo, mãe-criança. A atualização da falta na mãe, que se configura como um Outro, lugar da palavra, carateriza-se pelo endereçamento de seu olhar a um terceiro, na significância de sua própria ausência, ou seja, o olhar endereçado ao pai modula o tempo da ausência da mãe. Curiosamente, é só nesta temporalidade da ausência que esta experiência se

---
1. LACAN, 09/04/74.

processará na vida psíquica, enquanto o tempo em que algo já teria estado ali. O traço é um *a posteriori* à experiência que o provocou, mas que é nada na ausência do traço, ou até que o traço se instaure. Esta experiência única entre os seres vivos estende-se aos termos de um saber próprio do tornar-se humano, que é nada menos que o de saber-se mortal e o de ter que se submeter ao gozo disso.

A alienação é o movimento inaugural da dependência do sujeito ao significante que está situado no lugar do Outro, sendo que a estrutura deste significante se funda nas vias de um corte que na relação da criança com o outro, seu semelhante, tem uma função topológica de borda – na definição de topos: lugar e logos: linguagem.

Lacan nos dá a seguinte definição do lugar do Outro: "O corpo já é ele mesmo, de origem, o lugar do Outro, pois é aí que se inscreve, de origem, a marca do significante."[2] Este passo teórico reincide sobre uma elaboração em curso na psicanálise de que um defeito, ou a falta, que se instalou na relação primeira do sujeito com este Outro, vem recobrir uma outra falta anterior, real, situada no advento do vivo ao se reproduzir. Esta parte que falta, porque ficou definitivamente perdida, caindo sob o golpe da morte individual na reprodução sexuada, encarna-se na vida do sujeito na forma do *outro*, que ele insistirá em reconstituir ao buscá-lo no amor.

Um novo movimento faz outro giro neste processo e instaura a marca da divisão do sujeito em sua entrada na linguagem. Fazendo emergir o que é do inconsciente em seu tempo inaugural de fechamento, este movimento ratifica a estrutura da borda nos limites da divisão do sujeito em relação ao significante. Esta segunda volta institui o Outro como o lugar onde está a cadeia do significante que comanda tudo o que se apresenta enquanto sujeito.

Da passagem deste segundo tempo, que é uma exigência lógica da estrutura, Lacan destacará o termo da Separação, buscando no deslizamento etimológico da palavra um emprego que vai de um verbo a outro: de *separare* a *se parere*, afirmando que "...é de sua partição que o sujeito procede à sua parturição".[3]

---

2. LACAN, 31/05/67.
3. LACAN, 1960.

Com a tomada do significante como o ponto convergente de termos decisivos da constituição do sujeito no desejo, a psicanálise convoca uma revisão da ética diferenciando-se das vagas referências feitas ao processo de sexuação na vida humana. Dimensionando a sexualidade como *função*, ela imprime ao estatuto humano um certo *estilo de vida* que está estreitamente enlaçado à *morte*.

Isto porque, para a psicanálise, o que precede e ao mesmo tempo funda o ser sexuado está nomeado nos termos da castração, que tem no *Falo* a chave do declínio de todo este processo que vimos até aqui. Freud propõe que o trabalho desta conclusão se faça nos termos do Luto, o que Lacan virá ratificar:

> No momento do desenlace final de suas exigências edipianas, vendo-se de qualquer forma castrado, privado da coisa, o sujeito prefere, se podemos dizer, abandonar uma parte de si mesmo, que será sempre interditada, formando a cadeia significante no inconsciente. Se a relação de amor capturada na dialética parental se apaga, se o sujeito deixa soçobrar a relação edipiana, é por causa do Falo, deste Falo tão enigmaticamente introduzido desde a origem a partir do narcisismo.[4]

Entre os distintos discursos o que é que se coloca no lugar da verdade?

Enquanto ponto nodal da estruturação do sujeito, a castração presentifica também a dimensão do gozo na vida humana. O gozo foi precisamente evocado por Lacan como correlativo à forma primeira da entrada em ação do que ele chamou de traço unário, onde está a marca de que alguma coisa ficou perdida na reprodução. "...o traço unário, que é a marca para a morte, se quiserem dar-lhe seu sentido. Observem que nada toma sentido até que a morte entre na jogada".[5]

---

4. LACAN, 29/04/59.
5. LACAN, 1969-1970. Aula de 10/06/70.

Seguindo a formulação lacaniana podemos dizer que o gozo está efetivamente ligado à entrada em ação do significante e daí destacar alguns pontos para nossa reflexão:

1. Porque o significante não define nenhum traço correspondente ao feminino, o gozo tem relação com o confronto do sujeito com o buraco deixado num certo registro do ato sexual. Com isto verificaremos que a dimensão própria ao ato sexual é a dimensão do fracasso.

2. Sendo o que escapa ao significante, o gozo, distinto do prazer, constitui-se como o mais-além, deixando o sujeito suspenso em uma série de estados de insatisfação, e o sintoma será a instância em que dificilmente haverá discernimento entre o gozo e os estados de satisfação.

3. Enfim, afirmamos que não há ato sexual, embora sabendo que o ato sexual é o que motiva toda essa articulação.

> Na vida mental temos de lidar com tendências que estão sob uma compulsão para a unificação e a combinação. Sempre que conseguimos analisar um sintoma em seus elementos, liberar uma moção pulsional de um vínculo, essa moção não permanece em isolamento, mas entra imediatamente numa nova ligação. (...) À medida que analisamos e eliminamos as resistências, ela se unifica; a grande unidade a que chamamos "eu", ajusta-se a todos as moções pulsionais que haviam sido extraídas e separadas dele.[6]

A experiência analítica leva o analista a testemunhar que há acontecimentos ao nível do que emerge do real, que dizem de outro tipo de laço entre os seres falantes e que vêm marcar a impossibilidade de que haja uma proporção, ou relação, entre os sexos. Desde esta posição o discurso do analista delimita sua fundamental diferença com o discurso da ciência e da religião, que estabelecem para o ser humano laços sociais que se configuram a partir de uma concepção de *conhecimento,* e que está envolta pela fantasia de uma inscrição do laço sexual.

---

6. FREUD, 1919.

...de religiosidades e instituições

O ser sexuado não se autoriza senão de si mesmo. Isto no sentido que ele tem escolha, quero dizer que isto a que nos limitamos para os classificar masculino ou feminino, no estado civil, isso não impede que ele tenha escolha. Isso, pois bem, todo mundo o sabe. Ele não se autoriza senão de si mesmo, e eu acrescentaria: e de alguns outros. (...) Se eu digo então que o analista não se autoriza senão de si mesmo, e se isso é algo tão atordoante, enfim, está aí algo para se pensar.[7]

Refazendo parte de nosso percurso, e encaminhando a proposta de reflexão deste texto, lembremos que a teorização dos efeitos da intrusão do significante no real, leva-nos a outra forma lógica de pensar e é determinante no avanço das dimensões mais radicais da presença da morte na vida humana. Situado desde a articulação da operação de alienação, na origem do sujeito enquanto determinado pelo movimento da significância, é de nosso interesse o que está posto de início desta dimensão do gozo, mais precisamente o que é do gozo do corpo. Ou seja, a função da alienação reside neste efeito da significância que põe em relação gozo e corpo.

A Separação, é o segundo movimento que opera a efetiva dependência do sujeito em relação ao significante. Tempo da incidência do significante no real que introduz o sujeito, e que é também o que pode nos levar à resposta que a psicanálise elabora ao nomear a castração, articulando o que ela introduz no campo do ato sexual como valor de gozo, e que desempenha um importante papel na conjunção sexual. "Isso nos explica o fato de que a forma legal mais simples e mais clara do ato sexual – enquanto que instituída numa formação regular que se chama o casamento – não seja senão, de origem, privilégio do mestre."[8]

A partir deste ponto avançamos numa importante elaboração de nossa abordagem da sexualidade. A proposição que considera o

---
7. LACAN, 1973-1974. Aula de 09/04/74.
8. LACAN, 1966-1967. Aula de 31/05/67.

inconsciente como o discurso do Outro vem questionar diretamente a possibilidade de que haja ato sexual. Ou seja, será que situando o inconsciente em seu estatuto de discurso, poderia se processar num ato alguma coisa que aí viesse extrair a essência pura de macho ou de fêmea? Lembremos que no funcionamento psíquico não há nada que possibilite ao sujeito se situar como ser de macho ou ser de fêmea. Esta é uma função da reprodução que por sua vez não entra no psiquismo, que é um campo onde o sujeito só situa seus equivalentes significantes. A linguagem, isto que instaura a ordem do discurso, só o faz por manter as coisas na dimensão de uma *hiância*, que é da ordem da falta circunscrita nos limites do vazio, de uma incompletude, e em cujo leito seguimos somente os contornos da verdade que a instaurou e jamais sua totalidade.

> Tem horas antigas que ficaram muito mais perto da gente do que outras, de recente data. Eu queria decifrar as coisas que são importantes. E estou contando não é uma vida de sertanejo, mas a matéria vertente. Queria entender do medo e da gã que empurra a gente para fazer tantos atos, dar corpo ao suceder. (...) A gente vive, eu acho, é mesmo para se desiludir e desmisturar. [9]

Trazendo aqui a presença tão marcante em nossa cultura do preceito religioso já evocado no início do texto, vemos que ao se co-*prometerem*, o casal homem-mulher apresenta-se como guardião da resistente instituição do casamento, que por sua vez vem zelar por um, não menos ilusório, franqueamento das dificuldades da harmonia social, preenchendo as aspirações sobre as tão variadas dificuldades inerentes ao ato sexual.

Não estaríamos nós implicados na passividade coletiva, de séculos, desta resistente tendência socializada, de um traço que é próprio ao desmentido da verdade da castração? Silenciar e até mesmo comprometer-se com a força deste preceito instituído, não seria estarmos coniventes com a sacramentação deste traço

---

9. ROSA, 1985.

fantasmático? Ou alienadamente envoltos num certo apagamento da lógica do inconsciente que, pela operação de separação, já nos legou a asserção de uma certeza antecipada sobre a sexualidade e a morte? A busca dos pares, garantida nas dimensões do *compromisso*, não teria como função operar finalidades regidas pela instituição de uma realidade que é fantasmática, esta que aí está encobrindo as cifras da verdade? A estagnação desta realidade não acabaria por instituir o Outro como um grande conjunto de corpos, re-unindo em dogmas os seus pares? Não seria uma imprudência desconhecer que é com o amálgama do gozo que o fantasma insiste na conjunção que reajunta macho e fêmea?

Leiamos Freud, no texto já citado aqui,

> O paciente meio recuperado pode também ingressar em caminhos menos inofensivos – tal como, p. ex., se é um homem, quando procura ligar-se prematuramente a uma mulher. Pode-se observar, aliás, que o casamento infeliz e a doença física são as duas coisas que com mais freqüência tomam o lugar de uma neurose. Satisfazem particularmente o sentimento de culpa (necessidade de punição), que faz com que muitos pacientes se apeguem tão rapidamente às suas neuroses.[10]

No ensejo de manter vivo nosso debate, sustento que talvez seja hora de suportarmos um pouco mais o tempo de formulação de outras e novas questões em torno deste tema, que também deve ter lugar em nosso trabalho, se é que queremos levar em conta o real do grande mal-estar a que todo sujeito está submetido, enquanto designado pelo estatuto de desamparo que a castração lhe confere.

E ainda, indo um pouco além, neste trânsito delicado que nos chega através da clínica, perpassando a séria discussão, às vezes até de diagnóstico, entre o que é da realidade fantasmática e o que aí se atravessa até os fenômenos característicos de uma elaboração, no sintoma, gostaria de atualizar o aspecto institucional e estatutário do lugar da psicanálise na cultura, recolocando a discussão aberta por Lacan:

---
10. FREUD, 1919.

A simulação da Igreja católica, que se reproduz cada vez que a relação com a verdade como causa vem ao social, é particularmente grotesca em certa Internacional psicanalítica pela condição que impõe à comunicação. Terei que dizer que na ciência, em oposição à magia e à religião, o saber se comunica? Mas há que se insistir em que não é unicamente porque isso é um costume, e sim porque a forma lógica dada a esse saber inclui o modo da comunicação como que suturando o sujeito que aí estaria implicado.[11]

Se, por um lado, no exercício da religiosidade, a morte fica relançada a um ilusório futuro, onde se tornará assunto para o julgamento do fim do mundo, vemos que seu registro é o de sustentar a fantasia de inscrição da relação, ou proporção, entre macho e fêmea. A promessa de tornarem-se um só corpo é garantia da unidade que sustenta a existência de um Mestre, a quem será atribuída toda a causa da existência humana. Estamos aqui no estatuto da vida endereçada à morte, e não da perda, verdade da castração, que nos lançou num estilo de vida vinculado à morte.

Por outro lado, a experiência clínica da psicanálise, para avançar sobre os impasses que a função da sexualidade cria na vida humana, propõe sua saída pelo viés do *trabalho de luto*, que tem como exigência ir até as últimas conseqüências da descolagem, da perda, deste pedaço de si mesmo, ao qual, numa escolha forçada, cada sujeito teve que renunciar. A proposição desta experiência, que deve estar em permanente verificação, é de que se escrevendo o traço próprio ao desejo de cada um, possamos reencontrar, no retorno à cultura, a marca da causa de um novo estilo de vida.

Enfim, a direção que este trabalho nos aponta é a de um distanciamento, de se forjar a *boa distância*, na ilusão do "você e eu" que busca a "unidade". Veremos que o *trabalho de luto* implica, efetivamente, na atualização de uma escolha. Ou seja, chamado a responder pelo seu desejo através desta experiência, o sujeito poderá até mesmo vir a escolher viver a vida com quem ele um dia se casou.

---

11. LACAN, 1965.

Referências bibliográficas

FREUD, S. Linhas de progresso na terapia analítica (1919). *Edição standard brasileira das obras psicológicas completas de Sigmund Freud.* Trad. Jayme Salomão. Rio de Janeiro: Imago, 1976, v. 17.

LACAN, J. A posição do Inconsciente (1960). In *Escritos*. Trad. Vera Ribeiro. Rio de jneiro: Jorge Zahar Editor, 1998.

LACAN, J. *Seminário VI. O desejo e sua interpretação* (1958-1959). Inédito.

LACAN, J. *O seminário. Livro 17. O avesso da psicanálise* (1969-1970). Trad. Ari Roitman. Rio de Janeiro: Jorge Zahar Editor,

LACAN, J. *Seminário 21. Les non-dupes errent* (1973-1974). Inédito.

LACAN, J. *Seminário 14. A lógica do fantasma* (1966-1967). Inédito.

LACAN, J. A ciência e a Verdade (1965). In *Escritos* Trad. Vera Ribeiro. Rio de Janeiro: Jorge Zahar Editor, 1998.

ROSA, J.G. *Grande sertão: veredas.*18a. edição. Rio de Janeiro: Nova Fronteira, 1985.

Para uma nova versão dos *Três ensaios*

Oscar Angel Cesarotto

Cem anos, um século, uma centúria... Mais uma celebração freudiana: depois de "A interpretação dos sonhos", comemora-se agora a primeira edição de "Três ensaios para uma teoria da sexualidade", parida no alvorecer do *novecento*. Desde então, um escândalo, ainda que assimilado, vulgarizado, e ultrapassado, mas nunca superado. Em termos epistemológicos, a apresentação do conceito de *pulsão* não apenas inaugurou um dos pilares fundamentais da psicanálise, como também colocou em xeque muitos saberes competentes. Em princípio, os limites da biologia que correspondem à nossa espécie, tão diferente de qualquer outra, e a extensão dos efeitos imaginários da civilização nos seres falantes. Nos dias de hoje, as dialéticas entre estas séries complementárias afetam a sexuação de maneiras inimagináveis na Viena imperial.

No terceiro milênio, o livro de Freud parece anacrônico, se comparado com tudo o que qualquer livraria oferece sobre o tema da sexualidade, desde publicações científicas até boa e má literatura, passando pela auto-ajuda e as edições pictográficas. Para completar, as práticas eróticas avançaram e se multiplicaram, muito além de sua imaginação pequeno-burguesa. Portanto, se faz necessário atualizar o texto, praticamente escrevê-lo outra vez, incorporando, à leitura teórica, as mutações da contemporaneidade. A economia libidinal de cada época reflete o regime das satisfações, sempre historicamente determinadas. As pulsões e suas vicissitudes, como nunca dantes, precisam ser pensadas na perspectiva de uma nova *clínica da cultura*.

Agora, não é politicamente correto se falar em *aberrações sexuais*, quando todo mundo reivindica o direito à fruição irrestrita. Talvez por isso, o primeiro dos ensaios pareça ser o mais datado de todos, embora seja ali onde se acham expostos, sem moralismo nem naturalismo, os labirintos do desejo e os extravios do gozo. *Up to date*, cabe agregar, à clássica listagem freudiana, as contingências sintomáticas da vida cotidiana na *pós-pós-modernidade*. Por exemplo, a pornografia.

Desejo em revista

No Brasil do século XXI, como em tantos outros países, a pornografia está autorizada. A partir da mídia impressa, uma reflexão se faz necessária, visando dar conta dos conteúdos visuais e ideológicos das revistas eróticas à venda nas bancas. Como afetam o imaginário coletivo e as subjetividades avulsas?

Nos dias de hoje, uma enxurrada de publicações explicitamente dedicadas ao sexo podem ser compradas em qualquer localidade. Fato significativo, pois é mais ou menos recente que esta situação faz parte do cotidiano. Antes, inclusive, seria inimaginável que um dia tal "bibliografia" venderia sem nenhum problema. Mais, ainda: sequer era previsível que haveria tantas, tão variadas e diversificadas. Mas os tempos agora são outros; o avanço da sociedade de consumo, neste momento da História, traz consigo mudanças na indústria cultural que, apesar de não a revolucionarem por completo, tampouco permitem que permaneça idêntica a si mesma, anquilosada.

Em cada banca de jornal, são inúmeras as edições que exploram a curiosidade sexual, seu tema primordial, razão de ser, e apelo comercial. A novidade, fora a ausência das restrições que por muitos anos impedia a circulação deste tipo de material, é que não apenas se trata de "revistas de sacanagem", e muito menos "de mulher pelada". Pelo contrário, a opção heterossexual clássica, embora primordialmente bem-servida, está longe de ser a única, contando-se aos montes os exemplares destinados ao público homossexual, lésbico etc. Isto é, há para todos os gostos, atendendo a segmentação da biodiversidade erótica.

Tudo admitido e permitido, dentro da lei. No máximo, um pudico saco plástico talvez esconda uma foto ousada, ou alguma chamada de capa exagerada. Em certos casos, só os maiores de dezoito anos seriam os consumidores legalmente aceitos, mesmo se grande parte do que é ofertado seja, em potencial, para todos, desde que possam pagar por isso.

Os fenômenos acima descritos são ainda tão inauditos, por assim dizer, já que não há, por enquanto, estudos a respeito. Portanto, pouco ou nada se sabe sobre o tema da "pornografia autorizada" e seus alcances, os conteúdos que veicula, a ideologia que a sustenta e aquela que promove, os efeitos nos usuários, as demandas e preferências destes, e tantos outros assuntos correlativos. O propósito de se debruçar sobre a questão obedece à necessidade de pensá-la como uma formação de compromisso, prenhe de determinações e conseqüências. Para isto, os instrumentos teóricos fornecidos pela semiótica – em primeiro lugar, por concernir ao universo da linguagem e a comunicação –, e da psicanálise – pois o que está em jogo, de forma evidente, tem a ver com o desejo humano –, seriam deveras imprescindíveis. Uma pesquisa extensiva, entretanto, pertenceria à alçada da psicologia social, seu campo específico. Mas, o que entender por isso?

Desde Freud, a cultura precisa ser lida como um conjunto de formações sintomáticas, a serviço de um bem supremo que não existe. *Mutatis mutandi*, o momento histórico que nos toca viver é bem interessante, além de estressante. No capitalismo tardio, o *nervosismo da vida contemporânea* inflaciona a psicopatologia cotidiana. Com certeza, a Viena crepuscular era mais calma, mas, na atualidade globalizada, o mercado tem muito sexo para vender.

Como já foi dito, um trabalho deste teor está para ser feito. E se torna premente na medida em que os fatos aludidos incidem no dia-a-dia dos habitantes das cidades. A seguir, como ilustração, alguns exemplos esparsos:

Para começar, o que acontece diariamente, quando o cidadão vai até a banca para comprar o jornal. Poderia, se assim o quiser, não olhar dentro, evitando o que ali está exposto e disponível. Revistas, publicações de todo tipo, fitas de vídeo, DVD, tudo ao alcance do bolso de quem estiver interessado. Mas isso não resolveria o assédio visual, pois é freqüente que cartazes e *displays* ocupem grande espaço, incitando ao usufruto dos produtos apregoados, sempre ornados com silhuetas tentadoras.

Tal familiaridade faz com que algumas revistas sejam incorporadas como uma contingência trivial na vida urbana. Em princípio pelos adultos, seu público-alvo, mas, dada sua fácil ubiqüidade, também acessível às crianças.

As mídias, por sua vez, multiplicam o poder de disseminação dos seus veículos, quando colocados, um ao serviço de outro. Assim, publicidade de revistas é divulgada pela televisão, *outdoors* etc. Em relação a estes últimos, resulta significativo que, além dos tradicionais, mostrando fêmeas em poses insinuantes, também sejam apresentadas nos cartazes outras figuras femininas, não exatamente mulheres. A referência exata aqui é a propaganda de *Super T*, revista que contava com a participação de travestis como exclusiva atração. Quem poderia ter previsto que um dia haveria uma publicação desta índole, e ainda por cima, promovida a céu aberto, para indiferença e/ou espanto da população!

Era uma vez... Tantos anos atrás, embora não sejam muitos, em épocas que hoje parecem tão distantes, certas edições ditas "pornográficas" eram vendidas por baixo do pano e do balcão. Os *catecismos* desenhados por Carlos Zéfiro, constantes ao longo de décadas, nunca saíram da clandestinidade. Mais tarde, seriam editadas as revistas "para homens", eufemismo que indicava a presença de mulheres com pouca roupa nas suas páginas. Com o passar do tempo, nas últimas duas décadas do século XX, carinhosamente apelidadas de *pós-modernidade*, a flexibilidade dos costumes e o abrandamento da Censura Federal, tornaram possível escancarar cada vez mais a anatomia feminina. No começo dos anos oitenta, o dia chegou, e foi saudado como um feito cívico, em que o nu frontal fez a sua aparição, insofismável e a cores. Anos depois, foi oportunidade do nu masculino vir à tona, para regozijo de olhares distintos, fossem do Outro sexo, ou dos homo-sexuados. Como correlato, as publicações especializadas fizeram sua entrada no mundo editorial, satisfazendo uns e outros.

Merece ser comentado que, do mesmo jeito que o genital feminino demorou até ser revelado por completo, o masculino foi em maior grau, em função da sua duplicidade ontológica: primeiro em estado de repouso – o que de alguma maneira parece sempre mais viável, desde o classicismo nas artes plásticas –, e só muito depois em estado de ereção, de forma inequívoca. Estas vicissitudes, que apontam ao jeito como os corpos são velados ou desvelados, fazem parte da discussão sobre o que seria erótico ou pornográfico, artístico ou provocativo, sublime ou vulgar. Dependendo do severo julgamento das imagens em pauta, algumas seriam aprovadas e outras censuradas, entrevistas ou ocultadas, talvez eliminadas.

De qualquer modo, um dos aspectos a se ponderar é a visível materialidade da nudez de cada sexo, e a permissividade do que poderia, ou não, ser mostrado e visto. A questão se potencializa em se tratando da conjunção dos corpos, ou seja, o ato sexual. Neste caso, nem é preciso invocar nenhum valor estético: a representação gráfica da cópula foi sempre considerada obscena no Ocidente cristão e, como tal, banida de qualquer campo visual. Todavia, e apesar de tudo, revistas de sexo explícito são atualmente comercializadas; no máximo, são ensacadas, mas nada obsta sua difusão e usufruto.

Sinal dos tempos, vale a pena consignar como a heterossexualidade deixou de ser considerada a única modalidade plausível de organização libidinal. Durante tantos séculos exclusivamente admitida e preconizada como paradigma do bom relacionamento entre os sexos, pode-se dizer que, na alta modernidade tardia, deixou de ser assim considerada, dado que outras formas espúrias também são aceitas sem maiores empecilhos. Foi atingida uma certa "democracia sexual", se cabe a expressão. Isto é refletido não apenas nos avanços da moral e dos costumes, como, e de forma notável, nas alternativas mercadológicas, que aproveitam a diversidade das demandas para pluralizar as ofertas.

Seria este o *Zeitgeist*, o espírito distintivo do período que nos toca viver? Talvez seja, talvez fosse, e um flagrante da realidade imediata permite pensar assim. Nos últimos anos, em São Paulo, é realizada a *Parada do Orgulho GLBT*. Eventos como este vêm acontecendo nas grandes cidades do hemisfério norte, de maior tradição liberal. Agora, também no Brasil, e cada vez mais numerosos. De início e na origem, tratava-se do *Orgulho Gay*. Depois, decorrente da diversificação dos convivas, pertencentes a grupos de opção semelhante, porém diferentes, foi cunhada a sigla *GLS* (*Gays, Lésbicas e Simpatizantes*, sendo esta última categoria àquela que albergaria quem não fosse das precedentes, e mesmo assim, participantes do acontecimento). No entanto, nova mudança ocorreu em 2001, em que o *Orgulho* foi *GLBT* (*Gays, Lésbicas, Bissexuais e Transgêneros*). Estes incrementos merecem atenção, a começar pela constatação de que os *happenings* reúnem centenas de milhares de cidadãos, dispostos à convivência na data, simbólica e urbanamente festiva. E até seria digno de nota o fato das autoridades civis estarem ali presentes e atuantes, prestigiando a efeméride.

Assim caminha a humanidade, *sic transit gloria mundi*. Seriam muitos os detalhes que não deveriam passar desapercebidos, havendo agora o que nunca houve. Em primeiro lugar, o fenômeno sociológico, uma manifestação pública – admitida, propagandeada, e até protegida pela polícia – de pessoas sexualmente polimorfas; depois, a inclusão da categoria de *transgêneros*, alcunha destinada àqueles que decidem atravessar as fronteiras de masculino/feminino, e que constitui um significante novinho em folha, um neologismo forjado *ad hoc*. E, ainda, a possibilidade concreta de que tal opção não seja apenas no plano das aparências – como seria o exemplo dos travestis –, senão na concreção somática, pois a ciência médica já possibilita, cirurgicamente, a obtenção de um sexo incongruente com o original.

Por estas e outras razões, convém estar à altura dos rumos e descaminhos da civilização, já que nada é como dantes, e novas configurações sociais e libidinais nos esperam virando as esquinas. Nestes locais, as bancas de jornal oferecem uma parafernália nunca vista de publicações destinadas a todos os públicos, todas as tribos, qualquer freguesia. Por extenso, os meios de comunicação participam da "nova ordem amorosa".

Com efeito, a denominação acima citada corresponde a uma leitura da situação nos seguintes termos: no início da década de 80 parecia que a assim chamada "revolução sexual" tinha chegado para valer, que nada seria como sempre foi, e que tudo era possível. Falava-se então do "escarcéu dos corpos", e também de uma "nova desordem amorosa". Porém, apareceu a AIDS para estragar a alegria, e as coisas outra vez ficaram diferentes do que parecia definitivo. Usos e costumes mudaram, mais nem tanto. Progressos e avanços das restrições tão-só coibiram os excessos, porque certas conquistas vieram para ficar.

As escolhas amorosas fazendo parte dos "direitos humanos", o respeito – nunca por completo, embora cada vez maior – pelas diferenças, a multiplicidade dos destinos pulsionais assumidos, a visibilidade do que antes apenas era clandestino ou marginal, tudo isto e muito mais, enfim, fazem parte da vida de todos os dias, e ninguém parece se espantar. Inclusive, a constatação de que muita coisa deixou de ser considerada crime ou contravenção, além da venda livre de informação e produtos de todo tipo, junto com a permissão de lugares de encontro e circulação irrestrita, leva a perceber como o que não é proibido acaba sendo autorizado, até mesmo e em certa medida, também incentivado.

Por isso, pode-se pensar numa *ordem nova:* ao mesmo tempo, uma determinada organização, e junto, um imperativo que, de alguma maneira, mantém o *status quo* ao incorporar as modificações do devir histórico, acrescentando dialeticamente o que em outro momento era rejeitado. Para complementar esta asseveração, vale a pena introduzir outro parâmetro, extemporâneo. A masturbação, isto é, o prazer solitário, foi durante séculos anatemizada pelo discurso religioso, impugnada pela moral, e condenada pela medicina. Entretanto, nos últimos anos, ainda como decorrência da epidemia da peste, estes preconceitos mudaram bastante, e começou a ser vista com outros olhos. Foi elevada ao paradigma do "sexo seguro", fosse praticada individualmente ou a dois. De vício, passou a ser preconizada como prática salutar ou, no mínimo, admitida como contingência íntima. Some-se a isto o crescente isolamento das pessoas nas grandes urbes, as dificuldades de relacionamento, e fica claro uma das funções que as publicações eróticas cumprem no dia a dia. O fato de serem tão acessíveis induz uma piada infame: elas estão facilmente ao alcance da mão... Sempre prontas, movimentando rios de sêmen e montanhas de dinheiro.

Todos estes comentários servem para justificar e legitimar o objeto de estudo de uma pesquisa oportuna e inescapável. A indústria cultural produz miragens que afetam os investimentos da libido, quando são transformadas num fim em si mesmas, como objetos de gozo. Também podem ser um meio, seja de comunicação ou de identificação. As diversas tribos urbanas têm seus gostos bem-servidos pela pluralidade oferecida. *Playboy* e *Sexy* para os machos; *G Magazine* para os homoeróticos; *Super T* para as travecas; *Brazil*, para todos os gostos; *Swing*, para casais fieis; *VIP*, para os alpinistas sociais, e mais uma baciada, para todos os paladares. O mercado absorve e absolve, e tudo vira capital de giro.

Por óbvio que possa parecer, a época de Freud e a nossa pouco tem em comum. As neuroses de hoje não se organizam mais a partir do recalque, como antes. Pelo menos, não exclusivamente. As mudanças subjetivas da contemporaneidade propiciam novos sintomas e fantasmas. Inibições e atuações têm versões inéditas. A angústia, entretanto, é a mesma de sempre.

A pornografia é um sintoma transpessoal que canaliza as miragens de Eros, fazendo semblante das satisfações possíveis, mas nem sempre prováveis. É a propaganda enganosa do bem-estar na cultura. Chegando a hora de *remasterizar* o texto freudiano, não poderia ser deixada de lado. Pois, em definitivo, a enxurrada de imagens que favorecem o auto-erotismo apenas confirma a inexistência da relação sexual.

AUTORES

ALICIA HARTMANN
Psicanalista, membro do Seminário Lacaniano, Buenos Aires. Principais publicações: "Em busca del niño em la estructura". Ed. Manantial,1994. "Sexo, amor... fórmulas", Alicia Hartmann y M. Fishman. Editorial Manantial, 1995. "Psicoanálisis com niños", Isabel Goldemberg, Alicia Hartmann, Lucia Silveyra y otros. "Retazos sobre Adolescencia: uma ocasión para el psicoanálisis" (Ed. Miño, 2002)."Aún los niños", Alicia Hartmann y colaboradores. Letra Viva. Buenos Aires, 2003.

ANA MARIA PORTUGAL (ORG.)
Psicanalista, membro da Escola Letra Freudiana, RJ. Doutora em Literatura Comparada pela UFMG. Publicações em revistas nacionais e internacionais de psicanálise e ensaios literários. Participação em livros de psicanálise e de ensaios literários. Organizadora de *A escrita do analista* (Belo Horizonte: Autêntica, 2003).
anaportugal@brfree.com.br

ÂNGELA MARIA DE ARAÚJO PORTO FURTADO (ORG.)
Psicóloga, psicanalista. Membro do Instituto de Estudos Psicanalíticos, IEPSI, Belo Horizonte. Tem inúmeros artigos publicados nas revistas *Grîphos, Estudos de Psicanálise e Alethéia*. Co-autora de *A jovem homossexual – ficção psicanalítica* (Ed. Passos,1996), organizadora de *Fascínio e servidão* (Ed. Autêntica) e de *A escrita do analista* (Belo Horizonte: Autêntica, 2003).

ANTÔNIO BARBOSA MELLO
Psicólogo. Psicanalista. Mestre em Literatura Brasileira pela FALE / UFMG. Publicações em revistas de psicanálise.

ARLETE DINIZ CAMPOLINA
Psicóloga. Psicanalista do Aleph Escola de Psicanálise. Publicações em revistas de Psicanálise.

AURÉLIO SOUZA
Psiquiatra. Psicanalista. Membro do Espaço Moebius – Psicanálise. Autor de *Os discursos na psicanálise* (Companhia de Freud, 2004); Co-autor de *A Clínica das psicoses* (Papirus); *A identidade sexual* (UFBA). Publicações em revistas estrangeiras (*Cahiers de l'Association freudienne internationale*,1988; *Revue de l'Association Freudienne de Belgique*,1997) e nacionais (*Topos, Seele, Che Vuoi?, Nós*). Coordenador de seminários em Salvador, Campinas, São Paulo, Aracaju, Recife e Fortaleza (Seminário de formação prolongada no Suposto – Associação de Psicanálise)

BÁRBARA MARIA BRANDÃO GUATIMOSIM
Psicanalista. Membro da Escola de Psicanálise do Campo Lacaniano – Fórum B.H. Co-autora de *A escrita do analista* (Belo Horizonte: Autêntica, 2003).

DELMA MARIA FONSECA GONÇALVES
Psicóloga. Psicanalista. Membro da Escola de Psicanálise do Campo Lacaniano – Fórum BH.

DULCE DUQUE ESTRADA
Psicanalista no Rio de Janeiro, tendo se graduado em Jornalismo (PUC, 1968) e Medicina (UNIRIO, 1981). Iniciou sua formação psicanalítica na SEPLA – Sociedade de Estudos Psicanalíticos Latino-Americana – de 1978 a 1981. Prosseguiu em nova formação

no Colégio Freudiano do Rio de Janeiro (1982-1988) e posteriormente na Escola Lacaniana de Psicanálise – RJ (1988-2001), da qual foi membro fundador e diretora de Publicações. Ex-membro da École Lacanienne de Psychanalyse de Paris, já traduziu cerca de trinta livros de Psicanálise, dentre os quais os Seminários IV e VIII de Lacan.

ELEONORA MELLO NASCIMENTO SILVA
Membro associado da Sociedade Brasileira de Psicanálise do Rio de Janeiro. Membro associado da International Psychoanalytical Association (IPA).

FÁBIO BORGES
Psicanalista, médico. Co-autor dos livros: *A escola de Lacan* (Iluminuras); *Culpa: aspectos psicanalíticos, culturais e religiosos* (Iluminuras); *Psicanálise e educação: sexualidade* (Mazza Edições); *Psicanálise e hospital-3. Tempo e morte: da urgência ao ato analítico.* (Revinter).Colaborador das revistas: *Alethéia, Reverso* e *Grîphos.* Co-autor de *A escrita do analista* (Belo Horizonte: Autêntica, 2003). Rua Alagoas, 1049. S. 1101. Savassi. Belo Horizonte. CEP 30130-160. Tel.: 32612774.

FLÁVIA DRUMMOND NAVES
Psicóloga. Psicanalista. Membro do Instituto de Estudos Psicanalíticos – IEPSI – BH. Publicações em revistas de psicanálise.

GERALDO MARTINS
Psicanalista. Mestre em Letras pela UFMG, professor do Unicentro Newton Paiva-BH. Autor de *O perfume das acácias* (Belo Horizonte: Casa Cambuquira, 1997), de *A estética do sedutor* – uma introdução a Kierkegaard (Belo Horizonte: Mazza, 2000) e co-autor de *A escrita do analista* (Belo Horizonte: Autêntica, 2003).
acacias.@uol.com.br

GILDA VAZ RODRIGUES (ORG.)
Psicanalista. Autora de vários artigos em revistas e co-autora dos livros: *Fascínio e servidão*. (Ed.Autêntica); *Culpa: aspectos psicanalíticos, culturais e religiosos* (Iluminuras); *Idéias de Lacan*. (Iluminuras); *Escola de Lacan* (Iluminuras); *Psicanálise e hospital*. (Revinter); *A criança e sua dor* (Revinter); *Tempo e morte* (Revinter). Organizadora de *A escrita do analista* (Belo Horizonte: Autêntica, 2003).

IZABEL CRISTINA DE SOUZA AZZI
Psicóloga. Pós-graduação em teoria psicanalítica pela UFMG. Mestranda em psicologia na mesma universidade. Psicanalista, membro-sócio do Instituto de Estudos Psicanalíticos, em BeloHorizonte.

JAIRO GERBASE
Psicanalista. Diretor da Associação dos Foruns do Campo Lacaniano – AFCL; Membro da Escola de Psicanálise do Campo Lacaniano – Forum Salvador. Membro do Campo Psicanalítico, Salvador.

JEFERSON MACHADO PINTO
Psicanalista. Professor do Departamento de Psicologia da UFMG. Professor Associado da Pós-Graduação em Filosofia da UFMG Rua Levindo Lopes, 333 – sala 410 – CEP 30140-911 – Savassi – BH/MG. Co-autor de *A escrita do analista* (Belo Horizonte: Autêntica, 2003).

LÉLIA DIAS
Psicanalista mineira, de Belo Horizonte, residente em Paris. Membro da École de Psychanalyse Sigmund Freud. Trabalha há 15 anos as questões da clínica da perversão.

LÍGIA BITTENCOURT
Psicanalista, membro da Escola Letra Freudiana, RJ. Mestre em Psicologia Clínica pela PUC/RJ. Coordenadora do Curso de Extensão

Universitária sobre Toxicomania, NEPAD/UERJ. Organizadora do livro *A vocação do êxtase* (Imago, 1994). Publicações em revistas de psicanálise. Co-autora de *A escrita do analista* (Belo Horizonte: Autêntica, 2003).

LÚCIA MONTES
Psicanalista.

LUDMILLA ZAGO ANDRADE
Psicóloga. Psicanalista. Mestre em Literatura Brasileira pela FALE/UFMG.

MARIA AUXILIADORA BAHIA (ORG.)
Psicanalista. Co-autora dos livros *Fascínio e Servidão*. (Ed. Autêntica); *Culpa: aspectos psicanalíticos, culturais e religiosos* (Iluminuras); *Idéias de Lacan*. Publicações nas revistas de psicanálise *Reverso e Grîphos*. Co-autora de *A escrita do analista* (Belo Horizonte: Autêntica, 2003).

MARIA INÊS LODI
Psicóloga. Psicanalista do Aleph – Escola de Psicanálise. Publicações em revistas de Psicnálise. Especialização em Filosofia pela UFMG. Mestrado em Ciências Sociais pela PUC-Minas. Assessoria de psicanálise ao Gabinete do Prefeito de Belo Horizonte (de 1993 a março de 2004). Ex-Diretora Clínica do Centro Mineiro de Toxicomania da FHEMIG.
milodi.bh@zaz.com.br

MARIA INEZ F. L. FIGUEIREDO
Psicanalista, membro do Aleph Escola de Psicanálise. Co-autora de *Fascínio e servidão* (Ed.Autêntica) e de *A escrita do analista* (Belo Horizonte: Autêntica, 2003).
Publicações em revistas de psicanálise.

MARIA LÚCIA SALVO COIMBRA
Psicanalista. Membro do Círculo Psicanalítico de Minas Gerais. Artigos publicados nas revistas *Reverso, Grîphos, Estudos de Psicanálise, International Forum of Psychoanalysis*. Co-autora de *A escrita do analista* (Belo Horizonte: Autêntica, 2003). Rua Levindo Lopes, 333, sala 505 -Savassi - Belo Horizonte - CEP 30140-170. Tel.: 32810715.

OSCAR ANGEL CESAROTTO
Psicanalista.

PAULO ROBERTO CECCARELLI
e-mail: pr@ceccarelli.psc.br
Homepage: www.ceccarelli.psc.br
Psicólogo; psicanalista; Doutor em Psicopatologia Fundamental e Psicanálise pela Universidade de Paris VII; Sócio de Círculo Psicanalítico de Minas Gerais; Membro da "Société de Psychanalyse Freudienne", Paris, França; Membro da Associação Universitária de Pesquisa em Psicopatologia Fundamental; Professor Adjunto III no Departamento de Psicologia da PUC-MG (graduação e pós-graduação); Conselheiro Efetivo do X Plenário do Conselho Regional de Psicologia da Quarta Região (CRP/O4).

STÉLIO LAGE ALVES
Psiquiatra. Psicanalista. D.E.A. em Filosofia do Direito, Política e Ética pela Universidade Complutense de Madrid. stelio@uai.com.br

THAIS GONTIJO (ORG.)
Psicanalista, membro do Aleph Escola de Psicanálise. Mestrado em Psicologia na United States International University, San Diego, California. Co-autora de *Fascínio e servidão* (Ed.Autêntica). Organizadora de *A escrita do analista* (Belo Horizonte: Autêntica, 2003). Artigos em revistas de psicanálise nacionais e internacionais.
thaisgon@ig.com.br

VANDA PIGNATARO PEREIRA
Psicanalista, psiquiatra. Membro do Aleph Escola de Psicanálise. Diretora Clínica da Central Psíquica – BH-MG. Coordenação Editorial do Jornal *O risco* da Associação Mineira de Psiquiatria. Co-autora de *Tempo e morte* (Revinter). co-autor de *A escrita do analista* (Belo Horizonte: Autêntica, 2003). Publicações em Revistas de Psicanálise e em Jornais de Psiquiatria(ABP e AMP)

YOLANDA MOURÃO MEIRA
Psicanalista, membro do Instituto de Estudos Psicanalíticos – IEPSI desde 1979. Foi professora do Departamento de Psicologia da FAFICH/UFMG (1975 – 1991). Além da atividade clínica, participa da transmissão e circulação da Psicanálise através de seminários, grupos de estudos e eventos. Autora de *As estruturas clínicas e a criança* e organizadora e co-autora de *O porão da família: ensaios de psicanálise* (Casa do Psicólogo, 2003).

ZILDA MACHADO Psicóloga, psicanalista. Membro da Escola de Psicanálise do Campo Lacaniano – Fórum BH.